人生の同伴者

ある「在日」家族の精神史

玄善允／著

同時代社

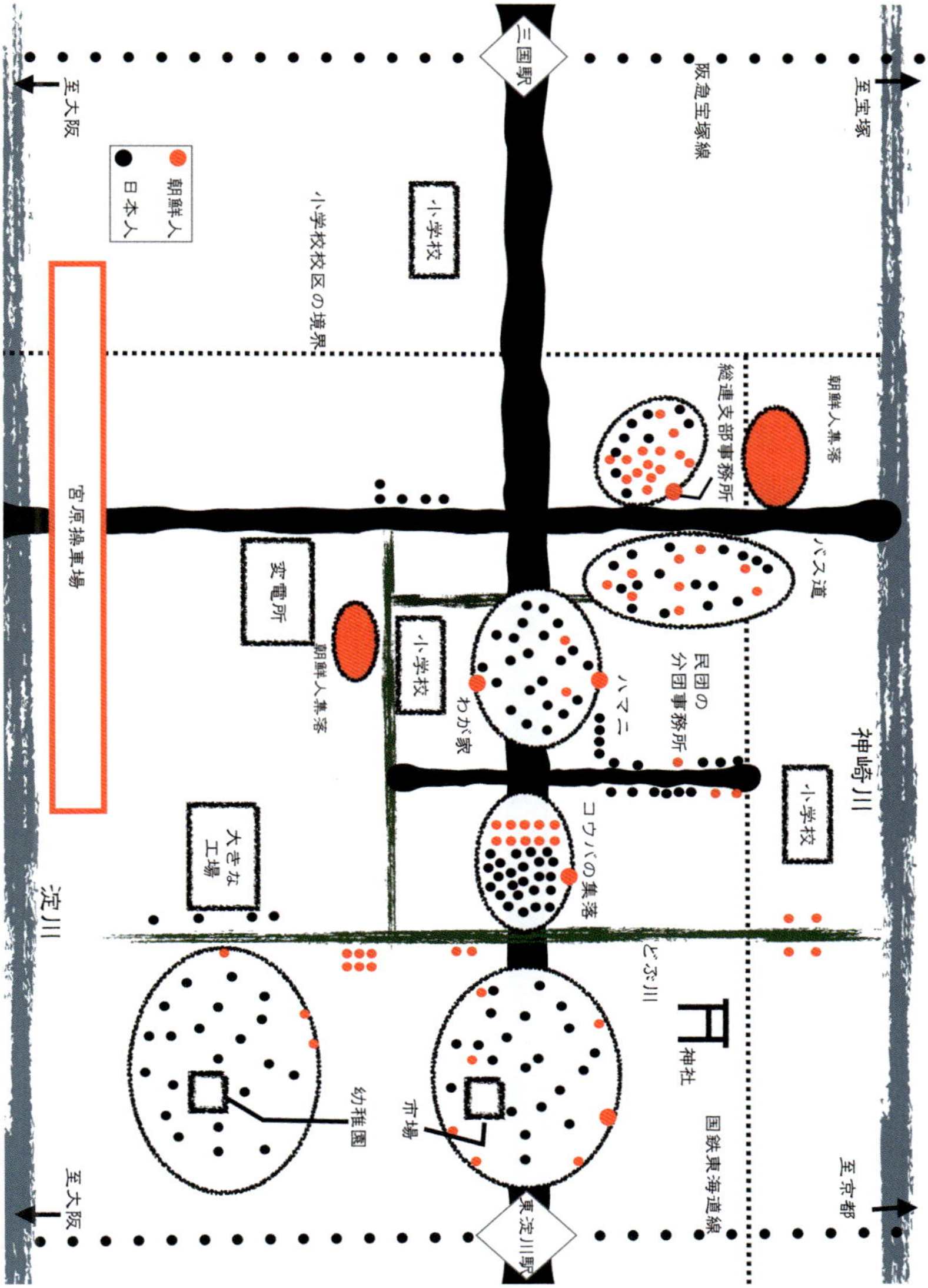

本書の舞台　1950 年代末の大阪市東淀川区「わが家」の地域の略図

本書の主要な舞台。1950 年代末、縮尺などはほとんど考慮せずに、当時 10 歳前だった僕のイメージに基づく、僕とわが家の主たる生活圏だった地域の見取り図である。

南は淀川、北はその支流である神崎川、東は国鉄（現在の JR）東海道線、西は阪急宝塚線で画された長方形の地域、その真ん中を国鉄東淀川駅から阪急三国駅までほぼ一直線の舗装道路が貫き、その古くからの幹線道路がそれよりは幅広の未舗装の新しいバス道と交差するあたりを中心として、僕、そしてわが家の生活圏が広がっていた。

子どもにとっての世界は小学校の校区で区切られるので、幾つかの小学校に加えて校区の境界を〈・・・〉の線で示し、子どもの遊び場所として学校と同じくらいの比重を占めていた神社もその位置を示した。また、僕ら在日の子どもにとっては地域の民族色、つまりそこに住んでいるのは日本人か朝鮮人ということが大きな意味を持っていたので、朝鮮人の集住集落、日本人と朝鮮人の混住集落、ほぼ日本人だけの集落などがわかるようにしてある。その他では、市場、大工場、変電所、どぶ川など、当時の僕個人にとって何らかの意味を担っていた場所も記してあるが、それは決して網羅的なものではなく、今の僕の記憶に特に残っているものに限られている。

僕も中学生になると、特に週末には郊外の山間にあるゴルフ場のキャディーのアルバイトや、それで稼いだお金で大阪梅田で買い物をしたりと、この地域外へ行動半径を広げ、この地域外にあった高校に入ると、それまでは僕の日常の殆どすべてが繰り広げられていたこの地域も、それよりはるかに広大な生活圏のほんの一部にすぎなくなっていく。

現在のコウバ

現在のコウバの内部。写っているのはインジェクションと呼ばれる機械一台だけだが、多少の規模の差異はあっても同種の機械五台が、コウバの狭い空間を埋め尽くしていて、人が歩き回るのにも難儀する。1950 年代後半の、同じコウバ（但し、コウバの規模は現在の半分）の内部の写真（122 頁に掲載）と比較すれば、コウバにおける人間と機械の関係の変化がよく分る。

「コウバ」の界隈

コウバの界隈。新幹線の新大阪駅から地下鉄に乗ればほんの1分もかからない駅、そこから目と鼻の先にあって、交通至便な言わば都心なのに、そんな周囲の現代的な街並みからはすっかり取り残されて、全く昔のままの佇まいの区域がひっそりとある。但し、これはかつての集落のほんの一部に過ぎず、集落の大部分は高架道路とそれに沿った高架の鉄道などの大規模な土木工事などで立ち退きになった。また、かつては右手前にあって人々の生活の中心だった共同井戸などの水場は木立になって久しいが、奥の右側の袋小路にあった共同便所は、改修されて今も同じ所にあり、相変わらず使用されている。〈Γ〉の形をした7軒長屋の手前から3軒分は、かつてはその真ん中の一軒だけの所有者だった在日の家族の長女一家がその両隣を買い増して居住し、その奥の5軒目と6軒目がわが家のコウバである。最初は6軒目の一軒分だけだったのだが、やがてその隣の5軒目も買い足してコウバを拡げた。そしてそのわが家のコウバを挟む4軒目と7軒目をいつの間にか、わが家の親戚が買って、わが家と同業のコウバを始めて、現在に至る。写真には写っていないが、右手には今やすっかり廃屋のように見えても、やはり人がひっそりと暮らしている古家が2軒ある。なお、わが家のコウバの裏手だけにはトラックが出入りできる路地があるので、そのコウバへの出入りも自然とそちらが優先されて、こちらの狭い路地を使うことはあまりない。

目次

人生の同伴者

第一部　成長過程の僕と両親　9

第四章　在日の「下請け」の懐具合と技術革新の大波　188

第三部　中年の僕と老齢化した両親　273

第一部

成長過程の僕と両親

上：母が済州島から渡日して数年後、母が20歳代半ばから後半の頃、年代にして1940年代後半だろう。

下：父と兄と僕と妹、そして親戚の青年。わが家の近くに住んでいたハマニの家に、済州から密航してきて転がり込んできた孫である。何をするでもなくぶらぶら暮らしていたその青年も、この1年くらい後には、元来の映画監督の夢を実現しようとして「北への帰還船」に乗ったが、夢を果たさないままに死亡（粛清？）したという噂である。僕らの年恰好から推測すると、1950年代末だろう。

第一章　母と子の幸せ

一　あくびと涙

一九六〇年代の初め、僕がまだ小学校四年か五年生だったある朝のことだった。目覚めてみると、普段にない静けさに少し驚いた。学校が休みの日だったことは確かなのだが、日曜ではなくて何かの祝日だったに違いない。夜明けに帰ってきたはずの父の気配がなく、すでに仕事に出発してしまっていたからだ。近所で小さな町工場を営む父には、盆・暮・正月を除いては日曜日以外に休みはなかった。その日曜日でも急ぎの仕事があるときには、職人が誰もいないコウバで一人、あるいは母と一緒に仕事が片づくまで汗を流した。深酒で朝帰りしても、二、三時間ほど眠って、遅くても七時前にはコウバに向かう。一日の仕事の段取りを整えて、職人たちが出勤してくると一人ひとりに指示を与えてから、得意先の会社へ納品に回る。僕がその朝に目を覚ました頃には、大型自転車（ウンパンシャと呼ばれていた）の荷台に製品をうず高く積みこんで、ペダルを漕いでいるにちがいなかった。

母はと言えば、その一ヵ月ほど前に二十余年ぶりに生まれ故郷である韓国の済州島に旅立ち、家を空けていた。僕が生まれて初めての長期にわたる母の不在であった。その二年ほど前にまずは父が、次いでは母が「瞼の故郷」に錦を飾った。

故郷訪問が決まると、二人はコウバの仕事をやりくりして頻繁に都心に出かけて、大量の薬品、衣料品、雑貨などを買い集めてきた。やがてそれらの品物でわが家があふれかえった。いつだってお金の心配とそれも大いに関係しての夫婦の諍いが最大の不安要因だったわが家のどこに、それだけの品物を買いそろえる財力が潜んでいたのか驚きだった。わが家はあたかも倉庫のようになって、男四名とその真ん中に挟まれた女一人の僕ら子どもたちのほうが遠慮しながら暮らしている気分だった。だからと言って不満はなかった。むしろ幸福感に包まれていた。仲良くいそいそと買い物に出かける両親の姿は、それ以前の僕の記憶にないものだったからだ。

家を埋めつくしていた大量の品物と一緒に母は旅立った。そして後に残された僕ら子どもたちは虚脱感を拭えなかった。しかし、そんな状態も長く続かなかった。何をしても母に叱られる心配がない解放感が徐々に寂しさを追い払った。

母の留守の間、子どもたちと父の世話のために、僕らが「森ノ宮のハマニ（祖母を意味する済州語の在日的バリアント）」と呼んでいた母方の祖母が泊り込んでくれるようになった。しかしそれまで一緒に暮らした経験がないうえ、ハマニの話す朝鮮語と日本語のチャンポン言葉はよく分からないし、ハマニのほうでも僕らの言うことがよく分かっていない様子だった。ハマニが用意してくれる食事も、母のそれと似た朝鮮料理と日本料理のチャンポンなのに、なぜかしら口に合わない。誰もが次第に敬遠するようになって、自分で適当に何かを作って食べるようになった。

ハマニが来た当初の数日間はともかく、父もやがて家ではほとんど夕食をとらずに、仕事が終わればそのままどこかへ出かけるようになった。ハマニもおのずと父や僕らに遠慮するのか家を空けて、近所の誰のものだか知れたものでない空き地を畑にしてニラやネギなどを栽培したり、できそうな仕事を何かと探しだしては、いそいそと動き回り、母が一番心配していた僕ら子どもの監視役など勤まりはしなかった。しかも、ハマニが母のことを心配するあまり、家に居つかずに外を飲み歩いては女性問題を引きおこす父に関して、非難がましいことを漏らしたことが、僕らの気分をひどく害した。父のことでは僕らもハマニと気持ちは同じだったが、家族ではないハマニに父のことをあれこれ言われるのはやはり気分が悪かった。

このように、いざとなればハマニよりは父の側に立つのだから、やはり一緒に暮らしている父子の絆は強いものがあるようだ。ハマニが僕らのことを思って作ってくれた料理を嫌がったことではハマニに申し訳ない気持ちだったのに、父に関するハマニの愚痴を契機に、僕らとハマニの関係も冷え冷えするようになった。それがきっかけだったのかどうか定かではないのだが、ハマニはそれからほどなくして、普段の住まいである森ノ宮の叔父（母の異父弟）の家に帰ってしまった。

それから数日後のことだった。前夜に父が例によって夜が更けても帰宅しなかったから、僕ら兄弟は大人が一人もいないのをこれ幸いと、たっぷりと夜更しをして、その延長で朝寝をむさぼっていた。そのせいなのか、体を起こしてもなかなか目覚めた気がしない。あくびを繰りかえしながら、外の明るさに誘われて、ふらふらと玄関の外に出た。

わが家の界隈は、田園風景が広がるこの地域の中では様々な意味で、中心的な集落だった。まだ珍しかった舗装道路が真ん中を貫通し、その両側に交番、郵便局、文房具店、更には酒屋、米屋、果物屋兼八百屋、薬局、新聞販売店などが軒を連ね、それなりに町の体裁を整え、地域の保安、通信、商業などの中核的役割をはたしていた。そのステイタスをいっそう高めていたのが、集落のほぼ中心にあって、舗装道路に面している小学校である。まだ珍しい鉄筋コンクリート三階建ての新築校舎と木造の古くて大きな講堂と、アンバランスが目立つけれども、それがむしろ新旧の権威の共存を誇示しているようにも見える。

そこで開催される運動会、学芸会、巡回映画会など季節折々の行事が地域全体の中心的イベントの位置を占め、新旧の建物が備える威厳、更には当時の小学校としては珍しいプールの存在もあいまって、地域全体の精神的紐帯の象徴となっていた。そんなわけで、集落を貫通するわが家の前の道は、普段は朝早くから人の往来が絶えない。ところがその朝は、人影がほとんどなかった。

秋のさわやかな風が肌をかすめ、すでに高くなった太陽の日差しが顔を直撃してまぶしい。次第に陽光が全身に染みわたり、けだるさを伴った解放感に包まれて、両手を大きく伸ばし、あくびをした。

そのとき、目の片隅に大きな荷物を抱えた小さな女性の姿が飛び込んできた。「あれ、もしかして」と目をこすった。すると、その人は、両脇の荷物がもどかしそうに、足を速めてこちらに向かいながら声をあげた。「おまえ、オカチャンを迎えに出てくれたんか、朝から待ってたんやな」

僕は改めて目をこすり、目を凝らした。なるほど母だった。母が眼の前に立ち、顔を覗き込んでいた。

「泣いてんのか。そうか、さびしかったんやな。オカチャンが帰ってきたんや、もう心配ない。よっぽどさびしかってんな、大丈夫や。もう大きいのに、泣いたらあかん」

荷物を下に降ろし、僕を抱きかかえようとする母は涙声になっていた。ところが僕は、すでに背丈が僕より低くなっている母に強引に抱きかかえられて、感激どころか、うろたえた。〈寝ぼけ眼をこすっていただけや。あくびのせいで、目元に涙みたいなもんがにじんでるかもしれんけど、涙やない。オカチャン、思い違いや、誤解や！〉という叫びが、のど元で止まった。

僕は母の荷物の一つを抱え、母について玄関に入った。家に足を踏みいれたとたんに母は、玄関のほうぼうに飛び散った履物に眼を止めて、「なんや、これは！　お前らは自分の履物をそろえることもできへんのんか。兄ちゃんはどこや?!」と声を上げた。

以前と変わりない日常がまた始まった。

二　食い意地と市場通い

母はよく「おまえはほんとに食い意地がはった子やなあ、困ったもんや」と冗談半分、本気半分の口調で愚痴った。なるほど僕は食い意地が張っていたが、それに加えて、「男のくせに」母について市場に行くのが大好きだったのも、母にそう言わせる理由だった。

市場は、わが家から数分の駅前の商店街にあり、僕は買い物籠の一つを母からひったくるようにして、足取り軽く母についていく。わが家は夫婦と五人の子どもの家族で、当時としては大家族とは言えなかったが、両親の親戚や知人、そしてコウバの職人たちとその家族などが足しげく出入りしていた。そしてそのほとんどが朝鮮人だから、「食べ物も出さずに客を帰すなんて朝鮮人の風上にもおけない」というわけなのか、客が来ると必ず食事や酒を供する。だからたとえ粗末なものであっても食べ物と酒を切らせない。ところが、当時は電気冷蔵庫などといった便利なものはまだなくて、氷を上段に置いてその下に食料などを保管する昔流の冷蔵庫では容量がしれていた。だから、毎日の買い物が自然と多くなって、母の助けになる存在が必要だった。要するに、僕の食い意地についての母の愚痴も半分は冗談に過ぎず、僕はそれなりに役に立っており、母もそのことを十分に認めていたのである。

兄はすでにそんな年頃を過ぎ、弟妹はまだそれにふさわしい年齢にはなっていなかった。僕もまた、やがてコウバの下働きとして役立つ年頃になると、そちらのほうが優先する。しかし、狭くて暗い工場内での面倒な仕事を喜ぶ子どもがいるわけがなく、僕は学校から戻ると直ちに部屋の隅にカバンを放り投げて、外をほっつき歩いては後で両親からきつく叱られる。そこで、朝出がけに母から「今日は帰ったらすぐにコウバに来るんやで」と言われたら、ほぼそのとおりにコウバに向かうようになる。だから、母との市場行きはせいぜい二、三年のことにすぎなかった。三歳下に妹が控えていたこともあるが、それよりもむしろ、母自身が必要に駆られて自転車の乗り方を習い覚え、その荷物籠や荷台を存分に活用して一人であわただしく買い物を済ますようになったからだ。

さて、その市場への道行きの話に戻ると、僕の大のお気に入りは魚屋だった。父は晩酌を欠かさず、肴は刺身が定番だった。母は済州の漁村で生まれ育ったからか海産物に目が利き、父のほうは山間の村の出身だが、牛肉や臓物でも生モノが好物で、魚貝類はとりわけそうだった。

家族が同じ膳を囲んでも、刺身を食べるのは父だけで、そんな「特権」をほとんど毎日目にしているから、僕はついついそれにあこがれる。人が食べているものを欲しがる「いやしんぼ」は、その頃から今に至るまで変わらない僕の悪癖で、僕は父の肴の刺身には目がなく、あまりにもの欲しそうな目つきをするものだから、父が僕に刺身の一切れ二切れを分けてくれることもあった。

そんな僕だから、店頭に並べてある「舟入り」の色とりどりの刺身を見るだけで、舌なめずりが始まる。但し、僕が魚屋通いが好きだったのは必ずしも食い気のためだけではなかった。母と魚屋の店主たちとのやり取りを見ていると、母が生き生きとして、僕まで嬉しくなるからだった。普段は口数がさほど多くない母なのに、なじみの商店主たちとの掛け合いは、値下げ交渉など実利も絡んでいるからか、なかなかに達者だし、当人も楽しんでいるように見えた。

市場に着くと母は先ず、のんびり一周しながら様々な店の値段や鮮度や品質などを確認する。そして二周目になってやっと目星をつけた店に入り、値段などが折り合うと、それを僕の提げている買い物籠に入れては、次の店に移る。同じ市場内に同業種の店が二、三軒あって、それぞれの店が品の新鮮度や値段などを競っているからである。そうして予定の買い物がすべて終わると、やっと僕のお目当ての番である。

市場を取りかこむ商店街の片隅の小さな店で、母がお駄賃代わりに間食を買い与えてくれることがあった。「外れ」のときもある。しかし、だからと言って市場への同行をやめたいなんて思わない。むしろ毎度でないからこそ、次回への期待が高まる。そして実際に「当たり」となると味も喜びも格別である。

僕のひいきは、店内にはテーブルが一つ、そしてそれを取りかこむ椅子が四つしかない店頭販売が中心の、まるで屋台のような小さな店だった。そのような店でも屋号くらいはあったはずなのだが、僕らは看板メニューでその店を呼んでいた。あの「冷やしコーヒー屋」さんという具合にである。その界隈で冷やしコーヒーを出す店は他になかったから間違える心配はなかった。メニューとしては夏はもちろんその冷やしコーヒー、ソフトクリーム、寒くなると太鼓饅頭とイカ焼がそれにとって代わる。しかし、なぜかその店は、その種の店の定番だった「タコ焼」は扱っていなかった。界隈の店同士が棲み分けをしていたのかもしれない。

ともかくその店では、そろって無口で無表情の中年夫婦が、これまたそろって地味な服装で、何とものんびり応対する。そんな雰囲気だから、その店に屋号なんかあるはずがないと僕らは決めつけていたのかもしれない。

因みに、先日、実家へ行く途中でその店の前を通ったときに念のために確認したところ、表の隅に、あまり目立たない文字で「角屋」という屋号が掲げてあった。それを見て、昔からそこにその屋号が書いてあったことを思いだした。その店は今でもほとんど変わらない姿でそこにあるし、店の主人夫婦も風采その他、何も変わっていないように見えた。しかし、年齢から言って、それではつじつまが合わない。僕が今回、店内に見かけた夫婦は僕らの相手をしてくれた夫婦ではなく、後を継いだ次世代、もしくは次々世代の夫婦なのかもしれない。きっとそうだろう。それにしても何も変わっていないように見えるのは何とも不思議である。そこには時代の風が吹き込んでいないように見えた。

ともかく、僕がまだ幼い頃に、そこで冷やしコーヒーを注文すると、店主はまるで僕をじらしでもしているかのようにゆっくりと、店頭で客と対面する間仕切りにもなっている、大人の腰くらいの高さのコーヒー貯蔵庫のふたを上方に開く。するとその中では、扇風機の羽のようなものがゴオーと唸りを上げながら回転し、褐色の液体が渦を巻いている。店のオジサンはその液体を柄杓ですくい、ガラスコップに注いで差しだす。僕はそれを受けとると、すぐさま大急ぎで口に流し込む。

しかしそれは冷たすぎて、歯も舌も口の中の何もかもがしびれて、息も止まりそうになる。僕は慌ててコップを口から放して、一息つく。そして今度はゆっくり口に流し込む。しかし、一気に飲み干したりはしない。少しだけ残しておき、一息おいた後でなめるようにして飲み干す。そして、空のコップをコーヒー貯蔵庫の上に置く。まるでそうした飲み方が冷やしコーヒーの味を高めてくれるかのように、僕はいつも飽きずに自分で決めた手順を守っていた。

ソフトクリームの場合は歩きながら舐める。ゆっくり味わおうなどと悠長に構えていると、クリームが溶けて滴りおちてくる。そこで、「長すぎる」とよくからかわれていたから、いつもは隠すようにしていた舌を、このときとばかり思いっきり引っ張り出して、クリームをなめて掬いとる。しかし、これまた一気になめつくしたりしない。あらかた食べ終えると、コーンに染みついたクリームを「意地汚く」舌でゆっくりなめまわしてから、最後にコーンもろとも口に放りこむ。それでもまだ終わりではない。口の周りについたクリームを舌でなめまわして、やっと一件落着となる。

寒風が街頭を吹き抜ける季節になると、さすがに温かいものが恋しくなる。小倉餡たっぷりの太鼓饅頭か、イカと醬油の焦げた香りに思わず鼻がひくひくと動くイカ焼、あるいは店を替え、その日の気分で醬油味かソース味かを選んでタコ焼、または、太鼓饅頭と中身はほとんど同じでも、形状が少しだけ異なるので名前も変えてあるホームラン焼となる。因みに、その太鼓饅頭であれホームラン焼であれ、僕には変わらない鉄則があった。漉し餡はダメで、粒餡でなくてはならなかった。もし粒餡が切れていたりでもしたら、その太鼓饅頭やホームラン焼はきっぱりとあきらめて、他の食べ物に変えた。

歩きながら僕が熱々の太鼓饅頭もしくはホームラン焼、あるいはイカ焼にフーフーと息を吹きかけながらほおばる姿を、母は色白の頬をほんのり赤らめながら見つめて、「おまえは食べていると きが一番幸せなんやな。他人が見たら、何も食べさせてないみたいで、カッコウ悪いやないか」と言って顔をしかめる。しかし、嫌味など全く感じられない。どれもがせいぜい十円程度だったから、僕にとってはそんな母の表情と口ぶりの「おまけ」までついた「十円の幸福」だった。

三　鼻医者とチキンラーメン

まだ目新しかった「餌」に釣られて、その餌がなければとうてい我慢ならないことを受け入れたこともあった。小学三年生頃のことだった。今では世界的食品となったインスタントラーメンの元祖「日清のチキンラーメン」の販売が始まり、最大のマス・メディアであるラジオはもちろん、ようやく普及しはじめていたテレビでも大々的に宣伝がなされていたので、子どもたちの間ではそれを食べたら自慢の種になるほどだった。ところが、わが家ではいくらねだってでも買ってもらえそうにないし、そんなものをねだること自体が分不相応な気がして口にも出せない。それだけに、ますます涎を垂らして憧れを募らせていた。そんなチキンラーメンを、まるで「棚から牡丹餅」といった具合に味わう機会に恵まれることになった。

当時は「洟垂れ」が界隈にはゴロゴロ転がっていた。学校の集団検診の際の話題としては、目のトラホームと鼻の蓄膿症が東西の横綱格で、それらの病気は貧しさや汚さと手を取り合って、とりわけ朝鮮人の集落にはありふれていた。

さて僕は朝鮮人のガキであることは間違いなかったが、「洟垂れ」に関してはグレーゾーンに位置していた。「洟垂れ」ではないけれど、それと全く無縁というわけでもなくて、服の袖、特に黒色の服の袖はいつでも、洟をぬぐった痕跡で白くテカテカと光っていた。洟垂れなんて格好悪いから、手近な袖でぬぐうくらいの労は払う。しかし、「花紙」やハンカチを使うなんて面倒なことはしない。そもそも、ハンカチや花紙を持ち歩く習慣などは当時の僕にはなく、定期的な忘れ物調べと宿題調べの結果が棒グラフで教室の後ろの壁に掲示されると、僕はハンカチ、花紙を持たず、宿題をしてこないことにかけては、常にトップクラスを維持していた。

しかし、僕にとって都合の悪いその種の情報が母に伝わることはなかった。母は文字が読めないこともあって、授業参観、懇談会などにはよほどのことがなければ姿を現わさなかったし、通信簿も読めるわけがないから、僕らは自分に都合のいいことだけを伝え、その他についてはお茶を濁してすませた。それに母は、そんな情報にはほとんど興味を示さなかった。僕に対する教師の評価なんかより、自分の眼に映る僕の姿や自分の勘のほうに信を置いていた。

ところが、そんな母でもまれに学校に顔を出すことがあって、そうなると僕の行状が露見する。母は宿題と忘れ物調べの実態を知らされたうえで、そうした悪癖を矯正するように先生から注文される。それも、棒グラフを前にしてのことだから、文字を読めない母にも視覚で分かる。母は顔色を変えて帰宅すると、僕を激しく叱った。「恥ずかしいし、情けない」と繰り返した。僕は「かんにん、かんにん」と涙を流しながらひたすら謝った。しかし、だからといってその悪癖は治りはしなかった。宿題はともかく、ハンカチや花紙など、母から買い与えられたこともないのに、どうすればいいのか、と心の中で開き直っていた。それに母のほうでも日常の忙しさにまぎれて、そんなことはすぐに忘れてしまう。それですんだ。ところがやがて、花紙はともかく、洟に関しては、放置できない事件が起こった。

冬の真夜中のことだった。僕は数日来の風邪のせいで、鼻づまりがひどくて、ついには息をするのも苦しくなって目覚め、大声で泣きはじめた。それを母が聞きつけて大騒ぎとなった。父は例によって酒を飲みに出かけて不在だった。そのとき、母がどんな手当てをしてくれたのか思いだせないが、たぶん、ジャガイモを擂《す》って胸に貼りつけるなどの民間療法でも施してくれたのだろう。その効果なのか、しばらくするとひどい状態は脱した。それに、僕の大げさな泣き方から心配されるほどには、熱も高くはなかった。そもそも、大した病気ではなかったのだろう。鼻づまりのせいで熟睡できずに怖い夢でも見てパニックになり、そのためにまた鼻づまりの症状が激化して、更には息遣いまでおかしくなって、気管支がゼイゼイという音を立てはじめる、といった因果の連鎖だったのだろう。

少しは楽になったといっても相変わらず鼻づまりで苦しそうな僕を見て、夜が明けたら何としても「鼻医者」に行かなければ、と母は言いはった。でも僕は、「絶対いや、いやや！」と駄々をこねた。実は以前にも学校の健康診断で蓄膿症と診断されて、耳鼻咽喉科に連れて行かれたことがあった。鼻をめくりあげて、そこに金属製の器具を差しこみ、その器具を通して液体を注入すると、その液体と共に洟がぞくぞくと喉から口へ流れ出てくるので、それをのど元に当てた金属皿で受ける。その鼻汁まじりで黄色くどろどろとした液体がスムーズに流れるように、口を大きく広げつづけなければならず、ひどく息苦しい。それにまた、先ずは左、次いでは右の鼻穴に差し込まれた金属製の器具がもたらす痛みも我慢ならない。だから、その後は一人で二、三回通って、「まだまだ当分は通わなあかんな」とお医者さんに言われながらも、母には「もう、ええらしい」と嘘をついて、その鼻医者に足を向けなくなった。じつは通院を止めた理由は痛みだけではなかった。

　当時、在日は国民健康保険の対象外だったから、わが家は無保険で、よほどのことがなければ医者通いは避けていた。虫歯になれば、両親がタコ糸を括りつけて抜いてくれたし、そんなやり方が通用しない場合には、近所のいかにもそれらしい設備と雰囲気を備えた「偽歯科医」に通った。その他、捻挫でもすると、近所の朝鮮人の「本を読むオジサン」のところで治療してもらった。学があって、人生相談や占いもどきのようなこともできるし、漢方薬の処方までしてくれる。その家の軒先では奥さんが朝鮮人向けの乾し魚や乾しワカメなどを扱う小商いもしていて、とてもではないが医療などには似つかわしくない雰囲気だった。しかし、そのオジサンの仏頂面には威厳があり、両親はそのオジサンのことを信頼しており、僕らのケガ程度なら、十分に用が足りた。

　ところが、何としても医院に行かねばならなくなるときもある。そんなときには、母はついつい困った表情になった。無保険の診療費の心配に加えて、文字を読んだり書いたりできないのに受付で文字を書かなければならない。母は素知らぬ顔をしながらも、目つきで幼い僕らに拙い文字を書かせて、その難関を切りぬけた。しかし、内心では恥ずかしく劣等感に苦しんでいたに違いなく、幼い僕らでもそのことを感じないわけにはいかなかった。そうした諸々の事情があいまって、僕は「いやや、いやや、鼻医者はいやや」と涙ながらに駄々をこねたのである。

　そこで、取っておきの「餌」として、母は「チキンラーメン」を持ちだした。たぶん、何かの折に「お前、今一番食べたいものは何や」といった類の質問を母が僕に向け、僕はこれ幸いと「チキンラーメン」と答えたことがあったのだろう。僕の返答に、母としては自分が蒔いた種だけに困ったに違いない。僕一人ならその願いを叶えてやれないこともないが、そうすると当然、子ども全員にも同じようにしてやらなければならない。そうしてやりたい。それが母心というものだ。しかし、それは懐事情が許さずその程度のことも子どもにしてやれない自分が情けなくなった。そんな気持ちが、母の記憶に残っていたのだろう。当時は界隈の食堂で素うどん一杯が二〇円から二五円くらいだったから、三〇円のチキンラーメンは今のように安い食べ物ではなかった。だからこそ、医者に行くのを嫌がる子どもに対する特上の餌となったのである。案の定、僕はその餌に飛びつき、夜が明けたら鼻医者に通うことを約束した。そして実際に耳鼻科に出かけようとすると、母はお金と一緒に健康保険証を差しだしたので、僕は驚いた。後で知ったことだが、酒がらみで父の持病になった肝硬変に加えて、その数年前には四番目の子ども（三男）が生後百日ほどで死んでしまったこともあって、子沢山の家では今後も何かと医療費が嵩むことを見越して、両親は健康保険に加入できるようにしていた。廃品回収業の「寄せ屋」（元締め）の事業が順調だった親戚に頼みこみ、名目上はその会社で働いていることにして、費用は自腹という条件で、会社の健康保険に加入させてもらって程ない頃だったのである。そういうわけで母も気楽に僕を医者に送る気になったのだろう。

四　一念

弟の怪我

その健康保険のお陰で、わが家は何とかしのげることになる。悦ばしいことでは全くないことなのだが、わが家はそれから予想をはるかに超えて健康保険のお世話になる。だから、親戚の世話になって肩身の狭い思いをしているわけにはいかず、それから程なくして、「正規」に保険加入するようになる。そしてその保険を大いに活用して、父はその後も入退院を繰り返したし、子どもも災難続きで病院通いが続いた。その最たるものは、何といっても五番目に生まれた男の子（僕の二人の弟の上の方）である。

先ずは家の前の大きな舗装道路に通じる路地で遊んでいるうちに、ボールを追いかけて舗装道路に飛びだしたところをバイクにひっかけられ、頭を打って血を大量に流す怪我をした。その後の相当期間にわたって眉間に深い傷が残った。但し、その程度のことなら、映画の人気役である「月形半平太みたい」などと囃される程度ですんだ。ところが、次の事故はほとんど彼の人生を変え、わが家全体の雰囲気を長年にわたって支配した。

そして、もし健康保険がなかったならば、その費用はとんでもない額になっていただろう。もっとも、たとえそうなったとしても、母は治療を諦めはしなかっただろう。母の後先を考えない必死さにはすごいものがあり、その後もたいていのことは「母もしくは妻もしくは女の一念」を最大の武器として乗り越えてきた。

弟の次の事故というのは、幼稚園のピクニックで園外のあぜ道を歩いていて転倒した際に、とっさに利き腕の左腕で体を支えようとして、左腕の肘のすぐ上のあたりを複雑骨折したことだった。幼稚園の先生はすぐさま最寄りの整骨院に弟を運び、治療を受けさせた。そしてわが家に弟を連れ帰り、経緯を説明して平謝りした。

しかし、わが家ではその幼稚園に兄を筆頭に僕と妹まで三人の子どもがお世話になってきたこともあって、怪我くらいのことで文句を言える立場ではなかった。また公教育や公共の事業に対して、つまり「お上」のしたことに対して一般の人間がクレームをつけるなんてほとんどあり得ない雰囲気で、今のモンスターペアレンツなどは想像もできない時代だった。したがって事故は仕方のないことだし、むしろ息子の不注意のせいで迷惑をかけてしまい、すぐさま治療までしてもらえただけでも有難いことだと、両親のほうが恐縮するほどだった。そして、一ヵ月後にギブスを外しさえすれば全治するものと誰もが信じていた。

ところが、母だけは少し違っていた。母は毎日、弟の腕の様子に気をつけていて、やがて左の手の先に血の気がなく、触れるとすごく冷たいと気をもみだした。しかし母の心配に対して、父を筆頭に家族のだれもが、母お得意の心配症に過ぎないと取り合いはしなかった。そこで仕方なく母は、一人で弟を例の整骨院に連れて行って、状況を説明して相談した。整骨師も僕ら家族同様に、母の話に取り合うつもりなどなかったのだろうが、母を少しでも安心させて帰らせるためにレントゲンを撮り、骨が間違いなくつながっていることを確認した。そして、手先の色や冷たさについては、なるほど普通とは少し違うけれど、何だって多少の差はあるものだから気にする必要はなく、ギブスを外す頃にはすっかり普通に戻ると断言した。

医師の宣告と母の一念

それでも母は納得しなかった。整骨師の言葉の端々に自分（つまり、文字も知らなさそうな朝鮮人）を見下す態度が透けて見え、「あんなヤブで朝鮮人差別するオッサンの話は信じられへん」と母は腹を立てると同時に、危惧を募らせた。そして知人に相談し、その紹介を受けて整形外科の病院に弟を連れて行った。すると、医師は検査した結果、顔を曇らせて、「骨はつながっていることは確かだが、神経がつながっていない。こんなになるまで放置していたなんて……すでに手遅れで、左腕を切断するしかない」と宣告したのである。

　母は狂乱した。そしてたまたま近所のハマニの家に長期滞在していた東京の叔父に相談して、叔父のインテリ特有のネットワークの助けを借りて、大学病院や有名病院の紹介状を入手した。そして、仕事から手が離せない父の代わりに、その叔父に付き添ってもらって、ほうぼうの大病院で診療を受けた。しかし、どこでも診断結果に変わりはなかった。腕を早急に切断したほうが本人のために良い、と言う。それでも母は諦めなかった。「うちの眼が黒いうちは、この子の腕を切断させたりはせえへん」と、母は自らに誓うように僕たちに何度も繰り返した。そして、その言葉どおり、手術してくれる医者を見つけ出した。

「成功するかどうか確かなことは言えないし、成功しても手術は一回ではすまないだろうから、まだ幼い本人にとってはすごく過酷なことになるかもしれません。でも、お母さんがそれを承知でお望みになるなら、やってみましょう。そのうえで、それでも駄目と判明した時点で、最後の手段として切断を決断しても遅くないでしょう。そのほうが、お母さんも本人も納得できるでしょう」とその外科病院の院長は言った。全国を回って最後に見つけたその救世主は何と、わが家からそれほど遠くないところにあった。父が最初に大阪にやって来た際にお世話になった姉の家からだと徒歩圏内にあり、規模は大したことはないが、その地域ばかりか北大阪一帯では外科手術に関して定評のある病院だった。

　そして、当初から予告されていたように、困難な手術を何度も重ねた。幸いにも手術はすべて成功で、後は経過を見ながらリハビリに励めばいい、と医者は言った。しかし、肘は大きく曲がったままだった。

退院してからは母や僕たち兄弟が交代で弟を連れて病院に通った。大阪駅で電車を乗り換えて一駅、そこから大人の足で十分ほどの距離を通った。やがて、血の気が全くなかった手にかすかに赤みがさして、血が流れだしている気配がしてきた。指はほとんど動かなかったが、リハビリである程度までは機能回復が可能だと、医師は安堵の表情を浮かべて言った。希望は大きく膨らんだ

その指に触りながら微細な変化を確認して、家族に報告するのが僕ら兄弟の日課となった。そしてその変化と言えそうもない微かな変化がわが家の最大の話題となった。ギブスを外した当初には、メスが複雑に入った様子が歴然とする奇怪な傷跡と曲がったままの肘に思わず目をそむけたが、僕ら兄弟はそれにもすっかり慣れた。まだ十分な血流がないうえに、いつも包帯で覆っているから本当に蒼白な左手は、怪我からずいぶん歳月が経過したので、右手のそれと比べると一目で分かるほど小さかった。僕らは、右手と比べるとまるで赤ん坊のものに見えるその手と指に触り、どんな些細なことであれ良い変化を見出して、快癒を信じようとしていた。そして実際に、遅々としてではあるが、確かな変化が実感できるようになってきた。

ところが丁度そんな頃に、弟の体調に異変が生じだした。それにいち早く気づいたのも、これまた母だった。寝汗がひどすぎる、と母が言いだした。父も僕らも最初は、またしても母の心配症とタカをくくっていたが、汗でぬれた弟の肌着に触れてみると、驚いた。シャツはまるで水に浸したように、びしょぬれだった。

リハビリ先の病院で精密検査を受けてみると、肋膜炎という診断だった。まだ幼い身で、毎日の通院治療のストレスと疲労の蓄積が負担だったのだろうと言う。そこで、通院回数を減らして心身の負担を軽減するなど、肋膜炎の治療を優先することになった。弟は見るからに、ぐったりとして

動きが鈍く、力のない目をしていた。

このように、じつに様々なことが重なって、弟は数年間にわたって小学校にまともに通えなかった。怪我をする以前の弟は、上の兄たち二人と姉のその年齢の頃と比べれば、ずいぶん大柄で快活で、僕ら兄弟の中では珍しくわが儘で腕白、将来はどんな「ごんた（権太）」になるか心配するほどだったのに、今やすっかりおとなしくなった。しかも、左手ばかりか、全身の成長がとまったみたいで、同年齢の子たちと比べてもすごく小柄だった。そんな弟が年齢相応の体格になるのは、高校に入学以降のことである。中学三年の頃に遅ればせの成長の気配が始まり、高校を卒業する頃にようやく人並みの背丈になった。

体はそのようにして月日がたつにつれて遅れをとり戻したが、その間の心の傷のほうは、果たして癒されたのだろうか。母は弟の快癒を祈ってありとあらゆることをした。しかし母にできることと言えば、母が困ったときに頼りにする韓国済州出自のシャーマンくらいのもので、弟はその厄払いの祈禱などにも連れまわされた。それは母からすれば弟のためを思っての必死の祈りだったのだろうが、そうした信仰行為の意味も何も分からない幼い弟には、目の前で炎を燃やして自分にはわけが分からない呪文のような言葉を聞かされるのは、まがまがしく恐ろしいもので、できれば逃げだしたかったはずだ。ところが、その一方で、母が自分のことを思ってしていることを知らないわけではないから、矛盾に引き裂かれる辛い体験だっただろう。そして、ひょっとしたらその辛さは、後述するように僕が自分と母との関係に見出して苦しんでいた問題と、どこかでつながるようなものだったのかもしれない。

その頃のことがその後、家族間でほとんど話題にならなかったのは、忘れ去りたいことだったからなのか、あるいは、すでにそれを乗りこえてしまったからなのか。おそらくは、それらの要素が複雑に絡みあってのことで、それが「家族で暮らす」ということなのだろう。

当事者意識

しかしともかく、傍から見れば常軌を逸しているかのような母の決断力と行動力、つまり「母の一念」と言うしかないものが、弟の人生を立てなおした。弟もそのことを生涯、忘れられないのだろう。今では年老いた母の妄想と、昔はその片鱗もなかったわが儘とが絡みあった言動に辟易しながらも、辛抱強く付きあっている。そして、痴呆の気配が随所に見られる一方で、ときには昔と変わらない母の鋭い勘や洞察力に舌を巻いたりもしている。

因みに、これまでに述べてきた大怪我つづきの弟のすぐ上に、じつはもう一人の弟がいた。ただし、生後百日もせずに死去したのがすでに六〇年近くも前のことだから、今では兄弟の誰一人としてその名前も覚えていないのではなかろうか。少なくとも僕は覚えていないのだが、その赤子の死はわが家に少なからぬ波紋をもたらした。たとえば、その子が自分に与えられた名前も知らないままにこの世を去ってしまったので、その悲しみもまだ癒えない一年半後に恵まれた上の弟に対して、母は特別な思い入れがあったに違いない。その弟が例の怪我をするまで兄弟の中で目立ってわが儘だったのは、不安とないまぜになった母の甘やかしがきっと作用していたのだろう。

それはともかく、その亡くなった弟がまだ生きていた頃に、母はその赤ん坊の大便を舐めたことがあると言う。生まれたときから泣き声があまりにも弱弱しく、乳を吸う力もなかったその赤ん坊を病院に連れて行っても埒が明かず、母は馴染みの済州出身のシャーマンその他に相談したところ、

「その子の便を舐めてみて、その味でその子の運命が分かる」と言われて、ためらうことなくそれを実践したという。もっとも、その味についても、その結果がどうだったかについても、僕は母から明確なことは何一つ聞いていないのだが、その便を舐めるという行為は母にとって不幸な息子への別れの儀式だったのではないか、と僕はこの歳になって思うようになった。

ある文化の中で育った母たちは、子どものためならその子の便を舐めるくらいのことは平然とやってのける。ただし、その事実は、非合理だからこそ、いっそう美しい輝きを帯びる母性愛といったものを称揚したり、あるいはその反対に、迷信だからと無知な母たちを貶める根拠になったりはしない。僕もまた、そんなことを意図してその種のエピソードを紹介したわけではない。一般に言う合理性などとは別のレベルに、人間の一念と呼ばれるような領域があって、人間はときとして、そうしたものに依拠して自分の生のけじめをつけるものだということを確認したかっただけなのである。

そのあたりを更に考えるために、今度は、妹絡みの「両親の一念」と実行力にまつわるエピソードを紹介する。

妹は、兄たちと同じように家から通える志望大学に予想に反して不合格で、浪人して再挑戦のつもりだったのだが、「女の子」だからと両親はそれを断じて許さず、滑り止めに受けて合格していた地方の大学に半ば無理やり入学させられた。そして家から遠く離れて一人で下宿生活を送っていたその妹が三年生の頃のことだった。突然、下宿先から、妹がひどい熱で長らく寝込んでいるが、症状が好転せず、心配だという連絡が入った。両親は直ちに新幹線で妹の下宿先に急行した。そして、現地の医者から「こんなひどい状態で動かすのは危険である。こちらで治療を継続するしかない」ときつく言われたが、両親はそのアドバイスを無視して、すぐさま新幹線で大阪まで妹を連れ帰った。そして、父が肝臓病で入院を繰り返してきた先端医療を誇る病院に直行した。そして、治療にあたって「きつい薬だから難聴になったり、聴力を失う危険性もある」と危険性を告知されても、その投薬はもちろん、可能な限りの治療を決断し、医師陣に実行させた。妹は、懸念されていた難聴になることもなく完治した。

あのときに、現地の医師の指示に従わなかったのは、妹をそんな状態にまで放置した医師など信用ならないと判断したこともあるかもしれないが、そんなことよりもむしろ、親の責任と判断で娘の死を食い止めるのだといった、子どもの生死に対する確固とした当事者意識とそれに伴う責任感があったからに違いない。自分の子どもたちの生死に関わることは自分たちの責任である。たとえ合理的に見えようとも、またいかに権威を持った医者のアドバイスであろうと、自分たちが信じるに足る根拠や理由が見当たらない他人の言葉を盲目的に信じる形で責任を預け、結果的に自分たちの責任を解除したりはしない、ということだったのだろう。まさに親の一念だった。

それをたとえば、僕のような「お調子者」の善人ぶった夢想の軽さとは、そもそも比較できるはずもないのだが、さっきの上の弟の腕の切断という危機に際して、僕が何を夢想して、目の前の危機から逃れようとしていたかを、恥を忍んで記しておく。

弟の左腕が切断の危機に直面しているという話を聞いたのは、僕がちょうど弟のその左手の指を触っていたときだった。父と母はそのことで激しく言い争っていた。父は医師の言うようにするしかない、聞きわけのないことを言って困らせるな、腕よりも命のほうが大事だと母を説得にかかっていたが、母は頑としてそれを受けいれず、挙句は激しい言い争いになっていた。母は絶対に切らせない、たとえ、腕が腐ってもそのままにするなどと、自分でもとんでもないことを言っていると分かりながらも言いつづけ、やがて、黙りこんだ。

そのとき、僕は内心で父の側に立つばかりか、「夢」のようなことを考えながら弟の冷たい手をなでていた。弟が左腕を失ったとなれば、毎朝のランニングその他で、左腕を補って余りある能力を備えたスーパーマンに鍛え上げるトレーナー役の自分を思い描いて、ヒロイズムに陶酔していたのである。

危機に遭遇するたびに、最後のぎりぎりまで抵抗するよりも、合理を盾にして大勢の赴くままに任せる一方で、現実には実現不可能な夢想に耽ることによって無力感の補償をするといった「ごまかし」、それを僕はすでにその頃から自分のものとしていたようである。一念がない。だからこそ、合理を盾にして自己合理化に励むしかない。そんな僕の生き方は、すでにその頃に形をなしていたわけである。

以上のように、危機に瀕すると、母は覚悟を決め、それに正面から体を張ってぶつかり、問題が解決することが多かった。それは僕ら子どもにも、そしてまた父にもできないことだった。父も僕ら子どもたちも、そうした母をはらはらしながら見守るくらいのことしかできなかった。その意味では母はわが家における事件のクローザー役であり、「グレートマザー」だった。但し、そんな役割を母自らが望んだわけではなかっただろう。母はただただ平穏で仲睦まじい家庭を維持したいと念じていたに違いない。否、むしろ、まだ実現しておらず、今後も実現できないかもしれないが、そんな自分の家庭を持ちたい、築きたいという一心だったのだろう。それが母の複雑な生まれ方（第二部で詳述する）、育ち方にも由来する切実な願いだった。

母はそうした望みの強さ以外にはほとんど何も持ち合わせていなかったから、その願いを叶えるために突進する。危機に際しては、そういう「火事場の馬鹿力」のようなものが発揮され、ときにはそれが有効に働くこともあった。

しかし、それはあくまで非日常であり、人間の生活がつねに非日常であるはずもない。むしろ、何の変哲もない些細な不都合、心配、失敗、そして自嘲の苦笑い、そしてときたまの屈託のない笑いといったことの繰り返しが人間の暮らしだろう。そうした日常における両親と僕ら子どもたちの生活はどうだったのか、そして「スモールマザー」としての母と僕との関係はどうだったのか。それについて綿々と述べてきたのが食い気などに関する第三項までの話だったのだが、その大筋に戻って話を続けよう。

五　「阪神裏」通い

とっくり襟とV首セーター

わが家では歳末になると、大阪梅田の阪神百貨店裏の繊維問屋街で晴れ着を買いそろえるのが恒例になっていた。兄弟全員、正月の晴れ着は「阪神裏」で買ってもらったし、父の背広やオーバーを新調する際にも、先ずは母が阪神裏で下見して見当をつけたうえで、夫婦そろって出向いた。

他方、普段着はたいていが母のお手製だった。その中でもズボンのゴワゴワとした肌触りは、今でも体が覚えている。母はすごく分厚くていかにも丈夫そうな黒い生地をたくさん入手して、僕ら兄弟全員のズボンを一度に何本も作った。すごく厚手だから少々のことでは破れそうにないのに、母はその膝のあたりに、まるで雑巾のように何重にもミシンをかけてさらに頑丈にする。だから、すぐに「膝が出て」、おしゃれなどとは程遠い。それによほどでないと破れないから、いつまでも穿きつづけることが可能だし、穿きつづけなければならない。そしてたとえその膝に穴があいたり擦りきれても、取っておいた端切れをあてがって、またもやミシンを何重にもかける。そうなるといつでも膝が出た状態で、新しくてミシン目が鮮明なその部分だけが黒光りして浮きあがり、格好悪いだけでなく、ゴワゴワして動きも制約される。だからその分、夏になるとすごい解放感を覚えた。同じく母のお手製でも半ズボンだから、膝あたりのあのゴワゴワの感触を免れるからである。そして冬でもそんな解放感を味わえる日を待ちわびたものだった。

　夏用のシャツなどもお気に入りの生地を入手すると、兄弟全員のおそろいのものを作ってくれた。その中でも特に僕の記憶に残っているのは、半そでの開襟シャツである。白地に鮮やかなブルーの模様が入ったシャツの胸元のボタンを二つもはずし、すでに熱烈なファンであった阪神の野球帽を少し斜めにかぶって気どっている写真が残っている。

　その他で記憶に強く残っているのはセーターである。いつだって「とっくり襟」で、それも茶、濃いグレー、あるいは黒といったように暗く地味な色だった。汚れが目立たないように、母はことさらにその種の色を選んだのだろう。適当な毛糸が大量に手に入ると、ある頃以降、母は親戚のおばさんから習い覚えた編み機を使って編むようになるのだが、それ以前には、入手した毛糸を僕らに持たせてなじみの編み物店に送った。僕らはその店で寸法を測ってもらい、数日後に受け取りに行った。一応は「誂え」なのだから、子どもにしては贅沢に聞こえるかもしれないが、きっとそのほうが安くついたのだろう。ともかく、その「誂えのセーター」を喜べない理由が僕にはあった。

とっくり襟は、少なくとも僕の当時の印象では、わが家の兄弟たちや近辺の朝鮮人の子どもだけが着ていた。そこでとっくり襟は朝鮮式なのだと思い込み、恥ずかしくて、嫌だったのである。

その後、裕福な親戚の子どもがVネックセーターを着ているのを見て、とっくり襟が朝鮮人、Vネックが日本人といった区分けなどないのかもしれないと、自分の思い込みに修正を施し、改めて注意深く周りに目をやると、日本人でもとっくり襟を着ているのが見えてきた。だからと言って、僕が気持ちよくとっくり襟のセーターを受け入れるというふうにはならなかった。Vネックセーターを朝鮮人である自分でも着る資格があるのだと思うと、ますますとっくり襟が嫌になった。だから、初めてVネックセーターを買ってもらったときには、自分が一段偉くなったような気がして、それればかり着ていた。

相当に脱線してしまった。晴れ着の買い物の話に戻ろう。

普段は母と連れだって服を買いに出かけることなどなかったから、年末にわざわざ電車に乗って都心まで出向いて服を買ってもらえるのは、うれしいはずである。ところが、そうではなかった。すごく気疲れがする道行きだった。

「阪神裏」は、遠くは北陸、中国、四国、近くは京阪神地方や大阪近郊から小売商人が仕入れに通う繊維商品の大問屋街だった。なのに、ずぶの素人である母が、しかもわざわざ電車でそこまで足を伸ばしたのはなぜなのか。もちろん、問屋だから小売店より安くて、電車賃を払っても「おつり」が出たのだろう。それに品ぞろえの多様さもあったのだろう。更には、年に一度のことだから特別に、という理由もあったのだろう。しかし、近所の日本人の子どもたちから、そこへ買い物に出かけたという話など聞いたことがなかった。だから、朝鮮人独自、あるいは、わが家固有の縁があってのことだったのかもしれない。というのも、その界隈は、戦後の焼け跡闇市の延長で、在日朝鮮人が少なからず住んでおり、その中には両親が親しく付きあっていた人々もいたからである。だからこそ、僕はずいぶん後になって、「頼母子講」の集金のためにその界隈に派遣されて、冷や汗ものの体験をする羽目になる。

頼母子講の集金と冷や汗体験

高校の野球部の練習を終えて、帰宅中の大阪駅で下車する頃にはすっかり日が暮れ、色とりどりの街のネオンが華やかさを演出していた。しかし、その光の中心ともいえる阪神百貨店の裏に一歩足を踏み入れると、すっかり趣が変わる。その界隈の問屋街はすでにほとんどが店を閉め、人通りもほとんどなく、街灯の明かりがかえって暗闇を引き立たせている。そのうえ、路地は細くて錯綜している。住居表示を頼りに路地を行ったり来たりして、ようやく父がメモしてくれた住所のあたりにたどり着いた。しかし、目当ての家の表札が見当たらず、尋ねようにも人の気配がない。途方に暮れていたところ、店じまいした繊維問屋の連なりの端に、狭い階段が見えた。何か手掛かりでもあるかと、その階段を上がってみると、階上に民家らしい玄関が見えたので、おずおずと声をかけてみた。

「すみません、……さんのお宅ですか」

「そやけど、だれや！」すごいだみ声でも女らしい声が返ってきた。と同時に内側から戸が開いた。

足の踏み場もないほど狭い玄関脇の小部屋の、玄関扉に手が届きそうなところに老婆が座って、こちらを見つめていた。乱れた白髪の一部が垂れかかっていて顔はよく見えないが、上半身が異様に肥っている。まるで絵本に出てくる鬼婆のように思えて、その顔をまともには見ておれない。目を落としたまま、「あの、頼母子の集金に……」と答えた。「そうか、東淀川の文（ブン）ちゃんとこの……来るいうから、待ってたんや、遅かったな。オトチャン、オカチャンは元気か？」父の名前は漢字で文式、韓国式だとムンシク、日本式だとブンシキと発音し、在日の知人・友人たちもたいてい父のことを「ブンちゃん」とか「ブンちゃん兄さん」と呼んでいたから、その呼び名を聞くだけで僕も親しみを感じたし、それにまただみ声に変わりはなくても、今度は心なしか柔らかな響きが感じられたので顔を上げてみると、白髪が垂れた顔に埋もれた細い目に、優しい光が射していた。僕は「はい」と答えながら、軽くお辞儀した。するとその人は、座っていた座布団の下から封筒を取りあげて、差しだした。僕は慌ててそれを受けとってカバンに入れようとしたところ、いきなり、厳しい声が耳に飛び込んできた。

「あのな、兄ちゃん！お金いうもんはなあ、しっかり勘定してから受け取るもんや」

僕はうろたえながら、急いで封筒から札束を取り出して、数え始めた。しかし、緊張しているせいなのか、うまく数えられない。冷汗がじわっと滲みでてくる。僕からすれば大金ということもあるし、こんなみすぼらしいお婆さんがこんな大金を持っていることが怪訝にも思えて、作業に集中できない。二度、三度と数えなおしてようやく、間違いがないことが確認できた。

無事に集金を終えた。

「これで道も分かったやろから、また遊びに来るんやで。うちにも兄ちゃんくらいの子どもらが何人もおるから、仲ようしてや。なんせ、同じ故郷の、まあ言うたら、親戚みたいなもんやからな。ほんで、オトチャン、オカチャンによろしうな」

そのだみ声もすっかり優しい響きで耳に入ってくる。その声を背に玄関を出て階段を下りると、安堵のため息が出る。息を整えながらゆっくりと、暗くて狭い路地を抜けた。そのとき、その路地と交差する別の路地の薄暗がりから、人の気配がした。その人影がこちらに近寄ってきそうな気配である。

僕はなぜかしらひどく緊張して、早足になっている。

「兄ちゃん、そこの学生服の兄ちゃん、花一本、どうや、上物やで。まだ宵の口やし、学生さんやから特別に安うしとくで」

中年女の荒れた声が背中から追いかけてくる。僕はますます怖じ気づいて、足を早める。すると誰か別の高い声が最初の声の主を呼び止めたようだった。少ししてからその二つの笑い声が唱和して響きわたり、僕はまたしてもギョッとする。そしてまるでその笑い声に追われてでもいるかのように、冷汗まみれで駆け足になっている。

母の買い物術

大いに脱線してしまった。そんな冷汗体験よりも五、六年前の年末の買い物の話に戻ろう。先にも述べたように、阪神裏の問屋街は母にとって特別な利便性や縁があったのだろうが、子どもの僕にとっては相当に面倒なところであった。

なにしろ問屋街だから元来は商売人を相手にしており、店頭に「素人さんお断り」の掲示がある店が少なくない。ところが、母は文字が読めないから、そんなことには構わず店に入っては店員に邪険にされて退散という羽目になる。だから、僕が店頭の掲示に目を光らせて、「オカチャン、この店、あかんみたい」と小声でささやいたり目つきで合図を送ったりするのだが、母は「かめへん、かめへん」と言いながら、性懲りなく入っていく。すると、なるほど掲示とは裏腹に愛想よく小売りをしてくれる場合もある。しかし、たとえそんな場合でも、一件落着とはいかない。難関がつぎつぎと立ちはだかる。

母は散々に物色したあげく、気に入った服を僕に試着させるが、必ず僕には大きすぎる。なにしろ育ち盛りだから、大きめの寸法が必須である。そんな事情くらいはいくら幼い僕でも分かっているから、文句など言えない。僕が口出しできるのはせいぜい色合いくらいなのだが、その色も母が気に入らなければ話にならない。だから、自分の服を買いに来ているはずなのに、興味などすっかり失せてしまう。しかも、ようやく商品の決定にこぎつけても、そこからが本当の冷汗ものなのである。

当時の大阪では正札販売が普通ではなく、とりわけ問屋街では正札などついていないのが一般的だった。それにまた、たとえ正札がついていても、値切り交渉が当たり前だった。それも言葉による交渉ではなく、昔流の五つ玉の大きく重そうで、黒い艶が鈍い光を発するソロバン片手の商人が示した値段に対して、母はほとんど必ず首を横に振る。

「あかんなあ、そんなやったら、あかんわ」。更には「ちょっとくらいは勉強してもらわな」と付け加える。すると、主人は改めて小指でソロバン玉をはじく。しかし、母はまたしても「勉強してその程度なんかいな？　あかん。あきませんわ。しょうない、また来ます」と言いながら、僕を引きずるようにして店を出る。そして店から少し遠ざかってから僕に尋ねる。

「あれ、なんぼやった？」

僕がソロバンで提示された額を小声で言うと、「ふうん、やっぱりな、まあまあやな」とうなずく。

母がソロバンを扱えたはずがない。コウバにも、商人たちが用いるのとそっくりの、黒光りする大きな五つ玉のソロバンがあったが、母がそれをはじく姿など見たこともない。でも母には長年の大阪での生活経験があり、ソロバンを使う店も多かったから、ソロバンで提示される金額くらいは分かったのだろう。ただし、それが正確だったのかどうか。あくまで「ある程度」に留まっていたのではなかろうか。だから、商人相手に「あかん」と言うのは、駆け引き半分、自信のなさ半分だったのだろう。そうでなければ、まだ幼かった僕にそんな質問をするはずがない。

ときには、後ろ髪でも引かれるようにゆっくりと店から出ていく母を、店主が追いかけてきて再度の交渉のあげくに商談成立に至ることもある。しかしそうでなければ、母は商店街の入り組んだ狭い路地をぐるりと一回りしながら物色を繰りかえし、気に入ったものが目に留まった店でまたしても同じようなことを繰りかえしたあげくに最初の店に戻る。そこで、先ほど提示された値段に改めて「色をつけて」もらって、交渉成立になったりもする。僕は母と店主の顔つきをうかがい、恥ずかしさをこらえながら、また他方では値切り交渉の邪魔をしないように気をつける。大いに気に入った服があっても、そんな素振りなど見せないように努める。商人に足元を見られてはならないのである。しかし、その一方では、母に自分の意思を少しは伝えなければならないのだから、じつに厄介である。母の執拗な交渉にうんざりして、すぐさま決着をつけてほしそうな顔つきにでもなれば、たちまち母の厳しい目つきが僕を刺す。

ようやく僕の服の買い物が終わっても、母は足を止めずに物色を続ける。父や兄弟たちの服の事前検分で、あくまで物色である。だから、僕としてはなおさらじれったく、腰が引ける。店に入らず店頭脇に立ちつくして、母の存在を忘れようとする。やがて満足した顔つきで母が店から出てくる。

そして、「腹へったやろ」と僕を食堂に連れていく。いつもお決まりの、問屋街の片隅にあるラーメン屋である。「おまえ、何にする?」、「中華どんぶり」、「ほんだら、オカチャンも同じもんを」、これが二人の決まり文句である。母は一口、二口すくって口に入れると匙を置く。僕がどんぶりに顔を突っこむようにして、餡がきいた具とご飯を混ぜながらかきこんでいる姿を、呆れたように、そしてまた満足そうに見つめている。僕がその目に気づいて顔をあげると、「おいしいか、おいしかったら、オカチャンの分も食べ」と自分のどんぶりを僕のほうに押しだす。

食堂を出ると、「疲れたやろ。友だちと遊びたいんとちがうか。先に帰ってもええんやで。オカチャンはもうちょっと見ていくから」と母は僕を解放してくれる。僕は買ってもらったばかりの晴れ着を抱えて、そそくさと駅に向かう。僕を見送っているに違いない母の姿を見ると後ろめたさに襲われるから、振り返りなどしない。

六　年越し

年越しの準備

わが家では歳末になると、界隈の酒屋、米屋、自転車屋、金物屋、電気屋など家とコウバの「付け」（商人からすれば掛売りのことで、帳面につけておくという意味。だが、僕らが幼い頃には両親の言い方をまねてウエサン〈外算〉と言っており、それが朝鮮語だと気づいてから、慌てて「付け」と言い換えるようになった）の清算、家とコウバの大掃除、更には、職人の給料と年末手当の支払いという大仕事が待ち受けていた。金策に頭を悩ます両親はそれだけでもすでに苛立ちを隠せない。そんなところへ、見るからに水商売然とした派手な和服に厚化粧の中年女性が強面の用心棒を引きつれて家に押しかけてきて、応対に出た母に父の一年間の巨額の酒代の清算を求める。普段はおとなしい母だが、そんな場合ともなると一歩も引かない。剣呑なやりとりが続いた末になんとか追い払うが、母の興奮は冷めない。父との厳しい諍いの前哨戦が、険しい目つきと冷たい断片的な言葉で火花を散らす。そのとばっちりで、僕ら子どもも神経をとがらさなければならなかった。

とは言っても、職人たちがコウバの大掃除を終えて給料と年末手当を受けとり、いったん帰宅して、銭湯で一年の汚れと疲れをすっかり洗い落したように晴れやかな顔つきと小ざっぱりした服装で再びわが家に集まってくると、さすがに両親の顔つきも変わる。心中の厳しい棘を押しかくし、笑顔を浮かべて迎えいれる。こうして恒例の忘年会が始まる。

素面《しらふ》では口数が少なく、職人に愛想を振りまいたりしない父なのだが、なにしろ大仕事を終えた後である。しかも、心中に重く淀んでいる母との諍いの前兆の予感に苛まれていて、それを忘れるためにも笑顔を作ってすごく饒舌で、酒のピッチも速まる。あげくは、父に劣らず盛りあがった職人たちを引き連れて二次会に繰り出す。後に残された母はブツブツ愚痴をこぼしながら、食べ散らかされた膳の後片付けにとりかかる。そして、それがすむと深いため息をつく。しかし、まだすべてが終わったわけではない。翌朝には、職人やその家族の一部も交えての餅つきが控えている。

まだ夜が明けないうちから、古参の職人のおかみさんたちがやってきて、母と一緒に準備にとりかかる。先ずは餅米を蒸す。やがて一番の若手で未婚の職人が二日酔いを隠せない顔つきで姿を現すと、雰囲気が一気に華やぎ、杵や臼を玄関前に運びだし、餅つきが始まる。餅を搗く若い職人に、おかみさんたちから「あの娘とできてるんとちがうか？　この頃、眼付が変わったし、男前がまた上がったな」などと冷やかしの声がかかる。すると、冷やかされた当人は、ランニングシャツから覗く首、肩、そして腕まですっかり赤くして、杵を提げた手を思わず止める。それを見たおかみさんたちはひときわ大きな歓声を上げる。

搗きあがったばかりの餅をこねるのは母やおかみさんたち、そして僕ら子どもたちの役割である。お供え用の鏡餅、小餅、海苔餅、海老餅、餡餅、豆餅などができあがる頃には、古参の職人も何人かやってきて、餅つきで一汗かいた若手の職人と一緒に膳を囲む。餅とキムチ、そして茹で豚とわが家常備の朝鮮風の煮物などを肴にしての迎え酒で、朝っぱらからすっかりできあがってしまう。

僕らは保存がきく各種の小餅はさておいて、餡餅をこの時とばかり先を争って食べる。餡餅は他の餅と比べると高くつくし保存もきかないので、作る量も少ないからである。豆餅、海苔を練りこんだ海苔餅、何も練りこんでいない小餅は、その後約一ヵ月にわたってわが家の間食の王様になる。火鉢で焼き色と少しばかりの焦げが入るようにふっくらと焼いた餅を砂糖醬油で食べるのが、わが家の冬の風物詩だった。当時はその大量のストックが切れる一月末か二月初旬にはまたしても一ヵ月分（二斗分）の餅つきをしたので、二月末までは餅が常に家にあった。

年の暮れの餅つきに話を戻すと、つきあがった餅の味見が一段落して、どこからか父が現れると、正月の飾りつけの時間である。鏡餅などを携えて父と一緒に、先ずはコウバの奥の机の上に大きな鏡餅を供える。創業の際に、父がどこからか譲りうけてきた古机は、いかにも頑丈で重そうで、その上に置いてある古くて重くて黒光りするソロバンとまるでおそろいである。その机に鏡餅を飾りつけると、餅の白さが輝きを増して、何となく厳かな気分になり、手を合わせてお辞儀したくなってくる。次は、いくつも並んだプレス台のうち、机から一番遠いプレス台の飾りつけである。左右のプレス機の間の作業台の上には、中くらいの鏡餅を供える。更に、玄関脇の洗面所には小さな鏡餅を供え、玄関には大きな注連縄、そして最後に、小型の注連縄をプレス機のハンドル部分に首飾りのようにかけて、コウバの飾りつけは終わる。

その後、家に戻って、炊事場と居間に大きな鏡餅を供え、玄関に注連縄をかけると、出番が終わった父はどこかへ姿を消す。他方、僕はいろんな種類の小餅を持って、内職をしてくれている家々に配って回る。それが終わると、母と一緒に正月料理の買い物に出かける。

買い物の品を両手いっぱいに抱えて市場から戻る頃には、大晦日の宵闇がすっかり濃くなっている。普段より早めに、前夜の残り物などで簡単に夕食をすませ、母は正月料理に取り掛かる。父の姿はない。大晦日に開いている飲み屋などほとんどないはずなのに、一体どこで飲んでいたのだろうか。大晦日の夜に家に父がいたという記憶がほとんどない。ひょっとしたら、連夜の酒で疲れはてて、家のどこかで寝ていたのかもしれない。大きな家でもないのだから、分からないはずがないと思いはするものの、その可能性も否定しきれない。僕の記憶など当てにならないことがよく分る。

母は朝鮮風の野菜の煮物を数種（ワラビ、豆モヤシ、ミョウガ、ワカメ）、そして日本風の煮物（ニンジン、シイタケ、コンニャク、レンコン、ゴボウ）を大量につくり、大きな盥に入れて新聞紙をかぶせ、餅と同じように火の気がなく寒々とした奥の部屋に保存する。日本のお節料理の重箱のような華やぎとは正反対の、殺風景で実際本位の正月料理であった。

母はそうした日本の煮物料理を、隣家の日本人のお婆さんから習った。白菜の糠漬けを筆頭にした様々な日本料理なども同じである。その一つに「捻りコンニャク」があった。母は年末には必ずそれを含む数種の和風の煮物を大量に作るのだが、その下ごしらえを僕は買ってでる。

薄切りにしたコンニャクの真ん中に包丁で切り込みを入れ、そこにコンニャクの端を突っこんで、捻る。それがうまくいくと、一人前になった気分で鼻高々である。その程度のことでも母に喜んでもらえるし、弟妹たちに兄貴風を吹かすこともできる。そればかりか、その作業に没頭していると、飲み屋の借金取りの恐ろしい顔つきや、それも絡んで爆発寸前の両親の鞘当《さやあて》がもたらす不安などもすべて洗い流され、静かに年を越して新年を迎える気分になっていくのだった。

元旦の挨拶回り

年が明けると、母は一年の疲れが一気に押し寄せるのか、ほとんど寝正月を決めこむ。母の正月の晴れ着姿などお目にかかったことがない。わが家では朝鮮人の正月の儀式である名節はしなかったし、三が日の食事は有りあわせですます。だからこそ、母は年末に保存のきく料理を大量に準備しておくし、二日か三日に母の弟妹の家族たちが年始の挨拶に来るのに備えて、鍋料理の具材だけはたっぷりと用意しておく。それに、僕らは近所の親戚の名節の行事に新年の挨拶も兼ねて参加しなくてはならず、そこで出してもらうお供えの「おさがり」や正月料理で食料は十分だった。それより何より、僕らは親戚の家々でかき集めたお年玉を軍資金に、繁華街の食堂や神社の出店で買い食いするのが、正月の最大の楽しみということもあった。家でお腹が空けばもちろん、奥の部屋に貯蔵してある煮物や餅などでごまかすことになるのだが、そもそも僕らが正月に家にじっとしているわけがない。

元旦の朝、僕らは先ず、日本でのわが一族の最長老で、近所で一人住まいしているハマニの家に向かう。ハマニは僕らが一度も会えないままに済州で亡くなった祖父の妹である。結婚して二人の子どもを生んだが、夫に若死にされて、仕方なく子ども二人を済州に残して単身で大阪に出稼ぎにきた。その後は工場の賄い婦や下宿屋、小口の金貸しや工場の内職をしながら命をつないだ。そして少しは生計のメドがつくようになると済州に残してきた娘と息子を呼びよせて、娘は女学校、息子は大学まで終えさせた。

娘はその後、済州に戻って嫁いだが、母の運命を受け継いだのか、夫に若死にされて、女学校卒という経歴を強みにして当時としては珍しい女警官になった。他方、息子のほうは働いていた東京の街中で知り合った日本人女性と結婚し、新婚時代には夫婦が大阪に来てハマニの家で同居を試してみたこともあった。しかし、東京生まれの、それも日本人の新婦が嫁としてハマニとの同居生活に耐えられるわけがなかった。姑は、済州の習俗、人間関係、そして伝統的な思考方法だけを頼りに後家の踏ん張りで命をつなぎ、しかも大の日本人嫌いである。同居を始めてほどなく神経衰弱に陥ったあげくに東京へ去り、息子もその後を追った。ハマニはそれ以来、一人暮らしを続けている。

ハマニは長年にわたって一人で生きぬいてきたからか、何につけてもすごく厳しい人だった。少なくともそういう評判だった。しかし、僕らは生まれてからずっと近所で暮らし、その性格にもすっかり慣れ親しんでいた。しかも両親の断片的な話から、ハマニが爪に火を灯すような生活をしながら、貯めたお金を娘や息子に送るなど、その厳しい顔つきと憎らしい物言いの陰に、寂しさと優しさをたっぷり隠しもっていることを知っていた。それにまた、息子と孫たちが大阪へやって来ると、ハマニがどれだけ手放しで甘く接するかを自分の目で見て呆れるほどだったから、ハマニが本当に冷たく厳しい人だとはとうてい思えない。そんなわけで、厳しく叱られたり嫌味を言われたりすることが分かっていながらも、手持無沙汰になるとついついハマニの家に足を向けたりするのだった。

正月もハマニは、暗くてかび臭さに加えて何か饐えた臭いが充満する自宅で、普段と変わらず難しい顔をして僕らを迎える。但し、父が来ると表情も言葉つきも一変する。ハマニにとって父は、じつの息子を除くと日本でもっとも近い肉親だし、文字が読めないだけでなく日本語の会話にも不自由するといったように、いろんなハンディを抱えたハマニを諸事万端にわたってサポートしてくれる息子代わりでもある。そのうえ、「ケチで働き者」のハマニによく似て、父は「働き馬」だから、ハマニの大のお気に入りなのである。

因みに、その「働き馬」というのは、ハマニの息子が父を評して実際に口にした言葉なのだが、そこには悪意など全く含まれていなかったはずである。わが一族の在日では唯一の「インテリ」で、生涯、食い扶持を求めてあくせく働いたことがなく、奥さんの稼ぎとハマニの援助とで生計を立てながら、ものを書いたり民族運動に専心してきたその叔父にすれば、学校経験がなくても、勤勉でたくましく生きてきた父に対する羨望と尊敬のような気持もあっての言葉だったはずだ。

叔父は、在日の統一運動の関西における拠点づくりのために、一年の半分ほどはハマニの家に滞在するのを常としていた。そして、その間には父のコウバを訪れたり、わが家に立ち寄って父や母と四方山話に花を咲かせていた。

叔父と父は従兄同士で、年齢もほとんど同じだったが、父も母もその叔父のことをすごく尊敬し、信頼していたし、その叔父のほうでも僕らの両親を特別に考えていて、僕ら兄弟の進学などの人生の節目では、学校経験がないうえに、やたらと忙しい僕らの父代わりをしてくれたし、すでに述べたように弟のケガの際には、これまた父に代わって母を支えながら日本全国の病院を回ってくれた。

ハマニにとって父が頼りがいがあって大事な存在であったと同じように、父にとってもハマニは格別な存在だった。青年期に済州から単身日本にやってきて以来一度も再会できなかった実母を、済州四・三事件の際にパルチザンに殺された。父にとってはハマニは母代わりだった。

他方、母にとってハマニは姑的な存在だから、煙たいところもあったはずなのだが、ハマニの嫁ぎ先が母の生まれ育った村の名門の一族だったという地縁もあれば、世代的には差異があっても、ハングルも漢字もひらがなも読み書きができない在日一世女性という境遇の同質性もあって、強い精神的絆があった。ハマニの僕らに対するこれ見よがしの厳しさや辛辣な嫌味に対しても、母が抗弁したり、不満を漏らしたりするのを僕は見たことがない。

ハマニの家での名節の儀式は、あっけなく終わる。僕らは祭壇に向かって習い覚えた礼を捧げ、ハマニにも深々と拝礼する。それが終わるとすぐにハマニは料理を出してくれる。しかし、僕らはそれに申しわけ程度にしか手を付けない。ハマニの家の食べ物にはハマニの体臭とかび臭さがしみこんでいそうだし、次に挨拶に行く親戚の家の料理のほうが口に合うから、ハマニの家に入ったときからすでに、帰る機会をうかがっている。ハマニのほうでも、端から僕らのそんな魂胆などお見通しで、頃合いを見計らってお年玉を差しだしてくれる。その際に、嫌味めいたことを口にしても、そんな言葉や表情にも普段の険や、しつこさがなく、ただの口癖として聞きながせる。大きく黒い眼の奥に寂しさの影を認めながらも素知らぬふりをして、そそくさとハマニの家を辞す。

そこから徒歩で二分くらい、コウバの集落の真ん中に位置する親戚の家に向かう。父とは同じ年齢だが父からすれば五親等の叔父にあたり、僕らからすれば「おじいさん」の家である。僕らと同年配の子沢山のその家は、おばさんと娘たちがいたって話好きということもあってにぎやかで気楽だし、ハマニ宅とはうって変わって人の出入りも多くて華やぎがある。それに料理も僕らの口に合うから、そこでしっかり腹を作る。そのうち父や親戚の大人たちがやってきそうな頃合いになると、大人の邪魔になることを口実に、急いで席を立つ。もちろん、お年玉はちゃっかり手に入れてからのことである。またもや先を急ぐ。

更に徒歩で五分くらい、駅前の商店街の裏通りに向かう。その袋小路に位置する二階建ての長屋端に、遠縁のおじさんたち三所帯が雑居している。一階には僕らより少し年長の娘一人と、彼女の年齢からすれば祖父母とまちがわれかねない年配の両親が住んでいる。そのおじさんは長年にわたってうちのコウバで働き、僕らにはもちろん馴染みがあるし、好感をもっているのだが、肌白の丸い顔を上気させて微笑んでいるばかりで、あまり口をきかず、たとえ口を開いても舌がもつれるのかもぐもぐと意味不明なことが多い。おばさんもまた僕らに優しい目を向けてくれるけれども、口数が少なく、タバコをいかにもおいしそうに吸っては赤い縁のメガネの奥の目がどこか遠くを眺めているような感じで、子どもとしては親しくするきっかけがつかめない。年始の挨拶をすませてお年玉をもらうと、料理は断って二階へ向かう。おじさんもおばさんも、そんな僕らをひきとめたりしない。

階段を上がってすぐの六畳の部屋には、遠縁のおじさんが一人住んでいる。生野の朝鮮人集住地域に家族がいるのに、いつ頃からか単身でここに移り住み、父やその他の知り合いのコウバを転々としていた。長身でやせぎす、以前は大金持ちだったと大人たちがもらすのを聞いて、なるほどと思わせるような貫禄というか威厳があって、近寄りがたいし、そもそも僕ら子どもに笑顔を向けることもない。しかし幸いなことに、正月や盆など、僕らがその家に挨拶に出向くときにはたいてい不在だった。後知恵なのだが、休みになると、羽振りが良かった頃のお妾さんの家で過ごしていたらしい。

その部屋の襖一つ隔てた六畳の部屋には、僕ら子どもにとってもっとも気安いおじさん夫婦が住んでいる。おじさんは父の遠縁で父よりも一世代上なのだが、済州時代から一緒に牛や馬を追ったり畑の世話をしたりで長い付き合いがあって、父の絶対的な理解者である。僕が長じて後に、父に対して批判的な態度を示しはじめた頃に、そのおじさんの家に呼ばれて、真剣な面持ちで頼まれたことがある。

「おまえのオトチャンみたいな立派な父親はおらん。それを考えたら、少々のこと許してやらなあかん。許してやってくれ。おまえにはそれだけは分かっておいて……」

おじさんは部屋で放し飼いにしている小鳥を肩に乗せ、目尻に涙をためながら僕に語った。

そんなわけだから、父のほうでも何かとおじさんの世話をする。小柄だがいたって負けん気が強いおじさんが、何かと揉め事を起こして周りが困り果てると、父のお出ましとなる。

しかし、いたって気のよいおしゃべりな人で、たとえ子どもでも対等に相手をしてくれるから、子どもとしては何とも気楽で、親しめる。奥さんのほうはでっぷりと太り、黒縁のメガネの奥の細い目がどんよりした光を放ち、何を見ているのか分からない。このおばさんも言葉数が少なく、やたらとタバコをふかす。

正月ともなると、そのおじさんを中心に近所の朝鮮人の年寄りたちが、二階の留守のおじさんの部屋に集まって、花札に興じる。脇に赤玉ポートワインや酒、そしてつまみのおかきやミカンなどを置いて、冗談や厳しい突っ込みでたがいに攪乱しあいながら、勝負に熱中している。

おじさんは僕らに気づくと、目が剽軽《ひょうきん》な光を発して笑顔になり、おばさんに命じて正月料理をださせる。おばさんの重箱に入ったおせち料理は少なくとも僕らには砂糖の甘味が濃すぎた。そのおばさんは日本人だった。

はるか後に知ったことだが、そのおばさんは四国出身で、母親が亡くなってから父親が後妻を娶ったのを嫌って十代の半ばで家を出て、この界隈で住みつきながらあちこちの工場で働いているうちに、朝鮮人の年寄と一緒に暮らすようになった。そして、その老人が亡くなると、、その老人と仲がよかったおじさんのところにいつの間にか住むようになったらしい。家を出て三十年ほど経ってから、すっかり老いた実父がそのおばさん（娘）を探しだして四国からはるばる会いにやって来て、「おまえには悪かった」と謝ったらしいが、父親と会ったのはそれっきりだったと言う。おばさんは僕らになれなれしくもなく、よそよそしくもなく、絶妙の距離感を保って接してくれていて、それが幼い頃にはなぜかしら不思議だったのだが、そうしたおばさんの経歴を知ると、何となく理解できるような気になったものだった。但し、はたして何がわかったのかと問われれば、答えに窮しただろう。

さて、話を元に戻すと、おじさんは、おばさんに更に命じて、赤玉ポートワインまで振る舞ってくれる。僕らは勧められるままに少し口に含み、その甘苦い味に辟易する。しかし、おじさんのいかにも愉快そうな挑発に煽られて、無理して恐る恐る口に含んではむせ返りながら、ただでさえ熱気を孕んだ鉄火場の雰囲気を、顔を紅潮させながら楽しむ。でもそこでも長居することはない。お年玉を受けとると、腰を浮かし気味で挨拶を急ぐ。すでに気持ちは都心の繁華街に向かっており、軍資金の準備は整っている。

正月の繁華街巡り

電車が、大阪を象徴する大河である淀川を越えるとそれまでの田園風景が一気に大都会のビルの林立に変わった。かと思うと、もう大阪駅である。早速、阪急百貨店の屋上の遊技場や阪急東通り商店街のゲームセンター、そして初詣出を気どってお初天神に向かい、その境内や周辺の出店を冷やかしてまわる。そして腹ごなしがほどほどにすむと、阪急電車で二駅の庶民の街として有名な十《じゅう》三《そう》に向かう。その商店街の入口の横手にある大規模な寿司店がお目当てだった。

壁と扉代わりに張り巡らしてある透明なビニールテントを押し開いて中に入ると、白い板張りのカウンターが長く伸びていて、その内側で仕込みに余念がない寿司職人が威勢のいい声で、「いらっしゃい」と声をかけてくる。少し面はゆくなって、急いで席につく。すると、「上がり」を持ってきた見習い職人がこれまた「いらっしゃい」と声をかけてくる。それが戦闘開始の合図である。

一人前の大人を気どって、カウンター越しに好みのネタを注文する。但し自分で決めた条件、スタイルがある。その店の謳い文句である「十円寿司」、つまり一貫十円で、三貫が乗った一皿が三十円のイカ、タコ、マグロに限って順繰りに二回、三回と繰り返し注文する。その合間に少しは「色を付け」て、マグロの代わりに鉄火巻を挟むくらいのことはする。しかし、茶碗蒸しは十円寿司の謳い文句の範囲外なので、いさぎよく諦める。締めは赤出汁で、これは一皿分の値段に収まるし、寿司屋での食事の作法だからと必ず注文する。そして、飲みたくなくても「上がり」は無料だし、作法なのだから頼まないわけにいかない。それを少しばかり啜ると、終わりである。「お愛想してください」と聞きかじった業界用語を用いて、支払いをすます。こうして腹も心も大いに満足しながら、家路につく。

家は暗くひっそりとして、ほとんど人の気配が感じられないが、両親ともにきっと奥の部屋で寝ているのだろう。家の中の唯一の火の気である火鉢の上に跨って、尻からじんわり全身に広がってくる暖気を満喫してから、何をしようかと思案する。まだテレビなどわが家にはなかった時代だから、ラジオをつけるが、両親の睡眠の邪魔にならないように精一杯、ボリュームを落とす。火鉢で餅を焼いて砂糖醤油で食べ、それでも物足りなければ、裏の部屋から作りおきの煮物を取り出してきて、それと冷や飯とで腹をごまかす。両親のことが気になる。父はあちこちで飲んできた酒の疲れ、他方、母は年末の疲れ、そして二人とも諍いの酵母を心の中で熟成させながら、布団にもぐりこんでいるはずである。いつ爆発するのか不気味だが、翌日か翌々日に母方の親戚たちが新年の挨拶にやってきたら、母も少しは気分が変わるだろうと自分に言い聞かせて眠りにつく。貨物列車のガタゴトガタゴトの音が聞こえてきたと思ったのが最後、すっかり眠り込んでしまう。

七　共同作業

歳末や新年のハレの料理とは全く違って、日常の家計の切迫がもたらした「料理」もあった。自家製うどんである。懐具合が心細くなると、母の手製のうどんが数日にわたって朝昼晩とわが家の食卓の中心になった。小麦粉をこねてビール瓶で伸ばしたものを包丁で切って、出汁に入れる。具は大根の千切り、薄揚げの細切り、そしてネギである。日本の一般のうどんのように、一度茹であげたものを水で洗ってぬめりを取ってから冷水で締めて、それを改めて湯がいてから出汁に入れるといった手間などかけない。切ったうどんをそのまま出汁に入れて煮こむから、二度三度と煮こんでいるうちに、うどんは出汁を吸い込んでふやけたり切れたりして、ついには団子状になる。それにまた、うどんも大根も次第に溶けて出汁と混ざりあったあげくにどろどろに煮つまってしまう。それが透きとおった汁、麺の腰が売り物の近頃のうどんとは全く別物である。それでも、慣れるとそれが母の味というものなのか、独特な味わいがあった。しかしそれが何日も続くとさすがにうんざりするので、ご飯とキムチを放りこんで、食感と味に一工夫する。なにしろ育ちざかりだから、何だってそれなりに満足できた。

そのうどん作りに僕らが加勢することもあった。ビール瓶で生地を伸ばす作業である。子どもはなんだってねばねば、ぐにゅぐにゅしたものを好むものだし、作業の過程ですでに、できあがったうどんの味を想像して期待を膨らませたりもする。しかも、幼いながら家族の役に立っているというやり甲斐まで感じることができるのだから、まさに一石三鳥だった。

食べ物の話ばかりで、書いている当人も心なしか満腹感で苦しくなってきた。そろそろ「食い意地」とは関係ない母との共同作業の話に移ろう。たとえば、布団に縫い付けられたシーツの取り換えである。

一ヵ月に一度くらいの間隔で天気が好い日を選んで、母は布団のシーツを取りかえた。わが家のシーツは今のように袋状ではなく一枚布なので、随所を布団に縫い付ける。そうでもしなければ、僕ら育ちざかりの子どもたちの布団とシーツが朝まで仲良くしているわけがない。したがってそれを洗う際には、縫いつけてある糸を解いてシーツを布団から剥がし、洗濯したうえで乾かして、改めて布団に縫いつける。

まずは布団から外したシーツを大きなバケツに入れて煮る。やがて何とも独特の臭いが家中に立ち込める。僕はそれが大の苦手で、吐き気までもよおして、いたたまれないので外に逃げる。そして時間つぶしの遊びに熱中している間に、母はシーツをバケツから取りだしてしっかりゆすいでから、干す。そしてすっかり乾いた頃になって僕が帰宅するという案配。大体いつも、示しあわせたように、そうなっていた。

僕が見守る中で、母は乾いたシーツを幾重にも折りたたみ、枕に似た長方形の硬い台上に置いて棒で叩く。その棒のことを砧（きぬた）とでも呼ぶのだろうか。そうした朝鮮絡みの道具その他については、両親ともに当然のごとく朝鮮語で呼んでいたので、稀な場合を除いて僕ら子どもには難しすぎて、僕らの言語世界に入ってこなかった。その棒の場合もそうである。それを母がどのように呼んでいたのか全く記憶がない。大学生になってから小説で目にした砧という、僕にとってはすごく高貴な感じのする名称と、母が使っていたあの棒とを結びつけて考えるなんてできない。僕には、在日の現実世界を「卑しい」ものとする感覚が染みついていたのかもしれないが、しかしその感覚は必ずしも劣等感といったものではなくて、自分に親しい世界と活字になるような世界との弁別といったほうが近かったような気がする。

それはともかく、母がその棒でシーツをリズムよく叩いているうちに、布地の奥に潜んでいた白さが浮きでてくる。皺も伸びて、アイロン代わりにもなる。その頃になると、ようやく僕らの出番である。

真っ白になったシーツを母と僕ら子どもたちが、両側から引っ張りあって伸ばす。しっかり力を入れないと相手側に引っぱりこまれてしまう。でもその反対に、調子に乗って自分勝手に力をこめると、今度は自分でのけぞってしまったりもして、どちらにせよ母から小言を食らうことになる。

「おまえは何を考えてるんや！　人と一緒に何かするときは、調子を合わせなあかんやろ！」

「オカチャンの顔をよう見て、息を合わせるんや、ええか！」

今度は、神妙に顔を見あわせて、「一、二、三」と声を上げながらタイミングを合わせる。しかし、そんなことを繰りかえしているうちに、まるで親子でにらめっこでもしているような気分になって、思わず笑いがこみ上げて力が抜けてしまう。またしても、母の小言が飛んでくる。

「遊んでんのんと違うやろ。オカチャンは、はよ、これ終えて、買い物に行かなあかんねんから」

改めて神妙に見詰めあい、呼吸を合わせて引っ張りあう。するとシーツはキュッキュッと高い音を立てながら伸びる。呼吸がうまくあうと、その音が高くなって、透明感を増し、ついには空気を切り裂く。その瞬間、なんとも不思議な快感が体を包む。しかも、力の均衡のお陰で自分の体も心もすべてを何ものかに委ねてしまったような解放感もある。そして、シーツからはまるでアイロンをかけたようにしわがすっかり消えさって張りもでて、白さがさらに浮きあがる。それが一段落すると、今度はシーツの方向を変えて同じことを繰り返す。こうしてまるで親子の綱引きのような作業が続く。

最後に、それを母が布団に縫いつける。母の指示に従って布団やシーツの一部を伸ばしたり、縫いとめる作業を助けるために指をシーツや布団に押しあてる。縫いつけ作業を終えて布団を押入に入れると、すべてが終わる。一仕事終えた爽快感は、風呂に入った後のそれに似て、まるで生まれ変わったような気分である。

シーツを両側から引っぱりあう際の、綱引きをして遊ぶような高揚感、そして、全身を相手に委ねる解放感、それに加えて母の役に立ったという達成感のようなものまでが一体となって、僕を恍惚とさせる。母と子どもらしく一緒に遊んだ記憶がまったくないからか、そうした母の手伝いが遊びに取って代わり、僕の情操や精神形成に少なからぬ影響を与えたに違いない。思い起こすたびに、何ものにも代えがたい幸せな時間だったと思い知る。

第二章　僕の特権化と脱出願望

一　家族との偶然と必然

兄

ある時期まではほとんど記憶から消えていたのに、中年から老年に差しかかる頃になってときおり思い出すようになったのが、前章で記してきたようなことである。僕は母と一緒にずいぶんたくさん遊び、母との一体感を楽しんできた。ところが、その反面では、そうした関係にしだいに圧迫感を覚えるようになる。兄弟たちの中で僕だけが母と特別な関係にあるといった「特権的な自意識」を育み、それが悦びであると同時に負担にもなってきて、ついにはその負担のほうが強く意識されるようになった結果、悦びや一体感の記憶が意識下に押しこまれてしまっていたのだろう。

では、その奇妙な特権的自意識はどのようにして醸成されたのだろうか。もちろん、様々な要素が複合的に作用したはずなのだが、その一つがわが家の家族構成だった。

先ず二歳上に長子である兄がいた。兄は両親にとって最初の子どもだから、格別に大事にされていた。しかも、韓国の伝統文化や社会秩序における長男の位置は日本のそれ以上のものらしく、在日のわが家も例外ではなかった。何から何まで兄は別格で、「その他大勢組」の僕らには羨ましい限りだった。当然のように、兄の両親に対する態度にもそれが如実に反映していた。僕などは成長するにつれて何かと父に反抗するようになったのに、兄が父に反抗する姿などお目にかかったことがない。

そもそも、父が兄に何かを命じたり強制したりすることなどなかったのだから、反抗などありえない。父は無条件に兄を愛し、兄もまた同じように父を愛していた。父が亡くなって随分経っても、兄は父の遺影の前で一人座って無言の対話をしているようなこともあって、ほとんど留保なしに父を愛しつづけている。そんな兄の態度は、父の生前には陰で父の欠点をあげつらい、父の死後には父の数々の不行跡を酒の肴にしたりもする僕らその他大勢組とは対照的であり、それもあってか兄はその他大勢組に対して、少なくともその点に関しては違和感を持っているふしがある。

母ももちろん父と同じように、兄に対しては僕らとは別格の扱いをしたが、父とは微妙な違いがあった。母の場合は、父と兄に対する遠慮のようなものが絡んでいた。兄は父のもの、あるいは父に代表される父の一族のもので、女である自分は口を差しはさむことは許されないとでも考えていたのだろう。つまり、韓国の家父長制と男性優位主義をすっかり内面化した自己規制が作用していたのだろう。

僕は、そんな両親と兄の関係を間近に見ながら育った。たった二歳しか違わないから、僕と兄の行動範囲は重なることが多かった。しかも、それは「たまたま、そうなった」わけではない。僕が兄の後を追った結果でもあった。兄が嫌がっても、むしろ嫌がられればますます、僕は兄を追った。兄に憧れ、兄に追いつき、あわよくば追いこそうとでも思っていたのだろう。そして必然的に、僕はその過程でじつに多くのことを学んだ。模倣することで自分を鍛えるという側面も多々あったし、子どもながらに世知も覚えた。何をすれば母に叱られるかといったことを、兄の失敗を見ながら学び、「賢く」振るまう術を身につけた。

しかも、兄は外で僕を守ってくれる大きな盾だった。単に兄だけではなく、兄の交友圏が僕を守ってくれた。兄の友人には地域の朝鮮人の子どものボス的な存在やその配下たちもいて、その影響力は絶大だった。朝鮮人の子どもの世界のボスであれば、地域の子どもの世界のボスでもあった。だから、僕は兄の弟というだけで、そうした兄のネットワークによる保護を享受できた。そしてその保護を前提にして、他の子どもなら相当に痛い目にあいそうなことでも、僕はあえて挑戦し、たとえ痛い目にあったとしても、他の子どもが受けたであろう痛さと比べたらはるかに軽微なものですんだ。

そのようにして、兄の庇護下で要領よく立ちまわり、ついつい生意気になる僕に、兄もときには我慢ならなかったのだろう。金魚の糞のようにつきまとう僕が煩わしいという側面もあったに違いない。僕につれなくしたり、意地悪もした。それは僕にとって困ったことなのだが、しかし、そんなことさえも、母との関係においては僕に有利に作用した。

兄の意地悪が度を越し、僕がそれに執拗に抵抗し、兄がそれに対応して手を上げたりでもすると、僕は他に術がないので、これ見よがしに声をあげて泣く。すると母のお出ましとなる。中学を卒業する頃までの二年の年齢差は、体格的に甚だしい格差をもたらし、いくら母が兄を格別に大事にしていても、二人の歴然とした体格差と僕の泣き声を前にすると、一方的な弱い者いじめに見えてしまう。母はほとんど常に兄を叱って僕に味方する。そうした母を見ているうちに、僕の心中には、僕のほうが兄より母に愛されているという思いこみが根を下ろすようになった。

しかし、僕には兄だけではなく、僕の三歳下に妹、その更に三歳下に上の弟、そのまた二歳下に末の弟というように、三人の弟妹たちもいた。彼らと僕の特権的な自意識とはどのような関係になっていたかと言えば、それはじつに単純である。妹は「女」だから僕ら四人兄弟とは範疇が異なるし、その妹に続く二人の弟たちは兄と僕の二人とは年齢差が大きすぎて比較にならず、僕と母との特別な絆という思いこみには何の傷もつけない。少なくとも僕の心理では、そうした理屈で弟妹たちとの関係は処理されていた。つまり、兄と僕の二人が先ずは特権的な位置を占めて、その特権化された兄と僕の二人のうちでも自分を特権化するような自意識を僕は育んでいた。

僕の弟妹たち、そして両親の兄と僕に対する呼び名が「大きい兄ちゃん」と「小さい兄ちゃん」で、二人とも家では兄ちゃんグループの片割れで、今でも母や弟妹たちは僕らをそう呼んでいる。その延長で言えば、僕ら五人兄弟妹は両親によって、兄と僕、妹、そして弟たちといった具合に三グループに分割されているふしがあった。兄と僕の二人で長男、そして妹、最後に弟二人をまとめて二男であり末っ子でもあるといった区分である。要するに、妹を除いた僕ら男の子どもたちは、各人が半人前だったということにもなる。両親は、「頼りない息子たち」の将来を見越して、無意識のうちにそうした役割分担を設定して、子どもに対する不安や心配を軽減し、そして子どもたちのほうは、そうした優しさや配慮に包まれて、辛うじて人生をしのいできたということになりそうである。

妹

ごく簡単に触れるだけで済ましてきた妹の存在と僕の特権意識との関係にも、少し立ち入ったほうがよさそうである。彼女の存在もまた、僕の特権的自意識に相当に大きく作用したに違いないからである。

母にとって妹は男二人の後に生まれた初めての同性の子どもだから、うれしく、期待も大きかったに違いない。それだけに、上の二人のすることなら「男だから仕方ない」と諦めるような「がさつさ」や「失敗」なども、その兄たちをモデルにして妹が同じことをすると我慢ならなかった。「おまえは女やのに、何で！」といった具合である。

たとえば、妹は僕ら兄たちよりも規則に縛られない開放的な子どもだった。字を教えると、僕らよりもはるかに大きな字を、しっかりとした筆圧で書いた。大胆なタッチで大胆な色遣いの絵を描いた。その反面、何でもないことでできないことがあった。たとえば、靴の右左を何度教えてもまちがえた。細かなことが苦手で、食器をよく落とした。そんなことが母には女として許せなかった。妹はそれでいながら、兄たちとの差異をすごく意識して、自分が女の子であることをしきりに主張した。お姫様のつもりの変な名前を自分で作りだして、自分のことをそのように呼んだ。それが周囲にはおかしく見えた。そうしたアンバランスが母に不安をもたらした。

そのうえ、妹はよく泣いた。大きな声でよく泣いた。それが母を刺激した。その泣き声は母に自分自身の薄幸を思いおこさせたのだろう。そんなとき、母は妹に対して、僕ら男兄弟よりも厳しく当たった。そして、その後ではそんな自分が許せず、ひどく落ちこんだ。幼い頃から複雑な家庭生活を強いられて、そのせいもあってどこか頑なな心性を抱えもってきた母にとって、妹を厳しく叱りつけるのは自己懲罰の気配があった。母は家族内で唯一の同性である妹に対して、無意識に共感を求めるがあまりに、妹の何でもない失敗が許せなかったのだろう。

そしてそのお陰で、つまり妹を盾にして、僕ら男兄弟たちは母のヒステリー的攻撃の被害を免れた。それにまた、母の妹に対する厳しさをいいことにして、僕は何かと妹のすることに難癖をつけたり、からかったりして、優越感に浸っていた。何ともひどい息子であり、兄だった。

要するに、僕は兄と妹をいわば弾除けにして、「いい目」をしながら、特権的な自意識といったものを膨張させていたわけである。それは家族構成の偶然がもたらしたものだが、少なくとも僕からすれば、そうした自意識の正当性を証拠づけてくれるようなことがあった。

父との諍いのあげくに家を出ると、母は大阪の朝鮮人集住地域内にある母の実母（森ノ宮のハマニ）の家に一時避難した。但し、そこに泊りこむことはなかった。数時間後には慌ただしく家に舞い戻り、まるで何事もなかったかのように以前と変わらない生活を再開した。というのも、その逃げこみ先には確かに母の実母が住んでいたが、母が寛げる実家とは言えない事情があったからだ。

そんなことは先刻承知しながらも、母は父との関係がこじれると、性懲りもなく祖母の家に逃げこんだ。そして、そんな際には兄を家に残し、僕と弟妹を連れて家を出た。

おそらく母は、そんな辛い状況にあっても、父、そしてその後継者である兄に遠慮して、そうしていたのだろう。たとえ父ともめて家を出ても、一家の妻、そして母としての役目と限界を踏みはずしていないというプライドを守っていたのだろう。ところが僕は、母が兄を差しおいて僕を連れて家を出ることを、母にとっての僕の重要性の証拠だと思いこみ、少なからず満足していた。祖母の家の近くには、戦争末期に空襲で焼けた巨大な砲兵工廠の残骸がずいぶん後にまで、つまり僕が小学校を終える頃までそのまま放置されていた。僕が母と一緒に祖母の家がある森ノ宮に行き来する際には、電車の窓から必ずその光景が見えた。と言うよりむしろ、意識して僕はそれを見つめていた。夕陽を受けて赤黒くそびえたつ鉄骨の荒涼とした姿が、家庭の崩壊と重なって不安を募らせる一方で、だからこそ自分が母を支えなければならないという責任感と昂揚感に僕は酔っていた。

そうした特権的な自意識には、もちろん、生まれてこの方の僕の兄に対するライバル意識も作用していたのだろう。幼い頃の二歳差は絶対的なもので、僕は何をしても兄には勝てなかった。たとえば、雨でも降って外で遊べなくなると、兄は手持ち無沙汰を紛らわすために、家の中の畳の上での相撲に僕を誘う。そして、毎回、難なく僕をひねり倒す。そして、いかにも愉快気に「一丁上がり」と声をあげ、「さあ、チビ、かかってこい」と僕を挑発する。そのときの顔つきが、下から見上げる僕には憎らしくてたまらなかった。だから、その仕返しをいつの日かというように、僕は内心で兄との対抗意識を募らせていた。現実には果たせない勝利の欲望もまた、母と僕との特別な絆という思いこみを呼びこんでいたのだろう。

二　コウバ

もう一つの暮らしの中心

僕ら家族の生活には中心が二つあった。一つは家、もう一つはコウバであり、その二つの場とそのおのおのを取り巻く二つの集落間の往還が僕ら家族の日常生活の場であり、それら二つの中心を持つ楕円形の圏域で僕らは育った。

そして僕は、小学校三年の夏休み頃から、そのコウバの戦力に昇格し、それからは家とコウバ間の頻繁な往来を開始し、わが家の一員にふさわしくなった。それまでにもコウバの集落にある親戚の家で遊んだり、何かの折にコウバに行ったり、あるいは両親が家に持ち帰った仕事の手伝いくらいは日常茶飯事だったが、それ以降は、実働力として頻繁にコウバに入った。

わが家のコウバは電化製品のプラスチック部品を製造する下請けもしくは孫請けの零細工場だった。七軒長屋の六軒目を、そして後にはもう五軒目の壁と天井をすべて取り払い、プレス機七対とプレス台などの主役の設備に加えて、関連機器がところ狭しと並ぶようになった。窓は小さく真昼でも薄暗く、粉末原料が空中を漂い異臭がする。そんな中で、職人と女工さんやパートのおばさん、そして父と母の総勢十名くらいが各人各様に働いている。職人の前には腰くらいの高さの机のようなプレス台、その左右に大人の背の高さのハンドルがついた一対のプレス機がある。職人は、金属製の下型にヘラなどを用いて粉末原料を注ぎ込み、その上に下型よりも大きな蓋状の金属板がついた上型をかぶせ、全身の力をのせた腕で押さえつける。次に、それを左のプレス機の下に滑り込ませ、両腕でプレス機のハンドルを回転させる。するとプレス機が急降下し、上下一体となった金型が更に押さえつけられる。職人は全体重をかけてなおもハンドルを回す。上腕は汗で輝き、筋肉がなまめかしく動き、圧縮された上下の金型の間から、最後まで残っていた空気がプシュッという音をたてて、抜ける。

左のプレス機で圧縮された金型の中の粉末原料が焼けて固形物になるのを待つ間、職人は右のプレス機のハンドルを回して押し上げ、その下に置かれていた金型を引きだす。そしてそれを両腕で持ちあげて、凹状の鉄製の器具に上型の蓋状の鉄板をたたきつける。すると上下が一体の金型の下型のほうが上型から外れて、下に敷かれた布の上に落ちる。職人はその下型から完成した製品を取りだし、出来具合をチラッと確認したうえで、脇の箱に放り込む。これで一工程が終了であるが、その後も、右、左と交互に、同じ作業を果てしなく繰りかえす。

その間に椅子に腰をおろして煙草を一服するなどして休息をとることもあるが、職人は終日立ったままで作業する。重い金型を持ちあげて凹型の機具に叩きつけたり、金型をプレス機の下に出し入れしたり、金型を圧縮するためにプレスの重いハンドルに全体重をかけて回転させたりと、相当な力仕事である。そのうえ、高熱圧縮によって粉末原料を焼いて固形製品として完成させるわけだから、すごく熱い鉄製プレス機と金型の熱を全身と両腕でまともに受け、とりわけ夏には暑くて、体力の消耗も激しい。正真正銘の肉体労働なのである。それにこの仕事は製品の種類ごとに親方（経営者のことを普通はそう呼んだ）と職人との間で報酬が決められる出来高払いなので、努力と筋力と忍耐、そして更に熟練などが相まった作業能率によって賃金に大きな差が出るから、職人は手を抜いたりしておれない。

コウバの脇役

そんなわけだから、コウバの主役であるプレス作業には「女、子ども」などお呼びではない。しかし、そのようにして職人が作りあげた製品の仕上げ作業、数量点検、不良品チェックなどの納品準備のために、さほど力を要しない細々とした仕事がたくさんある。それを、母やパートのおばさんたちが担当し、それでも手が足りない分は内職に出す。

父は得意先への納品、内職先への配送と回収、更には、自らプレス機の前に立つこともある「何でも屋」であり、母も仕上げ作業、掃除を含めた整理整頓などコウバ全般の管理補助を担当し、コウバはそれで何とか回っている。しかし、この種の零細工場は経費、とりわけ人件費を切りつめる涙ぐましい努力があってこそ成り立っているので、いつだって人手が十分とはいえない。とりわけ大量の返品があったり、急で納期が厳しい注文があったりでもすると、猫の手も借りたくなる。そこで、いくら子どもでも猫よりは役に立つだろうからと、僕ら子どもが動員される。

「仕上げ」は軽作業である。その代表がバリ取りである。金型から取りだした製品に付着している余分な部分（バリと呼んだ）を鑢《やすり》などを使ってそぎ落とし、見栄えと触感がよくて売りものとして通用する製品に仕立てあげる。これは危険もないし、大して精神集中も要しない。その他、数量点検も同じで、数が数えられれば誰だってできる。しかし、軽作業とは言っても、なかなか面倒なものもある。例えば、不良品の仕分けである。納品した製品に不良品が多いという理由で全部が返品されてくると、そのすべてを検査し、不良品を除外したうえで再納品しなくてはならない。その作業は全く危険などないし、難しいわけでもない。ただ、神経と目がすごく疲れる。大量に返品された製品の一つひとつを手に取り、目に見えるか見えないかくらいの小さな埃やキズを見つけだし、簡単に除去できない製品は除外しなければならない。しかし、光の加減によって見えたり見えなかったりする程度の微細な傷や埃を見つけて、ただ表面に付着しているだけならそれを拭い落とし、完全に付着したり、製品の内部に入りこんでいる場合には不良品として破棄する作業を続けていると、目が充血し、痛くなってくる。それに、千個のうち一個程度の不良品を除去するのは甚だ面倒で、それだけ気疲れする作業でいったいどれほどの利益が確保できるかなんてことに少しでも考えが及びでもしたら、馬鹿らしくてやってられなくなる。

それに、不良品の基準が曖昧で、親会社の担当者が意地悪で返品してきたとしか思えない場合もある。実際、不況の風が吹きだすと返品が目立って増える。そしてその際には、苦情、叱声、下請け取り消しを匂わせる言葉の暴力とともに不良品の山が続々と返品されてくる。要するに、返品は下請け業者のミスというよりも、親会社の在庫調整や、下請け業者いじめ（製品の単価の切り下げ、下請け整理という名の仕事奪いなど）の伏線の場合も多い。それを重々承知しながらも、徒労感を振り払ってやるしかない。なにしろ、下請けだからである。下請けには得意先に文句を言う権利などあるわけがない。

そうした仕上げ作業の中でも、危険が伴うこともあって極度の精神集中と指先の微妙な技量が要求されるのが、ボール盤作業である。三、四センチ四方程度の小さな製品を一つ一つ手に持ち、直径一ミリから二ミリ程度の回転ドリルの錐《きり》をすでに半ば以上は空けてある製品の穴の部分にあてがい完全に貫通させるのである。これはなかなか危険な作業である。猛スピードで回転する金属の錐が指先を掠める程度の軽傷は日常茶飯事で、高速回転する錐に指が巻きこまれて、指はもちろん手を損傷するような場合もある。だから製品を両手の親指と人差し指でしっかり持ち、精神を集中し、目を凝らす。製品の真上にはボール盤があって斜めからしか見えないので、穴と錐の位置関係を正確には見定められない。そこで、穴と見当をつけたところを高速回転する錐にかすかにあてがい、「あたり」という感触があったところで一気に持ち上げて錐で穴を貫通させる。

しかし、それで終わりではない。その製品をおろして錐から離して、ようやく一つが終わったに過ぎず、延々と反復しなくてはならない。うまい具合にリズムに乗れば仕事がはかどり、そのうちに調子に乗りすぎて危険を忘れ、製品の扱いがついついぞんざいになる。そうなると、たちまち指先に痛みが走り、血が噴きでる。それに懲りて、改めて慎重を自分に言いきかせるのだが、そうするとかえって緊張で手が震え、穴の位置の見当をつける感覚も怪しくなり、目に神経が過剰に集中した結果、視界がかすんできたりもする。神経が疲れ、指先もしびれてきて、とてもではないが、軽作業などとは言えそうにない。それでもやはり、プレス作業ほどには力を要しないから、女子どもでも用が足りる。それどころか、女子どものほうが、手と指がごつい大人の男よりも、能率がよい。だからこそ、しばしば子どもの僕らにその種の仕事が割り当てられる。

これら軽作業は誰にでもできることは確かなのだが、それはあくまでその各々が懸命に努力してこそのことであり、そのための努力は相当に疲れる。それにまた、昼の日中から暗くて息が詰まりそうなコウバに閉じ込められるのは、子どもにはすごく辛い。

そこでそうした苦行から逃れるためにいろんな工夫をしてみても、後で両親から叱責を食らうのが落ちである。

「家の仕事を嫌がって、どうして食べていくんや、オトチャン、オカチャンの苦労も分からなあかんやろ」

その種の親の言い分に対して口ではともかく心の中だけでも反論できればいいのだが、子ども心にも親の言うことが正論だと納得せずにはいられない。それに何よりも、両親、とりわけ母がコウバから戻ってこなければ夕食にありつけないのだから、少しでも早く飢えを満たすためコウバへ重い足を引きずる。そして、一刻も早く片づけようと励んでいるうちに、ランナーズハイのように何もかも忘れて打ちこんでいることにふと気が付いて、快い疲労とともに爽快感を覚えて、ますます手の動きがリズミカルになる。そして、それを傍から見ていた両親から、「おまえも、一人前やな」などとお褒めに与ったりでもすれば、家庭における自分の確固とした位置を確認できたような気になって、大満足といったことも、ときにはある。

そんなふうに懸命にがんばっても仕事が片づかなければ、職人たちが退勤してからも、家族だけがコウバに缶詰めとなる。更に夜が更けると、「腹減ったやろ、おまえらだけでも食堂へ行って好きなもん食べといで。支払いはコウバのツケにしてもろとき」と言われて、兄と二人で一目散に食堂に駆けつけたり、出前でうどんや中華そばを振舞ってもらえることもある。当時は家族そろって外食なんていう時代ではなかったので、その安手の代用品ということになるだろうが、安手であろうと何であろうと。僕らには何ともうれしい時間だった。ただし、弟妹たちはその場にはいなかったのだから、家で腹をすかしてひたすら母の帰りを待っていたのだろうが、弟妹たちのことなど全く僕の頭に浮かびはしなかった。

「コウバの申し子」

先にも記したように、コウバで兄も一緒だった記憶が確かにあるのだが、それが不思議なほど少なかった。そんな心証が僕にはある。なぜなのだろうか。

僕の記憶がまちがっているのだろうか。もしそうであれば、僕の兄に対する対抗意識が、コウバで苦役を務めている兄の姿を記憶から消し去っていることになる。あるいは、僕の記憶が正しいのならば、やはり兄は特別扱いで、僕ほどには頻繁にコウバに駆りだされなかったということになる。両親は初めての息子だから、進学のことなども含めてあらゆることについて、兄には僕ら弟妹なんかよりははるかに気を遣っていたから、その可能性も十分にある。

　あるいはただのタイムラグにすぎなくて、兄が頻繁に駆りだされた時期と僕のそれとの時期がずれていたからかもしれない。僕が頻繁にコウバに駆りだされはじめた頃には、兄はすでに何かと忙しかった。とりわけ中学で野球部に入ってからは帰宅はずいぶん遅くなって、コウバに行く時間などほとんどなかった。しかし、そんなことなら僕も中学に入るとすぐに兄の後を追って野球部に入って、平日にコウバに行くことはほとんどなくなった。

　といったわけで、どれが正しいのか、確定的なことは言えそうにない。どれもが正しいのかもしれないのだが、ともかく僕の心証では、小学生、中学生、高校生、大学生のすべての時期にわたって兄よりは僕のほうがはるかに多くの時間をコウバで過ごしたことになっている。兄だけではない。弟妹たちも含めて兄弟の中で僕が一番、コウバに親しんだと思い込んでいるのである。

　たとえば、妹は「女」だから、家事や家での内職仕事はともかく、コウバでの仕事を強いられることは僕ら男組と比べればはるかに少なかった。もしかして、妹はコウバで仕事をしたことなどないかもしれない。他方、弟たちはある年齢になると、何かと駆りだされたのだろうが、その頃には、僕はすでに中・高校でクラブ活動に忙しく、夏休みや週末を除けばコウバでの仕事を免れていたので、週日にコウバで彼らにお目にかかるはずもなかった。同じ家族内の兄弟姉妹といっても、タイムラグもあれば、個々の雑多な事情などもあいまって、同じ事実でもその記憶には相当な差異が生じる。そうした事情は僕も十分に承知しているのだが、それでもなお、僕は自分が兄弟の中では一番よくコウバで「働かされ」、その結果、兄弟の中ではもっともコウバの事情に詳しく、職人たちとも親しんでいたと、頑なに信じているのである。

そしてそうした実績と、内向性が目立つ兄弟の中では、一番、人づきあいを嫌がらない性格などもあいまって、両親は早い時期から兄をさしおいて次男である僕にコウバを継がせることに決めているような気配があった。そして、その気配を受けて、僕のほうでもぜひともそうしたいなどという気持ちなどあるはずがないのに、兄弟の中では最適と思える僕がコウバを継ぐしかないと、中高生の頃にはすでに覚悟していた。将来性がほとんどないそんな役割を引き受けることによって、特権的な自意識に見合った責任を果たそうとでも考えていたのだろうか。

僕が大学進学に際して文学部を選んだこともそのことと密接に関係している。在日だから大学を卒業しても就職などなく、大学の免状が確実に意味を持つのは、医学部しかなかった。しかし、医者になるつもりがないのなら、学部などどこを出ても似たり寄ったりで、しかも、家業を継ぐのだから、何の役にも立たない文学部でも、家業を継ぐまでの猶予期間という意味でも何ら不都合はないから、好きなことをすればいいというわけで、文学部に進んだのである。無用だから自由な四年間という点では、少なくとも父と僕の間に黙契が成立していたのである。

もっとも、その後の紆余曲折のせいで結果的には家の仕事から逃げだしたのだから、何ともいい加減な責任の取り方（あるいは責任の放棄）だし、その責任感の源であるはずの特権的な自意識というものも、甚だ「いかがわしい」ものだったということになってしまいそうなのだが……。

三　幼児性もしくは下《しも》の不始末

以上は、特権的自意識の由来としては相当にいかがわしい側面が多々あったとしても、その一方では誇らしそうな要素も少しは絡んでいるから、それなりに納得がいきそうな気もする。ところが、それらとは全く違って、もっぱら恥ずかしいばかりで、それが特権的な自意識などと何の関係があるのか訝しく思えそうなエピソードも多々ある。

僕はすこぶる「下の不始末」の多い子どもだった。寝小便の癖からようやく脱したのが小学校も三、四年生になってからのことだった。その程度ならまだしも、学齢期になっても、それも学校行事の最中に大便をもらすなど、何とも困った子どもだった。

遠足の日に学校を出発する前、あるいは昼食をすませて帰路につく前に、先生は生徒たちに「必ず用をすませておくように」と注意する。それなのに、僕は従わない。別に反抗的な子どもだったわけではない。実際に便意がなかったり、あっても急を要しない場合もあるが、それよりむしろ、何だって後回しにして、いざとなったら困ってしまう悪癖があった。それにまた、幼い頃から「下に関すること」を異常に恥ずかしがって、友人たちと連れだって便所に行く程度のことも、それを避けるために知らんぷりしたりする子どもだった。そして案の定、出発してほどなくして便意を催す。しかし、恥ずかしくて先生にそのことを言えず、我慢に我慢を重ねたあげくに、ひどいことになってしまう。そして、その後はその「むにゅむにゅ」の不快さと悪臭に苦しみながら、そしてそれを周りに気《け》どられないように隊列からそれとなく距離をとるなど懸命の工夫をしながら、学校そして家にたどりつく。そんなことが小学校一、二年の頃に一度ならず二度もあった。

もっとも、それだけなら、極度の恥ずかしがり屋云々で少しは理解が可能かもしれないのだが、じつはその種の不始末は学校という公的な場に限らなかった。他ならぬ父にも便意を口にできずに、ひどいことになった。

父が得意先の会社へ納品に行く前に家に立ち寄って、何かの理由で泣きっ面だった僕を見かけて、可哀そうに思ったのか、大奮発の慰めを恵んでくれた。一緒に自転車で遠出しようと言うのである。僕は兄の自転車を借り、配達に向かう父の「ウンパンシャ」の後について行きさえすればよい。話ではよく聞き、電車の窓からしか見たことがない淀川を越えれば得意先の会社がある。頑張れば行ける、と父は僕を励ましてくれた。

前方の父の上体は、自転車の幅広の荷台にうずたかく積まれた荷物でほとんど隠れ、僕の目に見えるのは、ゆっくりと、しかし力強くペダルを踏む足の動きだけである。上下左右に揺れるいかにも重そうな荷物が、父の力強さを映しだしているようで、頼もしい。登り坂に差しかかると、坂の上方を見あげる僕には、年季の入った父の力強い足の動きがよりいっそうはっきりと見えて、坂にあえぐ僕を励ます。汗ばんだ肌に春のうららかな風が爽やかで、かすかに潮の香りが混じる。坂を上りきると淀川にかかる大橋が前方に姿を現し、父の自転車を中心に前方に展開する広大な光景が一挙に飛び込んでくる。すごい解放感に包まれる。大きな工場が連なり、林立する煙突から七色の煙が立ちのぼり、悠々とたなびく。

その時だった。いきなり、腸をしめつける痛みが走った。「くそ、うんこや」と後悔に襲われる。朝食後にかすかに催した際に、何かに熱中していて便所に行くのが煩わしかったし、どこにも外出する当てがなく、便所なんていつでも行けると高をくくっていたのである。でも、今さら後悔したって仕方ない。臍に力を集中し、サドルに尻を押しつけて、間欠的に押しよせる腸の運動を押し殺す。出発前の父の話では、得意先の会社は大橋を越えたあたりのようだから、もう少しだ、と自分を励ます。

真新しい工場横の、瓦葺きの古風な屋敷風の門が目指す所だった。その門前で父はウンパンシャを止め、そこで待っているように僕に言い含めた。その際の、何となく「よそ行き」の顔つきを見て、僕は「便所」の一言を発する機会を逸してしまった。そんな僕の気持ちなど知るよしもない父は、脇戸から建物の中へ姿を消した。

ほどなくして父が現れた。今度こそ駆けよって、「うんこ」の一言をと思ったが、頼りのはずの父の俯き加減の眉間には深い皺が走っており、しかも、父の後ろに人影がある。ワイシャツにネクタイ姿のその見知らぬ人は、僕を一瞥しながらも黙殺して、父に厳しい口調で指示を下した。父はすぐさま荷台から製品を下ろす作業にとりかかったが、その動きがぎこちなく要領が悪い。それを見てその人は父を邪険に押しのけて、荷台の箱を力づくで引きさいて開き、製品を幾つか取りだして点検を始めた。そしていきなり、自転車を乱暴に傾けて、箱の中身を地べたにぶちまけた。散乱した製品を前に啞然とする父の眼前に、その人は製品の一つを突きつけた。父の懸命な笑顔がゆがみ、その人の口からは罵りとともに唾が飛び散り、父の顔を直撃した。

「これやから、あんたらの国の人間は信用ならん。今後は下請けの発注も再検討させてもらうかも……」

一瞬、父の肩がぴくっと動いた。しかし、父は無言で、頭を下げたまま立ちつくしている。

その人は、何か捨て台詞を残して会社の中に姿を消した。父は散乱した製品を箱に収め、破れた部分に新聞紙をあてがい、ロープを何重にも巻いて補強したうえで、元どおりに荷台に固定した。父の顔は血の気を失い、僕は呆然とするあまり、先ほどの切迫した便意すら忘れている。父は歪んだ顔で「帰るんや」と言う。僕に気を遣う余裕などありそうにない。僕は黙って自転車に乗り、肩を落とした父の後を追いかける。すると、体を動かしはじめたせいなのか、おさまっていた便意が再び始まり、急激に勢いを増してくる。腹部に走る痛みを堪えようとして涙がにじみ、冷や汗がどっと吹きでる。

大橋を越えたあたりで、辛抱が切れた。これまでと覚悟を決めてサドルから腰を浮かし、肛門の緊張をゆるめた。初めは遠慮しているように、しかしやがて凄い勢いで便が絞り出される。辛くて長い緊張から解放された快感のような虚脱感を伴って液体とも固体ともつかないものが流れでて、尻とズボンの合間に滞留する。

気がつくと前方の父の姿がすっかり小さくなっている。あわてて足を回転させる。流れ出たそれを押しつぶさないようにサドルから腰を浮かす。しかし、長時間その姿勢を保つのは辛いし、尻から足へと伝う柔らかく生温い感触が気持ち悪くて、生きた心地がしない。

ようやく家の界隈にたどり着いた。父は僕に「家に帰れ」と言い残し、コウバへ直行した。お陰で、気づかれずにすんだ。つきまとう臭いと、乾きだしてごわごわとした感触からやっと逃れられるという安心も束の間、なんとも間が悪いことに、玄関先に母がいた。コウバに向かおうとしている様子だった。母の目は、僕が距離を置こうとすればするほど、また、自然な歩き方をしようとすればするほど、僕をしっかりと捕らえ、厳しい眼で射すくめる。「おまえ！」の一言に僕は震えあがる。

「おまえ、また！」と母は呆れたような声をあげ、すぐさま「裏へ回り！」と厳しい声に変わった。僕は泣きべそをかきながら、路地をとぼとぼ歩いて裏庭に入った。ホースを拳銃のように構えた母が厳しい顔で待っていた。僕は慌てて剝ぎとるように服を脱いですっぽんぽんになった。そのとたんに、ホースの冷たい水が襲いかかり、痛くて涙がこぼれる。ほとんど乾いて少しおさまっていた臭いが、水気を与えられて息を吹きかえしたように下から昇ってきて、鼻をつく。母が交互に繰りだす嘆き節と叱声も耳に痛い。やがて、舌打ちを交えた小言が次第に間遠くなる。

母は湯を沸かし、その熱湯の力を借りて、こびりついた糞をタワシでこすり取る。冷水の後で、熱い湯、それに乱暴なタワシの攻撃で泣きわめきたいほどなのだが、一生の恥を剝ぎとろうとするかのような母の表情と手の力をまともに受けて、懸命にこらえるしかない。石鹸の臭いがうんこの臭いに打ちかつ頃になってようやく母の表情がほころび、抑えた笑みがのぞいた。タオルと新しいパンツとシャツが投げ与えられた。こすられた肌にシャツが痛いが、その痛みがかえって清々しい。脱皮したような気分で思わずニンマリしてしまう。しかし、直ちに母から見咎められそうな気がして、上目遣いで母の顔を窺うと、その母の目にも微かな笑みが浮かんでいるようだった。

四　刷り込み

結果的には一件落着になったとしても、そこに至るまでの当人には何とも苦しく悲しかったそうした不始末には、生来の体質的な欠陥も関係していたのだろう。胃腸がすごく弱いのである。それなのに食い意地が張っているから、いきおい胃腸が変調をきたす。肉体と精神のアンバランス、そして、それと連動した性格上の問題が事態を悪化させた。「自意識過剰」「ええ格好しい」「やせ我慢」、要するに、上辺《うわべ》を取り繕っては後でひどい目にあうといった生来の「馬鹿さ」が、すでにその頃から折に触れて顔をのぞかせていたわけである。胃腸の問題にしても、その種のやせ我慢というか自意識過剰にしても、いまだに僕にとりついて離れない永遠の幼児性である。

そうした肉体的かつ精神的な不均衡の徴候は他にもたくさんあった。僕は弟妹がいるのに、その弟妹を真似てのことなのか、あるいは弟妹に対抗してなのか、ついつい母の胸元に手を滑りこませる癖からなかなか脱せなかった。僕と末弟の年齢差が八歳だから、その末弟が二歳、僕が一〇歳くらいまで、その癖は続いたはずである。

それにまた、すごい怖がりだった。カメラを向けられるだけで、怖くて手で顔を覆ってしまう。そのせいで、僕の幼い頃の写真で顔がまともに写っているものはほとんどない。そうしたことをひっくるめて、母は僕のことを「情けない」としばしば言った。「いつかまともな人間になるんやろか、なあ、おまえ?」と。おそらくは、そうした言葉なのである。僕が抱えていた幼児性そのものも大きな要素なのだが、それを母が僕にどのように語ったか、その語り方が僕に母との特権的な一体化という自意識と、それに絡む心理劇を引き起こしたに違いない。母を筆頭とした僕の周囲の人々の語りによる僕の意識への「刷り込み!」。

コウバの仕事が暇になると、収入が減ることになるから、両親としてはお金の心配がつのる。しかし、その一方で、忙しい日常にポッカリと穴が開き、言動にメリハリがなくなる。そんな折々に、母は僕の幼い頃の話をよくした。そんなときによく出てくるのが、僕としては歓迎できないこと、つまり、すでに述べた僕の数々の悪癖もしくは不始末である「乳いらい」「寝小便」「大ちびり」「怖がり」の話なのである。そしてそのほとんどは、僕も記憶し、歳をとればとるほど恥ずかしくてうんざりし、できるなら忘れてしまいたいのに、母の口をとおして何度も僕の意識に刻みこまれ、母と僕とが共同で創り上げていく記憶となった。その記憶の主導権は僕にも母にもなかったが、僕

も
その記憶に主体的に関与できた。母の思い出に対して微妙な修正を求めたり、反対に僕の記憶に母が異論を提起して、僕が修正することもあった。僕がこれまでに紹介してきた僕の幼い頃のエピソードのたいていはだから、僕と母もしくは周囲の人々の共同作業の成果物だったのである。

その一方では、まだあまりにも幼い頃のことで、僕には全く身に覚えがないエピソードもあった。たとえば買い出しの話である。

僕がまだ乳児の頃に、母は僕を背負って汽車に乗り、京都を越えてはるばる琵琶湖畔の田園地帯まで米の買い出しに通った。僕の世話をする人がいないから置いていけないという理由もあったが、それよりむしろ、僕をうまく活用するつもりだったらしい。帰路の電車内や駅で警察の検問があったりしたら、僕を「隠れ蓑」にして検査をかいくぐるつもりで、先ずは米を担いだうえで、それを隠すようにして僕を背負い、ネンネコ（子どもを背負う際の綿入れ半纏）ですべてをくるみ込んでいた。

そして案の定、突如として警察が汽車に乗りこんできて車内検問が始まった。母は人陰に隠れて知らぬふりを装っていたのだが、僕が下腹部にあたる米が痛くて我慢ならず、「オカチャン、ちんちん、痛い、ちんちん痛い」と泣きわめきだした。そのせいで警察の眼を惹き、あげくは追いかけられて電車から飛び降りて辛うじて難を逃れた、と母は言うのである。もちろん、懐かしそうに、そして顔を少し紅潮させて笑いながらのことである。

ところが、そんな記憶が僕にはない。しかし、記憶がないからその種のエピソードなど僕にはリアリティを欠いたお話にすぎないというように、ことは展開しない。むしろその逆なのである。

僕に少しでも記憶があれば、その記憶と母の語りとの間に、何らかのずれを含めた接点を見出して、僕なりにその話に干渉できる。つまり、僕は自分の記憶を核にして、母の話を主体的に自分の世界に位置づけることが可能になる。ところが、僕に記憶がなくても、母がそこまで懐かしそうに語る話は真実に違いなく、その真実は僕とは独立し、僕の干渉を受けいれない物語のように僕には感じられる。その結果、少なくとも僕にとっては、その昔語りは僕の未生以前からの僕と母との因縁話といったように神話的色彩を帯びてくる。母としては、昔話を懐かしんでいるだけのことだったのだろうが、それを僕は、僕と母との抗いがたい因縁として記憶し、その記憶が次第に僕の思考、情動を縛るものとなった。あげくは、母子関係の牢獄とまで感じ、そこからの脱出願望を募らせることになったのでは……。

もちろん、こんなことはただの仮説、あるいは、僕が編みだした屁理屈と呼ぶほうがふさわしい。そこで、その種の話はそろそろ切りあげて、改めて僕と家族、とりわけ父や母との関係の具体的エピソードに踏みこんでみることにしたい。

五　暗い家

地域の激変

これまでの話なら、わが家はそれなりに幸福だったということになりそうである。わが家は他の在日と比べればはるかに「まし」だった。まるで不幸の塊のような家庭が在日の集落にはいくらでもあって、それを見聞きしていた僕は、幼い頃からそれくらいのことは分かっていた。「他の在日と比べればまし」、それはその後も自分を納得させ、叱咤激励する呪文のようなものになった。それにまた、僕らの成長とほとんど並行した日本の経済成長のおこぼれもあって、わが家の経済生活は上向いていた。たとえば、父の得意先への配達の足も、ウンパンシャと呼ばれる大型の自転車から、自動二輪バイクへ、更には、特に大阪を中心に人気のコメディアン大村崑のコマーシャルで爆発的に売れた三輪自動車ミゼット（一九五七〜七二年まで生産販売）に、そしてついには「まともな」四輪小型トラックへと様変わりすることになる。また、僕らの夢だったテレビがわが家に入ったのが、皇太子の結婚で湧いた年（一九五九年）の翌年のことだったし、古くてみすぼらしい中二階建ての長屋の一軒だったわが家も、テレビにふさわしい独立した二階建て木造モルタル建築に建て替えられるなど、それなりの「出世」を果たした。しかし、そんな経済的な上昇過程にありながらも、家庭を一気に崩壊させかねない何かがわが家のどこかでとぐろを巻いているという感じが、僕にはつきまとっていた。おそらく僕だけのことではなかっただろう。

たしか、これまた僕が小学校四年、一九六〇年前後のことである。東京オリンピックを数年後に控えて、新幹線そしてそのターミナルとなる新大阪駅の建設などで、僕らの学校とその周辺では立ち退きやそれに伴う転校の噂でもちきりだった。それに同じ転校でも、全く別の理由によるものもあった。在日の子どもの半分くらいが、「北」に帰ったり、「朝鮮学校」に転校したりで僕らの学校から姿を消した。もちろん、その中には親戚もいたし、友人もいた。

それとは逆に大量の新規参入組もいた。蓮池や水田がつぎつぎに埋め立てられ、賃貸の文化住宅や建売住宅が瞬く間に大量に建設された。更には超大型の公団住宅が国鉄東海道線と神崎川が交差する角の広大な田畑を埋立てて建設され、僕らにはとんでもなくお洒落で高嶺の花に見える鉄筋住宅に引っ越してきた子どもたちも、大挙して僕らの学校に通いだした。

そうした何かと落ちつかない学校に、若い女の先生が転任してきて僕らのクラスの担任になった。それまでは地域事情に詳しいベテランの男の先生が、押したり引いたり、あるいは飴と鞭で子どもたちを手なずけていたのに、その先生が転勤した後を、新任のそれもが若い女の先生が埋めることになって、クラスは箍《たが》が外れたように荒れた。

その新任の女の先生は当然のように大いに手を焼いていたが、背筋を伸ばし、ただでさえ大きな黒い目をさらに大きくして真っ向から子どもたちの目を見つめ、一言一言かみしめるように教え諭した。だれでも同じように、つまり勉強ができてもできなくても、日本人でも朝鮮人でも同じように接しようとする公平さが次第にみんなを納得させた。何よりも、「札付きのチョーセン」だからとたいていの先生も生徒も関わりあいを避ける「ごんた」がその先生に不思議なほどになついたことが決定的な影響を及ぼした。クラスもすっかり落ちつきを取りもどした。

そしてそんな先生だから、「隠れ在日」（あからさまにチョーセンと罵られたりする対象でなかった在日）の僕のことをそれとなく気にかけてくれ、それに気づかないはずがない僕のほうでも、反発を装いながら甘えるふうがあった。そんな僕が、たまたまその先生と二人だけになったときに、ふとしたはずみで「うちの家は暗い」とつぶやいた。先生は一瞬ぎくっとして、押し黙ったまま、僕の眼の奥を覗きこんだ。すると今度は僕のほうが、他ならぬ自分自身の言葉と、それが引き出した先生の眼の光にたじろいで、逃げるようにその場を立ち去ってしまった。

父の仕事と酒と病気

僕が思わず先生にこぼしたわが家の「暗さ」、その原因で先ず思いつくのはお金である。お金の心配がほとんどつねにわが家を脅かしていた。父は何しろ零細の町工場のオヤジである。日々の食いぶちに困るほどではなかったが、金繰りの心配がいつもつきまとっていた。当時は「在日」が銀行から融資を受けるなんてことは考えられなかったから、たとえば、「頼母子講」という在日の親戚知人同士の資金調達の方法を始めとして、実際には取引がないのに互いに手形を融通しあって当座の資金を確保する「融通手形」その他、親戚、知人同士のお金の貸し借りとその清算をめぐっての悶着は日常茶飯事だった。だから、わが家には金銭の問題がつねにつきまとい、それが夫婦喧嘩や親戚縁者との争いの種にもなることをほとんど日常的に見聞きしていたが、それがもっと劇的に襲いかかってくる恐れが僕を脅かしていた。

ついでは、わが家の大黒柱である父の酒、それと連動する体の心配があった。父は勤勉だったが、それに負けず劣らず頻繁に、そして大量に酒を飲んだ。酒と勤勉とが父にあっては一体となっていた。

父は、深酒をして明け方に帰宅しても、少し仮眠をとると起きだしてコウバに出かけた。そして、職人たちが来る前にその日の仕事の段取りをすませ、職人たちが出勤してくると仕事の指示や打ち合わせをして、さらに得意先への配達をすませた後にようやく家に戻るのだが、その途上で市場に立ちよって生イカや赤身の牛肉を買ってきて、母に手渡す。すると母は、それらを具として唐辛子と酢を強烈に利かした冷製スープを作る。いわばイカや牛肉の刺身汁である。父がそれを肴にビールを呷ると、体中から汗が一気に噴き出る。その汗もろともに酒気が吹きとんですっきりするのか、父は汗まみれの肌着を脱いで、先ずは濡れタオルで、ついでは乾いたタオルで体中を丁寧に拭いてから、床に入る。しかし一、二時間後には起き上がってまたしてもコウバに向かう。夕方に早めに帰宅したときは、台所から裏庭へ通じる狭苦しい土間で、盥にたっぷりと水をためて慌ただしく行水した後、そそくさと夕食をすますといつの間にか姿を消す。

飲みに出かけない日はよほどに体が辛いのだろう。ぼーっとしている。そして、手持ち無沙汰を紛らわすためなのか、手元の新聞にしきりと何かを書いている。後で見ると、住所や本籍地や自分や子ども、親せきの名前などが、今の僕なんかよりもはるかに達筆で、繰り返し書かれていた。

そんな酒と労働の日々が体に良いはずはない。体調が悪くなると神経も過敏になるのか、父はわが家の居間の壁にかかっていた年代物の大きな柱時計を止めてしまった。顔は次第に黄味をおびて、ついにはどす黒くなり、下着まで黄色く染まるほどのひどい黄疸症状を呈するに至って、緊急入院となった。その後、亡くなるまでのおよそ四〇年以上にわたって、父はそんなことをまるで年中行事のように繰り返した。

最初の入院は僕が小学校二年の頃、先端的医療で評判のキリスト教系の病院だった。わが家から自転車で十五分ほどの距離にあって、新築の鉄筋コンクリート造りの高層建築が、平坦に広がる田園風景の中に聳え立っていた。わが家の裏にある小学校の鉄筋三階建ての新築校舎でさえも珍しかった僕らの眼には、その病院は新しさと高さ、大きさとで、僕らを撥ねつけるような威容を誇っていた。しかも、その病院では、重症入院患者の病室は三階以上にあって、面会は十二歳以上に制限されていた。だから、たとえ母と連れ立って面会に行っても、歳の割には大柄の兄は年齢を偽って面会を許されたが、僕らは一階の待合室に残されて、疎外感を味わう羽目になった。稀には、看護婦さんのすきをついて父と対面できたが、それも数分間のことにすぎず、父は黄色い顔の中でも更に黄色く淀んで力がない目で微笑みかけてくれたが、ほとんど会話にはならなかった。

父の病名は肝硬変だった。見舞いに訪れる親戚、知人たちと母との声を落としたやり取りから、それが命に関わる病だということが、僕らにも何となく分かった。しかし、だからといって、僕は自分でも不思議なほどに不安を募らせることはなかった。父の死なんて想像を超えていたのだろう。それに、母は父の看病と、父が不在のコウバの運営とで普段以上に忙しくて気を張っていたから、それを見ている僕らの心の中に、不安などといった贅沢が入る隙間などなかったのかもしれない。それに何より、父と母の諍いがなくなったことが僕らの精神安定の最大の要因だったに違いない。

しかも、入院して一ヵ月くらいすると、全く予想外なことに、そして医者も驚くほどに、父の顔に生気が戻ってきた。そして更に一ヵ月後には退院して通院治療の許可が出た。もちろん、禁酒が絶対的な条件だったから、さすがの父も退院直後は殊勝にもそれに従った。その後もいつもそうだったが、父はいったん入院となると、医者にすこぶる従順で扱いやすい患者だった。しかし、日常生活に戻るとやがて元の木阿弥になる。

因みに、父が酒を断つと奇妙な現象が起こる。毎日飲みつづけているうちは、血色がよく眼もギラギラして、活力に満ちているように見える。ところが、酒を断って二、三週間ほどすると、顔色がくすみ、肌に白い粉が噴きでてくる。まるで粉吹き芋のような感じで、肌がざらつき、すごく不健康に見える。更にしばらくすると、その白い粉も消え、顔色も尋常に近くなってくる。但し、色艶はよくなく、病後という感じを拭えない。しかし、その時期は長くない。

その頃には、父は酒を再開し、再び色艶が脂ぎってくる。そんなことの繰り返しだった。顔色のくすみや白い粉は、酒の毒素の排出であり、「真人間」に戻る過程のようだったが、その真人間に本当に近づきかけたときには、平穏で幸せな老後ではなく、死が待ちうけていた。

癌を発症してからのそれまでにない長期の断酒によって、父はその真人間に近づいたようであった。「僕」の娘がふと「おじいちゃん、顔つき、目つきがすごく優しくなった」とつぶやくのを耳にして、なるほど子どもはしっかりものを見ているものだと感心し、それが少しでも長く続くことを願った。父もまた、足の皮が擦りむけるほどに、毎日、長時間の散歩を懸命に続けながら、死の恐怖と闘っていた。

しかし、検査のたびに、数値は確実に悪くなったし、父は決して僕らに漏らすことはなかったが、自覚症状も深刻化しているようだった。そしてついには、退院が望めない入院となった。父は闘病中、病名を知りながらも、一度もその名を口にすることはなかった。その名を口にすればそれが現実となる、つまり死と直面することになりかねないので、それを何としても避けようとしていたのだろう。

人々の支え

さて、あまりにも話が前に進みすぎたので、そうした父の晩年のはるか以前、父が初めて入院した頃に戻ろう。

大黒柱が長期間にわたって不在なのに、零細な下請け町工場がどうして保ったのか。もちろん、母ががんばったからなのだが、それだけではない。いろんな人の助けがあった。

最初の入院のときは、父の右腕格としては二代目の「兄ちゃん」がいた。初代とは、地域の在日の青年組織のリーダーとして活躍する傍ら、わが家の中二階で新婚生活を送りながらコウバでも大活躍してくれていたのに、生まれたての赤ん坊共々突如として「北に帰って」しまった兄ちゃんのことである。そして、二代目は、その初代の妹の旦那さんだった。その人自身の聡明で誠実な人柄と透明感がある外見、それにまた初代に対する信頼の残像とがあいまって、二代目に対する父の信頼は絶大だった。そしてその期待にたがわず父の入院中には普段にもましてがんばり、母をサポートしてくれた。そして、それを認めた父の援助もあって、その後ほどなく独立を果たし、一国一城の主となった。そしてその後も、まだ資金も不足して備えられない設備などについては、うちのコウバで作業するなどの便宜を父が与えたりもしていた。

その兄ちゃんがまだ若くして亡くなって以後も、その工場を引き継いだ未亡人の仕事を、僕は大学時代にアルバイトとして長期にわたって手伝うなど、わが家との関係は本当に長く、そして良好な形で続いた。

その後も父の右腕候補として、じつに様々な人がコウバに入って来た。そしてそのほとんどが母の親戚筋の兄ちゃん、おじさんたちだった。健康問題を抱えている父の右腕候補としては、何よりも信頼できる人でなくてはならなかった。信頼できる人となると親戚というのが、両親の一致した考えだった。ところが、父方の親戚は日本には少ないうえに、父の留守中にコウバを預かってくれそうな人が見当たらなかった。

そこで次善の策として母方の親戚ということになり、母が仲介し頼みこんでのことだった。もっとも、先方でも働き先に困っていたり、今の仕事よりはこちらのコウバのほうが条件がよかったり、更には、その間の働き具合では、先の展望が開けるかもしれないなどと夢を抱いてのことだったし、その種のことを両親も少しはほのめかしたりもしたのだろう。ともかく、その主たる動機がどうであれ、その人たちのだれもがそれぞれのやり方で父の穴埋めをしてくれた。だから、父の入院中のほうが、母としては心理的にはむしろ楽だったのではなかろうか。父の酒その他の心配を免れたからである。

ところが、そんな良好な関係も長くは続かない。父が退院してコウバに復帰すると、留守中にがんばってくれたおじさん、兄さんたちは、それまで委ねられていた一定のイニシアチブをすべて返還し、ただの職工に戻らなければならなかった。しかも、父の留守中の「特別報酬」などをめぐって諍いが起こった。何一つ、約束や契約があったわけではなく、互いが自分の都合のいいように考えたあげくのことだった。

父からすれば、自分が懸命に働いた場合と比べての利益の少なさに不満もあっただろうし、そのありえた利益の穴を埋めるためにも節約に励まなければとでも思っていたのだろう。それに親戚同士という甘えもあったのだろう。父からすれば、兄貴分にあたる自分の気持ちを理解して、おとなしくがんばっていればいつかはそれが報われる、それくらいには自分を信じろ、といった理屈があったのだろう。他方、その親戚の「おじさん、兄さん」の方もまた、夢を見ながら懸命に働いた功績を、兄貴分なのだから分かってくれて当然といった理屈があったのだろう。互いに譲らず、争いは深刻になる。母がその間に立ってとりなしても、たいていが決裂となった。

そしてその後、母はそんな「おじさん、兄さん」たちに対する負い目もあって、物心両面にわたって神経を遣う。他方、父としては、それでは自分が悪者扱いされていることになりかねないから、ますます意固地になる。だから、いつまでも父と母の諍いの種として後を引く。母の親戚筋でそのように父の代役をしてくれた人が先の初代と二代目を除いて五人、親戚でなかった人が二人である。両親の信憑は必ずしも実態とは符合せず、しかも、その五人のうちで喧嘩別れにならなかった初めての右腕は、親戚でもなく同胞でもない日本人の兄ちゃんだった。

ともかく、それらの人々その他、じつに様々な人たちの助けを借りて、コウバは保った。普段から地域や仕事関係で信用を育んできた両親の努力と人徳の賜物でもあったのだろう。そのうえ、危機になるほど父と母の一体感が強まった。何はともあれ、父の病気の快復が最優先、ついでは、コウバを維持しなくてはならなかった。だから、僕ら子どもたちは、父の体を心配しながらも、それを補って余りある安心感があった

それでは、父の酒と病気の問題以上に僕ら子どもにとっての不安の淵源は何だったのかといえば、酒と切っても切れない父の女性関係、そしてそれがもたらす父母の軋轢だった。

六　父の女性関係

夜の張り込み

僕はまだ幼い頃から幾度となく、夜遅くに母に連れられて街を彷徨《さまよ》った。いくら待っても帰ってこない父を探し求めてのことだった。但し、父の帰宅が遅いだけではなく、父の挙動や巷の噂その他を総合して、「女絡み」だと母の勘が働いたときに限られていた。だから当然、母には父の居場所の「当て」があり、それはたいていがわが家からは少し離れた別の集落の裏通りなどにある「スタンド」や「小料理」の看板が懸かった小さな飲み屋とその近くの温泉マークの旅館だった。

先ずは第一候補の店の近くの軒下に身を潜めて、しばらく店の様子を窺う。それが「外れ」と察しがついた場合、母は僕を第二候補の店の近くに連れて行く。そこでも外れの場合は第三候補の店、

そこでもダメなら諦める。しかし、逆に「当たり」と見当がつくと、母は僕に「あの店に入って行ってオトちゃんを連れといで」と言い聞かせてその店に送る。

僕はためらいながらも勇を振るって戸を開く。カウンターに座っていた客たちが一斉に振りむく。僕は思わずうつむき加減になるけれども、横目でカウンターの奥にいる父を捉えて、ひと安心する。盃を片手に、カウンター内の女将《おかみ》といかにも愉快そうに言葉を交わしていた父は、女将の視線の先に僕を見つけると、顔をこわばらせる。しかし、体面もあってか「何や、おまえ、どうしたんやこんなとこに。腹でも減ったんか。何かほしいものを注文して食べて、早よ帰れ。オトチャンも帰ろうとしていたとこや」などと、普段にはない浮わついた声で言う。僕は父の隣の席にぎこちなく腰を下ろして、それでも懸命に自然を装う。身を乗りだしておでんの鍋を覗きこみながら「ほんなら、卵とコンニャクとゴボウを」と言う。すると、女将は僕に愛想笑いを向ける。しかし、その笑みの中の眼は僕、そして僕を差し向けたに違いない母、更にはそんな母子を抱えながら外で鼻の下を長くしている父までも馬鹿にしているように見える。その眼差しを含めた居心地の悪さから逃れるために、差しだされた皿に食らいつく。父もまた、照れ隠しに慣れない冗談を連発して、僕が食べ終わるのを見届けると、「遅いから早よ帰れ、オトチャンもすぐに帰るから」と僕を追いだす。

店から出ると、母はすぐさま近寄ってきて、「一緒やないんか？　何でや」と不満そうだが、「オトチャンもすぐ帰ってくる言うてた」と答えると、母も仕方なく僕の手を取って家路についた。そして、そんな夜は父もその言葉どおりにほどなく帰宅した。母は布団の中で眠ったふりをしていた。

修羅場

しかしそれとは反対に、母との夜の道行きが修羅場に終わったこともある。父と怪しい関係の女性が働いている「スタンド」近くの軒下で「張り込み」を始めたのは、すでに夜の十時を過ぎていた。母が僕に何一つ説明しなくても、僕は自分が何をしているのか分かっていた。母に手をしっかり握られながら、黙って真冬の夜の寒さに震えていた。

半時間ほどすると、確かにその店から父が現れた。酔って少し足がもつれ、右手で女性の肩を抱き、左手には吸い慣れない煙草を持っていた。父にまちがいないと僕が確信したときにはすでに、母は僕の手を放し、猛然と走りだしていた。何か叫びながら煙草を持っていた父の手から煙草を振りおとし、その腕をつかんで父を引っぱった。父は驚いて女性の肩から腕を放した。それからしばらく、路上で父と母の押し問答が続いた。

やがて、これでは埒が明かず、街頭での恥に耐えられないと判断したのか、父はその女性ともども、母の言うとおりに家に向かうことを承知した。母は先頭を歩きながら、ときおり、厳しい顔つきで振り返って二人がついてきているのを確認したうえで、改めて決然と前進した。僕は大人たちからすっかり忘れられた格好で、三人の大人の後を懸命に追った。

家に入ると、自分の縄張りというわけなのか、さすがに母は少し落ち着いた様子で、僕に子どもの部屋に行って寝るように命じた。僕は言われたとおりに部屋に入ったが、服を着替えずに懸命に耳をそばだてていた。母が追及を始めた。ときには声高になるが、先ほどまでの興奮は収まった様子で、日本語で話していた。その女性が日本人か、あるいは、在日二世で朝鮮語ができないことが分かっていたのだろう。つまり母はその女性の素性をすでにつかんでいたに違いない。ときおり、母の言葉に朝鮮語が挟まり、その言葉が女性に返答を求めているような場合には、父が翻訳して女性に説明しているようだった。少し沈黙が続いてから、母が席を立った。喉が渇いたのだろうか、母は台所に向かった。そしてその僅かな合間のことだった。父はその女性に、いかにも特別な関係が漂う情のこもった優しい声で言った。しかもその女性の名を呼び捨てにしていたのだが、その名は何と偶然にも母の親戚の女性と同じで、だから僕の記憶にも長く残っているのだろうか。

「××子……こんなことになってしもうて、悪かったなあ、我慢してくれ……」と囁くのを、僕ははっきりと耳にした。五十年以上も前のことなのに、そのときに父が口にしたその女性の名前とセリフを僕は今でも鮮明に憶えている。そしてその父の声を聴きながら、僕は何と、母の敵であるはずのその女性のほうに同情したことまで覚えている。父の言葉、父の気持ちに影響されたのだろうか。あるいは、僕は当事者でもないのに、責められている当事者の気分になって、母の執拗な追及に耐えるのが辛すぎて、母を悪者に仕立ててあげたくなったのだろうか。そしてすぐさま、そんな僕の気持の動きが母に対する裏切りだと気づいて後ろめたさを覚えたが、そんなことくらいでは僕がとんでもなく薄情な息子であるという事実に変化が生じるはずもない

部屋に戻った母は、またしても追及を再開した。しかし、今度は先ほどまでよりも更に落ち着いた口調になっていた。声を落として、まるで諭しているように話したかと思うと、突然、黙りこんだ。そしてまるで我慢比べでもしているかのように、しばらく何も言わなかった。母の厳しい追及には頑として白を切りつづけていた父も、その沈黙作戦にはついに観念したのか、「分かった。別れる」と低い声で言った。すると母は、今度はその女性に向かって、「あんたもか？」と低いけれども強い口調で突きつけた。それに対してその女性も、少し間をおいて、「はい」と消え入りそう

な声で答えた。

母はそれを受けて、「それやったら、あんたはもう帰り。この家と何の関係もないねんから」と静かに言い、玄関口までついて行ってその女性が出ていくのを見届けた。そして、父には何も言わずに裏の便所に行き、戻ってくるとそのまま寝床に入る気配がした。

父は酒でも飲んでいるのか、台所で少し音がした。僕は寝床に入りこみ、父の挙動に耳を傾けていたが、体が温まるにつれて緊張がとけて眠りこんでしまった。

七　母の不安と勘

母の不安の根源

問題がはっきりして覚悟を決めさえすれば、母は体を張って執拗に闘い、やがて「こと」は収まった。ただしそれは、母が望んでいたように問題が解決されたということでは必ずしもない。できる限りのことはやったから、それ以上は仕方がないといった諦めも含めて、母がそれなりに納得できるようになれば、荒波は収まり、しだいに日常に戻ることができる。いや、戻らねばならないと母は自らに言いきかせ、家族もまた平穏な日常を装えるようになる。僕らは体験的にそのことを知っていた。

だから僕らが本当に怖かったのは、修羅場のような劇的な時空ではなかった。むしろ、母が自分一人で悩み、逡巡し、そして覚悟を決めるまでの長い過程だった。たとえば、母が夜遅く物思いに沈んだ顔で何も言わずに家を出ていき、そしてまた暗い顔で帰宅するといった日々が続く。僕らはその母の挙動を息を詰めて見守りながら、底なし沼のような不安の中に引きずりこまれる。

それはたいてい、父の恥ずべき所業に関係していたのだろう。母はおそらく、噂や自らの勘の正誤を、不安に押しつぶされそうになりながらも、ひたすら自分で調べていたのだろう。どんなことがあっても、僕ら子どもに知られてはならないようなこともあったのだろう。だから母は不安に苛まれながらも、一人で苦悶し、解決策を探る。そしてそのうちに、そうした母の不安症候群が僕らにも伝染して、得体のしれない不安が僕らを縛る。

そうした母の不安の原因は必ずしも外からやってくるものだけではなかった。その引き金は確かに父や僕ら子どもの不始末だったのだろうが、それがやがて母自身の出自や育ちの過程における何ものか、更には、人間一般が逃れがたく抱えもつ何ものかと共鳴して、母をますます苦しめた。しかも、そうした運命的な不安や災厄から逃れるために母が培ってきた唯一の武器がまた、母をむしろ不安の虜にし、更にはその不安が僕らを縛るといった不幸の連鎖が生じていた。

読み書き能力の欠如と不幸

母は読み書きができないことが悔しく、劣等感を抱えもっていた。但し、それは母一人のことではなく、周囲には同じような問題を抱えた在日一世女性が多数いたから、少なくとも在日社会の圏内であれば、その種の不遇感も同病相憐れむというわけで、むしろ一体感を醸成し、絆を強める作用をすることもあった。

他方、その在日社会を取りかこむ日本人たちを中心とした社会では、数々の困難との直面を余儀なくされたが、それもまた、僕ら子どもが長ずるにつれて、その子どもらを秘書代わりにしたり、文字の読み書きが必要な状況を回避する工夫によって、不都合やそれを契機とする不遇感をある程度は緩和できた。

だが、家庭の内と外、あるいは、在日社会の内と外といったものはそれほど画然としているわけではなく、差異があっても共通していることが少なからずある。識字能力の、あるいはもっと大きく言えば、文化の権力性といったものがどちらの世界にも歴然と存在する。たとえば、文字が読めないから、母は金銭の管理が難しい。郵便局や銀行への出入りができない。そこで、生活費も必要に応じて、父に求めて受けとるしかない。そのうちの一部を節約してヘソクリとして家のどこかに隠したり、友人知人間の少額の頼母子講でささやかな財テクもどきをすることはあっても、それ以外の家の金銭管理に関しては、母はもっぱら蚊帳の外に置かれた。

父はその分、郵便や銀行などの通信・金融機関、子どもの学校その他、一般的には母親や主婦の役割とされているものが自分に回ってくるので、厄介という側面もあっただろう。しかしその反面では、酒、女性、更には親戚への援助など金銭絡みのことでは、母に内緒で自分の思うままにできた。しかも、家の金銭管理を占有していることが、母に対する権力者の地位と優越感の担保にもなっていた。

お金が入用になっても、母は父になかなか切りだせない。そしてついにはためらいを振り切って父にお金を求める際には、まるで自分に咎でもあるかのようについつい腰が低くなってしまう。当人にそんな気がなくても、そうなってしまい、そのことが自分でも腹立たしい。それにまた、父が秘密でお金を使っていることを察知すると、ますます自分が、そして父が腹立たしくなる。その結果として、文字の読み書きができないから、誰からも、とりわけ夫、そしてそれと「つるんだ女、親戚」などからも馬鹿にされているといったように感じる。そしてときには怒りを爆発させたり、その種の恨みを心中深くに貯めこむことになる。

このように非識字の問題は母にとって、お金の問題はもちろん、女として、主婦としての自尊心とも密接に関係するものだった。しかも、そうした一連の因果の連鎖は、自分の生まれ育ちにもつながっていく。

女として生まれたこと、そして幼い頃から実母のもとで暮らせなかったこと、それらが相まって教育を受ける機会が奪われたこと、しかも、その不遇を乗りこえるための工夫なり努力を自分が怠ってきたこと、それら総体が、「わたしは馬鹿や」という口癖にこめられ、後悔のように自分を突き刺す刃となる。こうして非識字の問題は、母にとって屈辱の根源であり、また自分の運命そのもののように感じられる。そうしたことは非識字の問題に限ったことではなく、あくまで数ある一例に過ぎない。しかし、何か問題が生じると、その問題が局所化、相対化されて限定的に解決可能なものとしてではなく、母の生涯全体に関係する絶対的な不遇と意識される。

だから出口はない。しかし、せめて襲いかかってくるはずの不幸を避けたり、軽減したりする程度なら可能かもしれない。その手立てとして母には格好のものがあった。困難な人間関係の中で生き残るために自然に研ぎすまされてきた勘、それによって襲いかかってくるはずのさらなる不幸、屈辱を事前に察知して、それを避けるよう努めればいい。

ところが、その母が備えるに至った唯一の盾のようなものが、かえって母を不幸にすることもある。不幸の前兆を察知するには、いつも警戒を怠ってはならないから、心が休まるときがない。更に言えば、その不幸を事前にすでに生きていることにもなる。まだ起こっていないし、じつは本当に起こるかどうかさえ定かではない不幸を、前もって体験する羽目になる。

ハンディを埋めるはずの勘

母はすでに触れたように父はもちろん、僕ら子どもの挙動不審にも鋭い観察眼と勘を働かせて、見逃さなかった。

母の財布からお金をくすねた。大した金額ではない。十円か、せいぜい二十円くらいだったはずである。母から毎日もらっていた小遣いが五円ほどだったから、十円でも盗んでいるという自覚がはっきりあった。いきおい挙動が不自然になり、自分でもそれを意識するから母に気取られそうな気がして、家にじっとしていられない。「遊んでくるわ」と言いのこして、家を出た。そして何気なく装いながら界隈をうろつく間も、早く使ってしまわないと「ばれてしまう」と焦った。金魚掬いの店が目に入った。普段なら、お金があってもなくても飛びこんでいくのに、今はその気にもなれない。しかし、何がなんでも、くすねたお金を使って、証拠を消してしまわなければならない。店主にお金を払って金魚掬いの道具を受けとった。紙を張った網と掬った金魚を入れる小さな容器である。

しかし、こんなときに限って、紙がなかなか破れてくれない。じれた僕は、乱暴に水を掬ってわざと紙を破ろうとするが、紙は依然として破れず、次々と金魚を掬ってしまう。ついには容器が金魚であふれそうになり、その褒美として数匹の金魚をもらい、その処分に困る羽目になる。もちろん、家に持ちかえるわけにはいかない。仕方なく、路地沿いのどぶ川に捨てることにした。黒く濁った泥水の中で金魚が生き残れるとは思えなかったが、そんなことはどうでもよかった。赤い金魚が泥水の中に消えていくのを見届けて、これで家に帰れると思って振りかえると、母が目の前にいた。鋭い目つきが僕を刺した。

「おまえ、その金魚のお金はどうしたんや」

僕はとっさに「道で拾った」と言ったが、それが通用するはずもない。僕の表情がすでに降参している。涙がポロポロとこぼれた。母はそんな僕を引きずって家に連れ帰り、僕の手を何度も叩きながら、「情けない！　泥棒の子どもを持ってしもて」と目を赤く腫らしながら、繰りかえした。


父の死後、母は僕にふと、こんなことを洩らしたことがある。

「うちみたいに、いつも心配ばっかりで、何一つ楽しいことなんかできひん女と一緒に暮らすんは、オトチャンもしんどかったはずや。気晴らしに外で遊びとうなんのも、しょうがなかったんや。ほんとに、繰り返しひどいことをして泣かされたけど、オトチャンも可哀そうな人やったんや」

母は自分でも分かっていたようなのである。

状況もしくは運命のようなものに強いられて母が幼い頃から培ってきた鋭い勘は、このように周囲の人間の異変を見逃さない鋭い目となり、それはなるほど母に不幸を事前に察知させ、未然に防がせることもあったのだろうが、その一方で、つねにそうした不幸を事前に生きてしまうという不幸をもたらした。更には、その勘のせいで、周囲の人間はまるで母の眼がいつも付きまとっているような圧迫感に苛まれるようになる。母の不安症候群に感染し、それに縛られる。だからこそ、そこからの脱出を願うようになる。

八　脱出の企ての行方

セカンドハウスの誕生

僕は中学に入るとすぐに、兄にはすごく嫌がられながらも、兄の後を追って野球部に入った。そのお陰で、コウバの仕事にはあまり駆りだされなくてすんだ。休日や長期休暇などでクラブの練習や試合がなくて、そのうえコウバが多忙なときにはやはり駆りだされたが、学校行事となれば両親はすごく寛大で、あまり無理を言わなかった。しかも、思わぬ幸運が訪れた。僕が中学二年になった頃に、わが家に突如としてセカンドハウスが誕生し、僕は一人でそこで住みはじめることになった。食事は相変わらず家でとるが、それ以外の時間はほとんどいつもその部屋に陣取り、両親と顔を合わせることもずいぶん少なくなった。僕はこうしてそれまでにない自由を享受することになった。

「北」への「帰国運動」が盛んな頃だった。コウバの集落の同業者の中でもいち早く創業して、もっとも成功を収めていた工場主が、済州の同じ地域の出身という誼《よしみ》もあって、僕の両親は仕事上でも生活上でも先輩格として敬い、親しく付きあっていた。そしてその長女夫婦もまた、それとは別の集落で同業種のコウバを始め、やがてこの地域では珍しかった新式の射出成型機（インジェクションと呼ばれていた）を導入するなど意欲的な経営で大きく羽ばたこうとしていた。それなのに、突如として「北への帰国」を決意した。そして、その家とコウバの買い取りを僕の両親に打診してきたのである。

どうせなら成功者として名高い（義）父に頼んだほうが何かと有利なはずなのに、「もしそんなことしたら親子の誼を盾にしてとんでもなく安く買いたたかれそうやから、身内やないほうが取引として割り切ることができるし……それに、両親が昔から付きあってきた文ちゃん兄ちゃんやったら安心やから」と、その長女は僕の両親に話を持ちこんだ内輪の事情までも洗いざらい打ち明けて、頼みこんだ。しかも、帰国船に乗りこむ時期も迫っているので、早急に良い返事をもらいたいと懇願した。その話は、時間が切迫しているから投げ売り的側面もあって破格の条件だったので父の事業欲に火がつかないわけがない。

ところが、生憎なことに時期が悪すぎた。数年来、わが家では大変な物入りが続いていた。まずは、家を新築してからそれほど年月が経っていなかった。父はそれまでに節約して貯めこんできたお金の相当部分を吐きだした。

次いでは、両親が立てつづけに「瞼の故郷」を訪問するために、今度は有り金をはたくだけでは足りず、少なからぬ借金までして大量の物資を購入し、それを故郷に運んだ結果、もうどこを探っても余剰資金などなかった。そこで、残念だが断念すると返答せざるを得なかった。ところが、その若夫婦は自分たちが取引している在日の北系の金融機関に相談してすでに融資のお膳立てもできていると、思わぬことを言う。そこまで言われると、両親も断る理由がなくなり、その話を受けることになった。

しかし、ここでもまた、思わぬことが起こった。いざ取引決済の数日前になって、肝心のその金融機関からの融資話が「ぽしゃって」しまったのである。金融機関がその理由を正直に教えてくれるはずもなく、ただただ「都合で」というばかりだったが、父が故郷訪問のための奔走の一環として、熱心なシンパサイザーだった北系の組織との関係を断っていたことが理由だろうと推察はついた。だからといって、どうにもならず両親は大いに困った。その契約をキャンセルすれば、財産を処分したお金を「北」に持ちかえって、それを基礎に「祖国に奉仕」するつもりの若夫婦（と言っても三十代後半）の予定が狂ってしまい、彼らの今後の人生の門出に冷や水をかけることになりかねない。しかも、さんざん迷ったあげくに一度は決断した事業拡張の好機をみすみす逃すことになる。同情に加えて、欲と未練が両親に大きな決断をさせた。

父は急遽、「頼母子講の親」になることにした。生来、父が大嫌いで軽蔑までしていた賭け事に負けず劣らず危険だからと、周囲からいくら勧められても断ってきた頼母子講の親なのだが、背に腹は代えられなかった。それも非常に大型で高額の頼母子講を一挙に二つも開設して、その「親」になることで当座の資金を確保して、買い取りを実行した。その後、その二つの頼母子講のそれぞれで一人の「子」に夜逃げされ、「親」としてその二人の「子」が支払うべき額の肩代わりをする羽目になるなど、父は大きな荷物を背負いこむことになるのだが、それはまだ先の話である。ともかく、わが家はこうして二つの家と工場の主となった。

新たにうちの所有物となったその建物は、わが家の集落に近接する集落の外れの大きな蓮池の前にあった。元来は庭付き二階建ての借地権付きの建売り住宅だったが、その横の空き地も借りて平屋のコウバを建て増し、最新のプラスチック射出成型機二台と二対の旧式のプレス機が備えつけられていた。全体としては従来のうちの家とコウバを合わせたのとほとんど同じくらいの敷地そして建物の規模だったので、わが家の不動産は一気に二倍になったことになる。ただし、元々のコウバは借地で借家だったし、入手した家もコウバもともに借地だったから、じつは人が妬んで噂したほどの財産持ちになったわけでもなかった。

父にはその居住スペースはさておき、もっぱらコウバの稼働を急いだ。機械を寝かせておけば借金の返済が滞りかねないのだから、経営者として当然のことである。しかし、その機械の稼働に関して問題が生じた。そのセカンドハウス兼コウバがあった集落の住民はそのほとんどが朝鮮人で、同胞同士の誼もあって気安そうなのだが、じつはそうでもなかった。

その集落の住民のほとんどは、陸地（朝鮮半島本土）出身でしかも土建業関連を生業にしており、僕の両親がそれまで親しく付き合ってきた同郷の済州出身で工場の職人もしくは経営者の類の人々とは、習慣や気質その他で、微妙な差異があった。そのせいで、従来のコウバの集落のような地縁血縁の気安さなどの利点がないどころか、ともに朝鮮人という同質性がむしろ些細な違和感を増幅し、面識があっても何かとよそよそしい。

しかも、その集落の中心には父が関係を断った北系の組織の事務所があって、その影響力が強い地域だから、父に対する風当たりがよいはずもなかった。更に、購入した物件の隣に住む土建業者は、わが家に購入を依頼してきた夫婦と同じ北系の組織のメンバーだったから、その「帰国」の意志をいち早く嗅ぎとって、家とコウバの買い取りを持ちかけたのに断られたという、僕の両親は全く預かり知らない経緯もあったらしい。

そんなわけで、彼らからすれば自分のものになるはずだった土地屋敷を横取りされたような気分で、僕の両親を歓迎するはずもなかった。当然、何かと難題を突き付けてきた。その一つが、騒音被害を盾にした射出成型機の稼働時間の制限、そして迷惑料の支払いである。父としては前の所有者と同じくその二台の新式機械を二四時間稼働させて借金の返済を急ぐつもりだったが、実力行使をほのめかす相手の強硬姿勢と全面対決するわけにもいかなかった。資金の余裕がないこともあって迷惑料の支払いは最後まで拒否したが、稼働時間については午前八時から夜八時までの半日稼働ということで手を打たざるをえず、父には非常に大きな打撃だった。

しかもその結果、セカンドハウスとコウバ（僕らは次第にそちら建物のことを「アッチの家、アッチのコウバ」から更に「アッチ」へと一本化・簡略化するようになったので、以下ではそれを踏襲しておおむね「アッチ」と略記する）は夜間には無人となり、近隣との関係が思わしくないこともあって、すこぶる不用心である。高価な新式機械にもしものことがあれば大損になりかねないし、居住スペースを空家のままにしておけば建物の傷みも早くなるなど心配がつきない。そんなところへ、思わぬ申し出があった。

「アッチ」の住人

父の最初の入院時にその留守番役として活躍し、その後には独立を果たした兄ちゃん（父の二代目の右腕）のことはすでに記したが、その奥さん、つまりは父の初代の右腕の妹からの話だった。認知症を患っている母親をまだ独身の末妹が介護しながら暮らしたいと言っているので、貸してもらえないかというのである。妹が今暮らしているアパートに引き取れば、周囲に迷惑が及ぶかもしれず、母親も窮屈な環境で症状が悪化する懸念がある。わが家のセカンドハウスには狭くても庭があり、そこで土いじりでもして過ごせば病気の治療の一助にもなりそうだからというのだった。両親としても、そうなれば空家の不用心の心配が解消する。それに長年の誼もあるから、無料で貸すことにした。

その居住スペースにはやがて、もうひとりの住人ができる。父が知人の紹介で雇った中年の男性が二階の二部屋ある一方の部屋で寝泊まりして、徒歩で十分足らずのわが家の従来のコウバに通うようになったのである。居住スペースの裏戸を入った土間には簡易洗面所とガスコンロが備えてあり、そこから階段をあがった踊り場にはトイレもあるなど、基本的な生活に不自由はない。そして、その土間と一階の居住空間との境のスリガラスの戸に施錠をすれば、一階に住む母娘のプライバシーは完全に確保できるので、彼女たちを煩わせる心配もなかった。

その新たな住人というのは、韓国釜山から密航してきたばかりで、うろ覚えのいくつかの単語を除けば日本語が全くできなかった。そこで、何でもないことで不審に思われたあげくに逮捕されるという危険を避けるためには、警察はもちろん、一般の日本人との接触も避けたほうがよい。その意味でその部屋とコウバは格好の環境だった。それではなぜ、その二階の部屋と同じ敷地内のコウバの仕事をしなかったのかと言えば、職人とパートの従業員で新式機械二台を稼働させていて、他に職人は不要だった。

そのうえ、そこには韓国語のできる者がいないので、意思疎通の問題があった。しかも、少人数のところに新参の者がいると、ついつい目立って発覚の怖れが大きい。それと比べれば、わが家の従来のコウバでは事情をよく知った職人たちやうちの両親などがいるので意思疎通の問題はなく、一人くらい職人が増えたって目立たないし、警察が急襲してきても、全員の連係プレーでそれなりの対応をしてごまかすことができると考えてのことだった。

そうした事情だけに、彼の一日はその部屋とコウバ、そしてその往復と、昼と晩の食事をとる食堂（コウバが契約しており、コウバの事情をよく弁えている）、たまに行く銭湯、そして後には、父が連れて行った朝鮮人が営む立ち飲み屋が加わる程度で、ほとんど孤独で密閉された空間に閉じこめられているようなものだった。しかし、密航の身で贅沢は言っておれない。できるだけ短期間にできるだけ多くのお金を稼ぎ、釜山に残してきた家族に仕送りしなくてはならない。大金をはたいてはるばる密航してきた日本でやすやすと捕まって強制送還されるなんてことは断じてあってはならないことだった。

その人はプレス機の仕事は初めてのはずなのに、持ち前の体力と機械に対する知識と好奇心、そして密航の動機などがあいまって、ほどなくして一人前以上に仕事をこなすようになった。何であれためらいとは無縁な性格で、挑戦して難関を克服するなど、新たな環境に積極的に順応する人だった。

父は新しいコウバでは稼働時間の厳しい制限など面倒ばかりか不利な条件もあるし、コウバが二ヵ所では何かと無駄が多く管理も難しいからと、コウバの統合を図る。「アッチ」の設備を従来のコウバに完全に移設・統合した。しかも、それと並行して、従来のプレス機は暫時減らす一方で中古の射出成型機を導入して、射出成型機（インジェクション）だけのコウバへと転換を図ったのである。そうなると、その人は率先してその新式機械の扱いにも習熟して、コウバにとっては欠くべからざる戦力になった。

彼がそのように新しい機械に対する好奇心やチャレンジ精神を学んだのは、兵役で軍隊に入ってからというのが、本人の弁だった。軍隊に入って、それまでに見たことも聞いたこともない数々の車両や機械などに接し、懸命にそれと格闘するうちにその操作技術に習熟するようになった。それ以来、新しい機械に接するたびにそれを征服したくなって、どんな機械でも努力さえすれば扱える自信がついたのだという。

韓国や軍隊について型どおりの暗黒のイメージしかなかった僕には、そうした経験談はじつに新鮮だった。軍隊は人を殺す技術だけを伝授するわけではない。人を殺すための道具を操作することも教えてくれる。特に貧しい人々には、軍隊以外では接することがあり得ないような、たとえば最新機器の操作技術を無料で指導してくれる学校でもある。その人にとっては、その軍隊経験が密航生活にも活用可能な経験だったわけである。

従来のコウバでは、射出成型機の稼働の制限時間が「アッチ」と比べて二時間だけ緩やかに、つまり朝の八時から夜の十時まで稼働できるように近隣の家々と話がついたので、彼はその時間を丸々働くようになった。だから、部屋で過ごす時間は、二四時間から十四時間の労働時間を引くとたった十時間、そこから更にコウバへの往復に要する時間や銭湯に行く時間、あるいは夏場にはその銭湯の料金を節約するために終業後にコウバ内で盥に冷水を貯めて慌ただしく行水する時間などを引けば、一日に八時間足らずしか残らず、「アッチ」の部屋はまさに寝るだけのところだった。

母の掌の上での自由

その人が住むようになっても、その二階には部屋がまだ一つ空いていた。それを狙っていた僕は、両親の機嫌を窺いながら、ついにその部屋に住む許しを求めてみた。

わが家も新築当初はすごく大きくなったように思えたが、五人の子どもが成長するにつれてすごく手狭に感じられるようになった。すでに高校生でもうすぐ大学入試に備える兄にすれば、部屋を共用している僕がいなくなれば勉強にも都合がいいはずである。そもそも朝型の僕と夜型の兄とでは生活時間が正反対で不便が多すぎる。それに僕もやがて高校入試のための勉強をしなくてはならず、テレビがない「アッチ」ならもっと勉強に集中できる。

そんなもっともらしいことを僕は早口で両親にまくしたてた。両親はそんなとってつけたような話にはほとんど関心を示さなかったが、予想外にあっさりと許可してくれた。コウバの手伝い以外のことなら、両親は僕ら子どもに対してすこぶる寛大で自由放任だった。それほど信用してくれていたのか、あるいは、コウバその他が忙しすぎてそんなことに神経を遣う余裕がなかったのか、あるいはまた、放っておいても大きな悪さをする根性など持ちあわせていないと見くびってのことだったのか、おそらくそのすべてだったのだろう。

ともかく、それ以降の僕は、食事は家でするが、学校にいるときを除いてほとんどの時間をその部屋で過ごすようになった。ちょうどその頃に、父の知り合いの工場主の奥さんから、小学生の末息子の家庭教師を依頼されたので、その部屋に通ってもらうことを条件に引きうけた。そして、長年恋い焦がれていた自由と、人にものを教えて初めて受けとる報酬の記念として、ギターを買った。

生来、音楽的な才能など皆無ということを自覚していた僕だから、ギターなんてお角違いとは思ったが、自分が働いて得たお金で手に入れたギターを自分流でつま弾いていると、一人前の自由人になったようで、有頂天だった。コウバでいくら仕事を手伝っても報酬をもらうことなどなかったから、働いて現金をもらえるのは何ともうれしかった。それ以前にも、酒屋の配達、ゴルフのキャディー、新聞配達など、コウバの仕事から逃げる口実として、また小遣い稼ぎのために、数々のアルバイトで現金収入を得た経験はあったが、「自分の砦」で働いた果実としてのお金の有難味は格別だった。

僕がそんな自由を謳歌するようになって半年後には、一階の母娘が急遽、そこを出ていくことになった。母親の認知症が急速に深刻化して施設に入れるしかなく、残された娘は、元のアパートに戻った。それでも二階には僕と職人のおじさんがいたので、夜の不用心の心配もなく、一階は空き家のままにしておくことになった。

親の束縛から解放されていくら有頂天の僕でも、一階に母娘が住んでいる間は、僕の「自由の砦」のことを口外しなかった。友人たちが押しかけて来れば、認知症の老母を抱えた娘さんに迷惑をかけるかもしれないし、もしそんなことになれば僕の一人暮らしも許されなくなるに違いないから、用心していた。しかし、その母娘がいなくなると、自分の口に蓋ができなくなった。親しい友人たちに限って、「砦」の話を自慢たらしく吹聴した。打ち明ける相手の選択には気を遣っているつもりだったが、自分の口に蓋ができない僕が、友人たちの口に蓋などできるわけもない。知られると困ると警戒していた連中たちにも、瞬く間に情報は広まった。

それを境に僕の生活は一変した。何の前触れもなく、いろんな連中が「砦」に押しかけてくるようになった。ときには、家出したので泊まらせてくれと駆けこんでくる者もいる。「友だちの友だちは友だち」という理屈で、僕がそれまで口をきいたこともない者まで紛れ込み、いつの間にか常連として収まりかえる始末だった。学校でも札つきの「悪《ワル》」もいれば、そのまた悪友である朝鮮学校に通う「悪たち」もいた。というより、そんな「悪たち」の根城になってしまった。奴らはどこで盗んできたのか、酒やタバコまで持ちこんでは、反吐《へど》を吐きながら自由を謳歌するようになった。僕ももちろんその一員だったが、もはやその部屋の主というより、ワン・オブ・ゼムにすぎなかった。これではまずいと思いながらも、それを止めることはできなかった。

札つきの悪たちと一緒に、僕もいっぱしの悪を気どって、街中をぶらつき回りもした。そのうちに、彼らの心理や行動様式に怯えも感じた。勝つためなら、あるいは自分の欲望の為なら、何だってやる種類の人間がいるということを思い知った。僕くらいの年齢ですでに、未来に希望など全くなく、今の欲望を充足するためなら、何だってためらいなくやってのけそうな悪たちと群れをなしながら、その絶望的な暴力性には、心底、ぞっとした。こんな連中は断じて敵に回したくないが、かといって、仲間になって一緒に生きたいとも思わなかった。そろそろ潮時かなという思いがチラッと脳裏をかすめた。

やがて模擬試験の成績も最悪の無様なことになった。自由の象徴だったはずの新品のギターも誰が持ちだしたのか姿を消してしまっていたのに、それに気づくこともなかった。その存在すら忘れてしまっていた。僕とギターの関係など、しょせんその程度のものにすぎなかった。そして僕が謳歌している自由もまた同じ運命をたどりそうな予感が……。

そんなある日、学校から戻ってみると、乱雑を極めていた部屋がすっかり片づき、机の上に放置してあったタバコと灰皿、そしてマッチなどの一切が消えていた。部屋の隅に集めてあった数多くの空の酒瓶、ビール瓶なども姿を消していた。

母だ、と直感した。その部屋を引き払って、家に戻されることを覚悟した。ところが、母はそのことについて何も言わなかった。それとなく匂わすようなこともなかった。その無言の警告は、いかにも母らしい攻め口だと思った。息苦しくなった。

そしてそのうちに、一体どのようにして母に僕のひどい生活の話が伝わったのかに思い至った。隣の部屋のおじさんしかいない。おじさんが僕のことを「告げ口」するはずはない。それについては僕には確信があった。しかし、僕に対する心配と自分の迷惑とが重なって、何かの拍子に「ふと漏らす」くらいのことは十分にありうる。そのように思うと、自分が恥ずかしくなった。

隣部屋のおじさんに迷惑をかけないように、僕なりに気を遣っていた。しかし、ときには酒宴などが長引くこともあり、何度言っても悪友たちが帰らないこともあったし、泊まりこんでいくこともあった。そのせいで、しっかり眠らないと翌日の仕事に差し支えることになるおじさんには、さぞかし迷惑だったろう。しかし、なにしろ僕は雇い主の息子であり、密航で立場が不安定なおじさんとしては、何も言えなかったに違いない。僕は無意識ながらも、自分の「身分」を盾にして、他人迷惑な自由を謳歌していたのである。

生活を改める決意をした。母のこと、そして隣部屋のおじさんのことを考えると、せめてそのくらいの努力をしないわけにはいかなかった。悪友たちには、「親戚が同居することになったので、もうこれまでのようにはいかない」といかにも残念そうな表情と口調で告げた。面倒だから施錠を怠ることが多かった裏戸も、出入りするたびに必ず施錠して、誰であれ勝手に二階に上がり込んできたりできないようにした。その程度のことで効果があるかどうか半信半疑だったが、予想に反して効果はてきめんだった。ときおり、庭の外から呼びだしの声がかかってくるようなことはあったが、居留守を決めこんで相手にしなかった。そのうちに誰も来なくなった。

高校入試の時期も迫っていたから、それまでの不勉強の分を取り返そうと、懸命に勉強に取り組んだ。その結果、最後の模擬試験では従来の水準にまで成績が戻っていた。

更なる脱出の試み

志望校の入試をクリアーして、僕は高校生になった。そしてその後は「僕の砦」に人を招くようなことはしなかった。高校でも野球部に入って忙しく、中学までの友人たちとはすっかり疎遠になった。高校の友人がそこに来ることもなかった。そもそも僕のほうで招くこともなかった。僕はその部屋で、改めて自由を満喫することができた。春休みや夏休みなどにコウバの仕事を手伝うように言われると、できるかぎり従った。しかし、それ以外は、おおむね砦で過ごした。自由を失いたくなかった。

しかも、そんな呑気な生活にも満足せずに、僕は家からの更なる脱出の機会を探っていた。大学進学はその絶好の機会だった。何としても自宅通学が無理な大学に進もうと心に決めていた。母の束縛、とりわけその心理的な圧迫感から逃れるために、できるだけ遠くへ、たとえば東京へ、あるいはせめて京都の大学に進んで、アルバイトで少しは自活の体裁を保った下宿生活をする夢を育んでいた。

ところが、僕の大学入試の年は大学紛争たけなわで、特に東大で史上初めて入試が取りやめになった余波で入試戦線は大混乱、そのあおりをくらって僕の気持ちもまた大きく揺らいだ。明確な方針も立てられないままに、とりあえずという気持ちで大阪の大学を受験したところ、予想外に合格してしまった。

高校生活は野球にあけくれ、やっとそれが終わってそろそろ受験勉強という段になって、突如、「祖国」訪問の話が持ちあがり、あれよあれよという間に実現した。韓国の新聞社の招聘を受けた在日僑胞高校野球団の一員として韓国全土を転戦し、その後には「故郷」済州の初訪問、そして親戚たちとの出会いを果たすなど、カルチャーショックの連続によって触発されたアイデンティティの危機をもてあましていた。大阪に戻ってもその余韻は長く続き、受験勉強どころではなかった。そんな悔いが拭えずに、それを挽回するために一年くらいは浪人生活を覚悟し、東京の予備校の資料まで取り寄せていた。それなのに合格してしまったのである。

入試の合格は無味乾燥な受験勉強からの解放で喜ばしいことだったし、模擬試験の成績などから合格の可能性があったからこそ受験した。その意味ではまちがいなく自ら希望し、意図してのことで、その結果は「良し」だった。しかし、本当に贅沢な話なのだが、本人としてはやはり初志に反しており、不承不承の入学という感じが後を引いた。

僕が入試戦線の混乱の中で最終的に、それまでは思ってもいなかった大阪の大学の受験を決めたのは、前にも触れたように、合格の可能性があったからに他ならず、浪人は嫌という気持ちが強かったからである。韓国から帰ってきて約半年ぼっきりの受験勉強だったが、こんな無味乾燥な日々は願い下げにしたいという気持ちが強かった。それでいながら浪人生活の心準備もして、むしろそちらに夢を託すようなこともしていたのは、なぜか。今から考えてみると、それは「今」の受験勉強の閉塞感に耐えぬくための心理的な詐術だったのだろう。たとえ、不合格でも来年にはもっと好条件でやりなおせる、それも「自由な」東京で、だから今を適当に乗りきろう、結果がどちらに転んでも悪くはないのだから、といった理屈なのである。そうした僕お得意の心理的詐術のお陰なのか、僕は「とりあえず」受けた大阪の大学に合格し、煮えきらない脱出願望を抱えたまま両親の傘の中にとどまることになった。

しかも、大学紛争のせいで入学後も一年近く授業がないという宙ぶらりん状態をこれ幸いと、両親は僕を毎日コウバに駆りだした。だから、脱出どころか、牢獄に入れられた気分だった。いったい自分は何をしているのか、と焦った。それにまた将来不安も、以前と比べてはるかに現実味を帯びて眼前にせりあがってきた。大学卒業後は父のコウバの仕事を継ごう、継がねばならない、大学はそれまでの猶予期間と思いなしていたものの、それが実際にはどういうことなのかを、心底思い知った。毎日、それもほとんど終日にわたってコウバに閉じこめられているうちに、コウバの仕事を、一時的にコウバに駆りだされたときとはまったく別様に体感するようになっていた。

そのうえ、入学が決まるとすぐに、どこでかぎつけたのか、同胞の様々なグループの先輩たちからつぎつぎに連絡が舞いこみ、その誘いに乗って「在日」の歴史と現状を学びはじめると、何となく分かったつもりでいた自分の位置、つまり在日の位置がそれまで以上に具体的に見とおせるようになった。大学を卒業しても将来の安定の保証にはならない程度のことは承知しているつもりだったが、たとえ家業を継いだとしても、あるいは、家業を継いだほうがむしろ、「在日」の与件が圧倒的に僕の将来を圧迫するという展望が眼前に立ちふさがり、息がつまる思いだった。

そのあげくには、医者になってもいいかなと思いはじめた。安定した職として在日に唯一許されている医者を目指すようにというアドバイスをいろんな方から何度も受けながら、全く聞く耳をもたなかった僕なのに、豹変したのである。その年の新入生の中には僕と同じように不本意な受験、そして合格という悔いをもてあましている学生が少なからずいて、そうした雰囲気の影響もあったのだろう。また、紛争のせいで授業を一度も受けないままに長い待機を強いられていたから、そんな贅沢な迷いをもてあそぶ余裕もあったのだろう。そしてついには、自分が進む「はず」だった京都か東京の大学の、それも医学部の再受験まで考えるようになり、ためらいながらもその準備を始めた。

しかし、受験勉強というものは、それなりの切迫感がなければ続かない。ひとたび受験勉強から解放され、大学生の「身分」が保証されながら、再び受験勉強というのはあまりにも贅沢、あるいは過酷で、なかなか本気には取りくめなかった。受験参考書や問題集を開いても、それはもうずいぶん昔に習ったことのように現実感がない。眼にも、そしてもちろん頭にも入ってこない。半年前まで懸命に勉強していたことなのにと、さすがにうろたえた。それでもめげずに続ければ次第に記憶や勘も戻ってくるのだろうが、僕にはそんな忍耐力はなかった。それにまた、同胞の先輩たちのおごり酒の繰り返しで、すっかり酒の味を覚えてしまっていた。腰を引きながらの受験勉強など、酒の誘惑に勝てるはずもなかった。

しかも、時代の雰囲気もあった。反乱の季節、少なくとも反乱という言葉、雰囲気、夢に酔うことが流行した時代だった。自己否定という言葉も大いに流行していた。そんな社会の雰囲気は確実に僕に影響を及ぼした。「社会の激動期にもっぱら自分の生活の安定を求めて医者になろうとするなんて」という何とも単純な「自己批判」のトゲも僕を刺した。そんな矛盾だらけの自分を扱いかねて、再受験などという悠長でいながら苦し紛れの思い付きは、真夏の夜の不快な汗に溶けてしまった。

遠方の大学に進学することによって親の支配・影響から逃れようとする道は放棄した。しかし、それでも僕は懲りずに、家からの脱出の機会を窺っていた。その一つが、祖母との同居という、孝行孫息子を気取った思いつきである。

僕には大阪の在日集住地区に一人暮らしをしている母方の祖母（森ノ宮のハマニ）がいた。祖母は長らく母の異父弟夫婦と同居していたが、嫁舅の問題などもあって、叔父が家の近くの古長屋の一軒を購入して、そこに一人で移り住むようになっていた。そしてそうなると、母は叔父夫婦に遠慮して慎んでいた祖母に対する気遣いを以前よりもはるかに気楽にできるようになったのか、何かにつけて僕をその祖母の家に送った。僕は母に言付《ことづ》かったあれこれを持参して、祖母の家に通うようになった。

僕が祖母と特に親しかったわけではない。幼い頃からむしろ、意思疎通がうまくいかないという感じのほうが強かった。もちろん、言葉の問題があった。祖母は日本語がすごく下手で、済州島の方言と中途半端な大阪弁とのチャンポン言葉はとても聞きとりにくかった。それに加えて、母と祖母の微妙な関係も影響していたのかもしれない。母娘とは言いながらも、二人の間は何かとぎすぎすしていた。母は祖母に対する愛情や配慮を素直に表現できないようだったし、祖母もまた母に対してどこか遠慮している風があった。だから、僕も見よう見まねで、その二人の関係をなぞって、祖母との間に線引きをしていたのだろう。

しかし、さすがに僕も少しは歳をとったのか、祖母の頑な殻の裏に隠されている僕に対する柔らかい情愛のようなものが垣間見えるようになった。祖母は相変わらず口数は少ないが、以前と比べれば、僕に対する遠慮のようなものがなくなり、僕を自然に受け入れ、歓迎し、しかも僕をいっぱしの大人扱いしてくれているような感じが強くなっていた。そのお陰で、祖母の家に行くと、母の家よりもくつろげるような気分になった。祖母には母と違って、僕を心配するあまりつねに僕を見つめているような気配がないことが気楽だった。

それにまた、祖母の古家の間取り、部屋の暗さと狭い裏庭から差しこむ光が織りなす明暗、匂い、空気の湿り気、そんな一切合切が、僕に干渉しない温かい母性に包まれているような気分をもたらした。しかも、大学に入ってから在日の歴史を学びだした僕は、在日一世の典型のような祖母に対して、自分と直接につながる在日の先人といった感情移入をするようになっていた。そうすべきという当為意識に背中を押されてもいたのだろう。

　そんな頃のことだった。その古家の裏庭の横に離れのような小部屋があるのに気づいた。そこで、その部屋をどのように使っているのか祖母に尋ねたところ、ずっと空いていると言う。僕は即座に、そこに住みたいと思った。そして、そこで僕が住んでもいいのかと尋ねたところ、「好きなようにしい」という返事が何とも自然に返ってきた。

　その祖母の返事に勢いづけられて、僕はいろんな理屈を編みだして、そこに住む必然性を自分に納得させようとした。正真正銘の在日になるには、在日のメッカのことを知らなければならない。そのためにはそこに住みこむのが手っ取り早い。それに孤独な祖母のことを気にかけている優しい孫の役を演じることもできる。

　そうした下準備をしたうえで、母におずおずと提案してみた。

「森ノ宮のハマニが一人で寂しいやろし、何かと心配やから、僕が一緒に住んだらどうやろか？」

　母は一瞬、怪訝な顔をして僕を見て、「そうか、それやったらお祖母さんは喜ぶかもしれんけど……おまえ、そんなに家が嫌なんか、何でや。オカチャンが嫌なんか」と、いかにもさびしそうにつぶやいた。母のその思わぬ言葉に、僕は驚いた。ほとんど無意識だった僕の下心が見透かされている気がした。

　祖母の家からだと通学にはずいぶん不便になる。それ以上に、祖母を扶養している叔父夫婦の体面をつぶしかねず、そんな話が通るはずもなかった。それどころか、「本物の在日」云々などの浅はかな屁理屈の馬鹿さ加減は僕自身もすでに気づいていた。母に返す言葉などあるはずもなかった。「そんなことはないで、何でそんなこと言うの」と僕は言葉を濁した。そしてそれ以上こだわれば、母にとっても僕にとっても藪蛇になるので、その話はそのまま立ち消えとなった。

ちょうどその頃に、僕の部屋を含むセカンドハウスともぬけの殻となっていたコウバをともに解体して、賃貸マンションに建て替える計画が本決まりになった。僕の隣の部屋のおじさんはコウバ近くの父の知人が経営するアパートに引っ越し、僕はひとまず家に戻ることになった。父はコウバがうまくいかなくなった場合や老後のためのいわば保険として、貸マンション業を副業として始めたのである。父には事業欲はあったが、それも次第に拡張主義の側面が削がれていった。おそらくは数々の痛い目を経験して、分相応という方向性が固まってきたのだろう。貸マンション業はその象徴だった。

しばらく家に戻っていた僕は、その三階建ての賃貸マンションが完成すると、管理人代わりにその一階の一所帯分の居住空間に、贅沢にも一人で住むことになった。

しかも、紆余曲折の末に、僕は将来の職業の方向性も変えた。何となく周囲も僕もそのつもりであったコウバの跡取りになるのはひとまず延期して、大学院に進学する許可を父から取りつけた。それればかりか、大学院に入学直後には結婚することになった。そして夫婦ともに学生で、二人してアルバイトで生計を立てなければならない身には、管理人名目で家賃不要は格好の条件だからと、そこで新婚生活を始めた。

このようにして母を中心とした家とコウバの世界からの脱出を目指した僕の数々の、しかし何とも中途半端な試みも、ひとまずはすべて失敗に終わった。
そしてひそかな願望とは正反対に、「家付き息子」そのものの人生を続けることになる。

（第一部了）

第二部
両親の来歴と渡日後の生活

上：1950年代末のコウバ内部。プレス台とその左右に円形のハンドルのついた一対のプレス機、その台の前に立った職人が、終日、その台と左右のプレス機を使って作業する。粉末原料を入れた金型をプレスの下に滑りこませて、それをプレスによる高熱圧縮で固形化して取り出すといった一連の工程を左右のプレス機を交互に使って反復する。暑さと金型の重さ、そしてプレス機を回転させるために必要な筋力など、なかなか厳しい肉体労働だった。そうしたプレスセットがこの狭いコウバに7台分設置され、その前に立って作業する7人の職人がコウバの主力であり、花形だった。

下：近郊の山あいの滝での、毎夏恒例の「滝あたり」である。わが家やコウバの集落の在日の人たちとその子ども、多分、そのすべてが済州出身者だった。

第三章　両親の来歴

一　母の済州暮らし

　僕が物心つくまでの両親の来歴については、僕は五〇歳頃まで何も知らないに等しかった。両親はそんなことを僕ら子どもたちに、幼い頃も成人してからも話して聞かせることはほとんどなかったからである。それに言語の問題もあった。両親は僕が物心ついた頃にはすでに、済州語訛りがほとんど分からない大阪弁を話し、僕らは済州語など知る由もなかった。だから、夫婦間の秘密の話や諍いの際に限って繰りだされる済州語の世界は、その多くが済州の生活と密接に関係することだったのだろうが、言語的障壁に加えて情報内容の複雑さという二重のレベルで、僕らには全くの別世界だった。

　ところが、そんな僕も中年になってからは、両親が年老いて対応できなくなった数々の問題の解決を模索するために、両親と連れだって済州訪問を繰り返さざるをえなくなった。そしてそのうちに、自分とは全く無縁と思いこんでいた済州の人々と出来事の縺れ合いの様相が自分の心身に食い込んでくるという感触を持つようになった。しかも、行動をともにする両親、そして接触が頻繁になった済州在住の親族の口を通して、両親の来歴の断片に触れるようになった。そして、それらを手がかりにして、全くの無知だった済州の歴史、文化、人間関係の機微などについても学んだ。更には、調査もどきも始め、断片をつなぎあわせて輪郭を描き、そこに肉づけするようになった。

とは言っても、当事者であり、僕にとって最大の情報源である母の証言も、時と場合によっては矛盾をきたすばかりか、母が意識的に秘密にしたり、ごまかしたり、あるいはその逆にすっかり忘れていることも少なくない。そんなわけだから、そうした情報に基づく僕の話の真偽を保証することなどできないのだが、ともかく、僕がこれまでに把握した限りでの母の来歴、つまり済州での生活は次のようなものである。

母は一九二二年に韓国・済州島の南海岸の村に生まれた。当時の朝鮮は日本の植民地下にあり、済州島は行政的には本土の全羅南道の一部にすぎず、警察のトップを兼ねた島司をはじめとして、官吏や教員や警察の主要な地位はすべて日本人が占めていた。

さて、その母の家族関係はなかなかに複雑である。母の父（僕からすれば祖父）にはすでに妻がいたのに、その妻が日本に出稼ぎに行って留守をしている間に、母の実母（僕の母方の祖母で、後に僕らが森ノ宮のハマニと呼ぶようになる人）を妻代わりとして家に引き入れ、その長子として僕の母が生まれた。ところが、やがて本来の妻が戻ってくると、祖母と母は追いだされて、仕方なく祖母の実家に身を寄せた。しかし、そこで歓迎されるはずもなく、祖母は妻と死別した子持ちの男性の家に後妻として入った。母も一緒にその家で継父とその息子、そして継父の両親と暮らすようになった。

このように書くと、格別に不幸な暮らしを想像しかねないのだが、そうした家族関係の複雑さは、当時の済州ではそれほど珍しいことではなかったらしい。そのうえ、継父やその老父母は、幼い母に対してずいぶん優しくしてくれたので、平穏で楽しい毎日だった、と母は懐かしそうに語る。継父は長身で色白の美男子で、しかもすごく優しく、船員という職業イメージもあいまってのことか、女性によくもてた。後にその一家が大阪に移住してからのことなのだが、その継父を取りまく若い娘のグループまでもできて、やがて母（僕の祖母）はそのうちの一人の娘が生んだ子どもの面倒までみる羽目になって大変だった、とも母は付けくわえる。

ところがその後、祖母と母を追いだしたはずの実父が、何と母の引きとりを強く主張するようになった。男子を格別に大事にする儒教道徳からすれば、男ならまだしも、どうして女の母を引きとろうとしたのだろうか。「別腹」の娘である母は夫婦関係に亀裂を起こしかねないのに、何とも不可解である。ひょっとしたら、労働力として手元にストックしておきたかったのだろうか。実際、母はその家で後に重要な労働力になるし、三多島（風、石、女が多くて目立つ）という異名を持つ済州では、男性よりも女性のほうが労働力その他で重宝されるなど、女子選好の伝統もあったことを考えあわせると、大いにありそうな話である。あるいはまた、祖父にとって母は何といっても第一子だったから、特別な執着でもあったのかもしれない。しかしそれなら、最初から家においておけばよさそうなものを、なぜ手放したのか？

このように、推測はいろいろと可能なのだが確かな答えが得られるわけもない。ともかく、そうした祖父の申し出を受けて、祖母は母を実父に引き渡した。実父の下で育つほうが母の将来にとって好ましいという判断もあっただろうし、自分が後妻として入った家や夫に対する遠慮などもあいまっての苦渋の決断だったのだろう。こうして母は数年ぶりに実父の下で、ただし、今度は実母ではなく継母の下で暮らすことになった。

他方、母の実母（祖母）が嫁いだ一家は、すでに触れたように、その後大阪に渡り、その大阪で祖母は二人の子ども、母からすれば異父弟妹を産んだ。そして僕らは成長過程で、その人たち（僕からすれば叔父、叔母）とその子どもたちと頻繁に交わった。

実父に引きとられた母は、継母がその後つぎつぎに生んだ、母からすれば異母弟妹たちの世話をしながら成長していくことになる。

その一族は母の祖父の代の半ばまでは、中山間部落（海岸から五キロメートル以上、内陸側に位置する地域）で暮らしていた。しかし、男の子どもが五人もいてその各人に家を持たせるために祖父は、広い空き地があった新作路（一周道路）の海側に引越すことを決断して実行した。そこに今なお、母の異母弟妹たちをはじめとして一族の多くが、それぞれ独立しながらも集住している。

現今の済州では主に海岸沿いに都市が開けているのだが、昔はむしろ内陸、つまり中山間の集落のほうが何事につけ重要な位置をしめていた。ところが、日本の植民地期に一周道路が開設されたのを契機に、その道路沿い、つまり海岸寄りの集落の重要度が一気に高くなった。偶然なのかどうか、この一族はそうした時代の変化につれての人々の動きをなぞるようにして移動している。五人の子どもにそれぞれ家屋敷を用意してやれるだけの広い空き地が海岸の集落にあったというのは、当時はそこが新開地だったからなのだろう。

それはともかく、その地域は海岸に近いから漁村に属しており、僕ら子どもが驚くほどに母が見事な横泳ぎをしていたのも、そんなところで生まれ育ったからなのだろう。但し、母の父は漁業ではなく、畑と牧畜（牛、馬）を生業にしていたらしい。

　因みに、母の実父の父、つまり母からすれば祖父にあたり、先にも述べたように移住を実行した人は、その地域一帯において際立って学識を備え、かつて役人だった頃の役職である「奉事」という名を冠した書堂（私塾）を営んでいた。そうした事情があいまってのことか、村におけるその人の権威は相当なもので、村人が報告や願いごとや相談にやってくると、地べたにひれ伏して、縁側の下から縁側上に座した祖父に「申し上げる」ふうだったと、母は誇らしそうに語る。母が自分の一族についてそんな話し方をするのは、その人だけである。

　幼い母はその祖父が営む書堂の様子を石垣越しに眺めるのが楽しみだった。一〇歳くらいの腕白盛りの男の子たち、但し、まだ男子早婚の風習が残っていて、その年頃ですでに妻帯している者もいたらしいのだが、そんな同世代の男の子たちがいかにも楽しそうに遊び、勉強しているのを見るのが楽しい反面、羨ましかった。自分もその中に入って、遊び、勉強したかった。しかし、「女」だから許されなかった。そこで、女子も対象にした非定期の夜学に通わせてくれと駄々をこねたところ、厳しく折檻されたらしい。どれほど厳しい折檻だったのか、母の喉にその折檻の跡がいまでもかすかに残っている。しかし、そのことで母は実父や継母、そして書堂の主だった祖父を恨んでいるふうでもない。「それやったら自分で勉強したらええのに、やっぱりうちはアホや」。この「うちはアホ」というのは自分を卑下する際の母の口癖の代表的なものである。

　それでは、母は何をして毎日を過ごしていたのかといえば、当時の済州の女児一般の例にもれず、家事一般の手伝い、とりわけ水汲み、子守、そして畑仕事だった。

　済州島は火山島なので、雨水はすぐさま地中にしみこんで伏流水となり、やがてその大半が海岸や海中で噴きだす。そのために人々は水の確保に苦労する。しかも、沿岸の海水は塩分が薄く、海岸は砂地が少なく黒い岩で覆われているため、塩田を作るのが難しい。その結果、周囲を海水で取りかこまれているのに塩にも不足する。このように水と塩という人間が生きていくための必需品の不足こそが、済州人に昔から課せられてきた生活の基本条件だった。

したがって、塩は昔から陸地（朝鮮半島本土）から運びこまなければならなかった。他方、水については、少々、話が長くなる。先にも触れたように、済州は火山島であるという性格上、降った雨はすぐさま水中にしみこんでしまい、川はあってもそのほとんどが乾川であり、大雨が降った時に限って、漢拏山から大量の雨水がその川を駆けぬけて一気に海に流れこみ、その際には洪水などの被害をもたらすが、普段は川に水がない。

そこで、水の確保が島民の生活にとって必須の仕事であり、じつに多様な工夫がなされていた。たとえば、家の敷地内の木の枝や葉が受け止めた雨水が甕に流れこんで貯蔵されるような装置を工夫したり、水が湧き出す泉を厳しく管理して効果的に使うために、共同体の知恵が発揮されていた。

生活用水を確保するためには、水たまり、もしくは水が噴きだす水場まで行って、水を家に持ち帰らねばならないのだが、そうした水場は海岸沿いに集中しており、中山間地域ではずいぶん遠くまで足を運ばなければならない。当然、そうした水場（泉）では貴重な水を効果的に使えるように、飲料水を汲みだすところ、野菜などを洗うところ、洗濯するところ、沐浴をするところ、牛馬に水を飲ませる所といった具合に、用途別に厳格な使いわけをしていた。その水場から家に水を運びこむ仕事は女性が担当していた。一〇歳にもならないうちから、甕を籠に入れて背負い、湧き水のあるところまで通う。そうして持ち帰った水を家の大甕に貯える。その水甕の状態を見れば、その家の女性の生活力や人柄が分かると言われるほどに、女性にとって重要な仕事なのだが、それだけにじつに難儀でもあった。まだ暗い明け方から火山島特有の石ころだらけの道を歩くのは危険なばかりか、たっぷり水が入った水甕を籠に入れて背負い、長くて細いがたがた道を何度も往復するのは相当な力仕事だから、まだ体力がない少女たちには配慮がなされ、甕と籠の大きさは年齢に応じて大きくなる。

「リヤカーとか手押し車とか何か工夫したら、もっと楽やったはずやのに、あの頃の村の人間にはそんな頭も回れへんかった」と母はため息をつく。しかし、こうした母の話が当時の済州の現実を正確に描いているとは考えないほうがよさそうである。はたして「頭が回らなくて」、手押し車を使わなかったのかどうか。そんな道具を使うよりも人件費のほうが安くついたのかもしれない。あるいは、あの細くて石ころだらけの道で手押し車を使って水を運ぶのはかえって効率が悪かったのかもしれない。

因みに、済州には本土でよく見かける女性が頭の上に荷物を載せて歩く姿はない。なぜかと言えば、火山島の石ころだらけのでこぼこ道では、頭上の荷物の安定を保つのが難しい。だから、水を入れる甕をわざわざ籠に入れて背負った。このように地域の自然条件にあわせて、じつに細かな工夫が実際になされていたのだから、「頭が回らなかった」などとは言えそうにない。

母の証言は、済州の貧しさと大阪の豊かさ、前者の原始的生活と後者の近代的生活の体験的比較、それが済州の人と大阪の人の頭の働きにまで援用されたあげくの極端な印象にすぎない。要するに、「済州の暮らしは厳しかった」と母は言いたかったのだろう。

「腹違い」の弟妹の世話も大きな仕事だった。まずは弟、次いで妹が二人である。母は今でもその妹たちとはわりと自然に話を交わし、傍から見てもそれなりの情愛が感じられ、姉妹と言われれば、なるほどと合点がいく。しかし、弟とは顔が似ていないだけでなく、他人行儀で、血縁関係を想像するのは難しい。一家の後継者である長男ということもあって、幼い頃から周囲の対応が異なっていたこともあるのだろうが、どうもそれだけではなさそうである。母はあるときに、「本当にあの人は小さい頃から……」などと昔を思いだして、「あの人」と他人のような呼称を用い、しかも憎らしそうな口ぶりで言ったことがある。その延長で言えば、先にそれなりの情愛が感じられると記した妹たちでさえも、やはり「腹違い」ということもあるのか、何か面倒なことでも起こると、母は違和感を覗かせる。

じつはずいぶん後に、母にもう一人の弟ができる。母とも、その異母弟妹である先の三人とも母親が異なり、祖父が他所でつくった男の子を家に引き取って育てたのである。そしてその末弟と母が対面したのはずっと後、母が二〇余年ぶりに済州訪問を始めてからのことだから、ともに暮らしたこともない。それなのに、母は他の弟妹たちよりもむしろその弟のことをすごく気にかける。おそらくは、母とよく似た境遇だからなのであろう。そしてその弟が若くして亡くなって以降は、その妻と子どもに肩入れし、僕が済州に行くたびに、彼女たちを訪問してお土産を渡すように命じたり、済州在住の母の他の兄弟姉妹には内密にその母子を大阪に招待して、その世話や観光案内を僕に頼んだりしたこともある。

ところで、そんな腹違いの子どもたちをつぎつぎにつくった実父のことをどう思っていたのか、母は一度も語ったことがない。そもそも、僕は一八歳まで、その祖父という人物が存命であることさえも知らなかった。森ノ宮のハマニ（母の実母）の家では連れ合いらしい人物など見かけなかったし、そんな人の話など聞いたこともなかったので、すでに亡くなったものと思いこんでいたのである。ところが、高校三年の夏にひょんなことから、僕はその人と対面することになる。

韓国の新聞社の招待で「在日僑胞高校野球選手団」の一員として韓国に赴き、一ヵ月にわたる親善試合のスケジュールをすべて終えた後のことだった。故郷（本籍地）初訪問の旅だからと主催者から往復の交通費まで支給してもらって、両親が生まれ育った済州を訪問した。空港まで迎えに来てくれた父方の叔父がジープで、先ずは祖先の数々の墓を、次いでは父方の主だった親戚の家をつぎつぎに案内してくれた。そして最後に、徒歩で向かったのが海岸村の共同井戸と共同水道がある広場に面した家だった。

叔父が声をかけると、家の中から年老いた男性と、相当に歳の差がありそうな、それでも配偶者らしく見える女性が連れだって現れた。その女性は玄関口の叔父と僕を見ると、すぐに僕がだれなのか分かったようで、いきなり僕に近寄ってきて、僕の体をなでまわす。そればかりか、感激の涙まで流してしきりに話しかける。

僕は何がなんだかわからず、すっかりうろたえてしまった。叔父は「おまえのお祖父さんだ」とその男性を紹介したが、女性については何も言ってくれないから、その正体が分からないままだった。そもそも、「お祖父さん」という言葉の意味が分からない。

その老人は、深い皺の中に埋もれたような眼にかすかに微笑を浮かべて僕を見つめ、「オカチャンは元気か」と、僕らが在日一世たちを通じて馴染んでいた「訛った日本語」で尋ね、僕はほとんど条件反射的に「えっ、ええ、はい」と消え入りそうな声で答えた。

勧められるままに家に入ってスイカをご馳走してもらった。真夏の真昼に遠距離の山野をはるばる歩いてきた直後だけに、井戸の湧き水で冷やされたスイカの味は格別だった。しかし、それ以外のことはほとんど記憶から消えている。

大阪に戻ってから、こと更に何気なく装って、そのことを母に告げると、「そうか、会うたんか」、母の口から出てきたのはその一言だけだった。その素っ気なさを根拠に、母が祖父を憎んでいたとでも言えば話は簡単なのだろうが、娘である母の気持ちはそれほど単純ではなかろう。その祖父の伴侶のような女性が僕に示した感激を思いうかべるだけで、人間の気持ちについて一面的な裁断はできなくなる。母にはもちろん、その父に対して恨みつらみもあっただろうが、それ以外のじつに様々な感情も絡みあって、名状しがたいものであったに違いない。

母の当時の気持ちを理解するには、少なくとも時代とその地域の習俗や文化、そしてそれに則った常識のようなものを合わせて考えるべきだろう。しかし、そうした常識に疎く、その現場で生きたことがない僕のような人間としては、ただただ、そうした事実があったことを思い起こす程度にとどめて、それ以上の詮索は慎んでおいたほうがよさそうである。

水汲み、弟妹の世話を含めた家事以外に母が与えられた重要な仕事は畑仕事であった。済州は恒常的な水不足の問題を抱えているので、水田はほとんどなく、もっぱら畑作農業だった。しかも、石だらけの火山灰地だから、その畑作も何かと難儀だし、高温多湿だから繁茂する雑草が大敵の一つで、延々と続く草抜きが特に苦痛だった。

「畑から海が見えて、その海の上に船がポンポンいう音をたてながら浮かんでるのを見たら、その船に乗って済州島から逃げとうてたまらんかった。草抜きは終わりがない難儀な仕事で、イヤでイヤでたまらんかった。何とかして日本に行きたいおもた。大阪の母親を頼りにはできるとはおもてなかったけど、大阪へ行ったらなんとかなる。そうおもたら、他のことは何も考えられへんかった」

「うちはなあ、みんなに可愛がってもろたんや。継母にも苛められたわけやない。それでもやっぱり実の母親やないから、自分の居場所があれへんいう気持ちが強かった。ご飯を食べてたら、急に涙がこみあげてきて、便所に行って思いきり泣いて、少し落ちついてから戻って、何とか食事を終えたりしたもんや」

以上は母の何度かにわたる断片的な話の内容を僕が総合したものであるのに対して、以下は母の話をほぼそのままに書き留めたものである。

「おまえなあ、誤解したらあかんで。念のために言うとくけど、うちは済州島を出るときから、帰るつもりはなかった。帰りたいなんか、一回も思ったことはないんやで！」

済州を懐かしがることにかけては他人に引けを取ることなどなさそうな母なのに、こと更にそんなことを僕に言ったのはなぜなのだろうか？　まずは、父との違いを強調したかったのだろう。済州が本当に好きで恋しくて、死んだら何があっても済州に埋めるように母や僕らに言い残していた父。そんな父とは違って、自分には済州に居場所などあったことがなく、逃げるように、そしてまた運命を切り開くためにやってきた大阪こそが自分が生きて死ぬ場所だということを、言葉に出して再確認したかったのだろう。次いでは、それを誰かに、とりわけ子どもにはっきりと言っておきたかったのだろう。

それは、自分の死後の墓の問題にも関係することだからである。自分が作り上げた世界の生き証人であり、母にとってもっとも大事で、母の生き様を引きつぐはずの子どもたち、そんな存在が暮らしているところで永遠に眠りたいということを伝えたかったのであろう。父が眠る済州ではなく、子どもたちがいる大阪に墓をつくってもらいたいという強いメッセージだった。しかし、それだけでもなさそうである。最後の怒ったような口調は、学生時代に民族主義の洗礼を受けて以降、ついついロマン主義的な在日像を吹聴することが習い性になってしまった僕に対して、冷や水をかけたかったのではなかろうか。習い覚えた言葉や図式で現実や人間の気持ちを勝手に裁断してはならないという警告、少なくとも僕はそのように思って、身がすくんだ。

それほど家を出て日本へ行きたかった母なのだが、そんな気持ちを父親や継母に正直に話せるはずもなかった。実母から奪いとって育てあげた娘から、実母を追って日本に行きたいなど言われて、父親がおいそれと許すはずはない。だからといって母は日本行きを断念できるわけがない。そこで、親戚の中でも一番優しくしてくれていた叔父に、気持ちを打ち明けた。叔父は、役所関係の仕事柄もあって、大阪への往来を繰り返し、そのたびに娘たちに日本の着物その他、母が見たこともない美しいお土産を買ってきた。そんなお土産を従妹たちから見せられて、ますます大阪に対する憧れが募ったのだから、母の渡日願望に大きく寄与した人でもあった。母に相談を持ち掛けられたその叔父は、渡航証明書の発行のための奔走は「おまえが女だからできない」と拒否したが、その代わりに知り合いの密航業者を斡旋してくれた。それに力を得た母は、祖父にも事情を打ち明けた。すると祖父は、生木を裂くようにして実母から引き離されて暮らしてきた「孫」を不憫に思っていたのか、まとまったお金を用意してくれた。こうして大阪行きが実現することになった。

ただし、以上は母の口を通した話であって、じつは母は僕ら子どもには秘密にしていたことがある。母は済州で一度、結婚していたらしいのである。

「おまえのお母さんはすごく賢くて、いつでもよく考えて行動する人だったから、初めからそのつもりで、親に対する義理を果たすために結婚の儀式はしたけど、その後すぐに戻ってきた」と済州在住の母の腹違いの妹は僕に言った。思いもかけないその話に驚いて、念のために済州在住の父方の親戚に確認したところ、「知らなかったのか、なるほどなあ」と何か曰くありげな返事が戻ってきた。しかも、後に何かの折に僕が末弟にそのことをもらしたところ、これまた驚きの言葉が戻ってきた。「僕も母から聞いていたけど、母の口ぶりから何となく口外してはならないと感じたので、兄弟にも秘密にしていた」と言うのだった。母が末弟にだけ話した理由は分からない。子どものうちの誰かには言っておきたくて、上の息子たちよりは末っ子のほうが気安く話せたのであろうか。それはともかく、その結婚話は母の僕に対する証言と矛盾しそうなのだが、あえてその二つのストーリーの折り合いをつけるように努めてみると、次のようなことになる。

親が決めた結婚を拒否できるわけもないから、ともかく結婚することで親に対する義理を果たしたうえで、自分の意思を通して即日に逃げ帰った。当然、家に居づらくなったのだが、逆にこれ幸いと、先にも述べたように、叔父、そして祖父に対する日本行きの告白に至った。実父や継母は体面や意地などもあって娘の「わがまま」を許せなくても、祖父や叔父なら少し距離をおいた現実的な状況判断が可能で、母が家を出てしまえば実父や継母にとっても厄介払いにもなると考えて、母を積極的に援助することにした。

但し、以上は全くの推測に過ぎず、当人である母にそのあたりについて尋ねても、本当のことを言ってくれるかどうか疑わしい。それにそもそも、母に正確な記憶が残っているのかどうかも怪しい。しかも、そんな微妙なことを母に尋ねてみる度胸なんて僕は持ちあわせていないのだから、真実は藪の中にとどまらざるを得ない。

二　母の旅立ちと大阪暮らし

母は渡日の経路についてはおおむね次のように語る。同じ村の数人の娘たちと連れ立って、船で対馬へ渡った。そこでは男たちが細い褌ひとつのほとんど丸裸だったから、夏だったのだろう。日本人の老婆が一人暮らしの家で、一ヵ月間ほどいた。言葉が通じないはずなのに、そのお婆さんと仲間の娘たちとで冗談ばかり言って、楽しかった。たとえば、そのお婆さんが庭の片隅で着物の後ろをからげ、下着を着けていない尻を丸出しにして、後ろに突き出して用を足すのが丸見えだった。それが滑稽だからとみんなで真似たりして、お婆さんも一緒に大笑いしていた。

その後、対馬から大阪にどのようにしてたどり着いたのか、その詳細は母の記憶から消えているが、実母の家までは密航業者が連れて行ってくれた。その家の近くの、済州の同じ村出身の人々が集住していた生野区の御幸森（昔は朝鮮市場と呼ばれて大阪の在日は冠婚葬祭の食材を求めて一年に数回は通ったものだが、今やコリアンタウンとして、韓流ファンの観光地に様変わり）では、祖父の名を言うとたいていの人が知っていて歓迎してくれたので、気が楽になった。しかし、すでに一人前の年齢だから、継父、両親ともに異なる義理の兄、更には種違いの弟妹がいる母（僕からすれば祖母、森ノ宮のハマニのこと）の家に転がり込むわけにもいかず、そこから遠くない生野区の田島にあった親戚の筝コウバで働かせてもらうことになった。

学校に通っていた親戚の女性の誘いもあったので、その人と同じ下宿で自炊を始めた。ところが、部屋に置いてある米がすぐになくなってしまう。一度ならともかく、そんなことが繰り返されるので不思議に思っていた。ところが、ずいぶん後に母が他所に引っ越してからそこに住みはじめた知人にも同じことが起こり、その人は母とは違って勘を働かせ、大家こそが犯人であることを突き止めた。そのことで母はその知人に大笑いされた。不思議に思いながらも気づかなかったなんて、何てトンマなことかと。同じ済州出身の大家が下宿人の米を盗むなんて想像もできなかった。済州で父の家にいた頃に子守をしながら勉強しなかったのも、自分が馬鹿だったからで、「ホンマに、人を疑うことを知らへんかった。うちはほんまにアホや」と口癖の「アホ」でそのエピソードの幕引きをする。

戦後は、生野や東成界隈の在日の業者が製造した長靴などゴム製品の行商と買い出しをかねて、北海道から九州の果てまで日本全国を歩きまわった。北海道のある家に行商に入ろうとしてすだれを上げると、丸裸の子どもたちがいっぱいで驚いた。九州では農作業をしている男たちがほとんど素裸で、まるで牛や馬のように見えて、それにもまた驚かされた。

漢字や平仮名の読み書きどころか、日本語の会話もまともにできず、更には地理も全く知らないのに、日本全国を行商して回ることができたのは、他にも同じようなことをしていた朝鮮人がたくさんいて、特別なことではなかったからだと言う。しかし難関があった。警察の検問である。捕まって物品を没収されでもしたら、折角の苦労が水の泡になるから、本当に怖かった。

そのうちに父と出会って、所帯を構えることになるのだが、その経緯については諸説あって、その代表的なのが以下の二つのストーリーである。

行商に回っていた父が青森の駅で、同じく行商に回っているような様子だが、日本語が下手で困り果てている母を見かけて、助けてやったのがきっかけという説がある。

もう一つは、父が知人の紹介で済州出身の女性との見合いに行く途中に母と出会い、見合いをすっぽかして、二人でどこかへ消えてそのまま……という説である。矛盾していそうなこの二つのストーリーも、何とかつなぎあわせられる。青森で一度助けてあげた際に互いが気に入りながらも、なんとなくそのまま別れてしまった。しかし、その後大阪で父が見合いに行く途中に偶然に母と再会したのがきっかけで、父は見合いをすっぽかして……というように。

真実がどこにあるのか分からない。両親のどちらからも直接に結婚についての話を聞いたことなどなくて、僕の以上の話はすべてが間接情報に基づいている。

結婚後も母は買出しを続ける傍ら、鉄屑拾いなどもした。しかし、いくら働いても暮らしはよくならず、兄が生まれた頃には、あまりにもひもじくて、知り合いからサツマイモの屑をもらって帰り、それを蒸かしているうちに寝入ってしまった。目覚めてみると、イモはもちろん、それよりもっと貴重な鍋も使い物にならなくなった。そんな悔しいエピソードを母は懐かしげに、笑いながら話す。

「ホントに貧乏やった。必死に頑張ってたのになあ」と。

三　父の済州暮らし

次いでは父の来歴である。父の故郷は行政上の「面」（郡より下の行政単位）では母の故郷の村と同じだが、海辺ではなく中山間の集落で、一家は牧畜と畑作などで生計を立て、ある時期まではそれなりの生活をしていた。ところが、学識に加えて人望もあいまって村の指導的位置にあった父の祖父（僕からすれば曽祖父）が突如として済州の土俗的宗教に入れあげるようになった。たとえば、風水師の教えに従って将来の自分の墓をつくるのはいいのだが、その後更に別の風水師の指示で全く別の場所に墓をつくり直すといったことを何度も繰り返すなどして財産を使いはたしてしまった。

そこで見る影もなくなった家勢を盛り返すために、一家そろって日本に稼ぎに出た。但し、家産を蕩尽した張本人ですでに老齢だった父の祖父と祖母、そしてその二人の世話をするために三男である父とそのすぐ下の弟だけは済州に残して、一家は大阪に向かったのである。大阪には父の叔母で、若くして夫と死別した人（僕らが後にハマニと呼ぶことになる人）が、子ども二人を済州に残して早くから一人で移住しており、その人を頼ってのことだった。

そしてその約一〇年後に一家は少しお金を蓄えて済州に戻ってきた。そこで入れ替わるようにして今度は父が大阪に向かった。済州に残されているうちに、家族が向かった大阪に対する憧れを募らせていたのだろう。大阪には、先に触れた父の叔母と、新婚所帯を構えていた姉もいたので、それらの人々を頼ってのことだった。

ただし、渡航費用もなく、一人では不安だったところへ、大阪での生活経験がある従兄夫婦が同行して手助けしてくれると言うので、その夫婦の渡航費も合わせて稼ぐために、済州の山間部（良い水が出ると有名なところで、全くの偶然なのだが、後に父の墓はその地域に位置する寺の墓地に建てた）や、釜山での厳しい土方仕事で稼いだお金で、三人一緒に日本へ向かう船に乗った。

このエピソードでも想像がつくように、父は糞まじめに働くだけでなく、いたって気のよい青年だったらしい。小さい頃から牛馬の世話や畑仕事、そして牛馬の糞などを拾い集めて燃料として売るなど、かなりの生活力があり、家族の多くが大阪に去って済州に残されていた頃も、祖父母の世話をするだけでなく、卵の商売で小金を稼ぎ、小さいながら自前の畑を買ったりもした。またその稼ぎの一部は弟の学費にもまわした。そのお陰でその弟（僕からすれば叔父）は兄弟の中では初めて小学校（普通学校と呼ばれていた）に通えた。

その叔父は僕が高校三年で初めて済州を訪れた際には、飛行機のタラップまで迎えにきてくれて、「おまえのお父さんには本当に、言葉で表せないほど感謝している」と流暢な日本語で話していた。父のお影もあって学校に通えたからこそ、徴兵で中国大陸を転々とした後に復員して故郷に戻ってきてからは、警察に勤めることができた。そして警官だから、両親の故郷を初訪問した甥の僕を空港内の飛行機のタラップ上まで迎えに来て、警察のジープに運転手付きで案内してくれることができた。それにまた、薄給の公務員でありながら、当時は韓国の公務員一般に蔓延していた不正を働くことなく、七人の子どものほとんどをソウルの大学に送ることができたのも、父の援助があってのことだった。練炭コウバを営んで叔父を支えた叔母の内助の功も、僕の父の全面的な援助がなくてはあり得なかった。その叔父と父との信頼関係は子どもの僕から見ても輝いていて、嘘が入る余地はなさそうだった。家族のほとんどが日本に出稼ぎに旅立った際に、二人だけが済州に残され、一〇年にわたって支えあった経験が決定的に作用しているのだろう。

ところで、じつは父も母と同様に、大阪に渡る以前に結婚していたらしい。らしい、というのは、これも僕ら子どもの誰一人として父からも母からも聞いたことのない話だからなのだが、戸籍に記されていなくても、事実らしい。念のために済州の従兄に確認したところ、「そうなのか、知らなかったのか。なるほどなあ！」という意味ありげな返答で、それ以上は詳しく話してくれなかったし、僕も詮索する気になれなかったのだが、それは何とも不思議なことである。もしそれが事実なら、その結婚後まもなくして父はなぜに単身で大阪に出稼ぎに向かったのだろうか。その新妻のためにあえて自己犠牲的に出稼ぎに行ったと考えられないこともないのだが、それにしてもやはり不思議である。

しかも、その後日談がもっと不思議である。その残された妻は、その後、近くの村の有力者の「妾」になったというのである。しかも、ほかならぬその有力者が大阪にやって来て、父に「あの女はもうおまえとは関係がなくなった。それを肝に銘じておけ」と告げたというのである。これは、結果的に最後の入院となった父の見舞いに済州からやって来た従兄が、父から直接に聞いた話だそうである。それだけでも僕などは唖然とするばかりなのだが、父はその有力者の通告をすんなりと受け入れたようなのだから、なんとも理解に苦しむ。しかし、その男性にせよ、父にせよ、少なくとも彼らが生きていた世界では、そうしたことが一般に通用することだったからに違いない。要するに時代と場所によって結婚観、男女の関係の常識、それらを含めての社会慣習が異なるということなのだろう。

四　父の大阪暮らし

大阪に着いた父はひとまず、大阪で結婚していたすぐ上の姉の家に寄宿し、その夫（義兄）の紹介で仕事に就いた。様々な職を転々としたようだが、渡日済州人一般がそうであるように、小さな工場での仕事が主だった。そして、その経験がその後の人生の決定的な財産になる。父は生涯、小さな町工場を生業とすることになる。

　ともかく、父は懸命に努力した成果としてわりと短期間でまとまったお金をため込んだ。ところが、不幸が襲いかかる。工場で仕事をしていると空襲警報が轟いた。父は家に隠し置いてあるお金のことが何よりも心配だから自転車で駆けつけたが、すでに家は盛んに燃えていた。それでもお金だけは何とか持ち出そうとして、危険を顧みずに家の中に飛びこんだところ、焼けた柱が倒れてきて背中に大きな火傷を負い、お金は家もろとも焼けてしまった。

　父はその話をしながら、肌着を脱いで、背中に大きく残る火傷痕を見せてくれた。父がそんな昔話をするのは珍しいことだし、そのときも取りたてて悲壮な話し方ではなかった。むしろ、自分の若気の至り、あるいは、浅はかさを笑っているような感じだった。

　父は自分の苦労話を僕らにすることはほとんどなかった。他愛のない自慢話がなかったわけではないが、それも酒が入って上機嫌のときにほんの少し、苦労を臭わす程度だった。優しい人だったが、家族にそれをうまく表現するのが得意ではなかったのと同じで、要するに、シャイだった。但し、繰り返しになるが、それは素面《しらふ》のときのことであり、歳を取って酔っぱらうと、普段は作業着のナッパ服を着ていても背筋を伸ばした紳士と評判だったのに、周囲を困らせるようなお喋りが止まらずに、誰よりも母の顰蹙《ひんしゅく》を買った。それがもっともひどかったのは、森ノ宮のハマニの通夜の席だった。父はその義母ともめるほどのことはなくても、何かしらぎくしゃくしていたこともあってのことか、そのハマニの通夜では、無駄話をとめどなく続けて、ついには母を怒らせた。父は亡くなった義母に何かを伝えたかったのに、生前にそれができなかった悔いが、酒の勢いもあって思わぬ方向にそれてしまい、それを意識するとますます引き返すことができなかったのだろうと、僕は思った。

　因みに、父は大阪に到着してからしばらく世話になった姉夫婦のことをいつまでも恩に着た。義兄は協和会（警察を中心とした行政が、朝鮮人を管理抑圧すると同時に皇国臣民化するために、朝鮮人を取りこんでいた）の世話役をしていたこともあって、人脈が広くて職の紹介ばかりか、警察などの取り締まりに対する盾にもなり、父の大阪暮らしの基礎作りに大きく寄与してくれたからである。その姉夫婦が大阪の代表的な朝鮮人集住地域であった天神橋六丁目界隈に住み、しかも、叔母が淀川を挟んだ対岸の東淀川区に住んでいたので、済州人の最大の集住地区として有名な東成区や生野区界隈ではなく、北大阪、特に東淀川区、そしてそれが後に分割された淀川区で、父はその後の人生のすべてを過ごすことになったのだろう。

　しかし、父が世話になったその義兄は終戦直前の大阪大空襲で亡くなってしまい、二五歳の若さで幼い子ども二人を抱えて寡婦になった姉は、子どもを連れて済州に戻った。しかし、なけなしの財産も夫と同時に空襲で焼かれ、済州にはまともな畑ひとつなかったので、大阪から連れ帰った息子二人を小学校にも通わせられないほどひどく貧しい暮らしだった。いくら僻地の済州でも、解放後にはそんなことは希だった。

　後にそうした事情を知ると、父はその姉一家のことに特別に気をつかい、援助に努めた。ところがそれが仇になった。父の姉に対する格別な配慮の噂が他の兄弟姉妹間で物議を醸し、あげくはその姉と子どもたちにもとばっちりが及んだことを知って、父は大いに気を揉む。母は「兄弟姉妹や言うても、お金がからんだら、本当に難しいもんや」と声を落として呟く。

　但し、そうした親戚間に起こった波風には確かにお金が絡んではいたが、もっぱらそれだけというわけではなかったようである。僕が済州往来を始めてから習いおぼえた知識によれば、親戚でもその内と外の区分という常識と禁則に関わっていたようなのである。嫁いで「外」に出た者よりは、内の男兄弟のほうが親族として優先されるという堅固な常識に、父が姉を助けたいがあまりに無意識裡にであってでも反してしまった結果だったらしい。

そのことを教えてくれたのが他でもなく、そのとばっちりを被った当人、つまり、父の姉の次男で、僕からすれば叔母方（外）の従兄だった。

僕は済州への往来を始めて以来、父がその従兄の長女を特別に可愛がり、何かと援助していた関係を引き継いで親しく交わるようになったのだが、その父親である従兄と初めて会ったのはそれからずっと後、一〇年ほど後に父が亡くなってからのことだった。

すべて後に分かったことなのだが、それだけの時間がかかったのは偶然などではなく、従兄が意識的に僕と距離を取っていた結果だった。つまり、外の親戚は「出しゃばってはならない」からだった。

一度会ってからは、その従兄とは頻繁に会うようになったが、そのたびに彼は僕に、表情や立ち居振る舞い、そして朴訥とした短い言葉で、済州で生きるにあたっての必須の知恵のようなことを教えてくれるようになるのだが、その知恵の筆頭が先ほどから問題にしてきた内と外の境界、そしてそれにまつわる禁忌めいたことであった。従兄は、僕と彼の親密さを「内の親戚たち」の眼につかないように細かく気を遣っていた。それはおそらく、僕の父と彼の母の姉弟関係の蜜月状態によって引き起こされた波紋を、彼がまだ幼い頃から自分の眼で見て、体験し、傷ついた結果なのだろう。

その他にも彼が教えてくれたことがいろいろあって、済州は小さな村落的社会であり、どこで何をし、何を話しても、すぐさま関係者の耳に届いてしまう。だから、くれぐれも言動に注意しろと言うのである。僕の冗談が過ぎそうな気配を嗅ぎつけると、彼は口元に指をあてて、僕に警告を発した。もっとも、済州が小さな村落社会といった程度のことなら、済州では誰だって知らないはずがなく、また済州に親戚や知人がいる在日、あるいは日本人なら一度は耳にしたことのある「済州の常識」もしくは「地方の常識」と言ってもよかろう。

それに対して、以下のことは、僕の父と彼自身にまつわる私的なエピソードであることは確かなのだが、その一方で在日と済州人一般との関係一般にも敷衍できそうな要素を含んでいそうに思えて非常に感慨深いものだったので、紹介しておきたい。彼の話はこうだった。

あまりに貧しくて、いくらがんばって働いても先の見込みが立たないから、おまえのお父さんに、密航したいので援助してくれるように頼んだ。しかしいくら頼んでも、「密航して日本で苦労する覚悟があるなら、その気持ちを忘れないで、済州で必死にがんばったほうがいい。自分たちの時代とは違って、今の時代ならこちらで懸命に働いたら何とか食べていけるし、日本で苦労するよりも何倍も幸福になれると、拒否された。しかし、男兄弟の子どもたち、つまり内の従兄弟や従姉妹たちには、これまでにも何かと援助してやり、密航などしなくても十分に暮らしていけそうなのに、密航の援助までしてやっている。いくら何でもひどいじゃないかと、当時はすごく恨んだものだった。しかし、今ではその反対に、すごく感謝している。おまえのお父さんの言葉に反発しながらも、結局はその教えどおりに、こっちで懸命に努力したから、土地も持てるようになったし、その土地で育てたミカンの収穫で子どもたちに人並みの教育を受けさせることもできた。一家がバラバラになることもなく、それなりに満足な生活ができるようになった。娘にも何かと気を遣ってもらっていてすごく助かっているが、それも含めて、おまえのお父さんには本当に感謝している。自分の周囲には密航してお金を稼いだのはいいが、長年の別離のせいで夫婦の不和はいうまでもなく、父子間でも問題が起こったあげくに一家離散になるなど、密航して懸命に働いてお金を稼いだはずなのに、それが仇になっている人がどれほど多いことか。

父はなぜ、その甥（僕からすれば従兄）の頼みを頑なに拒否したのだろうか？　彼の母、つまり父の姉から受けた恩義に対するせめてもの感謝の徴《しるし》として、甥を励まして密航を勧め、更にはそれをサポートしたい気持ちが十分以上にあっただろうに。彼も言うように、「内」の甥その他の密航はつぎつぎと受け入れてサポートしていたのだから、内と外にまつわる親戚間の軋轢や後難、自分のそればかりか姉一家のそれを懸念して、という側面もあったのかもしれない。しかし、それだけではなかろうと僕は思う。時代は変わって、今やミカン農家の仕事をしっかりやれば、出稼ぎのために故郷を離れたりしなくても十分に生きていけるようになったという趣旨の言葉は、掛け値なしの父の現実認識であったに違いない。更には、従兄が後に悟ったように、密航あるいは出稼ぎによる家族関係に及ぼす弊害の懸念もあっただろう。その意味では、父の言葉はすこぶる正直で真剣なものであったに違いない。しかも、父自身の人生を顧みての総括的な感慨がその言葉を支えていたように僕には思える。

自分自身の人生において渡日はもちろん肯定的な側面を否定できないが、その裏側では酒、そして女など数多くの問題をもたらした。そんなことは渡日とは関係ない父固有の欠陥、もしくはある程度成功した父の堕落と言えないこともないのだが、僕には必ずしもそうだとは思えないのである。

それらの欠陥はおそらく父の渡日とその後の在日経験があったからこそ露呈するようになったものだと、少なくとも僕には思える。しかも、父自身もそのことを自覚していたはずである。だからこそ、彼は可愛い甥の願いを、叶えてやりたいという自分の本心を懸命に抑えて、撥ねつけたに違いないのである。

宗教にかまけて財産を蕩尽して一族に大きな困難をもたらしながらも、いまだに尊敬を集めている父の祖父の墓がある漢拏山中腹に、父とともに森をかき分けて上ったことがある。そのときのじつに晴れ晴れとした父の表情と足どり軽い姿を見ながら、「父にはこの済州島が本当によく似合う。日本になど行かずそのまま済州にいたら、勤勉な農民としてそれなりの人生を送れただろうに」と思った。もちろん、それはただの感傷かもしれないが、その姿が僕の脳裡から離れず、済州に居つづけていれば、世俗にまみれない正直でまじめな農民だったに違いない父に、数々の悪癖をもたらしたのは、やはり異国における多種多様なストレスフルな条件下での忍従生活だったのではないかと、ついつい思ってしまうのである。

こうした感傷の色濃いイメージによって父の人間的欠点をすべてなかったものにしようなどと思っているわけではない。父が抱えていた欠陥、それがもたらした数々の問題で苦しんできた母を知る僕にそんなことができるはずもない。しかし、父のその従兄に対する対応とその際の言葉には、父なりの在日生活に対する苦い悔恨を含めた反省が込められていたのではないだろうか。そして、その延長上では、父のそうした反省は父個人に限られず、在日一世の、特に男性の多くに当てはまる部分がありそうな気がするのである。

話があまりに先に飛んでしまい、脱線の気配が濃厚である。父の日本定着の過程の話に戻ろう。

戦後、父は母と同じように行商や買い出しで日本全国を駆け巡った。一時は北海道のアイヌの人たちの家で一ヵ月間も暮らしていたことがあるという。そしてその間には、ロマンスもあったようだ。わが家の古いアルバム帳には、聡明そうな若い女性と父のツーショットの写真がある。まるで新婚夫婦のような姿である。現在のその種の写真との違いは、二人とも国民服を着て質素であること、そして二人ともじつに真剣な表情であること、そして浮わついた華やぎのようなものが全くないことくらいである。父は立ち、その女性は椅子に座って、両手を膝の上にそろえている。真面目かつ誠実そうで、前途に期待を抱かせる。それだけに、僕ら家族には危険な匂いがする。母以外の妙齢の女性と父との、まるで結婚記念を思わせる写真を目にしたら、僕ら子どもとしては心穏やかでいられない。それに、その女性の心当たりが僕らには全くないことも、不安の要因である。

そこで、こと更に無邪気を装って母に尋ねてみたところ、案の定、母はいい顔をせずに、「オトチャン本人に聞き」とそっけない。そこで父に尋ねてみると、父もまた口を閉じる。そんな写真がなぜ、いつまでも家族のアルバムに残されていたのだろうか。ひょっとしたら、それは済州で父が一度結婚した相手なのかとも思ったりするが、その写真の女性は日本人のように見えるから、違うだろう。

中学生の頃、家には誰もいないときに、僕がその写真を見ているところに父が帰ってきた。僕があまりに熱心にその写真に見入っていたからだろう。「それは北海道で撮ったもので、その人との関係については母に話して了解を得ている」と父が妙にきちんと説明してくれた。そんな記憶があるのだが、その妙にまじめだった父の態度と言葉が、現実感を打ちけす。ひょっとして僕の夢なのではないかと、自分の記憶が信じられない。そもそも、父が中学生の息子にそんな釈明めいたことを言うだろうかとの疑いが広がる。要するに、確かなことは何も言えないということになる。

因みに、先にも述べた青森での両親の出会いのエピソードは、父が最後の入院中に、これが見納めと済州の親戚たちが大挙して見舞いに訪れた際に、父の弟の長男である従兄が父から直接に聞いた話だそうである。「まるで映画の場面じゃないか」と、余命がいくばくもない父のことでついつい重くなる気分を一瞬でも忘れようとしてなのか、その従兄はこと更に笑顔を作り、大きな声で話していた。

五　コウバの創業と父の変貌

地縁が呼び込んだ創業

結婚して子どもがつぎつぎに生まれた。同じ歳の両親が二七歳のときから一〇年ほどの間に、つぎつぎと六人の子どもが生まれたのだから、食べさせるだけでも大変だったろう。それでも生後間もなくして死去した四番目の男の子を除いた五人の子どもを育てながら、暮らしは維持できた。夫婦ともに働き者で、晩年まで最大の同伴者であった酒の習慣を、結婚して数年ほどまでは父が身につけていなかったことも幸いしたのであろう。そして長男の兄が三歳、次男の僕が一歳の頃に、チャンスが到来する。

一〇〇戸ばかりの日本人集落の中で済州出身の朝鮮人の家が四軒だけだった。そしてそのすべての家が集落を貫通する道路沿いの中二階建ての長屋の一角にあった。そのうちの一軒が一階の部屋を解体して土間にしたうえで、ベークライト（プラスチックの一種）製造用の中古のプレス機を設置した。そしてほそぼそと家内工業を始めたのだが、たちまちのうちに開店休業状態に陥って困り果てたあげくに、父にその引きつぎの話を持ちこんできた。

その家の主人は父より一世代もうえで、済州では文字の読み書きと儒学の初歩を教える書堂ばかりか、それより上級の儒学教育機関である郷校にも通っていたことがあるなど、当時の済州の人としてはなかなかに立派な学識を誇る人だった。しかも、漢方薬商の父に同行して日本に来てからは京都で中学に通っていたこともあり、朝鮮の伝統的教育と日本の近代教育の両方の経験を兼ねそなえていた。そうした教育歴と、早期の渡日だからすでに長い在日歴とを見込まれて、植民地期には協和会の世話役として地域で指導的な役割を担っていた。

ところが、戦後になるとその協和会はなくなり、在日を統合する組織として結成が急がれた朝連(在日本朝鮮人連盟)の準備過程では役員候補に上がっていたのに、結成されるとすぐに協和会などの「親日的」経歴が仇となって追放されてしまった。こうして、夫婦に子ども七人の大家族を抱えて困窮し、途方にくれた。そこで、人の良さと働き者として定評があった妻が、リヤカーに朝鮮人が好みそうな魚や乾物などを積んで行商に回りはじめた。しかし、その程度では生計を立てられず、さすがに夫も一念発起せざるえなくなった。そして人の勧めもあって、家の一部を改造して機械を設置して、家内工業を試みた。

端から誰もが懸念していたとおり、肉体労働など全く経験がなく、なまじ学識があるだけに人づきあい、とりわけ腰を低くして仕事を回してくれるように頼んで回るなんてことは大の苦手だから、仕事が回ってくるわけがない。たとえ、好意で少しくらい回ってきたとしても、その仕事もまともにこなせない。そんなこんなで、ついには始めたばかりの事業を放棄せざるをえなくなり、せっかく設置したプレス機なども無用の長物になってしまった。そこで、同郷のうえに近所の誼《よしみ》もあり、生来、肉体労働を厭うどころかむしろお得意で、まだ若くて意欲に燃えている父に相談を持ちかけたのである。

家をまるごと交換して、仕事を引きついではどうかというのだった。先方の住居兼工場とわが家とは全く同じ界隈の距離にして二〇メートル足らずの近所にあって、先方の家が機械を据えつけるために一階の部屋を解体してしまったことを除けば、ほとんど同じ造り、建築年数だから財産価値に違いはない。だから金銭のやり取りなど全く無用で、もっぱら土地建物の交換ですむ。そのうえ、目と鼻の先に位置しているから、引っ越しその他についても面倒なことは何一つない。両親は願ってもないチャンスだから喜んで受け入れた。

その後、先方では奥さんがそれまでどおり行商を続ける傍ら、自宅の軒先で朝鮮人相手の野菜（ニラ、干しワラビ、大根、ニンニクなど）や魚（イシモチやアマダイや太刀魚、サバ、海藻類）、香辛料（唐辛子）なども商い、主人のほうは漢方薬商の父を見ながら育ってきた経験を生かした朝鮮人相手の民間療法に加えて、「本を見て」様々な行事の成否を占ったり、子どもの命名などで受けとる謝礼を生計の足しにするようになった。

僕ら兄弟は捻挫でもすると必ずその「本を見る」おじさんの痛い治療を受けた。また病気がちの父が開運と厄除けとを兼ねて改名を試みた際には、その人に名前を考案してもらった。そして、当初はその名がよほど気に入ったのか、会う人ごとにその名の意味や所以《ゆえん》を説明していたのだが、やがてはそれも面倒になったのか、改名などなかったかのように、誰も話題にしなくなった。

在日歴、学識、年齢など何においても、父よりははるかに上のその人のことを、両親は「兄さん」、善意の塊のようなその奥さんのことを「姉さん」と呼び、夫婦ともども、親しく付き合っていた。後にはその家の大きな祭祀の際には、その家では小さすぎるからと、新築して大きくなったわが家を貸すこともあった。また、済州に行って父が長い留守をしていた頃には、柔道選手であったその家の次男がわが家で用心棒代わりに数ヵ月暮らすようなこともあった。

その延長上で、すでにそれから六〇年以上も経った今でも、その家の娘さんたち、とりわけアメリカの軍人と結婚して現在はアメリカやドイツを往来しながら暮らしている次女は、折に触れて電話や絵葉書や贈り物で母を喜ばせてくれるし、僕にもドイツやアメリカにぜひとも来るようにと、誘いのメールをくれたりする。

その一方で、父とその家のご主人との間には何かしら距離があった。そもそも、世代も違うし、経歴、性格、そして生き方が正反対なのだから、それも当然だろう。年長で学識の圧倒的な格差もあって、父からすれば、どこかで劣等感のようなものもあったのだろう。そして、その反動で、気難しそうな顔をして偉ぶっているばかりで生活力を欠いているといった批判的な見方も根強くあったようで、それがときには表に出てくることもあった。

父はあるとき、その人のことを「あの人はもともと、協和会の役をしたりして親日派で……」と厳しい表情で言いすてたことがあった。それを耳にした僕は、まだ若くて、左翼的民族主義の圧倒的な影響下にあったからか、その言葉一つですべてが分かったつもりで、父に同調する気持ちになった。父と比べてまともに仕事もせずに、奥さんや子どもたちの稼ぎで暮らしているように見えるその人のことが、僕にも胡散臭く感じられていたのである。ところが、それから相当に歳をとり、父の生涯の理解に努めてきた今の僕からすれば、父の「親日派」に対する反感を盾にしたその人に対する批判には、少しおかしいところがあると思わずにはいられない。

父が大阪に来て最初にお世話になった義兄も協和会の世話役をしていたからこそ、父を守り、何かと便宜を図ってくれることができた。そして父はその義兄と姉の恩義を忘れなかった。その事実を合わせて考えると、父の呟きから想定される協和会＝親日派＝悪い人間といった図式は成り立たなくなる。

したがって、父の呟きからは、せいぜい次のような事柄が垣間見えるに過ぎない。父はその当時、そうした図式が常識となっていた環境世界にいたこと、その図式が自らの正当性の基盤として父のうちに一定の場所を占めていたこと、「本を読む」おじさんとの間に何か気に障る出来事があったこと、あるいは、元来、肌に合わない部分が何かを契機に強く意識されたことなどである。

一国一城の主

ささやかとは言え、今や念願の事業主になったのだから、父の生来の勤勉に拍車がかからないわけがない。そして、「朝鮮人は日本人の二倍、三倍、がんばってようやく一人前」を人生訓とする父と、それをほぼ共有する母とが一体となった努力が実り、やがて事業を拡大する。近くの朝鮮人集落にあった長屋の端の一軒を借り、その内部をすべて解体して、家にあった機械を運びこむばかりか、新たに数台のプレス機械を据え付けた。そして、その機械の数にふさわしく、職人を幾人か雇い入れるなど、家とは独立した本物の一国一城の主へと出世を果たした。それ以来長年にわたって、僕らの家族はそのコウバのお陰で暮らしてきたし、そのコウバを継いだ末弟の家族を今なお支えている。

その家とは独立したコウバ創設の際には、父は肩車で僕を現場に連れて行ってくれた。父が入手した長屋の一角の家屋の片隅に僕を座らせたうえで、内部の壁や床をつぎつぎと壊していく。頭と顔を手拭いで覆った父がハンマーなどの道具を使って内部を解体していく姿に僕は魅入られていた。もっとも、僕の記憶には不審なところがある。古家の内部の解体だから、すごい埃がたって空気が悪く、危険も伴うから、そんなところに幼い僕を連れて行ったというのはにわかには信じがたいだろう。僕自身にしても、本当に現実のことだったのかどうか、訝しく思われる。

しかし、頭にかぶった白い手拭いが次第に汚れていく様、そして埃まみれで汗を滴らせながら働く父の姿は、僕にはすごく鮮明な記憶である。僕の物心といったものは、ほとんどそれを契機に始まったような気がするほどである。おそらくは、僕が日々接している父とは異なる「荒々しい父の姿」に魅入られた結果、僕の意識が尋常ではないほどに刺激されて一挙に成長したからではないのか、これが僕自身の見立てである。但し、その記憶と解釈のどちらもが後年の僕による捏造かもしれない、という疑念を一蹴できる自信はない。

悪癖の始まりと「本来」の父

上昇気流に乗って父の勤勉に更に拍車がかかる一方で、父はいろいろと悪癖を身につけるようになる。コウバの経営者としての営業活動、同業者の親睦や情報交換の名を借りた付き合いもある。いずれの場合にも、酒席が手っ取り早いということもあって、それまでは手を出さなかった酒に父は手を染めるようになった。そして遅まきに覚えた道楽はコントロールが効かないという俗諺どおり、父はやがて正真正銘の酒飲みになってしまった。しかも、「おやっさん」とか「大将」とか

「社長」などとおだてられると、悪い気がするはずもなく、一杯気分のときに、女性から甘い言葉でも囁かれると鼻の下がついつい長くなって、深みにはまってしまう。また、一杯気分で儲け話でも持ちかけられると簡単にその気になって騙されたりもする。そしてその憂さ晴らしでまたもや酒、女性といったように悪循環は途切れることがない。但し、タバコだけは身につかなかった。酒席などで勧められるままに、もらいタバコを吹かしたりする伊達タバコだった。その姿は子どもの僕が見ても全く板についていなかった。それに「賭け事」にも一切手を出さなかった。あれほど酒を飲んでもタバコは喫わなかったから体はもったのだろう。そして「賭け事をするのは最低」というのが口癖の一つで、その禁則もなるほど、ギリギリのところで父を救った。しかし、そんなセリフを得意げに吹聴している現場に母が居合わせでもしたら、たとえ口には出さなくても顔には「何を偉そうなことを、それやったら酒、女はどやのん」と書いてあるように思えて、僕なんかはひそかに冷や汗をかく気分だった。

そんな父でも、もっぱら金もうけと酒と女にうつつを抜かしていたわけではなかった。父は学校に通ったことはないが、済州で、先にも登場願った父の祖父から「千字文」などで漢字の手ほどきを受けていた。その曽祖父は、宗教や風水に入れあげたあげくに家産を蕩尽した張本人なのだが、それにも関わらず、一族ばかりか地域でもすこぶる尊敬を受けた人だったらしい。

わが家に残されている済州の数少ない古写真の一つに、その曽祖父が写っている。韓国の伝統的民族服、笠、長い煙管、そして何よりも見事な長い白髪とこれまた長い白髭が、まさに僕が思いえがく儒学者の風貌で、その眼光の鋭さも並ではない。曽祖父は、父に対して口癖のように「もうすぐある国の軍隊がやってきて、この島を解放する」と言っていたらしい。父はあまり昔話をしなかったが、その曽祖父のことは折に触れて話したし、母もまたその人を実際に知っていたはずがなさそうなのに、尊敬の念がありありとした口ぶりで語ることがあった。

曽祖父の墓はその人が生前に様々な風水師のご託宣で移転を繰り返した末に定めた場所、つまり漢拏山中腹の済州市全体を見下ろす森の中に今でもある。曽祖父のお陰で、わが一族には学問や芸術に従事する子孫（つまり僕らの世代）が輩出しているというのが、済州におけるわが一族の伝説になっている。

僕は母の懇請を受けて済州への往来を始めると同時に、済州ですこぶる重要視される年中行事の伐草（ポルチョと発音し、旧盆を意味する秋夕に先立つ墓の掃除、とりわけ草刈り）にも参加しはじめた。ソウルや日本から駆けつけた者も含めて親族二〇名ほどが、数手に分かれて島のほうぼうに散在する二〇基ばかりの墓の草刈りに向かう。ゴルフコースの真ん中にある墓もある。そのうちで僕の分担はなぜかしら、いつも曽祖父の墓だった。そこはその他とは全く違う方向で、しかも遠くにあるので、格別に時間を要することもあって、別格扱いになっていた。

従兄にしたがって、牛や馬がのんびりと草を食む広大な牧場を横切りながら登っていくと、やがて道も分からない山中の森林に紛れこむ。迷いそうなところどころでは、父が目印として木にかけた色布が方向を示してくれる。父にとっても、曽祖父とその墓は格別な意味を持っている。大阪に出稼ぎに行った家族と別れて、曽祖父の世話をするために済州に残されて暮らした記憶の切実さもあって、父は済州への往来を始めたときから、その墓の管理には格別に心を配っていたらしい。そして、他の親戚がその墓に参る際に道に迷わないように、道筋を明示する工夫を折に触れて続けてきたと言う。僕がもっぱらその墓を振りあてられたのも、もちろん、父絡みの因縁があってのことのようである。

ところが、森林での歩行に慣れない僕などは、父が付けた道筋表示の色布を見落とすだけでなく、そちらに気を取られて、先導する従兄まで見失ってしまう。途方にくれた僕は仕方なく、大声で呼びかける。ほどなくして、遠くで従兄の声が聞こえる。それに答えると、まもなく従兄が引き返してくれる。立ちつくしている僕を見つけて、従兄は苦笑いを浮かべる。「こんなおまえでもいつかは済州の人間になれるのかな？」といった意味を含んだ笑いのように僕には思える。

その途中の随所で、ノロ鹿が自由奔放に走り回った結果、石垣がすっかり壊れてしまっている墓にいくつも遭遇する。子孫に放置されてすっかり荒廃して無残な姿をさらけだしている墓もある。「祖先崇拝が何よりも優先される韓国社会」といった通説と現実の落差を見せつけられる思いがする。それだけに、森深くの目的の墓にたどりついて、その墓がきちんと維持されているのを見ると、気持ちが安らぐ。ときおり聞こえてくるノロ鹿の鳴き声をＢＧＭに、ひどい蒸し暑さの中で草刈りに励む。約一〇メートル四方の石垣の内部、幅一メートルほどの石垣の上、更には石垣の周囲も幅一メートルほどにわたって草その他をすっかり除去して作業は終わる。次いでは、石垣内部の中央にある土饅頭の前に従兄が持参してきた果物などを供えて、拝礼する。従兄はそのたびに、曽祖父の伝説を僕に語り、その言葉を受けて僕はその曽祖父の末裔であると自らに言い聞かせる。そんな神妙な心境になるのは僕には珍しく、それが自分でも妙に新鮮でうれしくなる。そしてひとときの瞑想にふける。血のつながりといった類の話がすごく苦手な僕のような人間でも、山中で汗を流した後の爽快感もあって、大きな慰安を与えられた気分になる。

家族がほとんど全員、日本に出稼ぎに行って留守の間、父は曽祖父母の世話のために済州に残されていた。だから父はその曽祖父の影響を大きく受けた。曽祖父から文字の手ほどきも受けた。ユートピア思想の影響もあって、学問に憧れ、理想主義的な政治観を持ち、政治運動にも相当に入れこんだ。在日の民族運動、特にその主流だった左翼民族運動組織の熱心なシンパサイザーで、演説会や政治集会にも頻繁に足を運んだ。

そんな父に抱かれて集会に参加したときの、まるで夢のような記憶がある。朝鮮語など知るはずもなかった幼い僕の脳裏に、人々の朝鮮語による囃し言葉が残っているのは、一体なぜなのだろうか。後知恵で記憶を捏造したのかもしれないと思ったりもする。しかし、ともかく僕の記憶では次のような光景である。

民族組織の事務所となっている洋館風の建物、その前の広場いっぱいに人々が集まっていた。僕は父に抱きかかえられ、バルコニーの上で鉢巻、タスキ姿の人が声を張りあげて演説するのを見ている。広大な蓮池の合間に点在する小さな集落の一つに、どうしてそんな洋館風の建物があったのか今でも不思議である。戦時中は協和会の建物だったのを、戦後には左翼民族主義組織が接収したのだろうというのが、その辺りの事情に詳しい知人の説明なのだが、なぜ、洋館風なのかの答えにはなりそうもない。

ともかく、バルコニー上に並ぶ人々の背後には大きな垂れ幕が何本も下がり、屋根の上には赤い旗がはためく。広場から見上げる人々もときおり、「オルチ（そうだ）、チョッタ（いいぞ）、チョグックトンイル（祖国統一）、マンセー（万歳）」などと叫び、父もそれに和して声をあげ、体を揺する。その胸に抱かれた僕も揺れていた。

父はまた、相当に危険なことにも加担していた。わが家の中二階には、地下運動をしていた青年たちが警察に追われて潜伏していたことがあったらしい。五〇年代の共産党の武装路線の頃のことなのだろう。そしてその延長なのだろうが、青年組織のリーダーとして人望を集めていた青年が、わが家の中二階で新婚生活を送りながら、コウバで父の右腕として働き、やがて一歳ほどの赤ちゃんともども、希望に燃えて「北」に帰って行った。すでに述べた父の右腕一号の兄ちゃんのことである。

但し、このような父の政治的志向は、父の専売特許などではなかった。僕のおぼろげな記憶の中でも、当時の在日社会では、「青年（チョンニョン）」、つまりは民族的運動に献身する若者たちに対する共感、尊敬が相当に幅広く共有されていた。それはその「青年」という言葉を口にする人々、特に僕の母も含めた女性たちの明るい表情、希望を託した語調、表情にはっきりと窺えた。ちょっと言いにくいことなのだが、そこには性的な匂いまであったような覚えがある。そんなことまで幼い僕が感じていたのは不思議なことなのだが、むしろそうだからこそ鮮やかな記憶なのだろう。

後にそうした北系の民族組織から距離をとるようになってからも、父は近くの小学校の講堂で開かれる日本共産党や社会党の代議士の演説会にしばしば足を運んでいた。仕事の後で相当に疲れているはずなのに、そんな日には晩酌もせずに夕食を早めに終えると、いそいそと出かけた。しかも、そこから帰ってくると、感動の余韻がありありとした顔つきで、「さすがに立派な政治家や、ええこと言うてた」とまるで自分の手柄のように自慢そうに言うのだった。もっとも、その後ほどなくすると、父は姿を消した。もちろん、酒を飲みに、である。演説会の興奮の延長で、知人たちや飲み屋の女性たちを相手に、政治談議を肴においしい酒を楽しんでいたのだろうか。

六　父が不在の済州——わが一族と四・三事件その他

浮かばれない死者たち

父は一九四〇年ごろに済州を去って渡日し、懸命の奔走の結果として一九六〇年にようやく約二〇年ぶりに訪問するまで、済州に足を踏み入れることはできなかった。日本の終戦から一九六五年までは日本と韓国の間には国交がなかったから、両親の最初の故郷訪問もいくぶんかは特例の部類に属する。

両親が故郷を訪問できなかった間にも、手紙その他の合法的な連絡手段がなくはなかった。こちらから済州へは、古着その他の贈り物や伝手をたどっての送金、逆に済州からこちらへはお金の無心、密航など非合法な人間の移動を含めてそれなりの交流があった。しかし、それでもやはり厳しい制限があり、あくまでその前後と比較すればの話だが、両親の存在の影は済州では甚だ薄く、在日する両親にとっても済州の存在感は軽かったに違いない。両親としては何よりも子どもたちを育てながら生き延びることが最優先で焦眉の課題だった。

そのように両親とその故郷済州との間に、大きな障壁と距離感があった時代における、済州のわが一族について話したい。

故郷の済州でおびただしい島民が虐殺された四・三事件についても、父は断片的に語ることがあった。たとえば、自分の母親（僕からすれば父方の祖母）はパルチザンに殺されたが、それでも自分がもしその時に済州にいたら、きっとパルチザンになっていた、といったような話である。そして、その場に居あわせた母も、「そやろな……オトチャンはそんな性格や」と頷いた。その母の言葉には、正義感に駆られた言動のせいで痛い目にあうことが多かった父に対する心配やそれが高じた非難の気持ちも少しは含まれていただろうが、それよりむしろ、そんな父に対する信頼感のほうが大きいような印象を受けた。

そのパルチザンというのがどういうことなのかを僕は理解していたわけではなかったし、両親も詳しく説明してくれなかった。だから、それ以上立ち入って問いただすべき筋合いのことではないと、漠然とながらも僕は思っていた。それにその話の内容よりも、「オトちゃんはそんな性格や」という母の言葉から僕が得た、両親が深く結ばれていそうな感触、それが僕にはうれしくて、記憶に残っているのだろう。

因みに、父は九人兄弟姉妹の中で五番目の三男で、その兄弟姉妹のうちで父より長生きしたのは、下の姉（最初に大阪に渡った際にお世話になった人）、そして一番上の弟（父のすぐ下の弟）とそのすぐ下の妹だけで、その他の亡くなった六名のうちの半分の三名が、いわゆる自然死ではない。

最初に亡くなったのは父の次兄なので、先ずはその人のことから始めることにしよう。

その人は一家が大挙して大阪に出稼ぎに行った際のメンバーで、その後大阪で結婚して新婚生活を始めていた。ところが、跡継ぎのいない裕福な遠縁の家にその人を養子に出すことを祖父が決めて、済州に戻るように命じた。本人は大阪生活が気に入っていたが、親の命令なので仕方なく、お腹に子どもがいた妻ともども、済州に戻って養家に入った。しかし、その養父母との折り合いがよくないうえに大阪での生活が恋しく（大阪生活が恋しくて、不本意な養子縁組だったから済州の養家の両親との折り合いが悪くなったのかもしれない）、妻と生まれたての息子、更には妻のお腹にいた二番目の子ども（生まれたら娘だった）を養家に残したまま、村の友人たち数人と連れだって再度大阪へ向かう船に乗った。ところが、その一行の行方はそれっきり不明である。船が難破したのだろうと言われている。当時はそんな事例が他にも数多くあったからである。

その人は賢明で多才との評判で、父の兄弟の中ではとびぬけて将来を期待され、大阪にもよく適応していたから、そこに居つづけていたら大成功していたに違いないと、父は言う。それは父だけでなく、その人を実際に知っていたはずがない母の弁でもある。そうした話を聞くたびに、そうした評価の正否とは無関係に、僕には両親の気持ちの動きが手にとるようにわかる気がした。というのも、その人の話を両親が始めたのは、僕がすでに大学生の頃で、その人の忘れ形見が密航でわが家に来て以降のことだったからである。僕の従兄にあたり、幼い頃から続く不幸で厳しい生活を余儀なくされ、将来にも明るいものが何一つ見えないから密航で大阪にやってきた。そのみじめな姿に対する心配、そしてその存在が両親にもたらす責任感と負担感、それらがあるから両親にはその人の亡き父親の「美化」が必要なのだ、と僕は推察、もしくは邪推していたのである。

行方不明になった叔父の遺児たち

話を戻す。その父の次兄が行方不明になると、その妻は夫が大阪に向かったときにはまだお腹にいた娘と、大阪から済州に戻る際にまだお腹にいた息子の二人を養家に残したまま、家を出て再婚した。養家としては跡継ぎのつもりの養子が亡くなったので、必要なのはその子どもたちだけで、母親など不要になったのかもしれない。あるいは、その家での暮らしが辛くて我慢ならず、泣く泣く幼い子どもを残して家を出たのかもしれない。あるいは新たな男性と人生をやり直すためだったのかもしれない。僕らには窺い知れない事情があったのだろう。ともかくその二人の子どもは、父ばかりか母も失うことになった。

まだ幼かった二人の子どもは世の変化に疎い養祖母のもとで育つことになった。村人たちが「子どもは誰でも学校に通うような時代になったから、孫たちも学校に送るように」と何度勧めても、養祖父母は耳を貸さなかった。結果、その孫たちはまともに学校に通えないままに大きくなっていく。同世代の子どもたちはたいていが学校に通っているので友だちもできず、家や村をぶらつきまわるか、祖母と一緒に無為な時間を過ごした。四、五年後にずいぶん遅ればせに養祖母が学校へ行くことを認めたので、学校に行ってみたが、同じ年の子どもたちが勉強していることなど何一つ分からない。そこで、二年ほど下の学年に入ってみたが、周りから馬鹿にされたりして自尊心が傷つくだけで、勉強の内容はやはり分からない。そもそも集団生活に慣れていないから、学校には適応できず、ついには通学を放棄した。そして暇を持て余した年長者たちの良くない遊び、たとえば、賭け事などに首を突っこんだりしながら、成長することになる。

こうして、ほとんど文字の読み書きも学ばないままに、しかも同世代の気の置けない友人もおらず、世の常識のようなものにも習熟する機会を持たないままに大人になってしまった。それだけでも大きなハンデなのに、父が養子に出て、その養家と折り合いが悪いままに亡くなったせいで、父の本来の親戚とも養家の親戚とも曖昧かつ微妙な立場に置かれることになった。父がもし存命だったなら、両方の親族との関係を調整して、両方のネットワークを活用できるなど有利な面もあったかもしれないが、子どもたちは養子縁組の不利な面だけを引き継ぐことになった。かつての親族も新たな親族もその遺児たちがどの親族に所属するかという点で、ためらいや遠慮が作用するのか、積極的に遺児たちに関わらない。そのために、親族のネットワークが生活において大きな助けになる伝統的な村落社会で、遺児たちは孤立無援なままに放置される格好となった。

それでも二人ともやがて周囲の斡旋で結婚にはこぎつけ、長男は養家が所有していた大きな畑で農耕に勤しみ、農閑期には臨時の土方のような仕事に励めば、食べるのに事欠くほどではなかった。しかし、つぎつぎと生まれる子どもたちの将来の教育費などを考えると、前途が開けず、僕の父（彼からすれば叔父）に頼みこんで大阪に密航した。そして、父のコウバや父の紹介を受けた職場での長時間労働で稼いだお金を済州の妻子に送りつづけた。その送金のお陰で子どもたちは一人残らず、まともな教育を受け、まともな就職先を見つけて、まともな生活ができるようになった。

その一方で、成長過程で父親とほとんど一緒に暮らせなかった子どもたちとその父親との関係はどうしても疎遠になる。妻とも長い別居のせいもあって関係がしっくりこず、その影響もあって子どもたちとの意思疎通は更にうまくいかなくなる。子どもたちにとって一緒に暮らしている母こそが親であり、その母とうまくいかなくなった父などは、苦労して自分たちを育ててくれている母を苦しめるだけの存在のように見えがちである。父親は遠くから送金さえしてくれればそれで十分な存在になっていた。すでに彼らだけの生活の形ができてしまっていたのである。そんなところに、父が戻ってきて自分たちの世界に入ってくることを歓迎するわけがない。

ときおりの国際電話や手紙を通して、次第にそうした雰囲気を感知するようになった父親としては、自暴自棄にもなる。送金額を減らし、あげくは送金を滞らせもして、そのお金を遊興に費やすようになった。いきなり金回りがよくなった姿は目立つ。よからぬ連中が友人顔をして集まってきて、大盤振る舞いに預かりついでに、悪い遊びに誘い込む。とりわけ、済州で子ども時代から大人たちに交じって習い覚えていたこともあって、賭け事の誘惑には勝てない。結果としてスッカラカンになり、酒に酔って警察に捕まり、強制送還された。

しかし、済州で歓迎してくれる人などなく、まともな職もない。そこで、一度密航で逮捕された前科者だから無理は承知のうえで観光ビザの申請をしたところ、何とそれが降りた。そこで、またしても大阪にやって来て、そのままオーバーステイになった。そして懸命に働くのは変わりないのだが、稼いだお金の使い先がない。自分の老後のことを考えて貯蓄するような気持にもならない。そもそも、幼い頃から生活設計のような教えを受けたことがなく、ずっとその日暮らしをしていたも同然だから、その種の感覚も育っていない。稼いだお金をひたすら送金していた頃が、人生でもっとも計画的に生きていた頃なのかもしれない。それほど子どもや家族が生きがいだったのだろう。そのぶん、そうした生きがいを失ってしまうと、稼いだお金はすべて浪費することになる。そんなことを繰り返しているうちに、すっかり老いてしまった。

人当たりが柔らかく、黙々と仕事もよくするから、重宝な労働者として定年を何度も延長してくれていた会社も、七〇を越えるとさすがにそれも無理で、職を失い老後の生活のあてもない。幸い、食住については叔父の家（僕の実家）に転がりこめば何とかなるが、それもいつまでもというわけにはいかない。済州に戻るしかないとは思うものの、済州で自分を迎えいれてくれる人がいるわけでもない。息子たちにそんなことを頼むのも、遠慮や怯えが邪魔をする。なす術がないままに悶々と日々を過ごしていた。

大阪のわが家に転がりこんできた彼のそんな失意の生活を日々目の当たりにしていた僕の両親にすれば、ついつい若くして亡くなった父親に関する「たら、れば」式の話になるのも無理はない。

あの兄さん（僕の両親からすれば兄さんであり、僕からすれば叔父で、従兄からすれば父親）が生きていれば、息子がこんな体たらくにはならなかったはずなのに、といったわけである。そうした慨嘆が故人に対する愛惜を募らせ、故人の「美化」を促す。これが僕の「うがった」解釈だった。過去の故人の評価の根拠は、過去の現実ではなく、現在の「窮状」にある。因果の関係は単純な時間的秩序に則っているわけではない。僕はそう思わざるをえなかった。

因みに、今や老人となったその人、僕からすれば従兄は、母や僕の再三の勧めにも帰郷を渋っていたが、ついには「蛮勇」を振るって息子たちと連絡をとり、四人息子のうちの少なくとも一人から歓迎の言質をとりつけることができたので、少しは気楽になり、ついに自首して自費で済州に戻った。そして、子どもたちに迷惑をかけないように、妹が住む山間の過疎村の空き家に住居を定めて、不定期な日雇い仕事とわずかな年金で日々をすごしていた。そのためには節約に努めねばならない。寒い済州の山間の寒村なのに、設置してあるオンドルのボイラーを止めて暖房費をけちり、いくつも部屋がある家なのに隅の小さな部屋に居住空間を限定して、そこに電気毛布を敷いて暮らしていた。

僕が済州への用事のついでにその家を訪問した際に、その部屋を目撃して、これはダメだと本人に言ったけれど、耳を貸しているふうでもなかった。そのせいなのか、やがて、寒い家の中で脳卒中で倒れてしまった。そして、二年以上も意識不明のままでベッド生活を続けた。長男が官庁の管理職をしている関係で、一般的には入所が難しいと言われる立派な病院でのベッド生活だった。親戚が訪れると、かすかに涙をにじませて、意識が少しは残っていることを窺わせたという。それ以外にはほとんど無反応の状態だったが、つい先日、その従兄がついに亡くなったとの連絡がその長男から入った。彼からは生涯初めての電話であった。

僕は自分の韓国語能力に自信がないこともあって、失礼にならないように誰に対しても尊敬語を使うのだが、その電話でもつたない尊敬語で話しているうちに、相手は従兄の息子、つまり僕の甥に当たるわけだから、尊敬語はまずいと思った。しかし、初めての会話なのだから、それでいいのだと開きなおって、話を続けた。相手は水臭く思ったかもしれないが、ともかく、いつか機会を作って済州で会うことを約束して電話を切った。

「よかった！」以外の言葉がみつからないのだが、何がよかったのかと問われれば、うろたえるだろう。むしろ「終わった！」が正確かもしれないが、そうは言いたくないというのが僕のわがままなところである。

パルチザンになった父の弟たち

若くして亡くなった父の次兄とその息子の話があまりにも長くなってしまった。父の兄弟姉妹のうちで、自然死ではない死に方をした他の人々の話に変えよう。

父のすぐ下の弟（警官になった人）の更にその下に二人の弟がいた。しかし、僕はその存在をつい数年前まで知らなかった。ある時、ふとその存在と死に方を知り、二人とも四・三事件のパルチザンとしての「犠牲者」だったから、公然の秘密扱いにされていたのかと思ったのだが、よくよく考えてみると、そうでもなさそうである。なるほど韓国の権威主義政権時代にはパルチザンとして亡くなった人々については、タブー扱いされてはいた。しかし、僕が済州への往来を始めた約二五年前にはすでにある程度の民主化が進んでおり、だからこそ、僕のように在日の学生運動のせいで懲罰を食らった、いわば脛にキズのある者に対してもパスポートが発給され、往来が可能になっていた。だから、おりに触れ、その叔父たちの話は僕が伐草（ポルチョ）に参加するたびにされていたし、その墓（二人のうち、末の叔父は行方不明のままだから、正式な墓ではなく、墓の代わりのようなものにすぎなかったが、もう一人の叔父のほうは、それなりの墓だった）で拝礼もしたことがあった。ただ、その当時は、僕の親族に関する知識がひどく不足していて、よほどに丁寧に説明してもらわないと、その墓が父とどのような関係の人なのか、頭に入らなかった。だから、叔父たちの話を何度も耳にしながらも、話題の人が父の弟たちで、それが四・三と関係していると同定することが僕にはできなかっただけのことである。それに、二人の死に方についてこと更に教える必要もないと思っていたということもあるかもしれない。僕の済州の親族たちの傾向としては、祖母を殺したパルチザン側に対して好意的でないということも、少しは関係があるかもしれない。

その二人は小学校卒業後は畑や牧畜などの家業に従事していたのだが、まだ二〇歳にも満たない若さもあってか、「新しい世界」に対する理想に燃えてパルチザンに加担した。そしてやがて上の弟は軍警に逮捕・処刑されて、その骨を祖父たちが拾った。しかし、もう一方の父の末弟の行方は全く分からない。じつは、父のすぐ下の叔父が徴兵されて中国各地を転戦後に復員してから警察官になったのも、二人の弟たちがパルチザンに加担していたので、一族に災いが及ぶのを食いとめるという動機もあってのことだったらしい。そのお陰なのかどうなのか、少なくとも父のその他の兄弟姉妹たち、そして警官になった当の弟は、辛うじて四・三の惨禍を生き延びることができた。

二、三年前に、祖父の墓と父の長兄の墓を移葬する際に、その不慮の死を遂げた二人の息子たちの墓をその両横に祀ったと、宗家の長男である従兄が連絡してきた。そしてその翌年に済州に行った際に、従兄に案内されてそれらの墓に参った。青空の下、爽やかな風がそよぎ、周囲には従兄が栽培している茗荷が見事に繁茂していた。

四・三事件と叔母夫婦

生き残った人々にも四・三の傷跡は深い。そんな例をわが一族の中から一例だけ紹介することにしよう。

四・三事件のせいでひとたび婚期を逸しはしたが、その後には四・三のお陰で伴侶を得るという「幸運」に恵まれるという複雑な過程を経たのが、父のたった一人の妹、つまり僕が小さな叔母（下の叔母という意味）と呼んでいる人である。

その叔母は先にも触れたように、四・三事件の頃にちょうど婚期を迎えていたのに、事件による混乱で婚期を逸した。ところがその後、四・三事件絡みで伴侶を得ることになるのだから、四・三事件と彼女の結婚との損得勘定に関しては、プラスマイナスゼロ、あるいは、災い転じて福になったというふうに見れば、大きなプラスということになりそうなのだが、その結婚相手である人の心の奥底には、四・三にまつわる恐怖と狂気の記憶が潜んでおり、それが今でも前面に躍りでることがある。

その人は海外航路の船の操縦士で、そのためか見聞が広く、島に閉じ込められた農民たちと比べれば進取の気性あるいは客気《かっき》を備えていたからなのか、四・三事件ではいち早くパルチザンの一員になった。しかし、宗家の長男だから何がどうあれ生きのびて、男の子をつくって代を継ぐ責任と義務が課せられている。だからと言って、あえなく降伏するというわけにいかない。そこである時期からは、パルチザンの集団行動からは離れて、自宅の前に聳える長い年輪を刻む大木の上に隠れて暮らしていた。

しかし、やがて発見・逮捕され、裁判を経て本土の監獄で刑期を満了したうえで、無事に済州に戻ってきた。これは、朝鮮戦争が始まると本土の監獄に収容されていた多くの政治犯たちが無差別に虐殺されたことを考えあわせると、すごく希な幸運だった。しかしともかく、そうなるとまたしても宗家の長男としての義務と責任が急務となり、同じ村で「行かず後家」になっていた父の妹に白羽の矢が立って結婚に至った。その後は思惑どおりに多くの男の子に恵まれて万々歳となった。

大家族を抱えて生計を立てるのに汲々としそうなものだが、もともと、その人の家は村の名門で相当な畑があった。それに加えて、当人は本来の職種や気質からして、黙々と汗を流す農作業などとは縁遠い。そこで農作業などの仕事は一族郎党、とりわけ妻とつぎつぎに生まれてきた子どもたちに任せ、自分は親戚や村人との付き合い、そして配下の者たちに指図を与えることに専念した。なにしろ、その世代にしては教育もあり見聞も広く話術も巧みで、とりわけ済州の人々にとっていまだに切実な事件でありつづけている四・三については、他の人にはあまりなさそうな経験を積み重ねてきて、その経験談を話すことにかけては天下一品でもある。

そこで、村の歴史の語り部のような役割がその人にふさわしいと、本人も周囲も納得している。済州は今でも、語りが情報ネットワークの大きな一翼を占めており、とりわけ一定以上の世代にとっては情報と文化の主要な媒体である。一族や村落共同体の祭祀、そして婚礼、村の諸種の行事その他、語りながら酒食をともにする機会がじつに多くあり、語る機会、そして聞き手に不足することもない。そんな活躍の現場を実際に済州で何度か目撃したことのある僕は、その人が過去の過酷な体験を乗りこえて、幸せな老後を過ごしているものと思いこんでいた。

ところが、そんな人でもやはり、あの過去の影が折に触れて浮かびあがる。たとえば、酒が過ぎると、闇の歴史が明るい現在の中に突如として異様な姿を覗かせる。

父の葬儀に参列するために、親族一同がはるばる大阪までやって来た。叔母はその長男が事業としている養豚場の黒豚の生肉を大量にスーツケースに入れて持参した。どのようにして税関を潜りぬけることができたのか不思議なほど大量で、僕らは驚くやら呆れるやらで大笑いしたが、当人の叔母は全く意に介することがない。先ずは僕ら家族との再会を喜び、しばらくすると今度は、アイゴーを連発して亡き父を悼んだ。

葬儀も無事にすみ、火葬場から帰ってきた。そして、叔母が済州から持参した黒豚の茹で豚に舌鼓を打ちながら、男たちは酒が進み、上機嫌で四方山話を交わしていた。そのうちに、叔父はついつい調子に乗って飲みすぎてしまった。滑るような巧みな饒舌がいきなり止まったかと思うと、目つきがそれまでとはまるで別人のものに変わった。追い詰められたネズミの恐怖と、隙あれば攻撃に移る凶暴さとを兼ね備えた形相とでも言おうか。恐怖と狂気と殺戮を想起させるその形相に、四・三経験の闇の一端を垣間見たように思えて、誰もがぎょっとした。

叔母によれば、ときおり、そんなふうになるらしいが、それで大事に至ったことはないと言う。済州では周囲によく似た経験を持つ人が多く、そうした症状は決してその叔父に限られたものではないこともあって、僕らのように慌てふためくことなく対処できるのだろう。

絡みあう歴史

四・三絡みではわが一族に限っても、そして事情にあまり詳しくない僕が知る限りでも、じつに多くの興味深いエピソードがある。最後に、その一つだけ、すでに何度も登場していただいた叔父とその伴侶にまつわる話を紹介したい。歴史の様々なことが重層的に絡みあっている済州の現代史の一端が垣間見えそうである。そして、それらはたとえ間接的であっても、わが家の歴史そして現在とつながっている。

その叔父は父の兄弟の中では、父との関係が格別という事情もあって僕がもっとも親しみを感じている人である。叔父もまた僕には格別な親しみの感情を持ってくれていたようで、晩年には当時滞在していたソウルの息子の家に僕を呼びつけて、二日間にわたって昔の話をしてくれた。パーキンソン病を患って、話すのも辛そうだったが、「おまえだけには伝えておきたくて呼んだんだ」と先ずは、僕を呼んだ意図をしっかりとした言葉で語った。そして、ときには笑みを浮かべたり、目尻に涙を溜めながら長時間にわたって、特に青少年時代から兵隊時代、そして警察官生活の一部について語ってくれた。保存してある学校や警察時代の書類なども見せてくれた。植民地時代の学校の通信簿の姓名と解放後の書類の姓名の変化、警官時代の表彰状、日本の警視庁での研修の終了証、ロータリークラブの表彰状などもあった。これまでに一番つらいことは何でしたかと尋ねると、兵隊として中国の黄土のぬかるみの中を行軍していた際の飢えと疲労だったと、眼に涙を浮かべた。

叔父は父の兄弟姉妹の中では七番目の四男で、兄弟姉妹で初めて近代的な（つまり植民地下の）小学校に通って卒業した。そしてその後は、当時の済州島で向学心に燃えた貧しい若者の例に倣って、渡日して大阪で働きながら夜間の中学校、更には高等教育を受ける夢を育んでいた。しかし、家庭の事情がそれを許さず、家からあまり遠くない西帰浦の一年制の簡易農業学校に入り、そこを卒業した。そして、小学校でも簡易学校でもきわめて優秀な成績だったので、済州島の離島である楸子島での兵隊予備軍の青年たちの教育・訓練の補助訓練員（報酬あり）に抜擢され、そこで一年間暮らした。そしてその後は、朝鮮人でも一九二四年生まれの男子にだけ適用されることになった徴兵制の対象者として、令状が届くのを待つために済州の家に帰ってきた。

徴兵令状が届いた。平壌の部隊への配属とのことだが、すでに済州港へのバス便はなく、父親と夜を徹して山を越えたが、船には乗り遅れた。その後も平壌へ急いだが、所属部隊はすでに中国の前線へ出発した後だった。そこで、まともに武器などの装備も与えられないままに、同じように部隊の移動に遅れた数人の新米兵士たちと中国に向かった。その間、貨物汽車に乗ったり、歩行するうちに、武器もなしに空中からの攻撃にさらされるなど、数々の危険な目にあった。しかし、ついには所属部隊に合流して、中国の各地を転戦した。

過酷な兵隊生活だったが、幸いにも生き残って終戦を迎えた。そして復員すると直ちに、楸子島に向かった。そこで出会い将来を誓い合っていた下宿先の娘と、弟のようにかわいがってくれていたその娘の兄に会うためだった。しかし、その一家はすでに故郷の慶尚南道に戻ってしまっていたので、その後を追って、ついには再会を果たした。そしてその家に寄宿して、その家族の紹介で運輸関係の仕事に従事し、楽しくて、そのままそこに定住したい気持ちだった。しかし、無事に復員したからにはやはり一度は故郷に戻るように諭されて、済州に戻った。

ところがその頃にはすでに済州は不穏な状況で、やがて四・三事件が勃発した。弟二人はその雰囲気に飲みこまれるように、山に入ってパルチザンになった。そのせいで「アカ」の烙印を押されかねない家族のために、ちょうど募集があった警察官の試験を受けたところ、合格した。つまり、叔父は家族のために警察に自らを人質として差しだしたというような側面もあった。

それでも済州本島にいる限り、パルチザンと軍警両派の対立に巻きこまれることは必至、つまりパルチザンになった弟たちと戦うことにもなりかねないので、本島から遠いこともあって争乱が波及しておらず、幸い、軍隊に行く前に滞在し土地勘や人脈もあった楸子島での勤務を希望したところ、幸いにもそこが初赴任地となった。そしてそのお陰で、四・三の熾烈な殺しあいの現場からは距離を置くことができ、弟たちと相争うようなことにもならずにすんだ。

しかも、その配属先は本人ばかりか、長兄とその長男をも生き延びさせるのに大きく寄与した。長兄は地域の区長という役職にあって地域で影響力があったせいで、パルチザンと軍警の激しい争奪戦の対象とされ窮地に陥っていた。そこで、自分と後の代を引き継いで宗家の責任を負うべき長男ともども、何としても生きのびるために密かに弟の勤務先の楸子島に向かった。そしてしばらくの間、二人は警察官の叔父が勤務するその島で身を隠して生きのびた。つまり宗家の主として代を引き継ぐことができるようになった。それも叔父が戦争がらみで楸子島と縁を結んでいたお陰だった。

ところで、その叔父の妻（以下、叔母）の兄は戦時中には日本軍の予科練に志願した飛行士だったこともあって、解放後は韓国軍の少壮将校として将来を嘱望されていた。叔父はその義兄に憧れて、その強い勧めもあったので、職業軍人になるために警察を辞めて陸軍士官学校に進むつもりになっていた。ところが、新妻が「自分も兄のことは誰よりも尊敬しているが、夫であるあなたがその兄のように職業軍人になるつもりなら別れる」と強硬に反対したので、ついにはその道は諦めて警官でありつづけたのだが、それが後に大いに幸いする。というのも、その義兄は四・三とも関連のある麗水・順天における軍の反乱以降に韓国全土で繰りひろげられた粛軍（左翼もしくはその同調者を排除するという名目で、数多くの前途ある将校、兵士たちが粛清された）過程で、本人は左翼ではないのにその嫌疑で逮捕・惨殺された。したがって、もし叔父がその義兄の勧めに従って陸士、そして軍への道を歩んでいたならば、その義兄に連座してひどい目にあっていたに違いない。

その後、叔父は警官として定年まで勤めあげた。その間、清廉に徹して、上司に付け届けを一切しないせいで上司から逆恨みを受けて降格されるなど、何かと不利益を被ったりもした（叔母の弁）。しかし、僕の父の援助を受けて練炭工場を始めた妻の内助の功もあって、七人の子どものうち長女を除いて、すべて大学まで卒業させ、そのうちの五名はソウルの大学に送ることもできた。六〇年代以降はミカン栽培で一挙に豊かになった済州なのだが、一介の警官にはそんなことは甚だ困難なことだったはずで、それだけに叔父は妻と兄である僕の父に頭が上がらない。

その叔父が定年前後に突如として、後継ぎのいない親戚の家に養子として入る意思を明らかにして、僕の父は激怒して反対したらしい。自分の弟が他家に養子に入ることに兄が反対したとしても不思議なことではない。しかし、韓国では先祖の祭祀の継続のために、親戚間でそうした縁組はよくあることだし、そうした事情をよく承知していたはずの父が激怒したというのは解せない。まだ子どもの頃に大挙して渡日した家族に置きざりにされて二人だけで祖父母の世話をして暮らした経験が深めた兄弟愛のせいだろうと、ひとまずは言える。僕が見ても、父はその種の気持ちが、とりわけその叔父に対してはすごく篤い人だった。しかし、それだけでもなさそうである。先にも長々と紹介した次兄、つまり、養子に出た後に行方不明になった次兄の記憶もあったのではないかと僕は想像するのである。そうしたいくつかの事情が重なったからこその、叔父の養子話に対する父にしては珍しい激情の爆発だったのだろう。

しかし、父の猛反対にも関わらず、叔父は養子に入った。きっといろんな事情があったのだろう。たとえば、すでに話が決まってしまっていて、引き返せなかったのかもしれない。あるいは、養子に入ると言っても叔父はすでに六〇歳を過ぎており、財産の相続とその家の墓守と祭祀を引きつぐ程度のことで、生活自体に変化などないという事情、更には、それは親戚としての務めであり誰かが引き受けるしかなく、それなら自分がとでも考えたのかもしれない。ともかく、戸籍上では叔父は父の兄弟の系統から外れて、他家の養子となった。

その養家は僕からすれば祖父の従兄（父や叔父からすれば、叔父）の家であった。その家は親戚の中でも比較的裕福で、戦時中には一人息子を大阪へ留学させているほどだった。解放になったので、その息子は済州に戻り、日本帰りの知識人に往々にしてあるように、活発な社会的活動の延長上で、四・三事件のパルチザンの中核メンバーとして活躍するようになった。そして逮捕され、裁判を経てソウルの刑務所に送られた。ところが、朝鮮戦争の初期にソウルが人民軍に占領された際に、「アメリカの傀儡の売族政権」に反対した英雄として牢獄から釈放され、そのまま「北」へ向かった。そして、それ以降のことは全く分からないまま半世紀以上も経過した。そこで家族はその息子を死んだものと見做し、祖先祭祀などを司る跡継ぎとして、近親の中で四人も息子がいる叔父に白羽の矢が立ち、叔父が跡継ぎとして養子に入ったのである。

ところが、その後の南北離散家族探し運動の過程で、なんとその死んだと思っていた人が「北」で生存していることが判明した。だからと言って、南北が統一でもしない限り、「北」で生きている人と、その人があちらで新たに作りあげた家族などが、南の辺境の地である済州に来れるはずもない。しかし、家督はもちろん相続した財産などが法律的にどうなるかなど、叔父とその一家は曖昧な立場に立たされることになった。法律的な問題もあれば、道義的あるいは心理的な問題もあるだろう。その後については、僕は何も聞いていないし、僕から質問するわけにはいかないので正確なところは分からない。しかし、ともかく、僕らのような平凡な一族でも、そして三八度線からはるか彼方の地の済州でありながら、じつに意外な形で南北分断の問題を今でも引きずっている。これが韓国、そして済州の現在であり、それと無関係でいられない済州出身の在日の現在というわけである。

わが一族の異人

因みに、その叔父の妻、つまり僕からすれば叔母のことも、もう少し立ち入って紹介しておきたい。その叔母はじつに多様な意味あいで、僕らが済州人、特にその女性について持っているイメージとは対照的な人である。とりわけ僕の母とは異なるところが多いからか、僕の母にとってはすごく気になる存在である。

先ずは、済州の人ではなく、本土南端の慶尚南道に本籍を持っていた人である。その点が僕の親の世代の済州にあっては普通のことではなかった。少なくとも、僕の父の兄弟姉妹で、済州以外の出身地の連れ合いの人は他にはいない。

その叔母の父親が若かりし頃に大陸、つまり中国各地を放浪していたことがあった。そこでたまたま懇意になった日本人が、後に済州島司として赴任することになり、その人の誘いを受けて、楸子島（済州島楸子面）の面長として赴任することになった。麗水の中学校に通っていた長男を除いて、家族全員がその父に同行した。一人娘であった叔母も楸子島で小学校を終え、解放時まで暮らしていた。そして兵隊の予備訓練の補助員として自宅に下宿することになった叔父と同じ屋根の下で暮らすうちに、将来を誓いあう仲になった。そして戦争が終わって、叔父が無事に復員して来ると、二人は約束どおりに結ばれた。

叔母は僕が韓国で会った人の中では唯一、自分は「親日派」であると平然と言ってのける。自分がこれまでに出会った日本人はほとんどがいい人だったし、その清潔さ、礼儀正しさ、勤勉さなどは韓国人と比べてはるかに優れている。日本語も好きだし、それを通じて学んだ日本文化にも憧れている。解放後はそんな気持ちを公言することは許されなくなったので、トイレの中で日本の唱歌を謳ったりして気分を晴らしたりする、と本人は全く悪びれることもなく言ってのける。そしてそんな場に居合わせた子どもたち（僕からすると従兄弟妹たち）も母親のことを、「親日派なんだから」と言いながら笑う。

叔母は出産時に亡くなった末息子の嫁の葬式では、自ら作った日本語の詩でその死を悼んだらしい。幼い頃に受けた日本語の教育、当時の日本文化への憧れ、そしてたまたま接した日本人たちの良い思い出などが絡みあって理想的な日本イメージが形成され、それが彼女の中で今なお生きている。但し、そうした理想的な日本イメージは彼女が生きてきた韓国社会の悪い面に対する批判意識によって、呼びこまれ強化されたものである。

叔母の済州社会、ひいては韓国社会やそこで生きる人々に対する批判にはじつに厳しいものがある。夫の親戚であれ、自分の兄弟であれ、その叔母の強烈な正義感と現実感覚から繰りだされる

「真っ当至極」で歯に衣着せない批判を免れることはない。

「私が心底、尊敬していた兄さんはあの粛軍の過程で、陰謀のせいで左翼の嫌疑をかけられて惨殺された。他方、弟はその兄を見ていたから、勘が鋭く、ずる賢く立ちまわり、そのうえ、運もいいから、中央情報部で定年まで勤めあげて退職した。するとその直後に、直接の上司で情報部のトップだった人が殺されるというように、すんでのところで災いを免れるのだから、本当にずる賢いし、運がいい。ところが、おまえの叔父さん（つまり彼女の夫）は本当に馬鹿正直だから、この韓国の警察で生き延びるのは本当に大変だった」

長年のパーキンソン病がひどくなって寝たきりで食事もできなくなった夫（僕の叔父）を横にして、「ほとんど反応してくれないこの人に対して、済州でのこの長い夫婦生活で、済州人でない私がどれだけ苦労し、我慢を重ねてきたかなども含めて、何もかも洗いざらい並べてたてながら毎日を過ごしているの。要するに、この夫に自分の人生の総点検を迫っているわけで、これが二人の人生の総仕上げでもある」などと、何とも切れ味のいいセリフが、苦い笑いを浮かべた叔母の口をついて出る。

その叔母が浅田次郎の『ぽっぽや』という映画に感動して、その原作も読んで浅田のファンになったと言うので、日本で入手できる限りの浅田の小説をとりよせてプレゼントしたところ、「生涯かけてゆっくり楽しむつもりだ」とすごく感謝された。

因みに、僕の母のその叔母に対する態度がじつに微妙である。それにはおそらく三つのことが大きく作用している。叔母の率直で激しい性格、済州では異邦人であるという出自、そして教育経験があるという点である。

先にも触れたように、父の兄弟姉妹とその連れあいなどの女性で、済州人でないのはこの叔母だけである。また、学校経験があって、文字の読み書きができるのもその叔母だけである。その意味では、母にとって、自分が入いりこんだ父の一族の中で叔母は相当に異質であるし、自分とも全く異質である。そのうえ、父と叔父との特別な絆もあるから、その妻同士として、なお更気になる人である。そこで、ついつい叔母と自分とを比較する。それが二つの形で現れる。まず、母はその叔母に対して強いコンプレックスがある。その自由奔放に見える率直な言動、そしてそれを支えている識字能力その他の教育経験、更にはその幼い頃の安定した家庭環境など、母には全くなかったことである。そしてそのコンプレックスは憧れと、その反面での敵愾心となって表れる。母が老齢になるまでは、明るい面、つまり憧れが表面に出て、母はしきりにその叔母、そしてその叔母と叔父が創りあげた一家について憧憬を込めてしきりに語っていた。理想的な仲睦まじい親子たちで、わが家と比べて天と地くらいの違いがあるというわけである。叔父も従兄弟たちも酒を飲まないという点も大きく関係していたのだろう。ところが、ある時期からそれが反転した。今や、そのコンプレックスは「馬鹿にされている云々」といった被害者意識となり、敵愾心が前面に張りだしてくる。

おそらく済州人の社会や文化に対して、それを相対化して批判的にものを言う叔母に対する済州人としての反感もあれば、文字の読み書きができる人たちの文化と母のようにそれができない人たちの文化の差異といったことも絡んでいるのだろう。そのせいもあってか、母は叔母の一言、一言、とりわけ、「冗談」がすごく気に障る。ついついそれを本気にとって、根に持つ。叔母が僕との親密さを前提にして繰りだす、傍から見れば少しきつい冗談を本気にとって、「あの叔母はおまえを馬鹿にしている」などとしきりに言う。あげくは「怖い人」といった言い方までする。そのくせ、僕が済州往来をするたびにその叔母の消息を尋ねる。

僕と叔母とが世代を越えて不思議なほどに共有している文化と、母の文化との差異というものが大きく作用しているのだろう。「不思議な」というのは、ともに暮らした経験などない叔母と僕との間に、共有する文化があるということの不思議さなのである。教育経験に基づくものなのだろうが、それだけではもちろんないだろう。父の残した宿題を解決する際に、僕をもっとも支え助けてくれたのが、その叔母の長男であり、その長男（つまり僕の従兄）と僕との間で形成された信頼関係が叔母にも反映しているのだろう。その他、互いの適当な距離感、更には、僕と叔母とが済州に対して持っている距離感もまた二人の共感を支えているかもしれない。

そうした叔母と僕の信頼感、共感が僕の母にとっては、気に入らない。それが高じると「おまえは騙されている、取りこまれている」ということになる。つまりは、母を裏切っているというわけである。

このように、今の母にとって済州の親戚でもっとも気にかかる存在は、母にとって異人のその叔母である。遠く離れて暮らしながらも、両親の最初の済州訪問以来、良くも悪くも深い関係を生きてきたからではなかろうか。今の母が何と言おうと、叔母と母、そして叔母と僕、それを含めた母と僕との関係はそれほど悪くはない、と僕は思っている。

七　故郷との再結合とその後

前項では、両親の在日生活から故郷済州の話へと脱線したが、以下では改めて両親の在日生活の話に戻る。

父は望郷の念がすこぶる強い人だった。ところが、日本の植民地支配からの解放直後の熱狂的な「祖国」もしくは「故郷」への帰還の波には乗らなかった。また、あれほど在日の左翼運動に共感して支援を惜しまなかった父なのに、一九六〇年前後の北朝鮮への「帰国」運動の熱狂にも巻きこまれなかった。おそらくは、日本に渡って来た目的を、まだ十分には実現していなかったからなのだろう。小さなものでも一国一城の主になったのだから、少しは成功したと言えるかもしれないが、それはあくまで第一歩、目的の成就に向けた足がかりにすぎなかった。それに僕ら子どもをまともに育てあげなければという責任感もあったのだろう。その「まともに」の中には、父が果たせなかった教育を受ける夢を僕らに実現させ、更にはそれに見合ったまともな職業につかせたい、といったことも含まれていたに違いない。

だからこそ、自身がある時期まで関係していた北系組織の構成員たちとは異なって、子ども全員を最寄りの日本の公立小学校、公立中学、公立高校、更には大学へと一貫して日本の学校教育体系の枠内で教育を受けさせた。組織からしきりに促されて、僕らに民族学校に行く気はないのかと誘いかけることはあったが、僕ら兄弟の抵抗を前にすると、あっさりと諦めた。その代わりというわけで、妹は「女だから」と強制しようとしたが、必死に泣きつづける妹の抵抗を前に、あっさりと白旗を掲げた。そもそも、僕らにそこに行くように「命じた」わけではなかった。そのことだけをもってしても、父が「北への帰還」を本気で考えたとは思えない。

但し、解放時にも北への帰国運動時にも、少しはその気になったのかもしれない。「故郷への帰還」や「理想郷」に関するあの熱病に影響されないわけがない。だからこそ、僕らを民族学校に行かせようと少しは試みたのであろう。要するに、父は揺れ動き、周囲の流れを見定めながら、自分にとっての祖国、故郷、そして大阪の位置を考えていたのだろう。

もっとも、端から結論は決まっていたのではないかと、僕は思う。数々の困難はあっても、自分で切り開いてきた世界、それが大阪での生活であり、それこそが父の生きる世界だったのだろうと。なるほど済州も父にとっては大きな位置を占めていただろうが、それはあくまで故郷として、余生を過ごしたり、倦み疲れた心身の活力を取りもどす癒しの場所という意味あいが強かったのではなかろうか。その延長上では、永遠の眠りも済州でと本人は切実に願っていた。しかし、奮闘して生きる場所、それは如何に悔しい思いを数多くかみしめなくてはならないとしても、大阪以外にはないと思い定めていたような気がする。

北（理想、思想）か大阪（現実、労働とお金）か、周囲の熱狂の影響で心が揺れていた父のもとに、祖父の危篤の知らせが届いた。現在の僕の推測では、それこそが父に最終的な決断を促した。そして、祖父の死に目に立ち会うために懸命な奔走をしながら、自分が生きる場所としての大阪という自覚を固めてその後の人生を送ったのではなかろうか。

父はまだ少年の頃に、大挙して日本に出稼ぎに行ってしまった家族一同と長らく別れて暮らし、一〇年後にようやく再会できたかと思うとすぐに、今度は自分が単身で日本に渡って再びその両親と別れてすでに二〇年を越えていた。しかも、その間には実母が四・三事件で亡くなり、死に目にも会えなかった。そこで、せめて実父の死に目には、と懸命の奔走をした。しかし、それも叶わないままに大阪で済州からの訃報を受けとった。そのときには、僕ら子どもの目も意に介することなく、号泣した。父を悼む叫びを朝鮮特有のリズムに乗せて振りしぼりながら、畳を叩き、涙を流した。

その悔しさは父の望郷の念を募らせた。そして故郷訪問の夢を実現するために、それまでの左翼シンパの立場を放棄する。それら組織やそれに関係する知人、友人たちからは背信を云々されたようだが、それも仕方ないと覚悟した。それに、なるほど組織とは関係を断ったが、その組織に属する幾人かの個人とは関係を維持し、その人たちに対する信頼を担保にして、求められれば寄付なども続けた。

それが一九六〇年頃のことだった。日本は日米安保騒動で一つの時代が終わり、皇太子の結婚パレードのテレビ放送で、更には所得倍増政策で、それまでの貧しい時代、政治の時代から経済的発展がすべてに優先する時代になり、父はその高度経済成長のおこぼれを拾い集めるために懸命に働く一方で、持続的な奔走の結果、ついには故郷訪問の切符を手に入れた。

しかも、やがて「北へ帰った」人々の惨状が漏れつたわってきた。家族や知人が「北へ帰る」際に、検閲が入ることを前提にして、文面ではなくひそかなサインで「その帰還が成功か否か」を知らせるような約束がなされていて、「理想郷」は幻想であり欺瞞だったことが、よほどに熱心な北支持の人たちを除いては、常識になりはじめていた。そうした諸々の状況が父の理想的祖国という幻想からの覚醒を促し、更には愛郷心を募らせて、父は故郷訪問を頻繁に繰りかえす。それにつれて、在日の南系の団体での活動にも本腰を入れるようになる。

　両親は初の故郷帰還に際して、日本で懸命に働いて、それまでに貯めたなけなしのお金はもちろん、大きな借金までして購入した物品とともに、玄界灘を渡った。貧困に苦しむ瞼の故郷の肉親たちへの贈り物に加えて、老後を故郷で過ごすというつつましい夢の準備のための旅だった。そしてそれが二度、三度と繰りかえされるにつれて、父にとっての故郷の位置は膨れあがっていった。

　わが家から北系の団体の人の足が遠のき、それと入れ替わりに南系の団体の人たちの足が繁くなった。父は僕をその事務所での（韓）国語講習会に連れて行ったりもした。南系の事務所は、若い男女の熱気でむせ返るようだった北系の事務所と比較にならないほど閑散としており、しかも年寄りばかりで、僕には全く馴染めなかった。しかし、ともかく僕はそこでハングルの手ほどきを受けて、分かりやすい言葉だから容易に習得できそうに思った。しかし、通うつもりもなかったし、父もそれを強いることはなかった。

　父は当時もその後も相当長期にわたって、南の軍事独裁体制を支持しているわけではなかった。もっぱら故郷往来の旅券確保のためのアリバイ証明のためにその組織に出入りするうちに、同胞同士の付き合いが深まり、政治運動などとは別の次元でそれなりに甲斐がある活動だったようである。他方、北系の団体の人たちとの関係も完全に途絶えたわけでもなかった。職業的な組織人は別として、親戚や知人が北系の組織に属しているからといって関係を断つなんてことはなかった。だからこそ、祭祀その他で知人親戚などが多く集まり酒が進むと、政治談議が熱気を帯びたあげくに喧嘩沙汰となり、そこに奥方たちが仲裁に入ってようやく騒ぎが収まる、といったことが繰りかえされた。それは僕ら子どもから見ていると、まるで恒例の儀式、いわば「傍迷惑な年中行事、もしくは娯楽」のようにも見えた。一世たちはやたらと国家、民族を云々したが、それによって、ひたすら頭を下げて厳しい労働に明け暮れする日常の憂さを晴らしていた。美しい未来を夢見ることで忍従の生活を相殺していたのだろう。

両親の故郷訪問は当時の日韓の甚だしい経済格差もあって、文字どおり故郷に錦を飾る出来事であった。しかし、それを契機に無辜の夢が終わり、現実が始まった。そしてその夢が美しいものであればあるほど、現実との齟齬が生じた。たとえば、「在日」が祖国で不動産を所有することを許さない法律のせいで、老後を過ごすための土地、畑などの不動産購入にあたって名義の貸し借りを余儀なくされ、後にはその財産の帰属や配分を巡って親戚縁者間で揉めることになる。

それに生活感覚の微妙なずれもあった。両親はすでに長年の異国暮らしを経ており、生き抜くためにその社会の生活感覚や常識を相当に内面化しており、故郷の人々のそれとの間にずれが徐々に拡大していた。それに、著しい経済格差がもたらす羨望と軽侮のような表裏一体の感情も、事態を複雑にしたのだろう。そのせいで、在日は往々にして「無知な拝金主義の成金」といった誇りを受けるようになる。しかし、その一方で、金には人が群がるから、在日は傷ついた心を傲慢さで武装して、札束で祖国の人々の頬を張りたおすようなことにもなった。齟齬、軋轢はやがて闘いに至る。予想もしていなかった肉親との感情のもつれで孤独をかこつうちに、父の「故郷に抱かれたい」という「夢」は、比喩を超えて「女性問題」として現実化する。そうした金や女にまつわる毀誉褒貶や不行跡なども加勢して、肉親の情は更にねじれて、骨肉の争いは深刻化する。

老後は故郷でという父の夢にほだされて、最初の頃は父と同行することもあった母なのだが、父の女性問題もさることながら、子どもまで生まれたことを知るに及んで、済州への往来をきっぱりと止めた。それがまた父の故郷での不行跡を募らせる。父は母には内緒でその子どもたちを戸籍に載せ、事後通告の形で母にそれを認めるように迫った。母はしぶしぶ受け入れた。子どもには責任がないという理屈だった。それればかりか、父の懇請を受けて、僕ら子どもにもその子どもたちを弟妹として受け入れるように頼みこんだ。僕らは涙を流して抵抗したが、母は目に涙を浮かべながらも、「その子らには責任はない。父親の責任はおまえら子どもが負わなあかん。それが親子いうもんや。逃げられへん」と厳しく僕らに言い渡した。

第四章　在日の「下請け」の懐具合と技術革新の大波

一　コウバの増殖と変貌

セカンドハウス兼コウバの購入が僕の思春期に大小の波を引き起こしたことについてはすでに長々と記したが、じつはそれがわが家にとっては地滑り的な大変化の契機となる。以下ではそのあたりを二点に絞って詳しく述べる。

一つは、そのセカンドハウス兼コウバ（僕らは「アッチのコウバ」あるいは「アッチの家」と呼んでいたが、その呼称はそのうちに「アッチ」と短縮されたので、以下ではそれを踏襲する）を買い取るために甚だしく無理な金策をした結果、その後もつぎつぎと新たな金繰りの問題が派生するなど、わが家は借金の泥沼の中でもがき続けるようになったことである。

もう一つは、コウバでは職種の変更にも等しい労働の質と性格の変化が生じたことである。つまり、人間と機械の関係の変化、人間と人間の関係の変化、あげくは人間の生活の変化さえも生じた。購入したコウバに備えつけてあった新式機械の性能を実際に体験してそのすごさを痛切に認識した父は、やがて従来の人力主体の機械（器械とでも表記したほうがよいかもしれない）をすべて新式機械（ほとんど自動の機械）に入れ替える。もっとも、実際にはその原因と結果は逆で、素晴らしい機械があったからこそ、父はそのコウバを無理してでも買い取ったのかもしれない。いずれにしても、その結果が父の想定をはるかに超えていたことはまちがいない。人間が機械をではなく、機械が人間を支配するような労働様式、生活様式、そして人間関係がコウバ、そしてわが家の生活に浸透していくことになる。

二　在日の「下請け」の懐具合――融通手形

先ずは借金まみれの話なのだが、それについて少しでも理解しやすくするために、当時の零細下請け孫請け業者（以下では煩雑さを避けるために、「下請け」とする）とその得意先（親会社、発注先、取引先などの名称が使われていたが、以下では「得意先」とする）との取引、特に支払い決済の様態と、在日が余儀なくされた資金調達の方式について、前もって説明しておきたい。

「下請け」に対する得意先からの支払いは、その全額が現金でなされるのはごく希で、売り上げの半分、あるいは三十パーセントだけが現金（もしくは小切手）で、残りは約束手形という形が一般的だったが、全額が約束手形などというひどい場合もあった。そしてその約束手形の期日は短くて三ヵ月、ひどいのでは六ヵ月の場合もあった。実際にわが家のコウバの取引先の最悪のケースがそれで、売り上げ全額が六ヵ月の約束手形による支払いだった。そんな場合、各月の締め切り日にその月に納品した製品全体の総額を請求し、それから一〇日ないしは一五日後に支払いがなされるのだが、その際に受け取る手形の決済期日が六ヵ月であれば、製品を実際に製造・納品して七ヵ月以上経過してようやく仕事の対価としての現金を受け取る「予定」ということになる。

しかも、期間の長短とは関係なく、手形は期日にならないと現金にはならないから、それを受け取る側は不安の宙づり状態を強いられる。手形の期日が来る前に、得意先、つまり手形を振り出した業者が破産でもすれば、その手形は紙屑同然となる。そこまでひどい結果にならなくても、受け取った手形を期日まで「寝かしておく」、つまり放置しておれば、会社の必要経費の支払いや生活に支障が出る。そこで一刻も早くその手形を現金化する（手形を割る）必要がある。一定の利子分を予め差し引いた（手数料として支払った）うえで現金を受け取るのである。そのために個人、手形割引業者、信用組合、信用金庫、都市銀行などに手形を持ち込むのだが、この列挙順が利率の高いほうから低いほうへの順番であり、手形を割ろうとする者なら誰だって、できるだけ後ろの順番の金融機関を望む。つまり、都市銀行で手形を割ってもらえれば利子も少なくて最善なのである。ところが、当時は在日に対する都市銀行の門戸は甚だ狭かった。

僕が小、中学校に通っていた時代には、つまり一九六五年以前には（統計資料に基づいているわけではなく、僕の心象にすぎないのだが）、在日が日本の都市銀行から融資を受けるなんて、よほどの成功者を除けば夢物語だった。都市銀行よりは二段階、三段階も格下の金融機関なら、在日固有の信用組合なども設立され、それにつれて日本の一般の信用組合、信用金庫も在日の零細業者に門戸を開きはじめていたが、それは一般的な事業融資のためではなかった。中小企業振興策として行政による特別な保証を受けた事業融資もあったが、それよりもむしろ「手形の割引」が中心だった。しかも、公的な金融機関が無条件で誰にでもそうした金融サービスをしてくれるはずもない。零細業者にはなかなか難しい条件があった。予め一定額の定期預金をすることによって「割引枠」を確保し、初めて手形を割ってもらう資格が得られたのである。たとえば、一〇〇万円の定期預金をすれば、それが担保代わりとなって、一五〇万円程度の手形の割引枠が設定される。したがって、担保代わりの金額を「寝かして」おく余裕がない業者は、公的な金融機関では相手にしてもらえない。そこで、他と比べてはるかに不利な条件であろうと、個人や町の高利貸し（たとえば手形割引業者）に持ち込まざるを得ない。しかも、その種のところでは高利なばかりか、アウトロー的な人々が絡んでいることも多くて、何かと危険を伴った。それでも、背に腹は代えられなかった。

それはともかく、手形を割って現金化し、それを当座の支払いに充てることができれば、「やれやれ、これで片づいた」と安堵のため息でも吐きだしたいところなのだが、そうは問屋が卸さない。先にも少し触れたが、手形の期日になって、その手形を振りだした会社もしくは個人が決済をしなければ（できなければ）、その手形は紙屑同然になって、その手形を割ってもらった者が肩代わりをしなくてはならない。手形を割る際にすでに利子まで払っておきながら、改めて手形の額面全額の弁済という何とも割の合わない責任を背負い込み、またしても金策に奔走する羽目になる。

そうした金策の一つとして、手形を割って現金化するという合法的な資金調達を、法の枠外にまで援用・拡張した方法があって、在日に限った話ではないのだが、在日の「下請け」の多くが重宝し、広く、そして頻繁に活用していた。「融通手形」である。そうした「下請け」の子倅であった僕は、小学校の上級生の頃には、その「融手《ゆうて》」という符牒に馴染んでいただけでなく、その「融手」を父の知人から受け取るためのメッセンジャーボーイとして、目の前で「切って」もらい、封筒にも入れないままに差し出された約束手形の額面を見ては驚き、緊張しながら胸に抱えるようにして持ち帰ったものだった。

融通手形とは、架空の取引を根拠に手形を友人や知人に振り出してもらい、それを割って当座の資金繰りに充てることである。したがって、その期日が来るまでに、その手形を融通してもらった人が、手形の振出人にその額面の金額を返して、手形の決済が滞りなく実行されるようにしなくてはならない。万一、手形を融通してもらった側が夜逃げや破産でもすれば、振出人は大きな負債を抱え込むことになる。このように、振出人は何の利益にもならないことですこぶる大きな危険を背負いこむわけだから、相互間によほどの信頼その他がなくては引き受けないと思われそうなのだが、たいていは互いに融通手形を融通しあっており、まさに相互扶助の資金調達方式であった。そして、随所にその種のグループがあり、それらが重なりあうようなことも頻繁にあったので、どこかで誰かが転べば、その影響がすぐさま連鎖的に、しかも広範囲に波及した。

以上のように、融通手形は友人・知人同士の相互扶助と金融機関の融資制度とを組み合わせて加工した資金調達方式だったが、少なくとも「手形」という形で公的金融機関が介在することが必須の融通手形に対して、公的な機関などは全く介在せず、もっぱら私的な資金調達金方式もあった。それが頼母子講なのだが、以下では、僕の周囲で一般に用いられていた頼母子（たのもし）という呼称を用いることにする。これは在日が創出したわけでは毛頭なくて、韓国でも日本でも昔からあった伝統的金融システムなのだが、銀行の敷居が長らく相当に高かった在日の場合は、わりと最近まで、つまり今から二〇年、三〇年前までは盛んに利用され、そのネットワークが在日社会の隅々まで張りめぐらされていた。

三　在日の懐具合――頼母子

頼母子とは、まとまった現金が早急に必要な人が親（発起人かつ世話役）となって、子（メンバー）になってくれる人を集めて始まる。たとえば、一口一万円で一〇人の場合（一名の「親」＋九名の「子」）、最初に全員が満額の一万円を支払い、一万円×一〇口＝一〇万円（親が支払うべき一万円も含めて）を、親は即座に無利子で受け取る。そして翌月からは、子たちが「札入れ」をして、もっとも高利の札を入れた子が「下《お》す《ろ》」。たとえば、二〇〇〇円の「札」がもっとも高かった場合、その札を入れた子が下すことに決まり、親と子の全員が月額一万円のうちからその利子分の二〇〇〇円を予め引いて、八〇〇〇円を支払う。だから、その「子」の受け取り額は自分が払うべき八〇〇〇円も含めて八万円となる。残り八回も毎月同じような手順で、その間に何も事故が起こらなければ、八ヵ月後（全体では一〇ヵ月後）にはこの頼母子は終わって、解散となる。

一般には、後になればなるほど金銭的余裕のある人が入札者になる。つまり経済的に余裕があって緊急にお金を入用としない「子」が低利で下すようになる。最後の「子」などは競争相手がいないから、札入れの必要もなく、親と同じように利子なしの満額を受けとる。但し、付き合い上、その札入れの日の会食分を「おごったり」もする。その人の場合、それまでの毎月の支払い総額はせいぜい九万円程度なのに、一〇万円（自分の支払い分も含めて）全額を受け取るのだから、差し引き一万円の利益となる。それに対して、最初の頃に高い利子で下した「子」、たとえば、先に例にしたように二〇〇〇円の利子で下した「子」は、約九万円も支払いながら八万円しか受け取っていないから、逆に一万円の損となる。このように、緊急にお金を必要としない人が儲かるのに対し、お金が至急に必要な人は多めの利子を支払うから、金額的には損をしていることになる。しかし、お金というものは緊急度との兼ね合いでその真価が定まるもので、状況の中で生きている人間の現実に照らせば、不当だとか不合理だとは言えないだろう。額面上は損をしたように見える人でも、そのお金で当座の必要にあてることができて助かっており、得をしていると言えないこともない。メンバーそれぞれの事情に応じて、助けられたり、助けながら儲けたりしており、相互扶助の役割を十分に果たしている。

ところが、いつでもそのように順調にいくとは限らない。むしろ、しばしば事故が起こる。先に「下した」（お金を受け取った）「子」が、その後に破産、もしくは夜逃げでもしたら、その人が本来支払うべき残額を親が負担しなくてはならない。場合によっては、親は最初に受け取った額の二倍以上（何人の「子」が、「いつ」破産や夜逃げするかによって変わる）もの負担を強いられることもありうる。そうした危険負担、そして毎月の札入れの世話や集金して下した「子」に渡したりの管理の労と引き換えに、親は最初にまとまったお金を無利子（無事故の場合にはもちろん、最後までの支払い額よりも多い金額）で受け取るのである。しかし、そうした事故が起こり、しかも、親が事故を起こした「子」の肩代わりができなければ、その頼母子自体が破綻して、まだ下していない「子」たちが損をすることになる。

そこで、親は責任感を発揮して、新たな頼母子を開設して当座をしのいだりもする。しかし、それでもうまくいかない場合には、その親が開設した複数の頼母子がつぎつぎとパンクしてしまい、まだ下していない多くの子たちが損を見る。その損を被った「子」たちが他の頼母子にも関わっていれば、そしてそれが一般的なのだが、パンクの連鎖が生じかねない。そのあげくに、まるでアメーバーのように無数の頼母子の網の目が張り巡らされた在日社会全体を大きく揺るがせる。知人、友人、親戚、兄弟、親子間で、じつに生臭い場面が繰りひろげられ、その金銭的な傷に加えて心理的な傷も、長く後を引くことになる。

但し、頼母子にはそうした金銭的な相互扶助以外に、在日社会の様々な小グループの親睦会的な要素もあり、札入れを名目に会食を兼ねることが多く、懇親の小旅行なども併せて行われることがあった。金額も一口一〇〇〇円から数十万円までと幅広く、メンバーも一〇人から二〇人とこれまた、相当な幅があった。中には主婦たちが親睦がてらへソクリを運用するような頼母子もあって、それは少額で負担が軽く無理が少ないから、安定して何度も繰り返されてほとんど恒常的な形で、金銭的相互扶助に加えて在日一世の貴重な親睦の場としての役割も果たしていた。ほとんど廃れた今でも、少しはその名残があるらしい。

因みに、大学時代の僕は学業なんかそっちのけで、在日の学生運動もどきとコウバの仕事に明け暮れていたが、それでは小遣い銭が足りない。だからといって、家業を手伝って報酬を要求でもしたら、「おまえは何で飯を食べておれるんや」などと両親に厳しく叱られること必定なので、短時間で安定して高い報酬を得られる家庭教師を掛けもちしたり、親戚や知人に随時に頼まれる緊急のアルバイト（何らかの理由で自動車免許が失効となった人の臨時のお抱え運転手）などで、一時は学生にしては多額の稼ぎがあったので、そのうちの一定額を毎月、母に渡していた。母との間で「預けた」のか「家に入れた」のかを明確にしないままに、何となく一定額を渡し続けていたのである。

しかし、学年が上がるにつれて、後輩たちに先輩風を吹かしての酒代がかさみ、お金の余裕がなくなるにつれてそれも途切れてしまい、やがては母にお金を渡していたこと自体まですっかり忘れてしまった。ところが、その数年後に学生の身分で結婚が決まった際に、いきなり母から多額のお金を渡された。母によると僕が渡していたお金を頼母子講で運用した結果だと言う。お金に関しては安易に人を信用したりしない僕の母でさえも「大切な息子のお金」を運用し、それなりの利子が出る頼母子があったわけである。

それはともかく、在日社会では広く、そして盛んに行われていたそうしたシステムが衰退したのは、在日集住地区として有名な生野区を中心として、頼母子の連鎖的破綻が生じたことが大きく影響したという説があって、なるほどもっともらしい説明である。しかし、実際にはそれ以上に、在日独自の金融機関（信用組合）の成長、そして日本の各種の公的金融機関の在日に対する門戸開放が進んだことが決定的に作用したのではなかろうか。そうした在日一般の経済状況改善と上記のような頼母子の連鎖的破綻とがほぼ同時期に生じて、それらがあいまって、在日の資金調達方法の決定的転換が促されたのだろう。

要するに日本の社会における在日の認知、そしてその権利保障が少しは進んだ結果として、リスクを冒す必要がなくなるにつれて、もっぱら信用だけに依拠した資金調達システムの危険への健全な警戒が浸透して、頼母子は衰退したのだろう。

四　借金まみれの余波

父は「アッチ」の購入に際して、在日の北系の信用組合による融資の約束を反故にされて、これまでは自らに禁じていた頼母子の開設（親になってメンバーである「子」を集めること）、それも相当に大型のものを二つもほぼ同時に開設して資金調達する。そしてその双方で各一人、合わせて二人の「子」に夜逃げされて、その肩代わりをする羽目になる。つまり調達した資金全額の一倍半強の金額を支払う責任を負ったのである。頼母子なのだから一挙にではなく、毎月支払えばいいのだが、それでも父にとってはじつに大きな負担だった。しかもそうした計算違いは新式機械の稼働の問題とも絡みあい、更なる問題を引き起こした。

コウバが二つになり、職人を新たに一挙に数人も雇い入れたので、さすがに管理の目が行き届かない。そのうえ、初めての新式機械の扱いという難問も重なって、何かと混乱が生じ、コウバ内がぎくしゃくしだした。古参と新人の和合も少しずつならそれほど難しくないが、人員がほとんど倍増したのだから、無理はない。そんな状況下で、借金が予想外に膨れあがった父は、職人の手当の減額によって、僅かでも支出を抑えようとした。そしてその結果、問題は更に大きくなった。

右腕候補として雇いいれ、新式機械メーカーが実施している長期の合宿研修に派遣した在日二世の青年が、新入りの日本人職人たちを誘いこんで、労働組合結成を画策したのである。こうして父は、創業して初めての労使紛争もどきに直面して、その対応に苦慮する。

もっとも、八方手を尽くした奔走が功を奏し、主導者であった右腕候補が自ら身を引いた。他方、その青年の指導下で組合結成に積極的に加担していた奄美出身の日本人の若者たち（全員が親戚縁者だった）は、梯子を外されて途方に暮れたあげくに、酒に酔って集団でわが家に押しかけてきた。それを迎えた母は、暴力をちらつかせながらの脅迫まがいの言動を前にしても、一歩も引くどころか、かえってその無礼を叱りつけた。若者たちも年長のそれも女である母に暴力を振るうわけにもいかず、口でもとうてい相手にならず、すごすごと引き返した。そしてその後は居心地が悪くなり、他に仕事を見つけて、つぎつぎにコウバから去った。そのように労働争議まがいはあっけなく幕を下ろして、父は胸をなでおろしたのだが、それは父の能力のお陰というより、地縁血縁の情とそれがもつ束縛の力に守られてのことに過ぎなかった。

その騒動の主人公だった青年の父親は、血はつながっていなくても父の遠縁にあたり、しかも青年の妻の父親もまた、父と縁があった。その人は父がその数年前から出入りを始めて以来、関係を深めていた在日の南系の団体の地域の世話役で、真面目で善良で一本気なだけに、頑固な反共主義者として知る人ぞ知る人だった。そんな人だから、娘婿が知人の社長に雇い入れてもらっておきながら、その「ご主人」に反抗するなんてもってのほか、ましてや「アカ」の活動に関わるなんてことを許すわけがない。父から相談を受けたその人は、ただちにその長女の婿である青年を呼びつけて、激しく叱りつけた。そして、青年の実父とも相談して、父のコウバから身を引かせた。更には、婿の躾の一環として、自分が営む廃品回収業の番頭見習いとして引っ張りこんだ。

父は、言わば地縁血縁の力と母の内助の功もあって、この危機を脱しはしたものの、相当にショックだったに違いない。どんな小さな事業でも経営者がもっとも頭を悩ますのは人の管理や人付き合いであるといったことを両親はよく口にしていたから、それ以前にも職人の管理その他でそれなりに気苦労を重ねてきたのだろうが、この騒動はそれまでとは異なるレベルで、事業の難しさを痛感したのではなかろうか。

それまでのコウバは、ほぼ在日一世とそれに連なる二世、それも父と同じく済州の出身者もしくはその後裔といったように、血縁、地縁が絡み、一定の同質感、一体感のある人々の世界だった。

だから、たとえ問題が起こっても、仲間、身内の問題として解決し、改めての融和が容易だった。ところが、今や、一世はコウバからほぼ姿を消し、同じ在日でも二世、そして日本の僻地から流れこんできた若者が中心となっていた。世代の差異もあれば、民族的出自の差異もあって、従来のような阿吽の呼吸といったものが通じにくい関係世界になり、雇用主と労働者といった対立的な二項関係が明確になってきた。そうなってみると、左翼びいきのつもりの父なのに、じつはその左翼の理屈からすれば、自分が労働者の敵に他ならないという事実に気づかないわけにはいかなくなった。理想主義的な社会意識と現実の経営者意識との矛盾が次第に大きくなり、その後も何か問題が起こるたびに父は経営者としての限界、あるいは性格的、能力上の限界を思い知るようになる。そして、そうした過程における「諦念もしくは悟り」の積み重ねが、その後の父の方向性を規定していく。

五　痛い経験と身の丈の自覚——その一

労働争議もどきの他にも、借金まみれに追い打ちをくらわす夜逃げや多額の約束手形の不渡りなども続いて、父は大いに苦しみ、そのたびに酒量が度を超した。しかし、そうした数々の痛い経験やそれに際しての自分自身の対応の限界を痛感したお陰で、その後に多くの同業者たちが落ちこむことになる奈落の崖っぷちで父は何とか踏みとどまることができたのかもしれない。痛い経験とそれに伴う自分自身の限界の自覚などがあいまって、父は事業に関して諦念の色濃い知恵のようなものを体得していく。その契機となった事件のうちで、僕が現場に立ち会ったものに限って、そのいくつかを辿ってみたい。

先ずは、夜逃げの当事者を探しだした際のことである。父が親となって開設した頼母子で、一回目に「高利で下ろし」、その一ヵ月後には夜逃げをして、少なからずの損害を被らされた「子」の消息をつかむと、両親は仕事を早めに切り上げ、夕食をそそくさと終えると、厳しい顔つきで僕に同行を求めてその家に駆けつけた。僕に同行を求めたのは、車の運転手としてというのが建前らしかったが、父も車の運転はできるのだからそんなものは口実にすぎず、両親は僕に修行でもさせるつもりだったのだろう。そして、それはなるほど修行になった。但し、両親が無意識にでも望んでいた修行とはおそらく正反対、つまり、借金の取り立てのような厳しい仕事は、両親ばかりか僕にもとうていできないことを思い知らされるという意味で、父の事業を継ぐ者としては何とも情けない自覚をもたらす修行だった。

両親は喉から手が出るほどに、まとまった現金を必要としていた。だから、何とかしてお金を取り立てたかったに違いない。そして、それは当然の権利でもあるから、出かける際には何としてもそうするつもりだったのだろう。そんな顔つきだった。しかし、いざ古くてむさくるしい長屋に迎え入れられて、申しわけないとひたすら頭を下げるその夫婦を前にすると、両親はその夫婦をしきりに慰め、あげくは励ますばかりで、修羅場を覚悟して緊張していた僕はすっかり拍子抜けしてしまった。その住まいの様子を見るだけで、取り立てなどはとうてい無理ということが一目瞭然だったから、ということもあったかもしれない。それでも、中年の打ちひしがれた夫婦を懸命に慰める両親の様子は、子どもの僕の眼にも心のこもったもので、両親がその点では一心同体の姿には感動させられた。帰路の車中で、二人はため息をついてばかりで、ほとんど無言だった。下手をすると自分たちもそうなるのだと、自分自身に言い聞かせていたのかもしれない。心からの慰めや励ましも、そのような角度から見れば、なるほどと合点がいく。

その後も同じようなことが、むしろそれ以上のことが何度か起こり、この夜逃げした「子」を「親らしく」慰めていたのは、まだ序の口だったことに気づく。

たとえば、先の事件の五年ほど後には、得意先の会社の一つが倒産した。父のコウバもようやく借金地獄から抜けだす光が兆しだした頃のことだった。それに、コウバの毎月の売り上げの三割程度の取引高で、支払いは半分が現金、半分が三ヵ月の約束手形というように、良心的な支払いをする会社だったこともあって、その不渡りが致命的というほどでもなかった。それでも、その損害に加えて、その後はその会社からの受注はなくなって、それに代わる受注の展望が開けないという点でも、父にとって少なからぬ打撃であることに変わりはなかった。

倒産の知らせが届いたときも、僕は父と一緒にその会社に駆けつけた。しかし、社員はだれ一人おらず、工場内の施錠された事務室の前の、不渡りのお詫び云々の張り紙が目につくだけだった。債権者らしい人々がなすすべもなくぶらついていて、うら寂しい雰囲気だった。債権者の中には、工場の内外を巡って金目になりそうな物を探しだして持ち帰ろうとしている姿もあったが、それを横目に父は苦笑いを浮かべるばかりで、同行した僕が呆れるほどに何もせず何も言わなかった。あげくは手持ち無沙汰だからか、僕に目配せして帰路についた。

一体何をしに、また何をさせようと思ってそこへ僕を同行させたのか、そのときも分からなかった。なす術がなく茫然としている自分の姿を息子に見せたかったのだろうか、まさか！　あるいはまた、不渡りをくらったら、このようにあっけないものだから、くれぐれも用心して得意先を選べという教訓でも与えようとしたのだろうか。しかし、これもまた、まさか！　と僕は思う。要するにいまだに謎なのだが、父はその他のことでも、自分の情けない姿を僕に見せることをあまり嫌がらなかった。「強く偉大な父親」というように格好をつけることが父にはほとんどなかった。まさか父が自ら好んでワザとではなかろうが、自分の情けない姿を見られることをあまり避けようとしなかった。また、韓国伝統の家父長的な秩序を僕ら子どもにしつけることもなかった。

恒例の祭祀（祖父母のそれぞれと、正月と秋夕の合わせて年四回）の手順なども教えようとしなかった。そのせいもあってか、祭祀の祭壇を前にして拝礼するくらいは幼い頃からの習い性でそれなりにこなしているが、僕ら兄弟の全員がこの歳になっても祭壇のお供えの陳列や祭祀の順序などは、誰かが傍にいて逐一指図でもしてくれないと途方に暮れてしまう始末である。そんなことでは朝鮮人として恥ずかしいことだと叱られそうだし、正直、自分たちも困ったことだと思いはするが、僕らをそのように育てた父、そして、その種の伝統的習俗に習熟するための努力もしないままに歳を重ねてきた自分たちの体たらくを、それでよかったと居直っている。

ここまで書いてきて、はたと思いついた。父はただ、同伴者が必要だっただけではないのかと。そして、何の役にも立ちそうになくても、何が何でも同伴者のような存在が必要なときがあるのではないかと、自分に照らして気づいた。そしてその延長上では、夜逃げした夫婦からお金を取り立てようと僕を同行した際も、跡取り修行などといった目的などなくて、ただ、夫婦だけでは頼りなくて、僕を同伴したかっただけなのかも知れないと考え直したほうがよいのだろう。

六　痛い経験と身の丈の自覚——その二

更に二、三年後の不渡り騒ぎの場合は、いっそうひどいばかりか、あげくには目も当てられないぶざまな始末になるので、僕の話も長くならざるを得ない。

この世のあまたの「下請け」の多くは、不安定きわまる取引き関係を長年にわたって強いられているうちに、物欲しさが見え見えの挙動とだまされやすい心性のようなものを育くんでしまいがちである。要するに、「奴隷根性」が習い性になってしまう。少なくとも、僕の父には、そうした側面が確実にあった。

父のコウバの規模からすればほとんど致命的な損害をもたらしたのは、金型会社の経営者で、受注した金型を製作する傍ら、その金型を用いてプラスチック製品を製造する下請け業者を金型の発注会社に紹介して手数料を稼いでいる人物だった。少なくとも、その事件が起こるまでの僕の理解ではそうだった。

その人が紹介してくれる下請け仕事は、遊戯機械であるパチンコの内部のプラスチック部分ということもあって、わが家のコウバの主流であった弱電機器の部品ほどには精密さを要求されないし、汚れやシミなど外見のチェックも厳しくないから返品もほとんどないのですごく気楽だった。そのうえ、定期的な交換が必要な消耗品だから大量の発注が継続的にあり、更には、本来は素材が金属だったものをプラスチックに変えたばかりで、製造コストがはるかに低くなったこともあって、プラスチックの下請けとしては利益率が高いなど、様々な点でありがたいものだった。

しかし、そうした事情を十分に承知しているから、下請けの足元を見透かして、支払い条件は非常に厳しいものになった。当初は現金が約三割で残りは三ヵ月と六ヵ月の手形が半々と、それほど悪くはなかったが、発注量の増大に比例して手形の割合が増えて、ついには全額が手形となった。

しかも、手形の期日も次第に延びて、ついにはすべてが六ヵ月になるなど、なし崩しに「下請け」にとって不利な条件になった。もちろん父は座視していたわけではなく、何度も交渉を試みたが、何しろ「いい仕事」だし、発注量が急速に伸びているので相手も強気で、その仕事をよそに回されたら困るという怯えがついつい父の挙動に表れてしまい、交渉にならない。そうした交渉以外でも、その人に対する父の腰は目立って低かった。だからますますつけあがってのことなのか、相手は偉そうな態度を隠すどころか、「これ見よがし」になっていった。

当初その人は並よりは少し小柄な体をグレーの地味な作業服上下に包み、グレーの地味なセダンの乗用車に乗ってコウバに姿を現し、いつも微笑を浮かべて腰も低かった。ただし、その低姿勢の裏に何かが隠れていそうな気配が、その目つきに垣間見えた。しかし、それはこちらの思い過ごしかもしれず、そうであれば申しわけないなどと、僕はむしろ自分の猜疑心を嗜《たしな》めたりもしていた。

ところがいつの間にか、似つかわしくない派手なゴルフウエアーで頭の先から足先まで、つまり帽子から靴まで全身を固めて、スポーツタイプの高級車にゴルフバッグをこれ見よがしに載せて、颯爽（本人はそのように思っていただろう）と現れるようになった。そして、見るからに横柄な態度と物言いで、父と立ち話を終えると、車のエンジンを不必要なまでにふかした急発進で、轟音を残して去っていくようになった。それはあたかも、無表情に徹して形だけの会釈を向ける生意気な若造である僕に対して、「おまえなんかは俺の足元にも及ばない虫けらのようなものだ」と叫んでいるかのように僕には聞こえた。

他の取引き先の社員たちも下請けのコウバに来る際にはよく似たところがあったが、その人は並み外れて「無礼」だった。しかし、母に対しては気を遣って、やたらと愛想笑いで歓心を買おうとしていたふうだった。おそらくは、母が警戒心を抱いていること、そしてその母の父に対する影響力が強そうなのを察してのことだろう。現に母は「あの口先のおっさん」には気をつけるようにと口うるさく父に言っていた。その人のほうでも、母に対してはますます神経質になって、母がコウバにいそうにない時間帯（市場に行ったり家の用事をしていそうな時間）を見計らって姿を現し、父とひそひそ話を終えるとさっさと姿を消してしまうようになった。

僕はその胡散臭さを少しは危惧しながらも、コウバの売り上げの五割近くの発注額がある上得意だから、致し方ないと自分に言い聞かせて、その仕事が長く続くことを願っていた。折しも、それまで以上に大量で長期にわたる発注書が舞い込み、そんな願いが叶いそうで喜んでいた矢先のことだった。また、学生運動にかまけて父に迷惑をかけた「謝罪」のつもりもあって、父の後を継ぐ決心を固めてコウバの仕事に打ちこんでいた頃だった。それだけに、その「うまい仕事」が僕の未来の足がかりになるのではと、期待をかけ始めてもいた。

手形の不渡りの報が届いた。そのブローカー氏が振り出した手形である。もちろん、父はとっくにその手形を馴染みの信用組合で割って使ってしまっており、しかも、まだ期日にはなっていないがすでに割って使ってしまった手形が他にもたくさんあった。何しろ六ヵ月にわたる仕事の報酬としての手形である。僕に同行を求めた父の顔はほとんど真っ青で、唇は白く乾き、声はかすれてよく聞こえないほどだった。

父の指示に従って車を走らせて着いたのは、古長屋の端の家だった。うちのコウバよりも更に小さな民家で、その玄関に「……金型製作所」という看板が掛かっていた。玄関は鍵をかけるどころか戸が開いたままなのに、いくら呼びかけても人の気配はなかった。「不用心だなあ」とその場には全くふさわしくないことを思った。なす術など何一つありそうになかったから、呑気そうなことに思いをはせて、情けなさを紛らわしたかったのだろう。

中に足を踏みいれると、民家の玄関と一部屋を解体した空間に、金型製作に必要最低限の機械が備え付けられ、片隅の事務机の上には書類が乱雑に積み重ねてあり、その端の電話の受話器は外されたままになっていた

経営者以外には工員などいそうもない、全くの個人営業の金型屋にすぎなかった。それから徐々に知るようになったのが、次のような事情だった。もちろん、父はそんなことは端から承知のうえで取引きをしていたのだろう。

その人は元来、プラスチック製品を製造する金型の製造技術には定評があった職人で、一人で金型屋を営んでいるうちに、その金型を使ってプラスチック製品を製造する下請け業者の紹介まで依頼されたのをきっかけに、その種の仲介も副業にするようになった。ここまでは、僕もすでに知っていたことだったが、以下は僕がうすうす想像してはいたが確実な情報ではなかったこと、あるいは、想像さえもしていなかった事柄などである。

その人はその副業の旨味を知るにつれて、単なる仲介にとどまらず、本格的なブローカー稼業を始めるようになった。つまり、発注された金型を製作するだけでなく、その金型でプラスチック製品を製造・納品する注文をその会社から独占的に受けて、それを自らが下請け業者に発注するようになった。しかも、その下請け業者には発注先である金型会社を経由せずに、元来の発注会社に直接に納品させるという、自分にとって甚だ都合がよい形も定着させるようになった。そうした変則的な方式を本来の発注会社に認めてもらうために、金品の大判振る舞い、つまりは、会社の担当者

や役員を丸めこむための接待攻勢に励んでいた日々の片鱗が、あの車、あの服装だったのだろう。

　その一方で、支払いに関しては、その上の会社から現金と短期の約束手形を受けとっておきながら、下請け業者には全額を自分個人（金型会社の代表として）が約束手形を振り出す形にして、上の会社からの発注の際の価格と自分が下請けに発注する際の価格との大きな差額を自分の儲けとする（一般には「上前を撥ねる」と言う）のはもちろん、現金で受け取りながら長期の約束手形で、もしくは短期の手形で受け取ったものを長期の手形で支払うから、その金利分も儲けるというスタイルを確立した。当時の金利は超低金利と言われる現今のそれとは比較にならないほど高利だったから、それだけでも相当な荒稼ぎだった。しかも、口先と書類（発注書、納品書、請求書など）以外には全く労力を必要としない何とも気楽な大名商売だった。

　このブローカー稼業のお陰で軍資金はたっぷりとあり、その軍資金をいとも簡単に稼いでいたものだから、「山気」がどんどん膨らみ、一獲千金の株や賭事に熱中しては失敗を重ねたあげくに、借金地獄の坂を転がり落ちての倒産騒ぎだったのである。

　以上のように、父のコウバは本来の発注会社に製品を納品しながらも、書類上はそのブローカー氏に納品し、そこから支払いを受ける形の取引をしていたから、不渡り手形についても上部会社とは何の関係もなく、もっぱらブローカー氏との間で解決するしかなかった。ところが、その人には不動産も含めて財産など何一つなかった。小さな家兼工場も借地、借家だった。ほんの一部でも回収する見込みはなかった。コウバの毎月の売り上げの半分以上、半年分以上の苦労が水泡に帰して、父は途方に暮れた。

七「下請け」の奴隷根性

誰だって絶望しそうな状況である。だからなのか、しかしなのか、そのブローカー氏は、数日後におめおめとコウバに姿を現して、父に相談を持ちかけた。「申しわけないことだが、自分には財産は不動産を含めて何一つなく、金目になりそうなものは持ち合わせていないので、ない袖は振れない」と先ずは堂々と居直ったうえで、甘いのか苦いのか判断に困る飴を差し出した。

「これまでに振り出した手形の支払いはとりあえず保留にして、今後も継続して仕事をしてもらえるなら、自分も立ち直ることができる。幸いなことに、不渡りを出したのは自分一人の失敗にすぎず、上の会社には何一つ問題はないし、今回のことでも何一つ迷惑をかけていない。だから、今後も継続して受注できる。その確約を今しがた取りつけてきたところだ。そこで、今後も従来どおり仕事をお宅に回すから、これまでと同じように仕事をしてもらえれば、今後の仕事の分はもちろんのこと、これまでに迷惑をかけた分の支払いもいずれは可能になるに違いない。いや、きっと支払うつもりだから、悪い話ではないはずだ。というより、それ以外にお宅が損を取りもどす方法はない。それに、今後も相場よりもはるかに割のいい仕事を継続して確保できるのだから、むしろ良い話のはずだ」と、悪びれることなく、弁舌爽やかに言ってのけたのである。

父は優柔不断、それに何より、失ったお金が目の前にちらついて消えなかったのだろう。やすやすと、その話を受け入れてしまった。

しかし、最初の頃からそのブローカー氏の傲慢な態度に腹を立てて、早めに関係を断つよう口を酸っぱく言っていた母に知れようものなら、激しく反対されるのは分かりきっているので、母には内緒にした。しばらくしてそのことを知らされた母は呆れかえっていたが、すでに後の祭りだし、一度約束したことを覆すのは父の体面を汚すことになりかねず、父が気のすむようにするしかないと、匙を投げた。

こうして父はその後も、その人が斡旋する仕事を続けることになった。そして、最初は新たな納品に対する支払いの一部を現金で受け取って、安堵のため息をついた。しかし、それも一、二度のことにすぎず、その後はまたしても言を左右にして現金の支払いはなく、支払いの全額が六ヵ月の手形に戻った。そして、やきもきし、不安を募らせながら、手形の最初の期日である六ヵ月目を待ちわびていたところ、突如としてその人の連絡が途絶え、手形の期日が来ると、案の定、不渡りとなった。ブローカー氏の行方は杳として分からず、バクチ絡みの借金でやくざに追われてあちこち逃げ回っているという噂を父がどこかで仕入れてきたが、そんなことは何の役にも立たなかった。

こうしてトータルで、最初に不渡りになった際の損害の約二倍、つまり、コウバの一年分の総売り上げの半分以上とその分の製品の経費（原料費や人件費や電気代など）が泡となって消えてしまった。

以上が「アッチ」の購入を契機として始まった借金まみれの最終局面の状況だったが、それは必ずしもそうした不動産を購入していなかったとしても、いずれ何かを契機にして起こったことなのかもしれない。「下請け」が強いられる構造的な問題に加えて、その中でなす術がない父の性格のなせる業だからである。あるいは、それは必ずしも父に限られたことではなく、多くの「下請け」が同じようなことを繰り返す宿命を課せられているのだろう。そして、その立場だったら同じことをしたかもしれない僕に、父を批判する資格があるはずもない。むしろ同病相哀れむくらいが関の山だろう。

八　技術革新の大波

「アッチ」の購入がわが家にもたらしたのは、そうしたお金絡みの問題だけではなかった。コウバのシステム、働き方、人間関係、労働の質など、総体的で急激な変化がもたらされた。

買い取ったコウバに設置されていた二台の射出成型機は、プラスチック成型という意味では従来のコウバにあったプレス機と同類ではあっても、規模も機械の自動化のレベル、そしてそれに伴う工程も、更には当然のことなのだが、価格も異次元のものだった。父の場合は幸いにも、すでにそこにはその機械があり、それも含めてコウバを買い取ったから、価格の問題はクリアしていたが、その新式機械の稼働を取りしきる人材が少なくとも一人は必要だった。本来ならば、経営者である父自身が、機械メーカーが実施している一ヵ月間の合宿研修に参加して、最低限の知識と技術を会得したうえで職人たちに指示を与えればいいのだが、何しろ父は学校経験がないというハンディに加えて、すでに中年も盛りを過ぎて新しい知識や技術を短期間で会得する自信がない。そのうえ、資金繰りや従来からのコウバと新しいコウバの運営にも頭を悩ましており、長期にわたってコウバを留守にするわけにはいかない。

そこで、かつて見習い職人としてしばらくコウバで働いたことのある父の遠縁の青年に改めて声をかけた。するとその青年は、以前のように力に頼るプレス機ではなく、新種の自動機械を扱う技術を学べるだけでなく、父の右腕候補という話だから大いに乗り気だった。そこで直ちに雇い入れて、機械メーカーの研修に派遣した。そして戻ってくると、その右腕候補を中心にして新しいコウバの二台の新式機械の稼働を始めた。そちらのコウバにも従来のプレス機が設置してあったが、それは従来からの工場では仕事が追いつかない場合に限って使用するにとどめた。父はすでにその新式機械に将来を託すことにして、すべての既存の機械を順々に新式機械に転換するつもりだった。その過程では、すでに述べたように労働争議もどきや右腕候補の退職などの予期していなかった困難もあったが、それについてはここでは端折《はしょ》ることにする。

さて、その射出成型機（「射出」を意味する英語でインジェクションと呼ばれていた）は、準備を整えて動きだしさえすれば、後はほとんど人力を要しない。製品の完成までほとんど自動で動いて、人間は一、二分間隔で自動的に左右に開く金型の片方に付着した製品を取りだすだけで、機械の補助役に過ぎない。そしてその機械は長時間どころか終日、更にはほとんど常時の稼働が可能である。むしろ、常時稼働するほうが効率的である。稼働を始めるためにはバーナーで機械とそれに設置した金型を十分に熱する必要があって、その所要時間は季節によって違いはあるが、冬季なら半時間以上もかかる。そして、電源を落とせば冷えてしまうので、再稼働させるにはまたしても温める時間を要する。そんな無駄を省くには、いったん始動させたらできる限り中断してはならない。そして、そのためには人間がその機械に張りつかなければならないのだが、熟練も要せず、力も必要でないから、「女子どもや老人」でも「一人前の男」と能率には違いがない。新たな製品の受注で金型を交換するとき、そして始動時と不意のトラブルに対処するためにその機械のことがよく分かっている者が一人でもいさえすれば、平常は軽作業要員で十分なのである。

その機械に遭遇したときにはすでに中年も盛りを過ぎていたし、肝臓の持病にも悩まされていた父は、そうした自らの心身の条件などもあいまって、かつてのプレス機から新式の自動機械に舵を切れば、自身が今後もコウバの主役として、しかも機械を扱う現役の職人として働けると考えたのではなかろうか。父は今や経営者で、その役割をそれなりにこなしているが、やはり長年にわたって労働者あるいは職人として働いてきた名残なのか、そのプライドを手放さなかった。それにまた、自分が長年携わってきたプラスチック業界も将来はその種の自動機械が主流になると見こして、その方向にコウバが生き延びる道も見出していたのだろう。しかも、幸いなことに、頼まれて購入したそのコウバにはその機械が設置してあったので、父は変化に挑戦する決断とその二台の新式機械の購入資金については負担を免れていた。

とは言っても、いいこと尽くしの話などこの世にはほとんどなく、良いことの裏には往々にして悪いこと、難儀が貼りついているもので、この新式機械もまた例外ではない。

先ずは、従来のプレス機とは比較にならないほどに高価である。だからこそ可能な限りの長時間操業によって、投資資金を一刻も早く回収しなくてはならない。投資と言っても、在日の零細業者には余剰資金などあるはずもなく、高利で借金して準備したものだからである。すでに長々と述べたように、当時の在日には日本の都市銀行が門戸を開いてくれなかったので、頼母子など私的な金融、あるいは、融通手形などの不法な手形の貸し借り、そして信用組合など都市銀行よりも高利の融資など、相当に無理をして、しかも高利を覚悟で資金調達しなくてはならなかった。そうした事情に気づいた機械メーカーは、じつに多様な領域で流行しはじめ、消費社会への扉を大きく開く原動力になっていた割賦販売に倣った。その新式機械を零細業者（あるいはその職種への新規参入を希望する人）に売りつけるに際して、次のような割賦販売方式を採用して、大成功を収める。

たとえば、もっとも小型で安価な射出成型機（当時で二百万円程度）の購入にあたって、買主は一〇万円の約束手形二四ヵ月分（利子も含めて二四〇万円の支払いとなる）を機械メーカーに振り出す。つまり、購入した機械の償却を二年で終える計算なのである。もし順調な受注が続いて機械がフル稼働し、その仕事の代価を毎月滞りなく現金で受けとることができるなら、メーカーに対して事前に振りだした約束手形の決済を毎月、滞りなく遂行できる。

そしてその計算を信じれば、ほとんど資金がなくても、場所があり（長屋の一軒の一部屋を壊せば、最小のインジェクション一台くらいなら何とか設置可能）、そして人手（機械を止めないためには昼夜の交代要員が必要だから、手っ取り早くて経済的なのは家族総動員）さえあれば、購入して二年で償却して、その後は「もうけ放題」となる。そうした情報は血縁、地縁の網の目が張り巡らされた在日社会にたちまちのうちに広まって、日雇い仕事や零細工場の職工などで辛うじて生計を維持していた在日が、雨後の筍のようにその新式機械に飛びついて新規参入することになる。

それは誠に目出度いことなのだが、実際には数々の問題をはらんでいる。機械メーカー宛に振り出した手形を期日にきちんと「落とせる（決済できる）」ように、工賃がいくら安かろうと無理してでも受注し、機械を稼働させなければならない。終日機械を稼働させるには、終日人間が張りつかなければならないし、食事の時間も機械を離れるわけにはいかない。交代で食事をとるにしても、その時間をできる限り短くする。そして、その間の人員を別途に補充する余裕はないから、経営者の家族や仕上げ作業のためのパート職員などをやりくりして、互いに交代で食事をとる。そんなわけで、もはや人間が機械を動かしているのではない。機械の都合が人間のシフトを要請し、人間は機械に支配される。但し、その機械は人間の都合で稼働しているのだから、人間は自分で自分を縛りつけていると言うほうが正確かもしれない。

それにまた、ほとんど自動の機械なので、人間の努力の有無、その多寡によって能率が左右されることが少なく、それが価格交渉において下請け側に不利をもたらす。従来のプレス機の場合なら、職人の技術や体力などで作業能率に大きな差が出た。だから能率給（出来高払い）が基本で、職人もがんばり甲斐があり、技術力と体力のある職人を雇用していれば、発注会社との価格交渉にも一定のイニシアチブを発揮できた。たとえ、発注会社の言い値を鵜呑みにしているように見えても、実際にはひそかな儲けを編みだす余地があった。ところが、新式機械はほとんど自動なので、一回の製品の完成までにかかる時間の科学的な計測がほぼ正確で、それに基づいた工賃設定をされると、下請けのほうから異議を申し立て、交渉する余地などほとんどなく、下請けの隠し技による「うまみ」もまたほとんどありえない。

一回の回転時間を短くすることが全く不可能というわけではないのだが、そのために励んだとしても成果は大したものではない。しかも、長時間にわたっての単純極まりない反復労働に倦み疲れている者にそれを求めるのは酷というものである。とりわけ夏場には、高い気温に加えて機械が発する熱によって、コウバ内は四〇度を下ることはなく、その暑さをなだめてくれるのは生ぬるい風を送ってくる扇風機だけといった状態で、作業の回転を速めるための工夫に神経を遣う余裕などあるわけがない。

但し、臨時の交代要員として短時間だけ機械の相手をするくらいなら、能率をあげる努力も少しは可能である。たとえば、経営者である父などは、終日にわたって機械に張りつくわけではなく、昼食時間その他の交代要員として機械を相手にするだけである。しかも、少しでも利益を上げたいとつねに努力し、その結果として能率が向上した経験がある。だから、自分と比べて職人たちの能率が低いと、ついつい不満になる。しかし、それはあくまで立場の違いから生じた「誤解」、言いかえれば「利己的見解」に他ならない。そうした誤解が高じると経営者と労働者の感情的な溝が深まりかねず、いくら言葉に注意しても態度に現れがちで、溝が深くなる事態はほとんど不可避ということになる。

その他、長時間の稼働が必須なのだが、騒音被害に対する苦情や抗議を受けて時間制限や賠償に関する交渉で神経をすり減らしたあげくに、稼働時間の制限をしなかればならなかったり、難問には事欠かない。

それでも技術革新の潮流に逆らうわけにはいかず、また、そうした潮流に乗り遅れまいとして、従来のコウバにもこの種の機械の中古をつぎつぎに導入することになり、やがてプレス機は駆逐される。こうした変化は、わが家のコウバに限られたものではなく、同業者たちもつぎつぎと機械を転換するようになるし、先にも触れたように、機械メーカーの営業努力もあいまってこの業界への新規参入者が雨後の筍のようにひしめきあう。そのあげくにはダンピング競争に励まざるをえなくなり、たがいに首を絞めあうことになる。

一時はじつにたくさんの人々が、その射出成型機とそれに張りつく長時間労働によって生計を立てていた。おそらく、一九六〇年代の半ばに在日の射出成型業への参入が本格化し、七〇年代前半にはオイルショックによる原料不足などの苦境も乗りきって、八〇年代末まではその間に増大した韓国とりわけ済州島からの密航者たちの助けもあって、それなりに稼いだ業者が多くいた。たとえ儲けるほどには至らなくても、少なくとも生計を立てると同時に子どもに高等教育を受けさせるくらいのことなら、何とかできたはずである。もっとも、その子どもたちは高校、大学に通うだけでなく、家族総出を必須とする家業を懸命に支えるうちに、学生よりも労働者、あるいは跡継ぎ修業のほうがぴったりするような意識構造を備えるようになり、実際にそのまま跡継ぎの道を選んだ。

ところが、九〇年代に入ると、先にも触れた過剰な新規参入によるダンピング競争の深刻化に加えて、中国を筆頭とするアジア諸国との国際的下請け関係が加速度的に進行して、日本の中小企業の、そしてその傘下にあった下請け零細製造業者の生き残りは本格的に困難になる。在日の膨れあがった射出成型業も急速に衰退する。今では隆盛時の一〇パーセントも残っていないだろう。

父が亡くなったのは二〇世紀末のことだから、そうした衰退の兆候は十分に目にして、コウバの主導権を譲った末弟の将来を危ぶんでいただろうが、その実際の惨状を自らの目で見ることはなかった。それは幸いなことだった、と僕は思う一方で、そんな状況下にあっても、父が様々な失敗の果てに体得した下請け的経営哲学のようなものを弟が引き継ぎ、細々ながらもコウバを維持している姿を見れば、満足の笑みを浮かべるかもしれないとも思う。

弟は急速に減った受注に合わせて、生活費の減量に励んだ。元来、わが家は贅沢というのが苦手なようで、生計費の減量と言っても高が知れているのだが、状況が厳しくなれば、少なくとも覚悟として、そうした精神が身についていなければ難しいものである。もちろん、コウバの減量にも務めた。それ以前にすでに人員は十分に減っていたので、借金と余分な出費を可能な限り削減して、防戦に努めた。するとそのうちに、同業者の多くが急速に廃業してしまったお陰で、生き残った業者への発注が少し回復するなどして、今や本人と、定年退職した後もアルバイトとして働いている叔父、そして他の職を定年退職してからアルバイトとして勤務しはじめた人の総勢三名の工賃が出る程度にはコウバを維持している。

いつ辞めてもいいのだと自分に言い聞かせながらも、体が続く限り、そして赤字にならないかぎり、その仕事を続けるつもりのようである。弱気になるたびに、今やコウバに顔を出せなくなっても、いつもコウバと息子の心配ばかりしている母の厳しい眼が背中に張りついて、否が応でも耐えないわけにはいかないのかもしれない。三人の兄たちがコウバから逃げ去ってしまったので、損な当たりくじを無理やり引かされて以降、一緒に仕事をしていた二十数年の間に習い覚えた父の仕事の仕方、考え方が、あたかも父のＤＮＡのように彼の中で息づいて、それを自分なりに加工しながら、コウバの維持に努めているのだろう。今やすでに、跡継ぎ息子などではなく、紛れもないコウバの主である

九「一寸の虫にも三分の魂」

末弟に受け継がれた父のＤＮＡのようなものに少し立ち入ってみる。それは言い換えるなら、数々の失敗を重ねながら、徐々に形を成していった父の経営哲学のことである。父が折に触れて口にした断片的な言葉の中で、それに関連しそうなのは以下のようなものである。

①真面目に働けばいつかは報われる。
②但し、朝鮮人は日本人の二倍三倍努力して、やっと一人前に扱ってもらえる。
③下請けでも、得意先に手の内をさらけだしてはならない。独立性、主体性が必須。

④いくら「うまい」話があっても、それに乗せられて規模を拡大してはならない。身の丈にあった規模でないと、やがて潰される。

以上の①と②の第一グループと③と④の第二グループとでは矛盾していそうにも思えるが、僕が長年にわたって傍から見てきた印象では、それらは矛盾することなく父のコウバ経営の基本として並立していたような気がする。

たとえば、第一グループだけを見ると、滅私奉公の勧めとも思われかねないが、それを第二グループの「一寸の虫にも三分の魂」にも通じる気概と重ね合わせれば、それらは下請けの経営哲学としての実践的な意味を備えている。取引き先には誠心誠意で仕事をするが、その一方でそれなりの独立性、主体性を維持しなくては、長年にわたって持ちこたえることなどできるわけがない。そのように父は考え、その考えを実践に移す努力をしていた。

但し、あくまで努力であって、そうはいかない場合も多々あったし、いくらそのように努めても、むしろそれが仇になるような場合もあった。それでも希には、それが明らかに功を奏したように思えた場合もある。コウバが創業されて六〇年以上も何とか維持されてきたことを考えれば、それなり効果を発揮してきたと言えるのではなかろうか。

因みに、そんな父の生き方考え方のうちの第一グループが明らかに効果を発揮したように思える例が少なくとも一つある。但し、その効果がそれとして見えるようになるのに数十年もかかった。つまり、父の生前の恒常的な努力が没後二〇年を経てようやく形として現れたように思える例である。もう一つは、第二グループが父のコウバを救ったと思える例であり、先ずは、その後者から紹介することにする。

先に長々と述べたブローカー氏のように取引きが一定期間に限られた得意先ではなくて、新式機械が備えてあったコウバとともに取引き先まで引き継いで以来、父の後を継いだ弟の代に至るまで、五十年近くにわたってコウバの上得意だった会社があった。その会社もじつは、先のブローカー氏と同じような変遷を経てきた会社だった。つまり、本来は金型会社だったが、受注して製作した金型を用いたプラスチック製品の製造についても、複数の下請けに発注するなど二重の利益をあげて成長したのである。

ただし、違いのほうも多かった。まずは、上の会社から受注した製品の製造をすべて下請けに出すわけではなく、自社でも製造していた点、そして、下請けに発注した製品はあくまで自社に納品させて、自社製品として本来の発注会社に納品するという「正当な形」にこだわっていた点、更には金型会社の規模、そしてプラスチック製造の下請け業者の数などにおいて先のブローカー氏とは段違いだった点、主力が弱電関連会社からの受注なので品質管理も工賃の単価計算も厳しく、下請けとしては緊張を強いられる点、しかし、それだけに先のブローカー氏のどんぶり勘定とは正反対に、支払い条件なども「厳しく細かいけれど穏当」だからかえって信頼でき、長期にわたって安定した付き合いができる中小企業という点などだった。

その会社の創業者の長男であり、実質上の最高実力者ということもあって普段は何かと口やかましく横柄な専務から、数ある下請け業者の中でも長年にわたる父の忠誠・献身を認めたうえでの提案が舞い込んだ。郊外に建設予定の新工場に父も一枚嚙まないかと言うのである。

敷地はすでに取得ずみなので、そこに予定している新工場の建設費の一部を負担して、その出資額に見合うスペースを新工場内に確保する、つまり、コウバをそこに移転してはどうかというのである。もちろん、不動産登記も出資比率に則り、独立した会社としてのステイタスを維持し、取引き関係についても従来と変わらない。但し、メリットが多々ある。まずは、同じ敷地内だから納品の手間が省ける。同じ棟内で一緒に仕事をするのだから、これまでの親子のような垂直関係から、兄弟のような並行関係になって、子どもから言わば兄弟へとステイタスが上がり、当然、有利な仕事を優先的に回すことになる。広い敷地、広くて新しい工場で、スペースは十分にあるので機械を増やすなど今後の成長の展望が開ける云々である。

僕はその話を聞いて、直ちに気持ちを奪われ、コウバと自分の未来に希望を抱いた。爽やかな田園風景の中の広くて明るいコウバの中で気持ちよく仕事をしながら、将来の見取り図を描く姿をすでに空想していたのである。

ところが、その一週間後に、父はその誘いを断った。それを聞いて、僕は驚いた。そして、得意先の「善意」の提案を拒否するのだから、不利益が生じるのではと心配にもなった。更には、普段は得意先に対して必要以上に腰が低く見える父なのに、不思議さが高じて腹立たしくもなった。

しかし、すでにその話は終わったと言う。父が断ったので、同じように長年間、その会社の下請けをしてきた別の会社に同じ提案がなされ、その会社がその提案を受け入れたらしい。

その工場が竣工すると、僕はそこへ納品に通うことになった。何とも羨ましい環境だった。都心に位置する本社だと、周囲にビルが立て込んでいることもあって納品の際に駐車場所に不自由するのに、田園地帯にあって敷地が広いから、駐車場所を探す面倒もない。周囲にほとんど住宅がないので、騒音問題で抗議を受けたりする心配もない。工場の天井が高くて窓が大きいので、棟内は明るく、空気もよどまず、窓を開けていなくても涼しく、開ければそよ風が吹きこんでくる。それですでに十分なのに、エアコンまで設置してあるのには心底、驚いた。夏でも暑さで悩まされることがないなんて僕の想像を超えていた。うちのコウバとは何もかもが正反対の別天地だった。

しかも、専務が並べたてたという数々の利点が、実地に確認できた。製品が完成すればその場でその会社に納品すればいいのだから、トラックも必要ないくらいである。そんな快適な環境の棟内で作業しているうちに、その会社の社員たちとも親しくならないはずがない。そうなれば自然と情も沸いて、割のいい仕事を回してもらえそうな気もする。更には、その会社からの提案を受け入れれば、いわば恩を売ったことにもなるのではないか。まさにいいこと尽くしである。

うちのコウバに代わってそこに入った下請けの人たちを見ると、快適で順調そうだった。その会社は父と昔なじみの在日一世が創業したが、その創業者が引退して息子の代になっていたから、その提案を受け入れたのだろう。さすがに若い経営者は父なんかと違って、合理的にものを考えるものだと感心し、羨ましくもあった。

だからますます、その提案を拒否した父に対する不信が募った。そしてついに、父に面と向かって不満を述べた。

すると、父は僕の怒ったような顔を見て苦笑いし、僕を宥めるような口調で理由を説明しはじめた。父がそのように説明をしてくれること自体が珍しいことだったので、僕は大いに驚いたのだが、その内容がまた、驚くほど納得がいくものだった。

下請けの零細業者であっても、それなりの独立性がなければ終わりだ。手の内をすべてさらけだしてしまえば、相手の言いなりにならざるをえなくなる。たとえば、加工賃がそうだ。得意先が机上で、あるいは機械を実際に動かしたうえで、「合理的」計算に基づいて押しつけてくるから、下請けとしては受け入れるしかないのだが、それなりの工夫で相手が予想していない利益を生みだすのが、下請けの生きる道だ。それなのに、同じ棟内で仕事をして、手の内を知られてしまえば、利益の積み上げなどありえないし、ひそかな工夫や主体性など発揮しようがない。そもそも、うちのコウバはその会社だけが得意先ではなく、複数の、それもたとえ利益率が低くても三ヵ所以上の安定した得意先を確保するようにつねに努めてきた。いくらいい得意先でも一つしかなければ、ついつい奴隷のようになってしまう。それに、すごく危険である。安定した得意先が複数あってこそ、自主的で安定した経営が可能なのに、同じ工場内で関係が緊密になりすぎると、それが難しくなって、結局は完全に支配されてしまう。

「まあ、ゆっくり見といたらええ。提案を受けてあの新工場に入ったあの下請けは、今は喜んでいるかもしれんけど、やがて上の会社に飲み込まれてしまう。あそこは父親が退いて、若い二代目が継いでいるから、うまそうな話にはついつい乗せられてしまいよる。かわいそうやけど、仕方ない」

なるほどと思った。僕なんかは自分の耳に快い理屈が好きな青二才にすぎないことを思い知らされた。そしてその後は、父の判断とその根拠を参考にして、その新工場の様子を見るようになった。そして、父の決断は本人の言葉以上に正しかったと納得するようになる。

その取引き先の社員の労働時間は事務職であれ営業職や現業（機械相手の肉体労働）であれ、すべて同じで九時から五時で、うちのような下請けとは全く異なる。条件がそれほど異なる職人同士が同じ工場内の同じ建物内で仕事をすることにでもなれば、一体、どうなるのだろうか。会社が違うからと納得ずくであったとしても、うちの職人にとってはなんとも屈辱的で馬鹿らしくてたまらなくなるだろう。それに各自の家から徒歩圏内だから長時間労働でもほとんど不要な通勤時間との兼ね合いで何とか堪えている職人たちも、こんな郊外の工場となると、引っ越しでもしないと通勤は無理である。そしてもちろん、そのために引っ越しする気になるはずはないし、自動車通勤するような余裕がある職人はいない。うちの家族にしても同じである。母も家とコウバとの間で一日に何度もの往復どころか、母がコウバに日参することもできなくなる。これまでには職住近接だから可能だったことの一切が不可能になる。そして当然、職住近接だから何とかしのいできたコウバの運営自体が困難になる。それなら住居を引っ越せばいいという話になるのだろうが、職人たちも僕の両親にとっても、それはありえない話である。コウバの界隈で彼らは長年にわたって生活を立ててきた。長年の人間関係、信用、その他の積み重ねなどがすべて、コウバと家の圏内で展開されてきた。それを捨てて一からやり直すなんて、少なくとも僕の両親には無理である。

それにまた、親戚縁者から頼まれて雇っていた密航者なども、そんな工場なら雇えなくなる。同じ棟内で仕事をしながら、まともに日本語が話せなければ、不審に思われたあげくに密航者であることが露見するのは時間の問題である。その他、数字などでは表せない問題まで数えればきりがない。まともな知恵と経験があれば、とうてい受け入れられない話だったのである。

うちのコウバに代わってそこに入った会社は、その数年後には廃業に至った。他方、うちのコウバは今なお、しぶとく生き残っている。その理由は本当のところ定かではないし、それが幸せなのかどうかも、じつは誰にも分からない。しかし、少なくとも当事者である弟、そしてその弟のコウバをハラハラしながら見守っている僕ら兄弟にすれば、すごくありがたいことだから、父の経営哲学のようなものがコウバを今なお生かしていると喜んで思いこみ、少なくともこの件については「乾杯！」と言いたくなる。

十　経営哲学もしくは浪花節——誠実は報われる

次いでは、父の経営戦略の第一グループの①と②とが効果を発揮した事例である。但し、それは父が死去して何と二〇年近くも経って効果が表れた事例なので、傍から見ればそうした因果関係の設定自体が「身びいきが過ぎる」と笑われかねない代物である。

前項で長々と話題にしてきたコウバの長年の上得意先が最近になって倒産した。あれほど厳しく堅実な経営をしてきた会社が倒産に追い込まれたこと自体が、この業界の深刻な状況を表している。

その倒産によって当然、父のコウバを受けついで細々と仕事をしている弟は被害を被った。全盛期と比べれば取引き額は大きく減っていたが、それでも毎月の売上げ総額に占めるその会社の売上げは、半分前後と安定した比率を占めてきた。支払いは売上の半分が現金、残りが三ヵ月の約束手形だったから、コウバの損害は三ヵ月の約束手形分、つまり四分の一（コウバの総売上げ額の半分で約束手形がその半分）×三ヵ月で、一ヵ月の総売り上げの四分の三ほどになる。

全盛期ならその程度ではすまなかっただろうから、もっけの幸いと言いたいところだが、今や小規模でギリギリの減量経営に徹している弟にとって、それはやはり相当な損害だし、今後の受注が確実に減少することも明らかである。そのうえ、自分の年齢と同じくらい長期間にわたる得意先の倒産なのだから、その歴史や規模を考えると、心理的にもきついものがあったようである。

「兄貴、時間があったら、ちょっと相手してくれへん」と酒の誘いの言葉も、全く元気がなかった。一緒に酒を交わしながらあれこれ話したが、僕に妙案があるわけもない。親から受けついだ仕事だからなどと、余計な責任感など感じないで、自分の懐具合、そしてやる気と相談して、お金と心身の無理を避けるように言って慰めるくらいが関の山だった。

ところが、その一ヵ月後に、その弟が思わぬ明るい声で、事態の好転を知らせてきた。倒産した会社の社長（前に話題にしたかつての専務）が、父以来の長年の貢献に対してせめてもの恩返しにと、その会社が受注していた親会社に口利きをして、その会社と弟のコウバが直接取引きできるように手はずを整えてくれたと言うのである。

そうなると、今後の取引きでは、倒産した会社の相当分の「中間搾取」がなくなるので、弟のコウバが受注する製品単価は従来の倍近くになり、今回の不渡りの損害など数ヵ月で相殺できる。しかも、それ以降はこれまで以上に高い利益が保証される。万々歳となったのである

こうした幸運がただの偶然だなどとは、僕らとしては思いたくない。その幸運をもたらしたのは父の誠実という古臭い人生訓、そしてそれを受けついだ弟の忍耐強い仕事ぶりであり、その種のかび臭い人生訓の実践も、ときには報われることが証明されたと思いたくなる。そう思うことによって、誰よりも弟が、そして母が、更には僕らが大いに励まされるばかりか、この世に感謝したくなる。そんな理屈の経路そのものが、父の経営哲学というよりもむしろ、済州と大阪での庶民生活で習い覚えた父の「浪花節」が、僕らにも受けつがれている証左なのだろうが、この歳になってそれを否定してみても仕方ないと居直っている。こじつけめいた因縁話と居直りを最後に、父とコウバに関する話はひとまず切り上げることにする。

第五章　母そして家を中心としたわれわれの関係世界

一　母のつきあい

前章はコウバを中心とした話で、コウバの主であった父に焦点が定まっていたのに対し、本章では家を中心とした話で、当然、その家を切り盛りする母が焦点となる。もっとも、父と母の世界は截然と分離可能なものではない。そもそも、コウバと家もまた、ほとんど一体であったから、家とコウバ、父と母とを弁別するのは、あくまで便宜的なものに過ぎない。わが家は父と母を二つの中心とする楕円形の世界だったたし、その家とコウバとを二つの中心とした楕円形の世界が僕たちの環境世界だった。したがって、家かコウバか、父か母かというのは、比重をどこにかけて語るかといった叙述の便宜に由来する違いに過ぎず、結局はその両方について語っている。

さて、何度も触れたことだが、わが家は日本人を中心とした集落に位置していたので、他の在日朝鮮人一般と比べれば、周囲の日本人ともずいぶん親しく付き合っていた。しかし、それでもやはり、付き合いの中心は、近所の集落、大阪、日本、そして韓国の済州で暮らしていた朝鮮人だった。

わが家の集落の少し西側には、在日の北系の組織の支部事務所を中心として、その組織の支持者たちが多く住んでいたが、その多くは済州以外の朝鮮半島からの渡日者とその末裔で、職種としては土建関連が目立った。それに対し、わが家の集落からほんの少し東側には、父と同業のコウバが並び、その経営者や職人とその家族が多く住み、その大半が済州出身者の集落があり、わが家のコウバはそのはずれにあった。そうした比較的大きな集落以外にも、五戸から一〇戸くらいの小さな朝鮮人集落が点在しており、その代表格は小学校の裏門に続く湿地帯の片隅に、数棟のトタン屋根のバラックがうずくまっているような集落だった。今から思い起こせば何とも恥ずかしいことなのだが、僕らはそこを日本人と同じように蔑みを込めて「チョーセン部落」と呼び、そこに住む子どもたちと一緒に遊ぶことはあまりなかったし、そもそもそこに近づくこともなかった。もう一つ、先に触れた北系組織の事務所から五分ほど北に進むと、これまた先の「チョーセン部落」とよく似た外観の「鶏小屋」と呼ばれる集落があり、その一角に住む友人にぜひにと誘われるままに、半分腰を引きながら彼の家に入って、整理整頓が行き届いた清潔な感じに驚かされた。と言っても、それは僕自身の偏見の産物としての驚きだという決まり悪さが後を引いて、そこを再訪することはなかったし、したいとも思わなかった。その他にも、レンコン畑と水田の合間を縫うように続くあぜ道の随所に、朝鮮人が住み、その横にはたいてい豚小屋や鶏小屋があって悪臭が漂い、その前を通る際には鼻をつまんで急ぎ足になった。

そんな中にあって両親の交際相手は、わが家の集落の朝鮮人（すべて済州出身の人々）とコウバがあった集落の朝鮮人（主に済州出身の人々）、そしてその他の集落の済州出身の人々が優先していた。そしてそれとは別の基準なのだが、同業者もまた優先権を備えていた。在日の歴史の研究者によれば、済州人は一般にそうした工場労働者として生計を立てる傾向が強かったらしく、わが家の同業者もたいていが同郷人で、それもあって両親はもっとも頻繁に付き合っていた。

日常的な交際ももちろんあったが、その代表的な場はやはり冠婚葬祭だった。コウバの集落で結婚式でもあると、共同井戸の周囲には奥さん方が集まって賑やかで、子どもたちは大人たちに叱られながらも路地を所狭しと駆けまわり、集落総出のお祭りのようだった。その他、運動会と呼ばれた野遊会などの集まり、たとえば、在日の南北それぞれの組織の政治集会、更には、じつに広範囲かつ頻繁に行われていた大小さまざまな頼母子も、たいていは食事会も兼ねており、情報交換とお喋りを楽しむ時間だった。女たちは子どもや亭主の心配、そして他人の噂話や種々雑多な情報交換、男たちは政治談議と故郷の話、そして商売の話で盛りあがった。

母の実母と異父弟妹などが大阪に住んでいたのでわが家とは恒常的な付き合いがあったが、父の血縁、そして済州での父母の出身地域出身者、そしてコウバ関係の女性たちとも足繁く付き合った。彼女たちは冠婚葬祭はもとより、大小のイベントがあるごとに集まり、故郷・済州の昔と今の話、心配ごと、嬉しいこと、自慢話、噂話などでお喋りの花を咲かせながら、料理の準備や後片づけに勤しんだ。

とりわけ先祖の祭祀は準備と後片づけ、そして拝礼その他における長幼、男女の上下関係に基づくしきたり、もしくは差別が厳しいので、本国でも在日でも嫁姑関係の軋轢・葛藤をもたらし、そのあげくには夫婦関係を引き裂いたりもするなど、厄介な代物なのだが、母はむしろ楽しそうに、手伝いに集まってくる女性たちと語りあいながら立ち働いていた。

父の両親の祭祀については済州の宗孫である父の長兄が行っていたので、僕の両親が別途にそれをする義務はなかった。しかし、死に目に会えなかった両親を偲びたいからと父が提案し、母も全面的に賛同して始めたらしいのだが、言いだしっぺの父よりも母のほうがはるかに真剣に取り組んでいた。夫の両親その他の先祖の祭祀を精魂こめて準備して、つつがなく終えることは、一家の主婦としての責任、そして一個の女としての自尊心に関わることだったのだろう。複雑な家庭で生まれ育った母には、そうした事柄がひときわ切実だったに違いない。

しかし、そんな親密で濃厚な関係も、歳月が流れるにつれて、次第に薄くなっていった。一世の老化と世代交代、更にはそれと並行した集住から拡散の傾向もあった。コウバで働いていた人たちも歳をとると、プレス相手の労働がきつくなって転職したり、引っ越したり、亡くなったりして、コウバの界隈から姿を消した。そしてその空白をまずは二世が埋めたが、彼らもやがては独立するなどして巣立っていった。そこで空いた席の一部を九州の離島などから流れてきた日本人の若者たちが埋めたが、彼らはコウバに一時的に身を寄せるだけで再びどこかに流れて行った。コウバの一員ではあっても、わが家が属するコミュニティの一員とはならなかった。

わが家のコウバから独立したり、転職してからも付き合いが途切れなかった若い世代の在日の女性たちは母を「姉さん、姉ちゃん」と呼び、何かと頼った。しかし、そんな彼ら彼女らもやがては固有の世界を作りあげていく。母のような一世と若い二世の女性たちは在日女性としては一括できても、生まれ育った環境と文化的バックボーンが異なる。とりわけ、非識字者が大半の一世女性と少しは教育経験を備えた二世の女性たちとでは、生活感覚、常識、そして話題などにも相当な差異が生じて、「わたしたち」と言えるような気楽さ、親密さが生まれにくかったのだろう。

ところで、母が朝鮮語はもちろん、日本語の読み書きもできないことはこれまでに幾度も触れてきたが、そんな母にも日本で文字を学ぶ機会が皆無ではなかった。北系の組織では「オモニ学級（母親学級）」を精力的に開いていた。しかし、父がその組織に関わっていた時代はそれほど長くなかったし、その頃の母は忙しすぎた。たとえば、一九六〇年に母は三八歳、子どもは一〇歳を筆頭にして末っ子が二歳の五人、そのうえ、コウバには職人や補助の仕事をするおばさん、娘さんなども合わせると一〇人を超え、その人たち（場合によってはその家族）の様々な面倒もみなくてはならなかった。仕事を終え、家族に夕食を食べさせ、後片づけをすませてから学びに通うほどの心身の余裕はなかった。

それに、性格的な問題もあったのだろう。母は何であれ声高に言い張る人は苦手なのに、オモニ学級は北系の組織力強化の一環なので、左翼民族主義的なアジテーションが必然的に前面に出る。そうした「正しい教え」に励まされて、勉強に励む人もいるのだろうが、母はそうではなかった。母はそれらの主張への賛否とは関係なく、アジテーションとか演説を聞くのが苦手だった。組織の青年たちに対しては大いに共感し応援していても、その人たちの言葉がアジテーションの色合いを露骨に帯びてくると、違和感が膨らんで、距離を置くようになる。

それにまた、教えられる内容の問題もあっただろう。済州に戻る気などない母にとって必要なのは日本で生きるための日本語の読み書きだった。ところが、オモニ学級で教えてくれるのは朝鮮語が中心で、そのうえ、政治教育的側面が強くて、母の学びの動機とは大きな距離があった。あえて言えば、正反対の性質のものだった。おそらくはそうした様々な要素があいまって、母はほとんどそこに通わなかったのだろう。

二　母の信仰とネットワーク

母の内面の糧は、済州の女性の伝統的な人間関係とそこで培われた価値観だった。たとえば、祭祀などの準備の手伝いに集まる済州人一世女性のお喋りによる情報交換と寛ぎ、更には、文字を介することなく「神」やその代替物である「先祖」と心中の言葉を交わす信仰（祖先祭祀と巫俗祭祀）などが、母の根幹を支えていた。因みに、巫俗祭祀と儒教的な祖先祭祀とは、前者が女の世界、後者が男の世界というように相反するものとされがちなのだが、少なくとも母にとってそうした理屈はほとんど無意味だったと僕は思う。

韓国、とりわけ済州では巫俗信仰の根が深く、とりわけ女性たちは村をあげての巫俗式の祭祀で共同体意識を育むばかりか、各人が大小の悩みを抱えて村の聖所に通って祈りをささげて大きな慰安を得ていた時代があったし、今でもその伝統や習俗が脈々と生きている。そうした伝統を母は受けつぎ、日本でも熱心に伝統的な祈りを実践していた。近代教育を受ける機会があった女性はその種の信仰を迷信と嫌悪するようになるなど、そこから脱却する場合もあるが、非識字の母の場合は巫俗信仰からの脱却の機会が奪われていたという言い方も可能だろう。

母の巫俗信仰の実践には様々なものがあったが、そのうちで僕ら子どもの眼前で行われることもあって、僕らを少なからず悩ませたのが「どんどんの神さん」だった。

母は「どんどんの神さん」と僕らが呼んでいた人たちを家に招いて、ほぼ終日にわたる儀式を行った。毎年、その「神さん」に依頼して日取りを決めて、一回につき一〇万円程度と、当時のわが家の懐事情からすればかなり高額の謝礼を支払っていた。わが一族の「在日」では先覚者で最長老格のハマニ（祖父の妹）の紹介で始めたらしく、長らく継続した。父はそれに反対はしなかったが、関与することもなく、自分とは別世界といったふうだった。父が死去してからは家ではなく、近所の済州島出身のおばさんと共同でその「神さん」（母は時と場合によって「神判（シムバン、本土では巫堂（ムーダン））」とかスニム（僧侶）と呼んでいた）を招いて、わが家近くの神崎川の河川敷で行っていたが、その「神さん」が亡くなると途絶えた。慣れない「神さん」では「有りがたさ」がなかったし、ある時期以降は、済州から金儲けにやって来る「ナイロン神判（偽シムバン）」が増えたので、いくら知人の紹介でも信用できないから、探す気になれなかったと言う。

儀式の前日から、母は大量のゆで卵をはじめとしてお供えの料理に勤しむ。その行事が終われば当然、それらの料理、とりわけゆで卵の大盤振る舞いに対する期待で僕らは胸を膨らませたが、その半面、期待を打ち消して余りある不安に支配され、息を潜め、身を縮ませてその日を待ちうけるのだった。

当日の朝になると、気難しそうな顔をした初老の「神さん」夫婦が大きな風呂敷包みを抱えてやってくる。先ずは、おもむろに煙草を一服、それから服を着替える。坊さんの袈裟に似ているけれど紛れもなく朝鮮式の装いである。それがすむと、母に指示を与えて膳を調え、半紙を短冊状に切って墨で何やら書き込み、それを膳の中心に供えて準備完了。「男の神さん」は木魚をポクポク、念仏を唱えはじめ、「女の神さん」は煙草を吸いながら母と四方山話。やがて近所の親戚や済州出身のおばさんたちがやってくると、「男の神さん」までもが念仏を中断して、煙草を一服、まるで井戸端会議のような輪ができる。

　夕刻になると、念仏と木魚の音が高まる。神さんは、他ならぬ自分自身が発する念仏の声の高まりによって興奮するのか、まるで鬼神に変身したかのように突如として立ち上がり、猛烈な勢いで鐘や太鼓を打ち鳴らす。次いでは、すごい形相で何かを叫びながら、片手で包丁を振りまわし、まるで節分の豆まきのように、空いた手で小豆を投げつけながら家中を歩きまわる。更には、その鬼神めいた格好のまま、外に飛びだし、家の前で先ほどまで膳の上にあった短冊に火をつけて道端に投げつける。炎は一瞬、火柱となったかと思うとたちまちのうちにヘナヘナと崩れ、路端の真っ黒い燃えカスに変わりはてて、儀式に終止符が打たれる。この儀式は、父の病気や家族の事故といった災難が生じると、いろんな親戚や知人たちもやってきて大掛かりなものとなった。

　それは僕ら子どもにとっては迷惑きわまりないものだった。その間、テレビも見られないし、食事も部屋の隅でそそくさとすませねばならない。しかし、それよりも厄介なのは、それが人の目、とりわけ隣近所の日本人や級友たちの眼につくことだった。

　夏には海水パンツ姿で学校のプールに通えるほどに、わが家は学校から至近距離にあり、家の前の道が主要な通学路といった好位置にあったが、それがかえって僕らに恐怖をもたらす。その奇矯な儀式が友だちの目に入りでもしたらと、僕ら兄弟は息を潜めながら、その朝鮮人特有らしい騒ぎが終わるのを待ちわびた。そしてようやく終わったかと思うと、その後にはどういう反響があるのか、これまた息を潜めて聞き耳を立てて、友人たちの目つきに神経を尖らすのだった。

　母は家以外でも同じようなことをしていた。主に大阪の中心地で桜の名所となっている大川の河川敷（JR桜ノ宮駅近く）にあった巫俗祭祀の貸会場、そこは竜王宮という何とも立派な名前を持っていたが、まるで当時の朝鮮部落そのもののようなバラック小屋の一角にあって、数多くの済州島出身の女性たちが通っていた。その他に生駒山麓に数多くある「朝鮮寺」の一つ、わが家ではそこを「石切の神さん」と呼んでいたのだが、そこでも行っていた。

これもその前日になると、母は法事のときのようにいろいろと料理を準備する。アマダイかチョギ（後者は日本語ではイシモチ。どちらも「在日」や「在日済州島人」の儀式にとってはなくてはならない魚）の焼き物、ナムル（諸種の野菜を茹でた和え物）、餅、果物、そして大量のゆで卵。その一部は儀式の後で母が持ち帰ってくれるので、僕らにはすごく嬉しいことだった。それにこれは家で行われるものではなかったから、僕らには余計な気遣いの必要などなかった

その巫俗信仰のメッカである桜ノ宮の竜王宮に（但し母たちはそこを、正式名称とされている「竜王宮」ではなく、電車の駅名である「桜ノ宮」と呼んでいた。そもそもその建物の正式名称を知っていたのかどうかも定かではない）僕は長じて後に母を車に乗せて、何度か行ったことがある。先ずは桜ノ宮駅近くの大川沿いの道路端に母を降ろす。そこまではいつも同じなのだが、それ以降についてはいくつもの記憶がある。その一は、そのあたりで長時間待って、母を乗せて家に帰る。その二、母と荷物を車から降ろすと直ちに帰る。その三、お供え用の料理の風呂敷包みなどを抱えながら母にしたがって、有名な竜王宮まで入り込んだこともある。

そしてその三については、更に二種類のバージョンがある。その現場は河川敷から二〇メートルばかり離れた島にあるらしく、河川敷の水際と離れ島の水際の両方に竿が立てかけられ、その二つの竿が紐で結ばれている。河川敷の竿を振ると、離れ島の竿に伝わり、その天辺につけられた鈴が鳴り、船頭さんが小船で迎えにやってくる。母はその船に乗り込み、僕が抱えていた包みを受けとり、「もうええから、おまえは帰り」と言い残して、向こう岸へ向かい、僕は帰る。もう一つの

バージョンは、船には乗らずに、そのままバラック間のじめじめとした路地を進んで、その薄暗いバラックの一つに足を踏み入れたとたんに、僕もよく知っているおばさんたちがにこにこ、「やあ、あんたも来たんか、えらいなあ」と労ってくれた。そのおばさんたちの笑顔に囲まれて、僕は照れ笑いしながら、包みを置いて逃げるようにその場を去った。

僕がそこへ母と同行したのはせいぜい五、六回だったし、その儀式について教えられることも母に尋ねることもなく、それが何なのか全く知らないままだった。しかし最近になって母に確認してみると、年に二回、春と秋の行事で、済州島では川べりや海辺の祠で誰もがやっていた儀式だと言う。

そんな場所で母が何を祈っていたのかについて、僕はあまり関心を持ったことがない。むしろ、関心を持たないように努めていたと言ったほうがよいのかもしれない。自分とは関係ないものとして、意識から締めだすように努めていたような気がする。そんな「迷信」に入れこんでいる母を哀れに思う一方で、その祈りは伝統的文化の延長にあり、家族の無病息災、母の場合はそれに加えて、背信を繰り返す父に対する女としての苦しみの吐露と慰労を求めてのことだろうとも思っていた。そこに行けば母はまちがいなく旧知の仲間と出会い、ともに祈って、「胸がスッとする」のだろうから、そんな楽しみの時間を母が保持していることで少しは安心もしていたのである。しかし、そのように適当に心理的な折り合いをつけることで、母の信仰行為などは自分とは関係なく責任もないものと見なそうとしていたのだろう。

因みに、母は済州の儒教系統と巫族系統の二種類の伝統的信仰をともに実践していたが、その二系統の信仰や祭祀を同等の価値があるものと見なしていたわけではなかっただろう。儒教的なものを上位に置き、巫族的なものはその下に位置づけていたに違いないのだが、それは必ずしも母固有の価値判断に基づく上下関係ではなかった。儒教的な先祖崇拝の祭祀は、民族主義的伝統の伝承の時空として高く評価されがちなことからも分かるように、いわゆる正統的な信仰、倫理体系とされていたから、母自身も第一に重要視していたのだろう。それに対して、女たちの巫俗は日陰の身の気配が強く、あくまで女である自分たちの内面の世界に関与するにすぎず、それを大っぴらに誇ったり、子女に継承させようとしたりはせずに、自分たち一代で終わるものと覚悟していたような気がする。そうした母の姿勢が僕たち二世にも如実に反映して、僕たちは母たちだけの世界である巫俗信仰については知らぬふりを決めこむことができた。

三　夜間中学における学び

母に初めて教育を受ける機会が訪れる。一九七〇年代には在日の女性を中心にした非識字者のための教育運動が盛んになり、母も友人、知人など、つまり桜ノ宮の竜王宮や生駒の朝鮮寺に連れだって通っていた人々のことなのだが、それらのネットワークで情報を得て、そして何度も誘いを受けて、ついに通いはじめた。

夕刻になると、徒歩でも一分とかからない最寄りの地下鉄に自転車で向かい、駐輪場に自転車を預けて電車に乗り、更に一〇分程歩いて中学に着く。断続的にだが、通学は一〇年間ほど続いた。但し、毎日というわけにはいかなかった。何しろコウバの仕事もあるし、家族の世話、とりわけ、夕食の準備と後片付けがあった。そのうえ、父の機嫌も母の通学の可否に決定的な影響を及ぼした。

父は夕食を終えるといそいそとどこかへ飲みに出かけるのがつねだったから、母が夜に家を留守にしても、ほとんど不都合がない。それに、父も母も学校経験がなく、同病相哀れむといった気持がないはずがない。したがって、「文盲」の母が学校に通うことに正面切って反対できるわけがなく、その気もなかったはずである。

ところが、夫婦というものはなかなかに微妙、複雑なものである。夫としては、妻が自分とは別の世界を創りだすのは、置いてきぼりを食らうような気がするのだろうか。自分がどこをほっつき歩き、与太話をばらまいて遊んでいようと、いつも妻が気丈に家を守ってくれているという安心感、それが損なわれることへの自分勝手な不安からなのかもしれない。あるいはまた、自分自身にも学校経験はないけれども、ハングルも日本語の読み書きも達者だからこそ、母に対して保持してきた「優越感」が損なわれる懸念があってのことだったかもしれない。父の夕食の準備をすませて、遠慮がちでもさすがにうれしさを隠せない母に対して、父は自分では抑えているつもりなのだろうが、不満そうな気持が顔に出る。あげくは、習慣の夜の外出を控えて、母の通学にそれとなくタガをはめたり、咎めるような態度、更には険のある短い言葉が発せられたりもする。

母はときには、内心の後ろめたさを振りきって出かける。またときには、父に遠慮するがあまり、とりやめる。いったんそうなると、ついつい欠席が続く。そして、ますます億劫になるのか足が遠のく。しかし、やがて友人たちからの誘いの電話が繰り返されて、通学を再開する。

実家に立ち寄った僕に、文字や文章について恥ずかしそうに質問することもあった。「何でうちはこんなにアホなんやろか、この歳になって、何もできるはずないのに」などとお得意の自嘲の台詞を呟きながら、鉛筆の芯を舐めなめ、作文に挑戦したりもしていた。

上の兄弟全員が逃げてしまったせいで父の後継者を押し付けられ、コウバに近い実家に日常的に顔を出し、兄弟の中では母に対してもっとも優しい末弟には、勉強の相談もしているようだった。母が一番苦手なのは絵を描くこと、そして作文だったらしい。生涯のある時期に、その種の時間を与えられたことがないから、「自由に自分の想いを」といった先生方の指示自体が難しい。「自由って？」「自分の想いって？」それがどういうことなのか、母には皆目見当がつかないのだろう。

その反対に、文字を書く練習が一番、楽でうれしそうだった。文字が書けるようになりたいとずっと望んでいたのだから、その夢を叶えることができてさぞかしうれしかったのだろう。何時間も倦まずに続けていた。しかし、その字の一つひとつは何とも頼りない。筆圧がなく、震え、そしてノートに遠慮しているような小さな文字である。それを見ると、僕などは母の人生そのもののように思えて、悲しくて見ておれなくなった

学校は毎夕の給食（コッペパンと牛乳）、遠足、運動会その他、母にとって何もかもが初体験で楽しいことだったらしい。ただし、嫌な気分になったことが一つだけあった。

同じ学校の在日のお婆さんが、ある先生のことを差別者だと糾弾して、クラスの他のお婆さんたちも同調した結果、その先生は学校に来ても授業を担当させてもらえず、毎日、運動場を走ることで時間を潰している姿がかわいそうだったというのである。それは先生が正しくて、その先生を責めた在日の老いた女性たちがまちがっていたということではない。母は集団で特定の人を責めたりすることが苦手だし、嫌いだった。それに、母は日本人の先生方が、歳をとって何もできない自分たちのような生徒を相手に、じつに親切で丁寧に教えてくれていることに心から感嘆し、すごく感謝していたから、同じ通学生である在日のお婆さんたちのほうがその先生たちに無理難題を突きつ

けているように見えたらしい。要するに、母の性格のせいにすぎないのである。

ともかく、夜間中学は母にとって、七〇歳台も半ばを過ぎての初めての学びの場であると同時に、新鮮な交友の場でもあった。ところが、夜間中学に対する逆風が吹きはじめた。通学の年限が定められ、それを越えると通学停止を強いられるようになった。実際に通った日数はそれほどでなくても、断続的な通学期間が総計で一〇年に達していた母は、その規定に抵触して、唯一の趣味であり手放しの喜びだったものを奪われてしまった。

その後、末弟の勧めで自宅から最寄りの施設での日本語教室などに通ったりもしたが、昔からの友人たちと一緒でなく、初対面の人ばかりの教室は馴染みにくいのか、長く続かなかった。そして、あの懸命の勉強ともすっかり縁が切れてしまった。老齢になって学びはじめることの困難は並大抵のものではなかったようである。その結果、懸命な学習も、実際的に役立つレベルには到達しなかった。銀行やお役所関連などで本人の署名が必要なときに、すごく小さく震える文字で自分の名前を書く程度が、彼女の一〇年に及ぶ懸命な通学の遺産である。だからと言って、それが無駄だったなどと言えるわけもないのだが……。

四　日本人集落の朝鮮人たち

母の日常生活において、在日の人々との関係が大きな比重を占めていたことはすでに何度も記してきたが、その一方で周囲の日本人たちともそれなりの関係を築いていた。それを語らないのはやはり偏りの気配が否めない。母は日本人が圧倒的多数を占める集落で七〇年近くも暮らしつづけ、在日一世にしては相当に頻繁に、そして多様な形でその集落の人々とも日常的な関係を結んでいたから、それが母の人生に占める位置が小さいはずがない。僕が物心ついた頃には、ほとんど訛りのない日本語もしくは大阪弁を話していたこともその裏づけとなるだろう。日本人と頻繁に接触して言葉を交わさない限り、そうはならない。現にもっぱら在日の集住地区だけで暮らしてきた一世たちは、日本語に習熟できなかったし、そんな人たちが僕の周囲にもたくさんいた。

そこで、わが家が位置していた集落の、在日の人も含めた多様な人物像、およびその人々たちとわが家、とりわけ母との関係に焦点を当てながら、わが家の生活そしてその環境世界の実像を改めて浮かびあがらせたい。

その集落は日本人が中心の集落ではあっても、すでに述べたように四軒の朝鮮人の家があった。そのうちでわが家と家を交換しあった一軒については長々と前述したので、他の二軒の朝鮮人の家族の話から始めることにする。

その二軒はわが家からすれば道路を挟んで左斜め向かいに位置する長屋の隣同士だった。そのうちの、わが家から向かって右側には、僕と同じ年頃の二人の娘とその母親が住んでいた。その二人は僕らと同じようにすぐ近くにある日本の公立小学校に通い、僕が幼い頃にはよく一緒に遊んだ。他方、母親は病気で長らく床に伏せていて、外で見かけなくなって久しかった。その母親がまだ病床に伏す以前には、僕もよく会っていたはずなのにその顔が全く思いだせない。それほど長く闘病生活をしていたのだろう。その家にときおり、僕らもよく知っている人がやってきて、翌朝にその家から出て行った。娘たちの父親らしかったが、それが僕らにはすごく不思議だった。

すでに初老にさしかかったその人は父のコウバの集落の中でももっとも成功した工場主で、妻と二人の娘、そして末の一人息子と一緒に、工場と棟続きの家で暮らしていた。他にすでに嫁いだ長女がいて、父が「アッチ」を購入したのはその長女夫婦からだった。

その家のことを在日の大人たちは、「おでかけさんの家」と呼んでいた。だから、僕ら子どもたちはその言葉を、別に家のあるおじさんがときどき「お出かけしてくる家」というように理解して、その呼称を真似ていた。ところがずっと後に気づいて笑い転げることになるのだが、じつはその家の母親はその工場主の「お手かけさん（二号さん、お目かけさん、お妾さん）」で、在日一世たちは母語の干渉のせいで日本語の「おてかけ」を正しく発音できずに「おでかけ」と発音し、僕ら子どもはその音をまねながらも、それなりに頭を働かせて「お出かけさん」と誤解して納得していたというわけである。

その家の母親は何年間も顔を見かけることがないまま、僕がまだ小学校の低学年の頃に亡くなってしまった。残された娘たちはその後もしばらくは、その家で暮らし同じ小学校に通いつづけていたが、やがて父親（工場主）の家に引き取られた。そして、その家の、奇しくもその二人の姉妹とそれぞれ全く同年齢だった姉妹たちが通っていた朝鮮学校に転校して、僕らの前から姿を消した。更に一、二年後には「北へ帰った」。

他方、僕の父に工場と家を売って夫と子どもと一緒に北へ帰国した長女を除けば、その家の妻から生まれた娘たちは、北へ帰ることはなく、そのまま日本にとどまった。結局のところ、わが家の斜め前に暮らしていた二人の姉妹は、父親の家では「じゃま者」だから「北」へ島流しにでもされたようなものだと当時の僕らは思ったものだった。

母はその後のあるとき、知人と話していた際に、もっと立ち入ったことを言っていた。

「かわいそうやけど、結局はそのほうがよかった。あそこの姉さん（社長の奥さんのこと）は本当に優しいし、ええ人やけど、なんぼそんな姉さんでも、兄さん（工場主のこと）がよそで生ませた、それも自分の二人の娘と同じ歳の娘たちを引き取って育てるんは、本当に難しかったはずや。それを思たら、あの娘たちの辛さも分かる。そやから、あの娘らが北へ行かされたんはよかったんや」

そのときは、なるほどと納得するだけだったが、後に母の生い立ちを知った際には、母は自分のことと重ね合わせてその娘たちのことを言っていたことに気づくことになるのだが、それはずっと先、それから五〇年も後の話である。

その左隣の家もKさんという、これまた済州出身の朝鮮人の家だった。Kさんは僕の父よりも一回りくらい年上で、先ほど登場していただいた工場主のコウバの職人だった。だから、その二軒ともその工場主の所有物だったのかも知れないと今になって思う。それはともかく、そのKさんは長身の男前で、貫禄というか気品のようなものがなんとなくあって、そのうえ、誰にも優しい。若い頃にはさぞかし女性にもてただろうと、僕が子ども心にも思うような人だった。その奥さんは、そのご主人どころか僕の母よりもずいぶん若そうだったから、夫婦の年齢差は二〇を超えていたはずである。その夫婦には、僕より一歳上の娘と僕より三歳下で、何かにつけて黒い大きな目から涙をポロリとこぼして僕らを困らせる息子がいたが、その二人はKさんの孫と言っても通りそうな年恰好だった。そして実際、Kさんのその子の可愛がりようは、まるで孫を相手にしているようだった。

奥さんは朝鮮人の冠婚葬祭の手伝いに顔を出しても、勝手が分からない様子で、他の奥さん方からはむしろ邪魔者扱いされたりからかわれたりしているように見えたのも当然、その人は日本人だった。鹿児島かどこか南の地方の出身らしく、黒くて大きくて情熱的な目と長くて豊かな黒髪と豊満な体つきが目立った。Kさんは酒を好むが、かといって酒で乱れるようなことはなかった。酔っても少し赤らんだ顔に微笑を浮かべながら人の話に相槌を打つ程度で、酒を飲んでは大声で喧嘩になったりする大人たちをよく見ていた僕ら子どもの眼には、すごく好ましい大人だった。

しかし、ひどい泣き虫なくせに強情で、僕らをよく困らせていた息子を溺愛する様子には、僕は合点がいかなかった。いくら可愛くても、親がしっかり躾けないと、この息子は一人前に育たないなどと、僕は生意気に心配、あるいは嫉妬していた覚えがある。自分の弟分とでも思って、勝手に責任を感じていたのかもしれない。

そんなKさんのところに、突然、一人の青年が出入りするようになった。顔立ちも背格好もKさんによく似ていたが、目つきが険しく、田舎から出てきたばかりのような野暮な風采だった。両親の断片的な話から、その昔、Kさんが日本に来る際に済州に妻とともに残してきた息子だと知った。両親と別れた当時はまだ幼児だった長男が成長して、父親を求めて密航して来たという。それ以来、Kさん夫婦のわが家への出入りが頻繁になった。Kさんは「母と自分を捨てた」という息子の非難に耐えかねて、父に相談に来ていた。奥さんも涙声でしきりに何かを母に訴えていた。それからほどなく、その一家は「北に帰る」ことになった。他に解決策が見つからなかったらしい。朝鮮で生まれ育ったKさんはともかく、奥さんと子どもたちは言葉もできないのにどうするのだろう。子どもたち、とりわけ、いつでも長いまつげの下に大きな涙の粒を貯め、自分のわがままが通らないとなると、その涙の塊を見事にぽろりと落として僕らを困らせていたあの「ぼくちゃん」は、今頃どうしているのだろうなどと、その後しばらくはその一家のことを思いだした。しかし、やがてその長屋が解体されて数軒の新しい家が建てられると、そこに長屋があったことすらすっかり忘れてしまった。

それから五〇年以上も経った今でも、二軒の在日の人の家があった場所にそれぞれ建てられた、長屋ではなく独立した二軒の家には、どこから来たのか詳しくは知らないが、それぞれ在日の人が住んでいる。不動産取引も在日ネットワークでなされているのだろう。

五　差別と意地悪の権化たち

わが家の集落は、この二軒とわが家と家を交換しあった家族、そしてわが家の四軒以外は日本人だけの、地域でもっとも古く中心的な集落だった。だから当然のように、先祖代々の地元の人たちが過半数で、そのうちでも数軒の商家がボスグループをなしており、その人たちのたいていはわが家その他の朝鮮人に好意的でなかった。但し、その人たちのすべてがそんな気持ちをつねに表に出すというふうでもなかった。たとえば、わが家は町内会のメンバーで、班長のような仕事は輪番制で回ってきたし、一年に一回の恒例のバス旅行などにも両親、とりわけ父が参加していたほどだから、それほど居心地が悪くはなかったに違いない。それに、僕は小学生の上級生になると、地域の神社の祭りの際に町内の子どもたちと一緒に、学校を早退して、化粧したうえで浴衣まで羽織って、町内会所有のお神輿の上で太鼓を叩きながら、その神社の氏子地域全体を回るといった「栄誉」まで与えられていた。わが家は信仰共同体を中核とした様々な地域行事からも排除されていなかった。こんなことは当時の朝鮮人の子どもとしては珍しかったはずである。少なくとも僕は、そのような例を僕ら兄弟以外には見たり聞いたりしたことがない。

それでも、何となく漂う「分け隔てする眼」のようなものを感じていた。すぐ近くに住む意地悪の代表のような人々の挙動を敷衍して、その地域に奥深く潜む何かを察知していたのかもしれない。あるいは、僕らの邪推の場合もあったかもしれない。集落の人々全体の心のうちなど読みきれるはずもない。それに朝鮮人は嫌いでも、わが家は別という人もいたかもしれない。あるいは、その反対といった場合もあっただろう。

もっとも露骨に朝鮮人に対する嫌悪感を示すばかりか、これ見よがしに意地悪をしたのが地域の世話役の代表者である自転車屋の親父だった。次いでは米屋、そしてその二人の腰巾着役が、「がさつで調子乗り」の八百屋の主人だった。わが家とは四、五軒を間に挟んで上記の三軒がほぼ軒を連ねていたので、そうした根性が先祖代々、更には軒を通じて伝染でもしているかのようだった。

先に挙げた三軒のうちで一番若手の米屋の夫婦には僕より一歳上の息子がいて、すぐ近くに住み学年も一年しか変わらないのに、僕はその息子と一緒に遊んだ記憶が全くない。

界隈にはじつにいろんな親たちがいた。つまり、朝鮮人であるわが家に対する態度は千差万別だった。その影響なのか定かではないが、子どもたちの僕らに対する態度も多様だったが、僕ら子どもの印象では、親がよほど子どもに厳しく言わない限り、子どもたちは僕らとそれなりに遊んでいた。親の眼から隠れてというような子どももいなかったわけではないが、それほど多くなかった。親からは嫌がられようと、気が合うなら一緒に遊ぶのが大勢だった。同じ家族内で、朝鮮人に対する考えの差異もあったに違いない。たとえば、家の主人とその母親は朝鮮人は大嫌い、しかし、主人の妻にはそんな偏見がなくて、子どもが僕らと遊ぶのを禁じたくない。しかし、姑と夫の眼を気にして、ときと場合によって僕らと遊ぶことを許したり、許さなかったりといった場合もあった。

そんなことを僕らはまだ子どもでいながら、相当に確実に感知していた。

そうした例も含めて一般的には、朝鮮人には関わりたくないと思っている親たちでも、その気持ちを子どもに強制するほどではなかったような気がする。あるいは、朝鮮人であっても、僕の家族に関しては例外的に一緒に遊ぶのを許容している親たちもいたかもしれない。そうした大勢の印象からすれば、先に述べた米屋の息子は極端だった。その子が外で遊ばないわけではなかったのに、わが家の兄弟とは遊ぶことを忌避しているという感触があった。朝鮮人とは、あるいは「あの家（僕の家）の子ども」とは一緒に遊ぶなと、父親もそうだろうが、むしろ母親から言われているのだろうと子ども心に推察してからは、僕らもその息子のことを無視するようになった。

ところが、それから何十年も経った最近のこと、その米屋の息子と少し言葉を交わすことがあった。彼は父親の跡を継いでもうずいぶん長く米屋を営んでおり、その米屋にとってわが家は長年の上得意だからなのか、その店の態度もずいぶん変わった、と母から聞いていたが、実際に言葉を交わして、それを実感することがあった。米屋の傍らで宅配便の受け付けもしているというので、妙に興味を惹かれて、実地検分のつもりで小包を持っていったところ、じつに親切に接してくれた。まるで昔のことなど何もなかったような感じだった。そもそも僕らに対して偏見など持った試しがないような態度だった。記憶が消えているのかもしれない。「まさか！」とも思うが、その種の健忘症こそが生きていく術なのかもしれない。時代の変化とともに、僕らの家族は相当に深くその地域に根を下ろし、周囲もそれが当然のことのように受け入れるようになったのかもしれない。

但し、その時代とは一〇年、二〇年程度ではなく、もっと長いスパンを想定しないといけないようである。しかし、たとえそうであっても、悪いことではないし、軽んじるべきではなかろう。たとえ相互理解などには達しなくとも、日常的な関係とはそういうことなのかもしれないし、それ以上を望むとロクなことがない。それにまた、今のような良好に思える状態が永久に続く保証はない。むしろ、状況の変化によっていとも簡単に元の木阿弥になる恐れが十分にある。そんな姿は見たくないが、生きている限り、何が起こっても仕方ない。そして、何だって起こりうることを覚悟しながらも、柔軟に対処する術を学びたいと思っている。

六　優しかった日本人たち

僕ら家族に対してすごく好意的な態度を示す人もいて、その筆頭は酒屋のご主人だった。その人も代々の地元の人だから地域の世話人であり、しかも、先に触れた米屋の道を隔てた真向かいで酒屋を営み、米屋とは近い親戚でありながら、わが家に対する態度では正反対だった。但し、米屋の主人の叔父にあたるらしいその人は、わが家だけではなく、誰にでも優しく、その「誰にも」の中に入っていたに過ぎなかったのだろう。しかし、その分け隔てがないということが、僕らにはすごくありがたいことだった。僕らは子ども心なりに、「分け隔て」といったことに普通以上に敏感だったから、余計にうれしかったのだろう。

短髪のごま塩頭のそのおじさんの微笑には、人を自然に寛がせる何かがあった。あんな微笑にはその後、ほとんどお目にかかったことがないと思えるほどである。人生に不満などなく、人と接していることが幸せといったふうなので、こちらのほうでもおのずと気楽になって、微笑を返しているることに自分でもふと気づいて、すごく心地よくなったりする。

そのおじさんの没後に店を継いだ息子は、その父親ほどには開放的ではなく、どちらかと言えば内向的で、表情も言葉数も豊かではなかったけれど、それなりに親切だった。しかし、不思議なことに、小太りで大柄なその息子に嫁いできた、小柄で細身の奥さんのほうが、まるで義父のＤＮＡを受け継いだかのような笑みと気さくな心遣いで僕らに接してくれるようになった。その奥さんは、夫を亡くし、二人のお子さんが独立してからは、その店舗兼住居に一人暮らしているが、僕なんかと顔を合わせるたびに老いた僕の母のことを気遣ってくれる。

わが家は父のＤＮＡなのか、兄弟が集まれば母が顔をしかめるほど大量に酒を飲む。そうした酒類はもちろん、酒屋が扱いそうな商品はすべてそこで賄っており、わが家の酒屋への支払いは毎月、相当額になって、昔から変わることのない上得意ということもあるだろう。その酒屋も主人が亡くなってからは配達の人手がなくなった。そこで便利さを考えるなら、わが家も他の酒屋に鞍替えすべきところなのだが、相変わらずその店で酒類を購入して自ら持ち帰る。母が酒屋の変更を認めないからでもあるが、僕らもそれでいいと思っている。

しかし、そんな家は多くないようで、やがて得意先がほとんど他店に鞍替えしたり、節約のために量販店で酒類を購入するようになったから、ほとんど開店休業状態だったのだが、昨年にはついに店を閉じた。店舗も改修して普通の民家の造りになったので、その前を通ってもその女将さんの姿を見ることもなく、僕の母には大きな落胆のタネとなった。

その酒屋と同じようにわが家に対してすごく好意的で、付き合いが長く続いた店がもう一軒あった。そこは子ども時代の僕らの地域区分で厳密に言えば、わが家の集落には属していなかった。僕らの集落とそちらの集落の間には、この地域でもっとも広くて舗装されたバス道路があったし、その周囲には大きな蓮池などもあり、二〇メートルほどにわたって家並みが途切れていることもあるから町内会も別で、僕らの集落とは別個の集落と認識していたのである。

しかし、わが家からせいぜい六〇〜七〇メートルしか離れておらず、やがてわが家が入手した「アッチ」からだと二〇メートル内外の近距離にあるなどの事情も絡んで、隣の集落の中でも僕らの集落にもっとも近いその店は、例外的に僕らの集落内の店というように見なしていたのである。

そこはわが家の電化製品の購入、そして電気工事一切のお世話になっていた電器屋だった。なぜかと言えば、もちろん、最寄りの電器屋だったこともあるが、それだけではない。

わが家のコウバはある時期までは、主にラジオやテレビなど弱電関連機器の部品製造の下請け、孫請けをしていて、そのほとんどが今ではほとんど耳にしなくなった三洋電機系列の仕事だった。そのためにおのずと三洋電機、そしてその会社と兄弟関係の松下電器（後のパナソニックで、三洋電機は後にそのパナソニックに吸収される）には子どもの僕らでも格別な親近感があった。相当におこがましい話だし、当時でもそんなことを口に出すのは恥ずかしかったが、たとえ末端でもそんな大会社の仕事に関わっていることを密かに誇りにしていたのである。そして偶然ながら、わが家から一番近くにあったその電器屋が三洋電機の特販店だったので、便利さとそうした因縁とが重なって、その後次第に増えていくことになる家庭電化製品はすべてその店で購入するばかりか、コウバも含めて電気の配線その他、電気や電気器具に関することは何だってその電器屋に相談するようになっていた。そして、その店の主人が中年の盛りの歳に急死してからは、工業高校を卒業して家業を手伝っていた一人息子が後を継いで、親身にわが家の相談に乗ってくれるようになっていた。

その店の奥さん（未亡人でその息子の母親）はすこぶる丁重な言動をする人で、そのうえすごく気さくでやさしくて、ほんの子どもだった僕らにもまるで大人を相手にするのと変わりなく、「延山（当時のわが家の通名）さんの上のお兄ちゃん、下のお兄ちゃん」などと呼んで可愛がってくれ、それは彼女が亡くなるまで全く変わらなかった。

他方、その息子は亡くなった父親そっくりの頑固な職人気質なのだが、そんな人には珍しく言葉を惜しまず、どんな些細なことでも自分が納得のいくまで手を休めない。その執拗さには、工事を依頼した客が呆れてしまうほどだった。無理難題を突きつけるお客にも、理詰めで丁寧に説明し、それでも話が通らなければ、仕事を断ることも辞さなかった。しかも、その一方では母親の気質を受け継いだのか、優しい心根をその目の奥に覗かせ、僕らは全的に信頼していた。

その母子のほうでも、わが家がコウバと家の電化製品をすべてその店で購入して、支払いも滞ることがない上得意ということがもちろんあってのことだろうが、うちの両親には尊敬の気持ちがこもった情の深い話し方をしたし、僕ら子どもまでその「おこぼれ」をもらっていた。そんな関係が続いていたからこそ、息子がずいぶんと年上で子どもまでいる女性と恋仲になった際には、母親が僕の母に相談に訪れたりした。そして、息子の一徹さの成果なのだろうが、そこに僕の母の説得も少しは加勢して、ついに母親は二人の結婚と血のつながらない孫を受け入れた。しかも、母親の心配は全くの杞憂だった。その新妻は電気工事をする夫の助手の役割を献身的に果たした。組立て式の梯子を担いだ夫の後を、その妻が工事道具を抱えて追う姿を見て、大いに感心したものだった。女性が電気工事の補助をする姿などほとんど見かけなかったから、その二人三脚の姿がすごく好ましく感じられたのである。

ところが、それから二〇年ほど経った数年前に、その妻を難病が襲い、長年の闘病生活が続いた。

夫はすっかり休業状態で看病に努めた。しかしその甲斐もなく、妻は亡くなった。そのショックがよほどひどかったのか、夫（息子）は長らく仕事に復帰しなかった。そしてようやく仕事に復帰したと思ったら、今度は長年にわたって営業、会計などで店を切り盛りしてきた母親までが亡くなった。息子は仕事を続ける気力も失せて店を閉めた。丁寧すぎるほどの仕事で価格が高めだから、低廉な価格を売り物にする量販店に顧客を奪われたということももちろんある。それに老齢に差しかかり、一人前になった娘夫婦がその店を改造して鍼灸院を開きたいという申し出もあったりして、潮時と考えたらしい。

但し、長年にわたって献身的に続けてきた町内会の世話役だけは、他になり手がいないからと、生来の頑固一徹を発揮して孤軍奮闘を続けている。しかし、その町内会はすでに触れたように、わが家の町内とは異なるから、わが家との関わりがすっかり途絶えてしまい、僕の母にとっては信頼のおける人間関係の一角がまたしても消え去った。

七　古風な名物たち

わが家の集落のシンボル的な人物を上げるとすれば、何といっても煙草屋兼文房具屋の主人と郵便局の局長を逸するわけにはいかない。どちらも小学校の正門と交番のすぐ近くにあって、集落の中心部に陣取っていて存在感が大きかったこともあるが、それだけではない。

先ずは、郵便局長である。昔の田舎の中心的な集落にはそんな郵便局長がいるのが決まりになっていたかと思えるほどに典型的な郵便局長さんだった。いつも難しい顔つきで、眼鏡越しの目つきは険しく、言葉が少なく、対面すると上から射すくめられているような気になってしまう。そんな印象の波及効果なのか、その家族全員が一段も二段も上の身分に属しているように感じられる。たとえば、僕の一歳上のその家の娘を、「偉いさんのお嬢さん」だからと、僕らにはあまり馴染みのなかった「さん」づけで「ジュンコさん」と呼ぶなど特別扱いしていたし、相手もそれがさも当然のように振る舞っていた。しかし、僕らも成長するにつれて、とりわけそこの息子が中学校で兄と同じ野球部のメンバーになって以降は、兄はもちろん僕もその家の息子である「ぼうちゃん」、(「坊ちゃん」もしくは「僕ちゃん」の訛りだったのだろう) とはずいぶん気安くなった。そして、その「ぼうちゃん」は長じてからはその郵便局を受け継ぎ、父親とは全く正反対のサービス精神旺盛な現代版の局長さんになった。僕がその郵便局に行くと、すごく気さくに声をかけてきて、何かと親切にアドバイスはもちろん、便宜を図ってくれる。僕の母などは非識字ということもあって郵便局に行くこともなく、その郵便局長どころかその夫人とも話を交わしたことなどないし、近寄りがたく、もっぱら遠くから仰ぎ見ていただけだった。その頃と比較すると、なるほど時代は大いに変わったわけである。

もう一人は煙草屋兼文房具屋の主人だった。その人は戦争で右腕を失った傷痍軍人だからなのか、あるいは生まれつきの性分なのか、何とも激しい気性で有名だった。客であっても、また大人子どもの区別もなく、何か不合理な言動をしたり礼を失したりでもすると、すごい剣幕で怒りだす。叱りつけるのである。傍から見ているだけでも恐ろしい。但し、事情が分かりさえすれば、その怒りも当然のことと納得できる。それはそうなのだが、そこまで怒らなくてもよいのに、と思ってしまう。それほどに本気で怒り、そして叱りつける。情け容赦なしである。しかし、朝鮮人でも、日本人でも変わりなく大声で叱りつけるものだから、少なくとも僕ら朝鮮人の子どもからすれば、差別の気配がなさそうに見えて、悪い印象はなかった。だからと言って、近くに行きたいなどとは決して思えなかったが……。

そのご主人が市会議員に立候補した。自転車の後部の荷台に選挙公約と自分の姓名を記した幟を立てて、片腕でハンドルを操作し、浴衣の股座《またぐら》をはだけて、その下のステテコを覗かせた格好でペダルを漕いで走りまわる姿は何とも珍妙に見えた。そう、その人はいつも和服姿で、それは当時でも珍しかった。腕が不自由だから、和服のほうが楽だったのかもしれないが、ひょっとしたらその人の日本人としての流儀だったのかもしれない。奥さんもほとんどつねに和服だった。

ともかく、あの面長で少し白いものが混じった太い眉毛を怒らせたいかつい顔で、何一つ恥じる気配もなく障害のある自分をさらす姿は、なかなかに颯爽としていた。そして、日頃の怖さの仕返しで笑いものにしてやろうなどと思った自分を恥じる気にもなった。浴衣の裾をからげ、肩から腰に斜めに襷をかけ、腕のない左の袖と荷台に立てかけた幟を翻させながら、懸命にペダルを踏んでいる姿は、今もまるで夢の中のように霞がかった映像で蘇る。

ついでに、その家族のことも話しておくほうが母と近隣の人々との関係の理解に役立つだろう。その煙草屋の奥方は、夫とは何もかも対照的で、小太りな体をその年齢にしては少し派手な感じのする和服に白い前掛けをかけ、おっとりとした気品を漂わせていた。あの亭主なら、さぞかし気疲れのする毎日だろうと想像してしまうのだが、生活疲れの気配などみじんもない。ご主人が店先で声を張り上げると、奥からゆっくりと姿を現して、「まあまあ、お父さん、またどうしたんですか？」と笑顔と柔らかい言葉でとりなす一方でおびえたり腹を立てたりするお客をなだめる。ご主人は奥さんに対して、自分の怒りの正当性を主張し、奥さんは、「まあまあ、そうでしょうとも」と相槌を打つうちに、主人の怒りも収まっていく。奥さんはお客さんに何度も詫びを入れ、宥めたうえで送りだす。主人の怒りの声で始まった騒動はそうした好対照の夫婦の絶妙の掛け合いで終わる。

その家には他に、母親そっくりの丸顔でくりくりした大きな眼を輝かせ、若い分だけ輝いている結婚適齢期の娘、そして、僕の二歳上で兄と同学年だけど小柄だからか何だって一歩引いているように見える息子がいた。その四人家族が煙草屋兼文房具屋を営みながら暮らしていた小学校の正門横の古い屋敷の塀越しには、庭の古い無花果の木の枝が学校の正門横まで張り出していた。夏になると悪ガキがその実をもぎとって、いじめられっ子に投げつけるのが、僕にとっての夏の朝の風物詩だった。その古びた文房具屋と庭の無花果とが、永遠に変わることなく僕らを見守ってくれるような安心感を与えてくれたものだった。

因みに、その家の娘は最寄りの駅から三駅ほどの所に嫁ぎ、ときおり、実家を訪問するために界隈に姿を現し、僕の母がまだ外を出歩く元気があった頃には、路上や電車内でよく出くわしたらしい。そんなときには、娘のほうが先に目ざとく母を見つけては、小走りに近寄ってきて、すごく懐かしそうに昔話と今の話とをないまぜにして話しつづけたという。

「まだ娘さんやった頃も、愛想ようて、よう喋る子やったけど、結婚してからはますますお喋りになって、ずっと相手してたら疲れるけど、気兼ねはいらんし、退屈もせえへんし……しまいに何か幸せになってくるんやから、ほんとふしぎや」と母は呆れながらも嬉しそうに言っていたものだった。

八　わが家の三方を取り囲む家々の人々

次いでは、わが家の真向かいの家と裏の家、そして左隣の家といったように、わが家を取り巻いていた四方の家のうちで、右隣の家を除いた三方の家の人々との関わりの話である。

先ずは、わが家の裏側なのだが、そこはわが家を含む長屋と文房具屋と小学校に三方を取り囲まれた袋小路になっていて、僕らがまだ幼かった頃には、そこに謎の洋館があった。一階には広いホールと台所、そして個室が二室、そしてそのホールから回り階段を上ると、個室が廊下の左右に並んでいた。高い天井、高い窓、そしてホールの天井に備えつけられたシャンデリアと大きな扇風機、そして回り階段が、これこそ洋館という威厳を示していた。相当に古く、空き家だから管理が全くなされず埃だらけだったが、それだけに僕ら子どもの冒険心を刺激した。ところが、その謎の洋館も、ある時期からは玄関前に「立ち入り禁止」の札が掲げられて、ついには解体され、その跡地に数件の建売り住宅が建てられた。

わが家から右側の数軒先にある鉄工所の角を右側へ路地を入っていくと、突き当りに小学校のいつも閉じた小さな門がある。そこを更に右に行くと、左は小学校の塀、右は建売り住宅とに挟まれた路地がわが家の裏口に通じる。その辺り全体は小学校の鉄筋三階建ての校舎の陰になっていつも薄暗く感じられることもあって、よほどの用事がなければ足を向けなかった。

まだ洋館があった頃には、早朝にその路地を通って豆腐屋へ味噌汁の具の豆腐や薄揚げを買いに行かされたものだが、そんな習慣も洋館がなくなった頃にはなぜかしら途絶え、豆腐屋へは表の道を通っていくようになっていた。そして当然のこと、その路地沿いの数軒の建売り住宅の人々とわが家とはほとんど没交渉だった。

ところが、それら路地沿いの数軒の中でもわが家からもっとも遠くに位置する家の主人があるときからひどく気になる存在になった。僕の両親よりも一〇歳以上も若く、褐色に日焼けした精悍な顔つきで、郵便集配人の制服を着ている姿を見かけることがあったその人が、僕ら子どもの眼前で、これ見よがしに何度も母を呼び捨てにした。もっとも、その程度なら他にもなくはなかったのだが、そのときのその人の表情が異様だったから、特に記憶に強烈に残っているのだろう。顔を変に歪めて、大きな声で母の顔にぶつけるようにわが家の通名を何度も叫んだ。まさに差別感情むきだしだった。

そのきっかけが何だったのか今では全く記憶がない。そもそもわが家とは全く関わりあいがないはずの人である。家が接しているわけでもないから、気づかないうちにその家に迷惑をかけたというようなこともありそうにない。僕ら子どもがその家に何かいたずらをしたということも考えにくい。僕ら兄弟は、子どもっぽいいたずらなどできないタイプだったし、周囲の日本人の家に対しては、両親からそのように躾けられたわけでもないのに、年齢相応以上に気を遣っていたような気がする。その人は郵便集配人だったから、郵便集配でわが家に郵便物を届けに来たときに何かあったのかもしれないと思ったりもしたが、自分が住んでいる地域の郵便物の集配を担当するなんてことも考えにくい。

ひょっとして、輪番の町会の仕事関連で何かがあったかもしれない。たぶん、そうなのだろう。それしかない。たとえば、その人が町会の役員にでもなって、地域ボスの「おっさん」たちとの話の中で、ふとわが家のことが話題になって、もともと差別感情を育んでいたその人は、その地域ボスたちの雰囲気、つまり、例の意地悪グループにあってはわが家が孤立無援であることを確認するついでに、その後ろ盾をうけて、自分の心の中で貯めていた差別感情なのか、怒りなのか、それを吐きだす機会を狙っていたのかもしれない。

しかしともかく、どうしてそんなにひどい態度をとるのか、あまりに不思議で、腹も立たなかったが、そのむきだしの敵意はやはり怖かった。褐色で精悍な顔つきが笑っているのか怒っているのか、妙に歪んでいたこと、そしてそのときの恐怖感だけはよく覚えている。だからなのか、すでに友人の名前まで忘れて困ったりするような年齢になったのに、その人の姓だけは不思議なほどによく覚えている。漢字二字で振り仮名二字の姓だから覚えやすかったからかもしれないが、それだけではないに違いない。あの記憶のせいだろう。

因みに先日、末弟に会った際に、そんな話をしたところ、町内会の花見のバス旅行に母に連れて行ってもらった際に、その郵便集配員だった人が母に対して、僕の記憶そのままのひどい仕打ちをして、母が猛烈に食ってかかる光景を見たと言う。その話がはたして、僕が目撃した光景よりも前のことか後のことか分からない。あるいはひょっとして、僕の記憶話はそんな弟の目撃談を自分の記憶として借用・加工、つまり捏造したものである可能性もなくはない。僕自身も記憶に自信をもてないほどの昔の話なのである。それにしても、僕の記憶の中ではその人のあの顔は何とも強烈なリアリティを維持している。人間の記憶や心といったものはなんとも不思議なものだと今さらながらに思う。

その人と何もかも正反対だったのが、わが家の道路を隔てた真向いの家族だった。ごく近くで対面しているという地理的関係に加えて、両親同士が同世代、そして同じ年頃の三人の息子と一人の娘といったように、わが家とほとんど同じ家族構成だったことも作用してのことだろう。日常的にじつに多くの関わりを持った。

その家は集落を取りかこむ蓮池をいくつも所有し、蓮根栽培を主とする農家だった。しかし、僕らの成長期には所得倍増を旗印にした経済成長政策による住宅ブーム、とりわけ僕らの地域は、東京オリンピックに合わせた新幹線開業のための新大阪駅が近くに建設されることになって、空前の開発、建設ラッシュだった。向かいの家は、その波にいち早く乗って、所有している蓮池をつぎつぎに埋め立てて貸貸の文化住宅やアパートを建設して貸家業、更には建売り住宅まで手がけて大成功した。そして、その勢いのままに自宅を解体して新築することにしたのだが、その際にはわが家にも熱心に誘いをかけて、その家のお抱えの大工たちと故郷である和歌山の親戚の材木を用いて、向かい同士の二軒がほとんど同じ造りの家を新築した。但し、規模ではわが家は向かいの家の半分程に過ぎなかった。ともかく、それだけでも、通常の近所づきあい以上の関係だったことになるだろう。

親同士だけではなかった。その家では、わが家では想像もできない親子喧嘩が日常茶飯事なだけでなく、長幼の秩序もなくて兄弟喧嘩も頻繁で、誰もがしたい放題にしているという雰囲気だったから、僕らのようなよその家の子ども、それも朝鮮人の子倅にも、ほとんど自由に出入りを許してくれていた。まだ家にテレビがなかった頃には、その家に日参して、居間で家の人たちと一緒にテレビを見ており、相当に迷惑な小さな隣人だったに違いない。仕事から帰ってきたご主人は、蓮根の収穫作業で顔まで泥の撥ねがかかった姿で、僕ら兄弟が部屋に上がり込んで呑気にテレビを見ている姿に、何とも気弱で微妙な笑みを向けたものだった。

このように書けば、僕らに対してすごく好意的な家族だったように思われるかもしれず、なるほどその面も確かにあった。僕らが押しかけてテレビを見るという迷惑を許してくれていたのだから、それだけでも大したことである。しかし、他方で、僕らの皮膚感覚は、その家族が僕らの家族に対して、何か含むところがありそうな感じを捉えていたように思う。とりわけ、僕より三歳上の長男は僕らにすごく意地悪で、ほとんど一緒に遊んだ記憶がないのだが、その理由の中にはほぼまちがいなく民族的偏見が含まれていた。また、その兄弟や親たちも、その種のこだわりからすっかり解放されていたわけではなかっただろう。あれほど親しくしてくれていたけれど、ときおり、ふとそんな感じが体をよぎることがあった。父親が仕事から戻ってきて、その家の居間でテレビを見ている僕に向けてきた微妙な笑み、それがその一家の気持ちを代弁していた。どうしようもない距離感と親愛の情とがないまぜになった、憐憫にも近いが、僕らを遠ざけておきたいといった気持、そんなものを僕はその微笑に感じていたように思う。しかし、僕は何としてもテレビが見たいものだから、僕自身がかすかに感じとったその家の人々の微妙な気持ちの揺らぎに素知らぬふりをしていたし、そんな感触を忘れようと努めていた。

しかし、たとえその種のわだかまりのようなものがあったとしても、それを少しでも抑えさえすれば、あるいはそのように努力する気持ちさえあれば、差別云々を互いに口に出すことなく、それなりに付き合うことができる。そして、それが継続すればやがて一定の信頼も醸成されてくる。

その家の次男坊は僕より一歳上なのだが、小中はもちろん、高校も大学も僕と同じ学校に通った。それ望んでそんなことになったわけではなく、たまたまに過ぎないし、彼は僕より一年上だった。それに中学校に入ってからは、それまでとは一変して、一緒に遊ばなくなった。いつも開いていたその家の玄関もいつの頃からか、いつも閉じているようになった。何がきっかけなのか分からない。何か特別なことがあったわけではないはずである。学校や路で出会うと、笑みと短い言葉を交わすくらいの関係は続いていたからである。僕が高校生になった頃に、彼らは遠くへ引っ越した。その後もその家族と接触があったのは、後でも触れるが僕の両親を除けば、僕の一歳上の次男坊と僕だけに限られ、学校その他で偶然に顔を合わせるくらいだった。

そんな関係だったのに、それから数十年経ち、お互いに中年も終わり頃になって出会うと、懐かしいだけでなく、昔以上に屈託なく話を交わせる。そして、昔以上に相手のことが理解できるような気がする。長年かけて互いが相手のことを、それぞれの事情を抱えて生きている人間といった形で、認めあえるようになったのだろうか。少なくとも、幼い頃に一緒に遊びながらときおりふと感じた隔たりのようなものが消えてしまって、何となく「すっきり感」がある。もっとも、そういう感触も、互いの生活の場が遠く離れているからこそのことだろうし、歳をとったからなのだろう。そうだとしても、互いに快い距離を保つように、そして執拗な偏見をコントロールするように努めれば、良好とまでは言えなくとも、互いに迷惑がかからない程度には共存できる。そんなことを彼と会うたびに思うようになった。だからと言ってわざわざ連絡をとって会ったりするつもりはなく、偶然に会えば嬉しい程度のものに過ぎないけれど、そうした関係も悪くない。

両親とその家の夫婦との関係も、ほどほどの距離とでも言えばいいのか、じつに淡々としていた。家賃の支払いの仕方が、今のように銀行振込みが一般的でなく、貸主が貸家を回って家賃を徴収していた頃には、その家の主人や夫人が高級住宅地にある豪邸から毎月一回は僕らの界隈に現れて、僕の両親と道で偶然に会ったり、あるいはわが家をわざわざ訪問して、互いの近況などの話を交わして帰って行った。お互いにそれ以上の関係にはならないし、なれないといった認識があるからなのだろうが、じつに気楽で悪くない関係のように見えた。ともに暮らし、袖触れあう関係というものなのかもしれない。何だって高望みをするとロクなことがない。

最後はわが家の左隣である。かつてわが家が新築するまでは同じ長屋の軒続きだったのに、僕はその家の人たちと言葉など交わしたことなどなかった。少なくともそのように漫然と記憶していたのだが、よくよく考えてみるとそれはおかしい。記憶違いのようである。と言うのも、輪番制の町内会の班長になれば、会費集めに隣近所を回らなければならない。そんな役を僕は小学校の四年生頃から任されていたし、回覧板が回ってくるとそれに目を通す癖があって、それを隣に回す役もしていたから、そんな際にはほんの少しでも言葉を交わしたに違いないからである。しかし、その際の相手の印象があまりにも素っ気なく、それを自分でもどのように理解し自分の記憶の中でどのような形で記録していいのか分からなかったから、いっそのことというわけで、記憶から消してしまったのではなかろうか。

その家には僕の両親よりは一回りくらい年長の夫婦と、僕よりも七、八歳年上の一人息子が暮らしていた。主人は毎日、背広姿でどこかへ勤めに出て、息子もまた詰襟の学生服姿で通学、それくらいしか僕の記憶にはない。とりわけその父親が何かを話している姿を僕は見かけたことがない。それでいながら、なぜかしら怖い人という印象が強く残っている。

その妻のほうはどうかと言えば、夫婦は年を取るにつれて似てくると言うが、まさにそんな感じで、長身、色黒、口数少なく、真面目で冷たそうな印象など、夫婦はじつによく似ていた。しかも、息子もまた同じで、姿形も表情も姿勢に至るまでまさにその両親の子どもという感じだった。

その一家とわが家との関係はどうだったのかを母に尋ねたところ、差別する感じが強くあったから、なるべく関わりを持たないようにしていたと言う。それを聞いて、なるほどとすんなり納得できた。僕も幼い頃からそれを感じとっていたことを確認する思いだった。ところがそんな一家と、僕は成人してから母の指示で関わりを持つ羽目になる。その息子と彼らの家の売買交渉をすることになったのである。

その家では主人が亡くなり、息子も結婚して独立し、残された未亡人が長らく一人住まいだった。しかし、すっかり年老いて息子に引き取られることになった。そこで不要になる家を、その未亡人が関係している宗教団体の信者仲間に売ることになったという話を、母がどこからか聞きつけてきた。そして、前々から家の左右のどちらの隣家でも売りに出たら、それを買って今の家と合わせて家を新築したいという夢を育んでいた母は、すでに約束ができているというその家の売買契約に横から割って入るように僕に指示した。「息子が嫌がったらしょうないけど、お金を少し多めに積んだら、いけるかもしれん」と母は言った。

そんな役回りが楽しいはずもないのだが、母の夢は前々から知っていたので、撥ねつけるわけにもいかず、とりあえず交渉してみると返事した。そして、伝手を頼ってその息子の電話番号と住所を調べあげて電話してみた。すると感触はよくない。まさに昔のイメージそのままだったが、そのまま引き下がるわけにはいかない。ともかく会ってこちらの詳細な条件を提示したうえでの反応を見たくて、面談の約束を取りつけた。そして、休日にその人の住居である公団住宅に出向き、事情を説明したうえで、母から聞いていた額に上積みした金額を提示して、正式に家の購入を申し入れた。

「お母さんがすでにどなたかに売る約束をされているようなことをお聞きしながら、横から割って入るような無礼を働く格好になったことをお詫びします。しかし、いつの日か万一そんな機会があれば、左右どちらの隣家であれ、その家を買って今の家と合わせて家を建て替えたいというのが母の長年の夢であり、息子としてはそれを叶えてやりたい一心なので、どうかそうした事情をご理解、ご容赦願いたい」とも伝えた。

初めは少々、高所からこちらを見下すような態度だったその人も、僕が提示した条件を聞くと予想外にすんなりと、こちらに売ってもよいと言ってくれた。

「なにしろ長年の隣同士の誼もあるし、お母さんにそんなお気持ちがあったとお聞きしたら、ますますお断りするわけにはいかないし……」と彼は付け加えた。

僕としては売ってもらえるのはうれしいことだが、お母さんに相談しないで独断で決めてもいいのか気になった。それに、快諾の理由として付け足された「隣の誼」という言葉は相当にしらじらしい気がした。それでもともかく、予想以上に話がうまく進んだのだから万々歳である。母にその旨を伝えたところ、大いに喜びながらふと漏らしたのが、次の言葉だった。

「こっちから無理な話を持ち込んでおいてこんなこと言う資格なんかないけど、母親が決めた話をその本人に相談もなしに、なかったもんにするねんから……家を新築中らしいから、少しでもたくさんお金が欲しいのは分かるけど……やっぱり血がつながっていない息子やな」

僕はそれを聞いて驚いた。まさか、その息子があの夫婦の養子だなんて、じゃあ、どうしてその親子は外見も雰囲気もあんなに似ていたのだろうか。もちろん、僕が自分の思い込みを基にして、類似関係、更には血縁関係を捏造していたからであろう。それはともかく、母は自分自身の出自も絡んでその種の親子関係の機微にはついつい過敏に反応してしまいがちで、だからこそ自分の強引なやり方はさておいて、そんな嫌みな物言いになったのだろう。

因みに、その集落にわが家を根づかせたいという母の願望の強さと執拗さには、何度も驚かされたし、その後もそれは変わらない。母の願いどおりに隣家を買い取り、それを従来からの家と合わせて解体して現在の家を建てるに至ったのだから、それで終わりかと思ったが、そうは問屋が卸さない。

わが家では日々の安寧や快適さよりも、将来の不安に備えるほうが優先される。節約に励み、もしもの時に備えるというのが鉄則なのである。だから、暇は悪で、あくせく働くのが人生、これがわが家の家訓のようなものである。そのお陰で両親は数々の危機を辛うじて乗りこえてきたのだろう。しかし、その一方で、その種の心理的余裕のなさは、欲求不満のタネを毎日育てているのと変わりない。

たとえば、家の新築の際にも、大きな支障なしに暮らせさえすればそれで十分というわけで、快適さや外観にお金をかけるなんてもってのほかとなる。隣の家を買い取って、元の家も合わせて新築した家もまさにそうだった。

家を新築するにあたって、コウバの先行きや老後の不安もあるので、両親はその建物で少しでも収益があがるようにと考えた。そこで一階を貸店舗に、そして三階四階は賃貸マンションに、そしてその間に挟まれた二階部分だけを自宅とした。それだけでも相当に窮屈で、自宅であって自宅ではないような感じがつきまとう。

しかも、一階の店舗を中華食堂に貸したことがいろいろと難儀をもたらした。その油臭さは並大抵でなく、特に夏などはとうてい窓を開けておれない。それにまたゴキブリ、ネズミの大量発生にも悩まされることになる。ネズミは電線やコンクリートその他、何だって食い尽くし、建物にまで損傷をもたらし大騒動にもなった。修理、ネズミ駆除その他、心労がつきまとうし、お金もかかる。更に、三階、四階の賃貸人は二階のわが家の玄関前を通る狭い階段を使って出入りするから、プライバシーもあったものではなく、階上の生活音の問題もあった。

集合住宅の生活騒音の被害などを考慮した設計や建築仕様などは経費が嵩むので、父も、そして、安価な建築費が売り物の工務店も全く考えていなかった。要するに、安物買いの銭失いの典型なのである。

そもそも一階を店舗として貸しているので、従来のように母の自転車を置くことさえ難しくなった。そのうえ、工務店のひどい設計ミスのせいで、階段、特に二階への階段がひどい急傾斜になり、もともと膝と腰に問題を持つ母にとっては、家の出入りが難儀になった。その他にも、設計ミスは部屋の造りにも影響して、スペースが足りずに仕方なく一体型となったバストイレも含めて使い勝手が甚だ悪いものになってしまった。それはすべて工務店のミスの結果であっても、両親はその責任を云々するタイプの人間ではないし、入居以前にそのミスを少しは知らされてはいても、一体どれほど生活に支障をもたらすかは住んでみないと分からない。そして実際に住みだして支障を実感した時点ではすでに後の祭りで、仕方がないと諦めるしかなかった。そんな悪条件が重なって、母の夢の実現であったはずの新築の家も、寛ぎとは程遠いものとなり、母もそこを終の棲家とは思えなくなった。

それに何より、二階が住居というのは界隈、そして随所の同世代の朝鮮人との交友が老後の唯一の楽しみであった母に大きな問題をもたらした。すでに触れたように、普通の人でも相当に気をつけないと上り下りが危険なほどの急傾斜の階段では、膝、腰の問題を抱えている母としては、出入りが億劫にならざるを得ない。しかも、年老いた知人友人たちが近くまで来ても、その階段を前にしては、少し立ち寄って気楽に挨拶をといった気持もくじけてしまう。近所の人、たとえば酒屋の奥さんや馴染みの美容院のマダムその他は、以前なら通りがかりに気楽に声をかけてくれたのに、今やわざわざそんな階段を上ってまで挨拶してはくれない。その結果、母は世間から遮断された離れ小島に追いやられたような気分になってしまう。

そこで、同じ界隈の一階に住みたいという思いが日増しに大きくなって、その可能性を追求するようにと、僕にしきりに言うようになった。

そして先ずは、すでに買い取った家の隣、つまり新築した建物の隣になった家の買取をせがむようになった。家族がつぎつぎと亡くなって、その家に一人残され、うちのコウバでの下働きで生計を立てていた奥さんまでもがついに亡くなって、その家は無人となり、そのまま放置されていた。そこで、母は僕に、その家と土地の所有者でその地域の昔からの大地主と交渉するように命じた。厳しい地主との評判で無理な交渉だと覚悟しながらも母の願いを拒否するわけにもいかず、界隈の事情に詳しい酒屋の奥さんに状況を聞くついでに地主の電話番号を調べてもらって、万が一くらいの微かな期待をかけて電話してみた。すると案の定、その土地と家に関する話は一切受け付けないことにしている、と小僧の使いのように門前払いを食ってしまった。

次いでは、その更に隣、つまり昔の長屋の端の家の番である。そこはかつて、僕の幼馴染の家族が住んでいたが、二人の息子は独立して家を出て、残された老夫婦も亡くなってからは、長らく空き家のままに放置されていた。しかし、ときおり、僕の幼馴染である下の息子が家の様子を見に訪れるというので、僕はいろんな伝手を手繰って連絡先を突き止めて、久方ぶりに電話してみた。そして、幸いにも懐かしい声を聴くことはできたが、肝心の用件のほうはうまくいかなかった。結婚予定の息子夫婦がその古家をリニューアルして住むことになっているとのことだった。それで手詰まりとなった。それを伝えると、ようやく母も少しは諦めの境地になったようで、僕もお役御免となった。僕は心中で安堵の深いため息を吐く思いだった。

母のそうした家に対する「欲」を物欲、あるいは所有欲と呼ぶわけにはいくまい。古典的な農民の田畑（もしくは土地）に対する執着に似ていそうである。農民は田畑（土地）を欲するが、それは所有が目的なのではない。土地は耕作して農作物を育てるための必須の手段であり、また生活の根拠地でもある。更に言えば、自身と自身の愛しい存在たちを根づかせる場所なのであり、そうした根拠地を確保するには現在の社会では所有という形をとらざるを得ないだけのことだろう。母の場合も同じことのような気がする。

母が父と一家を構えて在日生活を開拓し育んできたその界隈で、自分と子どもたちのの生活が根づく場所としての土地と家を母は求めている。長年にわたって暮らしてきた界隈でそうした理想の棲家を確保しようとする執念は、根づきの願望なのだろう。そしてその棲家は母の在日生活のすべてを痕跡として保持している場所であり、その根づきの場所をその記憶もろとも子どもたちに残したいのであろう。そうした執拗な願望はおそらく、生まれてこの方の「自分の家、家庭」に対するいじらしい思いが凝固したものなのだろう。

九　右隣の三世代同居の家族

最後に、わが家にもっとも近く、格別に親しくしていた右隣の家の話である。その家も元来はわが家と同じ六軒長屋に属する民家だったが、いつの頃からか薬局に、そして更にその右隣で長屋の右端だった民家は食堂に変わった。そのまた右となると、長屋ではなくそれぞれが独立した一軒屋の米屋、自転車屋、そして鉄工所、路地を挟んで八百屋と続き、そのうちのおとなしく口数少ない鉄工所の主人を除けば、一軒家の主たちはすべて地元の顔役たちだった。

さて、僕が物心ついた頃にはすでにわが家の右隣は薬局になっており、彫りが深い洋風の顔立ちとそれにふさわしい大柄と男勝りの気性などがあいまって、界隈では格別に目立ち、よく話題になる奥さんがいた。その奥さんの大きくよく響く声は、たとえ怒っていなくても僕らには恐ろしく聞こえるほどに迫力があった。他方、ご主人のほうは小柄で細身で風采があがらず、いかにも気が弱そうで、まさにアンバランスな夫婦だったということもあって、近所の人々の口はその夫婦の噂で忙しかったのだろう。二人の間には母親の体格と性格をそのまま受け継いだような権太息子が二人、そしてその下には男女《おとこおんな》と渾名される娘がいて、奥さんが周囲にはばかることなく亭主や子どもたちを叱りつける声が、壁越しにわが家に筒抜けで、僕らからすればすごく近所迷惑な家族だった。

ところが、やがてその人たちが何の前触れもなく急に引っ越し、何とも静かになって寂しいくらいだったところに、お婆さんとその娘、そしてその娘の一人息子といったように、各世代一名にすぎないがともかく三世代同居の家族が引っ越してきて、その三十台半ばの年恰好の娘さんが薬局を引き継いだ。僕が小学校二、三年の頃だった。

一階の薬局の店舗の奥には台所とトイレがあり、二階が主な居住空間だった。ほどなくして、僕らはその家の僕より四歳ほど下のAちゃんをまるで弟のように可愛がるようになった。Aちゃんはその年齢にしてはすごく知能が高く、立ち居振る舞いも言葉つきも、僕らの周囲では見かけない上品な男の子だった。それに、お婆さんは和服、娘さん、つまりAちゃんのお母さんは洋服という違いはあっても、どちらも清楚で気品があって、それでいながらすごく気さくで、その二人の愛情を一身に受けているAちゃんが、賢く可愛いのも当然のように思われた。じつに幸せそうな家族だった。

そんな秋の日のことだった。僕はそのお母さんに頼まれて、Aちゃんを連れて地域の神社の秋祭りに出かけた。そして、その道中の田んぼのあぜ道で、まるでバネのようにぴょんぴょん飛び跳ねるようなAちゃんの歩き方がすごく気になって、家に帰るとそのことを母に告げた。しかし、母は「ただの癖やろ」と取り合わなかった。僕やその他の周辺の人たちがそれ以前に、Aちゃんの歩き方の異様さに気づかなかったのは、あまりにも近くから見ていたせいか、あるいはAちゃんが体を動かして遊ぶ姿をほとんど見ていなかったからなのか。あるいは、それがまだ軽微なものだったからなのか。

だが、それから程なくして、その異様さに気づいた人が僕以外にもいたようで、同じようなことをお婆さんに告げた。そこでやっとお母さんもおかしいと思ったのか、Aちゃんを病院に連れて行った。すると、筋ジストロフィーと診断され、不治の病で寿命も長くないという宣告まで受けたらしい。一家は幸福の絶頂から、悲嘆の底なし沼に落ち込んだ。僕の母もお婆さん、お母さんと一緒に声を上げて涙を流すことが何度もあった。それ以降、Aちゃんが外に出てくることはなくなり、Aちゃんの姿を一度も見たことがない。

そのうちに、長い看病生活に疲れたせいなのか、あるいは、そんな苦しい身の上を相談しているうちに愛情が芽生えたのか、薬局に出入りしていた薬品会社の社員とお母さんの関係が抜き差しならなくなって、お母さんとお婆さん、そしてAちゃんとの激しい悶着が壁越しにもれ聞こえるようになった。もっとも実際に聞こえてくるのは、Aちゃんのお母さんに対する罵倒の叫びとお母さんのすすり泣き、そしてその間に立ってAちゃんを宥めようとする涙交じりのお婆さんのしわがれた声だけだった。

やがてお母さんは家を出た。結婚したらしい。あれほど可愛がっていた息子を残したままお母さんが家を出たのは、Aちゃんのあの怒りようでは、彼氏と同居なんて不可能だったからなのだろう。不治の病の息子を捨てて男を選ぶなんて、当時の僕の年齢からすればひどい母親と思って当然だろうに、僕はそんなことを思った記憶がない。仕方ない、などと歳の割には「ませた」感じ方をしていた。お母さんは美しく、優しく、輝いていたから、そのお母さんが不幸の塊のようなAちゃんから去って、幸せを求めても当然のことだと思っていた。

お婆さんと寝たきりのAちゃんだけが残され、一階の店舗は賃貸に出された。その店舗を新たに借りた人は美容師で、店舗を改装して美容院を始めた。そうなると二階に住むお婆さんは店舗を通って表通りに出ることができなくなって、一階の台所から裏戸を出てわが家の裏庭の塀の外の路地を通るしかなくなったから、お婆さんの姿をよく見かけるようになった。

しばらくひっそりとしていたAちゃんの家に、お母さんが再び出入りするようになった。Aちゃんがそのお母さんを厳しくなじる声がまたしても壁越しに聞こえ、お母さんは裏口からわが家の台所に駆け込んできて、涙を流しながら母に辛さを訴えるような場面が何度もあった。更に、Aちゃんは矛先をお婆さんにも向けるようにもなって、お婆さんもまたふらふらとわが家に入ってきて、母と話しこむことがあった。

そのうちにそんな声もすっかり聞こえなくなり、僕らはその存在をほとんど忘れてしまった。そのお婆さんと孫の二人がいつ転居したのかそれすらも記憶にない。静かに暮らすようになってから引っ越したのか、あるいは引っ越したから静かになったのか、それすらも覚えていない。

しかし母はその二人が引っ越してからもそのお婆さんとの付き合いを継続していたようで、その不幸なAちゃんが亡くなったことを、僕らが彼らの存在をすっかり忘れてしまった頃になって、母から聞くことになる。

更に後に母から聞いて、僕が非常に驚いたことがある。お婆さんに招かれて新しい住居を訪ねたところ、次のような愚痴を聞かされたというのである。

「やっぱり血がつながってないから、いざとなったらなんとも冷たいもんで。あんだけ一生懸命育ててやったのに……」

あのお母さんはまだ子どもの頃に、子どものいなかったお婆さん夫婦が養子にとって育てたというのである。その種の話を聞くと僕はついつい、母の複雑な育ち方と関連づけたくなる。それについて母は何一つ付け加えなかったのだが、愚痴をこぼしたそのお婆さんよりも、冷たいと非難されたお母さんのほうにむしろ僕の母の気持ちは傾いているような気がした。だからと言って、母にはそのお婆さんを批判する気持ちなどなかっただろうが、やはり「同じ境遇」の者としての共感が作用して、僕の母の気持ちはお母さんのほうに傾いているようだった。

ちなみに、正月の捩りコンニャクなどの煮物、そして糠漬けなどの日本料理の基本を母の手を取って教えてくれたのはそのお婆さんで、僕ら子どもが喜ぶカレーやハンバーグその他の和風西洋料理などを母に教えてくれたのは、その家のお母さんだったはずである。

母はじつに多様な形で、この集落の人々との関係から学んだり、その一部の人たちとは闘ったりしながら、そしてその地に根づくことを夢見て毎日を懸命に生きてきた。そのせいで僕らは少々面倒だったりうんざりすることも多々あった。しかし、そうした母の必死の努力のお陰で、僕らは気楽に日々を過ごすことができた。そして、ときを経るにしたがって、その集落の、ひいてはこの社会の人間としてある程度認めてもらえるようになった。更には、その経験によって培われた一定の自信を大きな担保として、そこを巣立ち、新たな土地で自分なりの根づき、あるいは根づききの拒否を試みてきたわけである。

（第二部了）

第三部

中年の僕と老齢化した両親

高校三年の夏に、高校野球の親善試合でソウル、大邱、全州、釜山などを転戦し、全日程終了後に、各自が両親の故郷を初訪問することになった。僕は初めて飛行機で済州を訪問し、父の生家の庭で初対面どころか、その存在すら知らなかった親戚たちとカメラに収まった。親戚の人間関係の謎と、毎回、大量に出される食事を残すのは申し訳ないからと無理して食べて、しかも人の気配がすると豚が鼻を尻に突き出してくる伝統的な便所が怖いあまり、便秘で苦しめられていた。そんな心身の事情が、僕の疲れきった顔つきに歴然と表れている。

第六章　父の人生の整理

一　死に臨んで

一九九九年、父の最後の入院中、僕は週に一、二度、病室に泊まった。その病院には兄が勤務し、近くに住んでいたから、昼間はその家族が父の世話をしてくれた。しかし夜は、母や僕たち兄弟が交代で、二時間ほどかけて電車を乗り継いで通い、泊まりこむことにしていた。

人が見舞いに来ているときには、父は懸命に表情を作っていたが、それ以外のときには痛みに耐えるのが精いっぱいだった。海鼠を柔らかく煮てごま油などで和えた好物料理を母が作ってきても、一切れか二切れ、これまた大好物のトロの握り寿司もせいぜい一貫しか手をつけなかった。

僕は顔をしかめている父を見るのが辛く、そして怖いあまり、少しは微笑んでくれてもよいのにと、腹立たしくもなった。

ある夜、父が何かを訴えている気配がしたが、うまく聞きとれなかった。父は入歯を外していたし、僕もうたた寝状態だったのだろう。父はいかにも不機嫌そうに何かをつぶやきながら、ベッドから辛そうに起きあがった。そしてふらりふらりと歩きだし、病室の隅から携帯用の便器を取り出して、カーテンを引いた。しかし、そのカーテンの端の隙間から後ろ姿が見えた。父は息を整えて精いっぱいにいきみをくりかえしたあげくに、やっとわずかな便を搾《しぼ》りだした。そしてしばらく息を整えてから、改めて精いっぱいのいきみを試したがもう何も出ないので、力尽きたと言わんばかりに大きなため息をついた。そしておもむろにティッシュを取りだし、何回も丁寧に折りたたんでから、すっかり肉のそげ落ちた尻を少し持ちあげて、ゆっくりと拭きとった。

その三週間ほど前に、僕は父から念願の遺言証書を勝ちとっていた。

父には済州に愛人とその子どもたちがいたが、数年前に訴訟を起こされて敗訴して以後は関係をすっかり断っているはずだった。少なくとも、父は僕らにはそのように言っていた。しかし、父はそれほど潔い人ではなかった。人との縁を断固として切ってしまうなんてことができる人ではなかった。陰で関係が続いている可能性も十分にあった。そんなことは母はもちろん、僕ら子どもも知っていた。それがどうであれ、その子どもたちは父の子として戸籍に載っており、遺産相続の権利があるので、父の死後に厄介が生じることが歴然としていた。

遺産には母が住む家も、父の事業を継いだ弟のコウバも含まれているから、遺産処理は僕たち一家のその後の生活を大きく左右する。その異母弟妹の同意と押印がなければ、相続の手続きすらできない。そうした事態を避けるための、せめてもの対応策が「遺言」だった。そうした事情はその種の面倒で苦渋を舐めたことのある母の友人たちからも教えられ、父に遺言書を残してもらうようにと強く勧められていた。母にしても、長年苦しんできたその母子のことで、父の死後まで厄介を抱えこむことは何としても避けたがっていた。

そもそも、父名義の財産は、父一人で作りあげたものではなく、母の体を張った意地の成果でもあり、父の死去後、二人の生涯を偲ぶシンボルでもあった。そこで、父に遺言書を書いてもらうように、母は僕に何度も念を押していた。父が亡くなった後、その後始末をすることになるはずの僕としても、底なしの泥沼をさけるためにも、喉から手が出るほど遺言書が欲しかった。だから重い気分を持て余しながらも、父の顔色をうかがい、隙を見ては遺言書の話を蒸しかえしていた。

しかし、父は言を左右にして、僕の言葉を撥ねつけた。「現在も将来にわたっても問題など何一つない」と言い放つかと思うと、急に電話で呼びつけて「銀行で相談して来い」と命じたりもした。ところが、その指示通りに銀行で相談したうえで、遺言書の作成が最善の策であるという結論を伝えると、「それやったら、いつか」などと、先送りした。遺言書を作成すれば自分が死ぬことを認めることになる。そして自分の死を認めたとたんに死が早まるといった信憑を、父は強く持っていたふしがある。

おそらくは、生まれてから二〇歳くらいまで暮らした済州の死生観のようなものを父は内面化していたのだろう。それに加えて、何事であれ決断を先延ばしにする父の性格も大いに関与していたはずである。それが分かっているから、僕はほとんど諦めの境地だったし、じつに辛くて面倒なことだったけれども、自分を奮いたたせて、おりに触れてその話を蒸しかえした。しかし、何一つ進展がなかった。

ところが、そんなある日、朝早くいきなり父から電話がかかってきて、遺言書を作るから早急に専門家に相談して話を詰めるように、と言う。夢のようだった。この機を逃すわけにはいかないので、すぐさま知りあいの司法書士に相談し、遺言書作成の段取りを決めた。ところが、そのようにしてようやく決めた遺言書作成予定日の前夜に、父はそれまでになかった激痛を訴え、まともに口もきけなかった。僕は遺言書の作成は無理かと危ぶんだ。せっかくここまで漕ぎつけたのに苦労が水の泡になりかねないと、激痛に苦しむ父の姿から顔を背けて、遺言書の心配ばかりしていた。

夜が明けた。またもや激痛が父に襲いかかるのでは、あるいは、最後の段になって父が約束を翻すのではないかと心配していたが、そんな僕が拍子抜けするほど父はすっきりした顔つきだった。前夜の激痛が父に決定的な覚悟を迫ったのかもしれない。

両親を車に乗せて公証人役場に向かった。遺言書の作成は予想以上に面倒なもので相当に時間を要したが、父は立会人役の司法書士の顔をしっかり見て、その説明に耳を澄ましながら、淡々と作業を進めた。文字を書く際に手が震えていたが、それはすでに数年前からのことだった。済州へ同行する際に、空港で初めてその震えを見たときには、さすがに父の老化の現実にギクッとしたが、そんな姿にもすっかり慣れていたので、心配しなかった。父が判断に迷う項目については、「おまえがしたいようにすればよい」とほとんど全権を僕に委ねてくれた。無事に遺言書の作成が終わった。見守るだけだった僕でもすごく疲れたのだから、父の疲労は並大抵ではなかったはずだ。

帰路、父は少し疲れの色を見せたが、爽やかな表情だった。車窓ごしに大阪の街を見ながら、「ここは、あの頃、自転車でよく通った。あの城の向こうに……覚えてるか」と母に問いかけ、母は「それはあの……」と頬を少し紅潮させ、すごく申しわけなさそうに呟いた。言葉に力がなかった。父に遺言書を無理強いするようなことをして、母はすごく心苦しかったに違いない。

夜に激痛が再発して、収まる気配がなかった。とても見ておれず、兄に電話した。兄は病院の救急車で遠路はるばるやってきて、父を病院に連れて行ってくれた。そして、そのまま最後の入院となった。

　これで見納めになるだろうからと、済州島から親戚一同が見舞いに駆けつけてくれたときには、顔をほころばせながら昔話に花を咲かせて一行を驚かせた。済州の親戚がそれだけの大人数で訪れてきたのは、僕の知る限り初めてのことだったこともあって、そのお陰で奇跡でも起きたのかと自分の眼が信じられなかった。ところが、一行が名残惜しそうに去ってしまうと、症状が一気にぶり返した。しかも、悪化が加速したようだった。黄疸もますますひどくなり、腹水で腹が膨れあがり、いかにも辛そうだった。とりだした腹水の処理を頼まれ、それを下水に流しながら、父の命をドブに捨てていくるような気がした。はかないものだとつくづく思った。死期が近づいていることは明らかだった。せめて正月だけでも家で過ごさせたいと、兄が救急車で病院のベッドともども父を家に連れ帰った。

　しかし、二〇〇〇年の正月を越すどころか、迎えることさえもできなかった。帰宅して二日後の一二月三一日の明け方に、父は何かを叫びながらベッドから起き上がろうとして、そのまま倒れて息を引きとった。「玄文式の名前が消えていく」と叫んでいたと母が言う。それが朝鮮語だったのか、日本語だったのか尋ねても、「どっちか分からんけど、たしか、そう言うてた」と母は繰り返すばかりだった。正月の三が日くらいは持ちこたえるものと油断していた僕ら兄弟の誰一人として、父の臨終に立ち会えなかった。享年七七歳だった

二　良き父

ここまで、僕は父を実際以上に悪役に仕立て上げてきたようで、気分がすっきりしない。幼い頃から、兄は父のもの、僕は母のものといった役割分担ができあがっているような気がして、僕は母につくことが「正義」、あるいは、それが自分の役割と信じながら育ってきたことがその一因なのだろう。

でも今から思い返してみると、それは僕の思い込みに過ぎず、そうした思い込みに影響されて描いてきた父の像も、相当に歪んでいた可能性がある。

父は愛情表現が苦手な人で、父とのスキンシップなど全くないなどと思っていたが、父に肩車してもらったり、抱いてもらったりしていたことが、まるで夢の中の出来事のように記憶の底から蘇ってくるようになった。その一部は、たとえば、北系の団体事務所前広場での演説会の様子や、コウバを創業する際の父の姿、更には、「うんこ」にまみれた得意先への同行といった形ですでに紹介したが、父へのせめてもの罪滅ぼしのために、良き父の記憶、あるいは僕と父の関係の世界をもう少し掘りおこしてみたい。

僕は幼い頃から、わが家を訪れる親戚や両親の知人と両親とが会話を交わす場に、子どもにしては珍しいほど立ち会っていた。大人の昔話や商売、親戚知人の近況など、子どもにはあまり興味がなさそうな事柄でも、部屋の片隅に何気なく陣どって耳を傾けていた。

ある時期までは、「幼い僕はそのような話をつうじて在日の謎の探索をしていた」のだと本気で信じていたのだが、さすがにこの歳になると、そんな理屈はこじつけがましく思えるようになった。話を聞くのが好きだっただけのことだろう。家の中には子どもの遊具や絵本どころか本そのものがほとんどなかったし、テレビもない時代だった。絵本や親のお伽話の代用物として、大人の話を聞くのが幼い僕の娯楽だったのだろう。それに似たこととして、新聞や回覧板に目を通す習慣も僕にはあった。新聞は隅から隅まで読んで、僕の年頃には難しすぎる記事でも、好奇心や物語趣味をそれなりに満たしてくれた。それと比べて、家にやってくる大人たちと両親との話は、身近な人の肉声の力もあってのことか、見ず知らずの人や事件についての話であっても、身近に感じられて、両親や僕自身の関係世界の見取図を描く助けになった。

その延長で言えば、コウバの給料日になると僕は父の横に座って、父が書いた計算書に基づいて新札とセットされたままの硬貨の束を崩して数え封筒に入れるといったことも、父に頼みこんでさせてもらっていた。給料の計算書といってもじつに単純なものだった。日給月給が基本で、歩合給が付け加わる。その他には、皆勤手当と残業手当があった。それらの総額に相当する紙幣や硬貨を、父が予め名前を書いてくれた封筒に入れるだけのことだった。だから、間違う心配などなかったが、間違いがあってはまずいから、後で僕には内緒で父が計算書と金額とを再確認していたかもしれない。当時の僕はそんなことは想像もせずに、お金を手にすること、数えることで、金持ち気分になって鼻高々だった。また、コウバの職人さんたちがどの程度の給料で暮らしているのか、父がどれほどのお金を扱う商売をしているのかも垣間見えるような気がして、いっぱしの大人気分を味わった。

そんな僕だから、両親はコウバの後継者候補と考えていたふしがあった。本来なら兄がそうであるべきなのに、お金や人間関係に対する興味といった、零細な町工場を運営するのに必須の条件を兄よりも僕のほうが備えていると判断したからだろう。僕は嬉々として父の横に座り、お金を数えながら父との共同作業を愉しんでいた。

父は飲みに出かけて夜遅く、あるいは夜中に帰宅することが多かったが、一杯機嫌で、おみやげの寿司を提げて早めに帰宅することもあった。あるいは、いったん帰宅したものの、その一杯機嫌の余韻を楽しもうというわけなのか、夕食をすませた僕と兄を連れだして、馴染みの寿司屋に連れて行くこともあった。僕らはすでに夕食をたらふく食べていながら、寿司は別腹ということなのかカウンターに座って、つぎつぎと注文する握り寿司に食らいついた。小学校六年の兄は一二皿、四年の僕は一〇皿も平らげたことがある。当時は一皿に三貫が普通だったから、夕食後に寿司を三〇貫以上も食べたことになる。父は刺身を肴にビールを飲みながら、僕らの食べっぷりをニコニコしながら眺めていた。寿司屋の大将も、そんな僕ら親子の姿をいかにも愉快そうに眺めながら、注文を受ける合間には自分もグラスのビールをあおり、そして僕らに寿司を握ってくれた。僕らはそんな温かい視線の中で、寿司飯の甘酸っぱさとともに幸福感を体いっぱいに取りこんでいた。そんなことから、僕は一時、寿司職人になることを夢見ていた。馴染みの客と話を交わしながら寿司を丁寧に握って客に喜ばれ、自分自身もビールを楽しみながら客の歓びのご相伴に預かれるなんて、この世で一番幸せで役に立つ職業と思えた。そして、そんな気持ちは今だってほとんど変わらない。しかし、そんな和気あいあいの寿司屋には、よほどお金の余裕がないと通えないご時世になってしまった。

因みに、そんな僕らを送りだす母の気持ちはどうだったのだろう。一杯機嫌で帰宅した父が、母をそっちのけにして子どもだけを寿司屋に連れだすのだから、母としては自分はのけ者にされているという感じも否めなかっただろう。実際、母の表情にはそんな気配もなくはなかった。しかし、母はそんな狭い料簡よりは、父子が一緒においしいものを食べて楽しむことを喜んでいたに違いない。それにまた、僕らが一緒にいる限り、父の帰宅は遅くならず、安心である。そこで母は、「はよ（早く）行って、はよ食べて、はよ帰っといで」とそっけなく僕らを送りだした。

学校好きの父の思い出もある。父も母もコウバの仕事以外には何だって僕ら子どもに強制するようなことはなく、まさに自由放任だった。但し、強いて言うならば、勉強なんかよりも健康優先だったが、子どもが自ら進んで勉強するなら、それを大いに喜んだ。二人とも学校経験がないから、その分、学校や勉強に対する憧れが強かったのに、それを僕らに押しつけることがなかっただけのことである。それに、当時はたいていの人にとって食べる心配が何にも先だっていた。生き延びること、そして生活第一の時代だった。

その一方で、父は学校が好きだった。僕が小学生の頃には授業参観日にも来てくれた。参観に来るのはほとんどが母親で、しかもその多くが和服を身にまとっていた。そんな中に父の姿を認めると、少し恥ずかしかった。読み書きができない母に代わって仕方なくという側面もあったのだろうが、忙しいコウバから抜けだして、和服の母親たちで混みあった教室に悪びれることなく堂々と入りこんでいた。その父を盗み見すると、先生を真正面から見つめ、その話を懸命に聞いていた。まるで自分が生徒になっているかのようだった。父は学校経験がなかった分を、そうした授業参観で取り返そうとしていたのだろう。子どもへの義理でそこにいるといった雰囲気は全くなかった。そんなときの父は、背広姿の場合もあったが、作業服姿のときもあった。周りがめかしこんだ母親たちばかりなのに、作業服姿を恥じたり気後れしたりする気配が全くなく、むしろ背筋をピンと伸ばし堂々としていたから、座席から盗み見していた僕にも違和感など生じなかった。

僕が小学六年のある日曜日の朝、父はいきなり僕に、兄の試合を見に行こうと言いだした。兄は前夜、明日は中学の野球部の遠征試合で、大阪で一番強く、大阪で一番のピッチャーのいる中学と試合だと自慢して、その日の朝も普段になく早くから張りきって出かけた。他方、父は昨夜も例によって酔っぱらって遅く帰宅して、朝も二日酔いらしく寝床からなかなか出てこなかったから、僕が知る限り、父は兄のそんな話を知るはずがなかった。だから、父の突然の誘いがすごく不思議だった。

しかしともかく、僕はオートバイの後部座席に座って両腕で父にしがみついて、兄の試合会場である中学に向かった。そして、運動場の隅の階段に父と並んで腰を下ろした。僕は相手チームの評判のピッチャーを見るだけで興奮していた。兄は突然の父の出現が照れ臭いのか、ほとんど僕らのほうに目を向けなかった。試合は緊迫した投手戦で、二対一で兄のチームは負けた。しかし、最終打者になりそうだった兄が見事なライト前ヒットで、その不名誉を免れるのを見て、父はすごく満足そうだった。

そもそも兄の中学校は兄たちが一期生で、二年生の兄たちが最上級生なのに、三年生の選手ばかりで構成されて、大阪でトップの投手を擁する強豪チームを相手にその点差なのだから、大変な善戦である。そんなことをまるで自分のことのように自慢気に話す僕を、父は笑顔を浮かべて聞いていた。そして試合が終わると兄のチームの監督の先生への簡単な挨拶をすませると、僕を急かせてオートバイを発進させた。

高校の合格発表の朝にも、僕が不安と期待で落ちつかず、ずいぶん早く出かけようとしていると、父がコウバから戻ってきた。そして、意外なことにオートバイで一緒に行こうと言いだして、ためらう僕を急かせてバイクに乗せて高校に向かった。更に大学の合格発表のときにも、高校のときと全く同じように、僕が出かける準備をしていると、父が予告もなしにコウバから戻ってきて、乗用車に乗せて大学まで行ってくれた。そして、父は合格発表のパネル上に僕の受験番号を目ざとく確認すると、すぐさま帰ろうとする。そこに居つづけでもしたら、合格発表パネル上の僕の受験番号が消えてしまうとでも信じているかのようだった。そして僕を家の近くで車から降ろすと、すぐさまどこかに姿を消した。帰宅は深夜で、すっかり酔っぱらっていたが、普段にない上機嫌だった。

当時は、子どもの大学合格というおめでたい日なのだから、せめて家族そろって夕食を、そして祝いの言葉一つくらいは当然なのにと、母ともども、不満に思い、父の無神経を非難していた。しかし、今になって考えてみると、父はうれしさのあまり仕事が手につかず、知人や友人に息子自慢でもしながらおいしい酒を飲んでいたのだろう。それこそが父の喜びの、つまりは息子への愛情表現のスタイルだったと思えるようになった。歳をとるということは必ずしも悪いことだけでもなさそうである。

因みに、高校の入学式にも、合格発表のときに引き続いて父はバイクで僕と同行して、その後の入学説明会ではじつに微妙な形で僕のウソの共犯者にまでなってくれた。

クラス分けの名簿にしたがって教室に入った。付添いの父兄たちも教室の後部や廊下で、担任の教師の説明に耳を傾けていた。やがて提出書類の説明になり、その一つとして家庭調書が配布された。そのすべての欄を埋めて提出するようにという先生の指示が、僕をうろたえさせた。人前では記入するのを避けたい欄があった。本籍欄のことである。それは小学校以来の僕の頭痛のタネで、僕はその欄を級友たちに見られないようにどれほど神経を遣ったことか。それがまたしても目の前にあり、その場で書きこめば、会ったばかりの隣の席の級友の眼に入るかもしれない。また後ろから順に回収される際には、前の席の級友たちの眼に入るかもしれない。

本籍を知らなくはなかった。「大韓民国済州道南済州郡南元面……三」と番地まで僕の頭に刻みこまれていた。小学校に入学以来、毎年、学年初めに家庭調書を提出する際には、周りの級友たちにそれを見られないようにするために涙ぐましい工夫を重ねていたからである。

家庭調書に記入して提出する際に、横や前後の席の顔を合わせたばかりの級友たちが僕の調書の詳細に興味を持つはずもないし、わざわざ覗き見するはずもない。たとえ覗き見しようとしたとしても、はっきりと見えるかどうか疑わしい。それにまた、僕は高校入試の願書ではそれまでの通名ではなく、初めて本名で通すようになっていたから、その名を見れば僕が日本人でないということは歴然としていた。それでいながらも、パニックになるのだから、全くの一人相撲で、病気としか言いようがない。

僕は散々迷ったあげく、席を立って教室の後部に立っている父の所へ行った。そして、怪訝な顔つきの父に向かって、本籍を覚えておらず、すぐには家庭調書を完成できなくて困っていると囁いた。すると父は、「それやったら先生に、持ち帰って家の者に確実なことを確認してから書いて提出すると断わったらいい」とアドバイスしてくれた。どうせのことならその場で父が書いてくれてもよさそうなのに、父がそうしなかったのは、僕の嘘に気づきながら、その嘘に加担してくれていたからに違いない。父の困惑まじりの笑顔がそう語っているように思えた。ともかく僕は、素知らぬふりをして父のアドバイスに従った。何とも面倒な息子を持ち、その息子の情けないウソにまで素知らぬ顔で加担してくれた父だった。

三　涙まじりの殴打

相当に深刻な民族的コンプレックスを抱えていた僕なのだが、大学に入ると、「民族に目覚めた」。同胞の先輩たちの教えを受けて、朝鮮の言葉や歴史や社会状況を学ぶうちに、自分たちが「祖国」の民主化運動の一翼を担っているなどと、いっぱしの運動家を気どるようになった。そして学年があがるにつれて、その組織内で一定の責任を担うようになった。おりしも、韓国の政治状況は緊迫の度を増して、在日社会、とりわけ南系の団体はそのあおりを直接に受けるようになった。僕ら学生・青年団体を傘下に置くその団体は、祖国の軍事独裁政治に反対する傘下組織の排除を決定すると同時に、その責任者たちを除名処分にした。僕もその一人だった。

その団体は本国政府の下請け機関のように領事業務全般を委ねられていたので、その団体を除名されると、韓国政府から旅券を発給してもらえなくなった。法的規定などとは関係なく、実質的に国籍もしくは市民権の剝奪に相当する処分だった。しかも前時代的な「連座制」といったものが幅を利かしていたために、僕の両親までもが旅券を剝奪された。当時の父は、歳をとってから生まれた済州の子どもたちと過ごす時間が生き甲斐で、しきりに済州と大阪を往来していた。だから、息子のとばっちりで旅券を奪われるなんて、とんでもない災難だった。

父は僕にその団体への「謝罪文」、つまりは「転向書」のようなものを提出して処分解除を求めるように命じた。しかし、僕にはそれはできない相談だった。僕に対する処分は僕個人ではなく、学生団体の責任者に対するものだから、個人的事情でその撤回を働きかけることができる筋合いのものではないというのが、僕の理屈だった。

そのせいで僕は、記憶にある限りでは生まれて初めて、父に頬を張りとばされた。痛みはほとんど感じなかった。たとえ幼稚なものであっても、それなりの信念に基づく行為の結果として受け止める覚悟があったからだろう。ところが、そのときに父の目に涙がにじんでいるのがチラッと見えた。僕には、それがすごく厄介だった。

すでに触れたように、父はある時期までは在日の左翼系組織の熱心なシンパだったし、故郷を訪問するパスポートを得るためにその組織を離れてからも、日本の左翼政党に共感を抱き、理想主義的な政治運動や組織への共感を失っていなかった。だからこそ、僕が学業などそっちのけで、祖国に関心を持つようになり、その言葉を学びはじめ、歴史を勉強する延長上で在日の学生運動にのめりこんでも、ほとんど干渉しないどころか、むしろ子どもの成長過程として喜んでいる気配さえあった。それなのに、決して褒められたものではない自分の「老後の楽しみ」の妨げだからと、その息子を殴打するなんて、自己矛盾の最たるものである。そんなことは、父自身もよく分かっていたに違いない。それに加えて、父には僕の将来に対する懸念もあったのだろう。同胞社会、ひいては韓国政府から忌避されて、この息子はこの先、どのようにして生きていけるのかと心配もしていた。

在日は一人で生きていくのは難しい。少々、煩わしいことがあっても、同胞社会との関係、そして組織との関係がなくては、この差別社会で生きていけない。それが父の長く厳しい経験に基づく知恵だったから、僕がその在日組織、そして社会から締めだされることを父は深く懸念していた。

そうした自己矛盾と僕の将来に対する心配が入り混じり、それをうまく言葉にして表せないからこその殴打であり涙だったに違いない。少なくとも僕はそう思って、その涙に対して申しわけなかった。

僕は父の命令をあくまで拒否したが、その代わりに、父が半ば期待していたように、コウバの後継者の道を歩む決心を改めて固めた。それが父の涙に対するせめてもの罪滅ぼしという気持ちだった。それに僕はすでに、政治運動、社会運動が主張する「正しさ」は僕には荷が重すぎるように思いはじめてもいた。だから、今後は社会の片隅のコウバや家を中心とした小さな関係世界で静かに、しかし、懸命に生きようと思った。いわゆる大きな社会に対しては距離を取ることで、その小さな社会に没入し、それを守ろうと思った。

朝から晩までコウバで汗にまみれ、冷房なんてなかったトラックで灼熱の路上を走りまわっているうちに、〈小説を読まなければ眠れない〉などと得意げに思いこんでいた自分のとんでもない幼稚さを思い知らされた。酒を少し飲んで寝床に入ると、バタンキューだった。唯一の楽しみは、土曜日の夕刻の外出だった。

跡つぎの特権というか、まだ学生で臨時の手伝いという身分だから、特別に早めに仕事を切り上げさせてもらって、梅田の繁華街に出向く。まずは、お初天神の境内にあった、四、五人座れば満杯のカウンターだけの小さな居酒屋で、少しばかりの肴で生ビールを二、三杯立てつづけにひっかけると、脱力感がジワッと訪れる。その気だるさを楽しみながら繁華街の人ごみの中をぶらぶらと歩いて、地下に入り込む。そして人の出入りが少ない階段を選んで腰を下ろし、通行人をぼんやりと眺める。世の中には男女を問わず美しい人たち、幸せそうな人がたくさんいるものだと今更ながらに驚く。羨ましいと思うわけでもない。すでに自分とは関係がないもののように、僕とその人たちの世界の間には透明な帳が下りていて、その帳の向こうの世界は輝いて見えた。

そんな僕にとって、大学の卒業証書など何の意味もなく、すでに一度留年して五年目の学籍は残っていたが、卒業する気はなかった。学校のことが頭に上ることもなかった。ところがある日、コウバに電話がかかってきた。それを受けた父が僕に受話器を回してくれた。三年生になって学部に上がった当初から、なぜかしら格別に気安く、そして親切に相手をしてくれていたベテランの女性職員の方からで驚いた。

「玄君、学費滞納じゃない。支払って卒業なさいよ。卒業単位はほぼ取れているから、残りわずかの単位も何とかして……主任教授とも相談したうえで論文を適当に書いて卒業するのよ」

思いもかけない親切な勧めで有難く思った。しかし、その気になれなかった。面倒くさかった。電話を終えた僕に父が珍しく声をかけてきた。

「何の電話や？」

僕は少し躊躇いながらも、正直に話した。すると父は、「授業料は出したるから、卒業できるんやったら、しといたらええやないか。何も損はない」と意外なことを言った。僕はなぜかしら、その言葉に素直に従う気になった。なるほど、何の損もないと思った。

そこで先ずは一年分の授業料である一万二〇〇〇円を父から受けとって大学に納めた。残っていたわずかな単位については、レポートを提出することで担当の教員と話をつけた。僕に対して共感も関心もなさそうな主任教授に面会を申し込み、すでに終わってしまっている発表会での中間発表を経なくても卒論を提出することが許されるかどうかのお伺いを立ててみたところ、意外にもすんなりと許しが出た。あっけなかった。弟子とはみなされていないだけのことだとは承知しながらも、助かったと思った。それからは、コウバの仕事は半分くらいにしてもらって、時間も知識も能力も何一つ持ちあわせていないから、もっぱら居直りだけを頼りに作文に励んだ。そして、われながらひどい作文をひね繰りだして、卒業論文と命名して提出した。無事に卒業となった。

その間には、在日の学生に奨学金を給付する団体の関西支部長から、卒業後の進路を心配する電話があった。その人は、幼い頃から僕の進路や教育に関して何かと助言してくれていた叔父（父の従兄）の長年の友人という因縁もあって、大学に入った時から何かと僕のことを気にかけてくれていた。そこで、請われるままに事務所に出向いて話しあった。そのうちに、「僕としては家庭の事情もあって家業を継ぐつもりだが、もしもそれを猶予してもらえるならば、数年間だけでも出版関係で働いてみたい」と自分でも思わぬことが口をついて出た。それには自分でも驚いたのだが、その方は「それなら、すぐに在日のある新聞社に連絡を入れるので、行ってみなさい。近くだから、帰路にでもぜひとも」と強く勧めてくれた。そこで、折角のことだからと野次馬気分でその新聞社を訪ねてみた。

新聞社では、よほど暇だったのか、副社長兼支社長がじかに応対してくれた。そして、何を誤解したのか、試験を準備してあるのでぜひとも受けてもらいたいと言う。僕はそんなつもりで来たわけではないと断ったが、相手は僕の言葉などお構いなしに、事務職員が問題用紙を差し出した。僕は、何が何だか分からないままに、これも成り行きだからと覚悟を決めて、その試験を受けてみた。僕は例の在日の団体からの「除名事件」前後から、社会に対する興味を断ち、新聞もテレビも見ない毎日を送っていたせいもあってか、時事問題などには手も足も出なかった。それに、労働に明け暮れるというのはこういうことなのかと思うほどに、試験問題を前にしても、眼も脳もまともに反応しないことにわれながら驚いた。当然、ひどい出来だったに違いない。そこで、その新聞社を辞すと直ちに友人たちに電話して、久しぶりに通飲した。こうしてその日のことはすべて流し去ったつもりだった。

翌日は、二日酔いに苦しみながらも、大学病院で目の手術を受ける母に終日、付き添った。そして夕刻に母と同行して帰宅したところ、父の血相を変えた詰問にさらされた。

「おまえはいったい何を考えてるんや！　本当は何をしたいんや！　今日、コウバに新聞社の副社長を名乗る人が来て、ぜひ、入社してもらいたいと言うやないか。あれは何の話や？　本当にそんなところで働きたいのか？　そんなことをしたいんか！」

父は怒っていた。父は口には出さなかったが、その怒りの源には、次のような心配があるように僕は感じた。

〈その種の会社に入れば韓国往来が必至なのだから、またしても除名問題が蒸し返されることが必至やないか。おまえがあれほど嫌がった転向書の話になれば、どうするつもりなのか〉

父は珍しく、本気で怒っている気配で、僕はその勢いに押された。気持ちの整理に努めながら、事情を説明した。そして、最後にその新聞社に就職する気はなく、コウバの仕事をするときっぱりと言った。すると父は、安心した様子で、声を柔らかくして「それやったら、ええ。その話はなしや」と僕の釈明を受け入れてくれた。そのうえで、「わしはまだ若いから、まだ当分は、コウバのことは心配いらん。本当にしたいことがあるんやったら、当分はそれをやってみたらいい。じっくり考えてみろ」と励ましてくれた。

じつは、卒論もどきを準備しているうちに自分でも意外なことに、大学に対する未練が芽生えていた。民族云々で、在学中にまともに勉強しなかったことを後悔もしていた。そんな僕だから、父の言葉に触発されて勉強をやり直したいという気持ちが明確になってきた。そこで、卒論を提出して卒業が本決まりになった時点で、「一年だけでも猶予をもらえるなら、勉強して大学院を受験したい。そしてもし合格すれば、修士課程の二年間だけでも通ってみたい」と、父に希望を述べた。父は何も言わず、満足そうに頷いた。瓢箪《ひょうたん》から駒の連続だった。

それを幸いに僕は遅まきの勉強をはじめて、大学院に入った。その受験勉強中には、前々から付き合っていた現在の妻との関係も深まり、結婚の潮時だと心を決めた。大学院入学が決まると直ちに結婚の意思を両親に伝えた。二人ともまだ学生なので生計の不安もあれば、兄を差しおいて次男が先に結婚なんてといった、在日の一世たちが重視する長幼の秩序への抵触など問題は尽きなかったが、「若さ」で押しきった。まだ学部生だった妻と大学院生の僕が二人して、勉強とアルバイトに励んだ。物心ついて初めてコウバとは無縁な毎日ということもあって、すごく新鮮な日々だった。そのうちにコウバのことなど僕の頭からすっかり消えてしまった。父も僕が研究で身を立てることを期待してなのか、コウバの後継の話を蒸し返すことはなかった。

その一方で、例の「除名事件」はその後もわが家に影を落とした。外事課の刑事が折に触れて立ち寄るようになった。とりわけ、日本や韓国で何か大きな政治事件、たとえば爆弾テロ事件などが起こると、必ずその種の人たちが家に現れた。それどころか、家の内部にまで入り込むようになった。それには腹が立つだけでなく、妙な気分だった。

僕は除名事件をきっかけに、社会に対する関心を急速に失っていた。というより、むしろその種のことを考えまいとして生きていた。しかも、僕が関わっていた学生団体はテロどころか、当時としては珍しいほどに微温的で、他の組織や団体からは「腰抜け」を揶揄され、自分たちでも時には自嘲するほどの「学生大衆団体」にすぎなかった。その程度の運動体の「正しい」主張でさえも荷が重くなっていた「情けない」僕が、テロなどの犯人予備軍として警戒され、その監視のために「公務員」たちが無駄な時間を費やしているのは、ひどい皮肉だと思った。

それとの関連で面白いエピソードがある。

僕の高校時代の友人が大学に進んでから親しくなった友人の中に、国会議員を父に持ち、その公設秘書をしながら大学に通う面白い男がいて、僕は在日の学生団体の集会やデモで東京に行くたびに、彼らと連れ立って夜の街を遊び回った。僕が生まれて初めてピザを食べたのも、その連中との夜のドライブの途中に立ち寄った四谷の議員宿舎近くのフランス料理店でのことだった。気どったフランス料理店のメニューにイタリア料理のピザがあることが不思議だったこと、ピザというのは何ともまずい食べ物だと思ったことが強く記憶に残っている。

韓国の独裁政権反対の学生運動の一環で夜行列車を無賃乗車するなどして東京に上りながら、夜にはそんな呑気なことをしていたのだから、僕が関わっていた組織はさておいて、少なくとも僕自身は何とも自堕落な人間であった。そんな人間を監視するために刑事たちが家にしきりに出入りしていたことの馬鹿さ加減、更には、税金がひどく無駄遣いされていたことは、今考えてもお笑い草である。

それはともかく、その代議士の息子で公設秘書兼学生という身分に加えて、性格もなかなかユニークで面白い男が、彼に僕を紹介した友人に、後に次のような打ち明け話をしたと言う。

「在日の団体から除名処分を受けた面々のブラックリストが、公安関係から代議士である父親に送られてきたのを見て驚いた。そのリストには何と、君のあの友人（僕のこと）の名前も挙がっていたぞ。あの男は一体、何をしでかしたんだい？　そんな友人を持っていたりしたら、後々困ったことになるんじゃないか？　くれぐれも気をつけろよ」

僕なんかが全く預かり知らないところで、僕のように情けないほどに軟弱な若造が危険思想の持ち主として公的な認証を受け、税金が無駄に費やされ、その情報がいろんなネットワークを経ながら自己増殖していることに、僕は今更ながらに驚いた。そしてそんな事実に圧倒されて、僕はますますその種の世界から逃げだそうと心に決めたのかもしれない。

父は僕の除名事件以来、僕を除名し父の旅券を剝奪するのに一役買ったその団体に、忠誠と貢献を示すことで旅券を取りもどそうと懸命だった。そしてその団体の本部事務所に通っているうちに、情報収集のためにその団体に頻繁に出入りしていた外事課の刑事たち、つまりは僕の所在確認に現れる人たちとも面識ができた。そしてそうした関係を利用して、彼らはわが家にあたかも「自然に」入り込むようになった。帰宅すると、居間でその連中が父と一緒にテレビを見ていたりすることもあった。父はとりたてて相手をするわけでもなく、かといって無視するわけでもなく、何とも奇妙な雰囲気だった。そのあげくに、その連中は僕の結婚式にまで、祝儀袋を持参して現れた。それを知ったときには、僕もさすがに顔色を変えた。

「なんであの連中がこんなところにまで来るのん！　追い出してよ！」しかし、父は「ほおっとけ。あの連中はこういうのも仕事や。それくらいのこと気にしてたら、朝鮮人は生きてられるか」と僕をたしなめた。

四　父の絶望と不始末

済州への道がふさがれ、旅券を取り返そうとする努力が一向に実を結ばないこともあってか、父の酒のうえでの失敗が目立って多くなった。自転車に乗って飲みに出かけて、どこに自転車を放置したのかすっかり忘れて、フラフラと歩いているうちに転倒したのか、どろまみれの姿で帰ってきた。また、夜中に派出所から、泥酔状態の父の扱いに困っているから、すぐに連れ帰るようにとの電話があって、弟が急遽駆けつけたこともある。それくらいならまだしも、車で飲みにでかけて本格的な警察沙汰にもなった。

泥酔した父は、路上駐車の列の中の一台が自分の車だと思いこんでキーを差し込んだところ、ドアが開き、更にはそのキーで車が始動した。ところが、その車は車体の大きさなど勝手が違い感覚もおかしく、酔っている父は まともにハンドル操作ができない。あげくは道端に並ぶゴミ箱に立てつづけに接触して、踏み潰しながら進んだ。その感触と音とでようやく気づいた父は、車を止めて車外に出た。そして、たまたま通りかかった警官に逮捕された。酒酔い運転および自動車泥棒の現行犯だった。

知らせを聞いて駆けつけると、父は縄につながれ、しかも手錠姿で、机の前で憔悴しきった様子で座っている。ひどい二日酔いということもあったのだろうし、会わせる顔もなかったのだろうが、僕らに顔を向けもしなかった

警察の話によるとこうだった。父の証言に基づいて現場を調べたところ、事故車とは別に父の車

があった。しかも、父が自分の車と思い込んでいた事故車と父の車とは、車体の大きさも価値も相当な開きがあるので、窃盗とは考えにくい。しかし、だからといって、単純な過失として片付けるわけにはいかない。酒酔い運転もあるが、逮捕後の父の言動が警察の心証を著しく害した。

取り調べの際に、父は財布から韓国領事の名刺を取りだして、その人物を盾にして傲慢に振る舞ったと言うのである。おそらくは、旅券を獲得するための領事館その他への奔走の過程で知り合い、挨拶言葉を真に受けたわけでもなかろうが、逮捕されたパニックと酒の酔いが重なって、たまたま思いだしたその名刺の権威で窮地を逃れようとでもしたのだろう。僕は呆れる一方で、僕の除名事件が間接的ながら影響しているような気がして、申しわけなかった。

「何か問題があればいつでも相談に」などと名刺を渡されたのだろう。まさかそんな調子のいい挨

「明日には検察庁に送致することになっており、もう一日、留置場で泊まってもらうしかない」と警官は言った。

僕ら家族は家に戻り、善後策を相談した。叔母（母の妹）が熱心に通っている宗教団体の顧問が、地元では代々有力な政治家一家の代議士ということもあって、地元警察にはめっぽう顔が利くので、その筋の斡旋で穏便にすませられるかもしれないと叔父が言ったので、この際、藁にも縋る気持ちでその手配もお願いした。

そして翌日、母は僕に、検察に護送される父を見送りたいから同行してくれるようにと言う。僕らは警察署前の広い道路越しの喫茶店で、警察の囚人護送車が現れるのを待った。母は注文したコーヒーには全く手をつけないどころか眼も向けず、厳しい顔つきでひたすら警察署を見つめていた。やがて護送車が到着した。そしてしばらくすると、数名の囚人が縄につながれて警察から出て

くる姿が見えた。僕らは急いで支払いをすませて駆けつけ、その数珠つなぎの一行の中に、たしかに肩を落とした父の後ろ姿を確認した。しかし、父は僕らの存在に気づいていそうではなかった。縛られて、顔も肩も落としている姿はまさしく囚人だった。

車でその護送車の後を追い、検察庁に着いた。そこには母の妹の夫（叔父）が待ち構えていて、代議士の秘書には連絡がついて、「穏便にすませられそうだからあまり心配しないで」と母を慰めたが、父との面会は許されず、すごすごと帰宅した。父は翌日、叔父に付き添われて帰宅した。それは父にとって今までにない惨めな経験だったようで、その後数日間はすっかり落ち込んでいた。しかし、やがて落ち着きを取り戻すと、改めて旅券を獲得するために、今まで以上に熱心に寄付金を積むなども含めて、組織活動に本格的に取り組んだ。そしてついに念願の旅券を獲得した。

父が再び済州を訪問することになった。母に知られると反対されるだろうからと、父はそのことをずっと秘密にしていて、三日前になってまるで事後報告のようにして母に伝えた。しかし、母は父の素振りからとっくに父の動きを察知していたようで、しかも、告白の際のそっけない口ぶりとはアンバランスなほどに殊勝な父の顔つきを見て、仕方ないから喜んで送り出してやりたいと思ったらしい。久しぶりに父を空港まで見送りに行こうと僕を誘った。その日の朝になると、父がいつの間にか準備していた大量の荷物が玄関先に届いた。おそらくは済州の子どもたちやその母親への土産が中心だったから、秘密にしないではおれなかったのだろう。父がその日までそれをどこに保管していたのか、そのときも不思議だったし、いまだに謎なのだが、ともかく、僕は両親とその大きな荷物を車に載せて空港に向かった。

チェックインをすますと、父は僕らに早く帰るように促して、直ちに出国ゲートに入っていった。

その間、一度も振り向かなかった。僕と母は、あまりにもあっけなくて寂しいので、空港ターミナルの屋上にあがって、そこから父が乗るはずの飛行機を見つめていた。やがて、父の姿が見えた。父はいかにも気がはやるという様子で、小走りに飛行機のタラップのほうに向かっていた。ここでも一度も振り向かなかった。僕らが上から父を見つめているなどと想像もしていなかったのだろうが、それでもさすがに、僕は悲しかった。母は僕の顔を見て、呆れたなあ、という表情をした。しかし、それで少しは気持ちの整理がついたのか、母は「さあ、帰ろ」と力のない声で僕に言った。その声も、そしてそれを耳にする僕の心も虚ろだった。

母が空港まで見送ったことで、何をしても許されるとでも思ったのか、あるいはすでに既成事実となったという判断からなのか、父の頻繁な済州通いが完全に復活した。大阪にいるときには相変わらずコウバに通ったが、仕事に対する意欲はめっきり減退したように見えた。もちろん、年齢的な要素もあっただろうが、こつこつと地道に汗と時間をかけねばならないコウバの仕事よりは、もっと手軽な儲け話に関心が向くようだった。詐欺もどきの不動産その他、マネーゲーム絡みの営業マンたちが家とコウバに日参した。母はその種の人々は端から相手にせず、父に会わせまいと門前払いするので、彼らはひそかに父と連絡をつけ、母の眼を盗んではこそこそと話しこんだりしていた。要するに、父の体は大阪にあっても、「心ここにあらず」の状態だった。「ここ」とは家であり、コウバであった。

第七章　コウバの人間模様

一　わが家に住み込んだ日本人青年

一九六〇年に始まった父の断続的だが頻繁な済州通い、そして、その数年前にすでに始まっていた、これまた断続的だが頻繁な入院にも関わらず、コウバは維持された。もちろん、父も大阪にいて、しかも病院にいない間は、いつだってコウバに詰めていた。しかし、ほとんど全権を握る主人が頻繁に長期の留守をしている零細下請けコウバが維持できたのは、当然なことでも、偶然なことでもない。様々な人々の献身的な協力があったからである。その筆頭はもちろん母であり、次いでは、不在の父の穴埋めをすることでその母を支えてくれた人々である。

そうした人々のうちの幾人か、たとえば、父の右腕一代目と二代目、そして労組紛争もどきの中心人物などについてはすでに紹介した。そこで、それ以外でコウバを支えてくれた多様な人々について話したい。その中には先述した人々と同じように目立った活躍をした人もいるが、正反対に暗いコウバの片隅で黙々と働くばかりだったから、ついつい見落としかねない人もいる。更には、コウバや両親に迷惑ばかりかけていたような人もいる。しかし、その種の人もまたコウバをコウバとして成立させていた。迷惑と助け合いやもたれあいが絡み合って、コウバに関係する人々がつながり、その人たちがいなければコウバの経営者とその同伴者であった僕の両親、そしてその子どもである僕たちの人生は別様になっていたに違いない。

先ずは、S兄ちゃんなのだが、その人は以下で紹介する人々の中では唯一の日本人である。

父が行きつけの飲み屋で、朝鮮大好きという初老の日本人を紹介された。植民地期に朝鮮に出稼ぎに行き、戦後には故郷である九州の別府に引き揚げてきた。しかしその後、またしても方々に出稼ぎに行き、最終的には大阪で長らく暮らしていた。盃を交わすうちに、朝鮮を懐かしむその人と故郷の済州島を懐かしむ父の話とが交差したり共鳴したりし大いに盛り上がった。

そのうちに、その人は息子の就職先探しの話を持ちだした。息子が別府の高校を卒業したら大阪に来たいと言っており、父のコウバに雇ってもらえないかと言うのである。父はその人の実直そうな人柄が大いに気に入ったので、その人の息子なら間違いないと、即座に快諾した。

ところが、その話を聞かされた母はすごく不満だった。先ずは、一杯機嫌でそんな大事な話を決めてきたこと。次いでは、父がそれをまるで手柄話のように話す態度が気に入らなかった。しかも、先方のたっての願いでわが家への住み込みまで決めたことを知って、母は腹を立てた。それならコウバだけの問題ではなく、家の主婦である母に大きく関係してくる。そんなことを、母の意向を確認もせずに快諾した父の無神経に腹を立てた。しかし、すでにコウバの主である父が約束してしまっており、今更それを覆しでもしたら、父の、ひいてはコウバの信用に泥を塗りかねない。今回は仕方ないと渋々受け入れた。それでも、日本人の若者を同居させて三度の食事をはじめ様々な世話をするのは、気後れと不安が膨らむばかりで、父のやり方がますます腹立たしくなっていた。

ところが、いざその青年がわが家で生活をはじめるとたちまちのうちに、母の諸々の心配は全くの取り越し苦労だったことが判明した。母がおずおずと膳に乗せるキムチを筆頭とする辛い朝鮮料理も、むしろ目を輝かせて美味しそうに頬ばる。その食べっぷりが、母を安心させると同時に喜ばせた。それに、さすがに地方の高校を出たての若者らしく、素朴で溌剌とした表情が、母の民族がらみの警戒心を解いた。そして僕ら子どもにとっても、そのS兄はたちまちのうちに、親しみやすいばかりか大いに頼りになる兄貴分になった。

並よりはほんの少し背が低く、目が細くてニキビ面、その歳ですでに若白髪が目立つなど、とても美男子などとは言えそうにない。しかし、その反面、角刈りにしたごま塩頭とてきぱきした立居振る舞いとがあいまって、何とも清々しい。しかも、初めて連れ立って銭湯に行ったときには、筋肉隆々で無駄のない体つきに驚かされ、頼り甲斐が倍加した。

そのうえ、高校を出たばかりなのに、日本の歴史や昔話などに驚くほど詳しく、日本の伝統文化である剣舞や詩吟の素養まで備えている。運動系では体操部、文化系では剣舞詩吟部に属し、高校の文化祭はもちろん、地域の青年会活動などでその実力を披露していたらしく、是非にとせがんでその実演を見せてもらった僕は、すっかりその人物ばかりか、詩吟と剣舞にも魅せられた。そこで更にせがんで、詩吟や剣舞の初歩を教えてもらった。

そしてある日、家に誰もいない時を見計らって、タンスから季節外れの浴衣を取り出して体に纏い、日本刀代わりにハタキを持った姿を母の化粧鏡に映して見得を切り、更にはうろ覚えの詩吟の数節を出鱈目に詠いながら剣舞の真似事をして得意になっているところを、ちょうど帰宅した母に見つけられた。最初は怪訝な目つきだった母は、見られたと気づいた僕があわてふためく姿を見てようやく僕が何をしていたのか分かったらしく、大笑いしだした。そして、その話は当分の間、わが家の食卓をにぎわせた。

夜は、布団を並べてS兄の話を聞きながら眠りについた。ところが、その話があまりにも恐ろしいものだから、かえって眠れないこともあった。戦国時代や江戸時代の熱して溶けた錫を流し込んだり牛馬を使って人を八つ裂きにする拷問や処刑の様子を、あるいは「お岩」などの幽霊話を、S兄はまるで自分が実際に見たことのように話した。また飼い猫の臓器に仕掛けられた毒が、その猫を溺愛して食べ物を口移しする飼い主の体内に次第にしみこみ、その飼い主はやがてひどく苦しんだあげくに死んでしまうという話を聞いて以来、僕はすっかり猫嫌いになって、今でもよほどのことがなければ猫に触れられない。

S兄は聞き手である僕の期待や恐怖がおのずと盛り上がるように、あるときは静かに、またあるときには切れ味よく、更にはドスを利かした語り口で、まるで芝居でも演じているみたいだった。

得意先への納品に出発する際のS兄のバイク姿にも憧れた。そして繰り返しねだったあげくには、大晦日の夜にバイクで京都まで、初詣ドライブに連れて行ってもらうことになった。もっとも、意気揚々としていたのはバイクに乗り込むまでで、後部座席でS兄にしがみつく姿勢で、延々と国道を走るのは尋常の辛さではなかった。肌を切る寒風のせいで全身がしびれ、S兄の腰に回している腕もまるで棒のようになった。近道をしようと脇道に入ると、未舗装の凸凹道で体が滅多やたらと飛び跳ねて、バイクから跳ねとばされないように懸命にS兄の体にしがみつきながらも、尻どころか全身が痛くて我慢ならない。京都に着くまでにはすでに、こんなことは金輪際願い下げで、すぐにでもバイクなど放り捨てて、電車で家に帰りたいと思うほどだった。

それだけに、京都の平安神宮近くの暖房がきいた食堂に入って、除夜の鐘を聞きながら年越しそばを食べたときの虚脱感、そして解放感は忘れられない。帰路は寒さがもっと厳しかったはずなのに、往路で慣れたのか、それなりの覚悟があったからか、あるいはまたどうにでもなれとやけっぱちになったお陰なのか、わりと楽に乗り切れた。家で待っていた両親の笑顔を見ると涙が出そうになったが、大いに無理をして「めちゃくちゃ面白かった」と言った。S兄は普段から細い目を更に細めて微笑みながら僕を見つめていた。

S兄は真面目で、几帳面で、器用で、力仕事も得意といったように何でもできる人だったから、父が長期にわたって入院してても、済州からなかなか帰ってこなくても、得意先との製品の価格や支払い条件などの微妙な交渉を除けば、コウバにはほとんど支障がなかった。しかも家では、いつも酒で帰りが遅い父よりも、屈強でいつでも素面のS兄のほうがよほどに頼り甲斐があった。いつまでも一緒に暮らせるものと思いこんでいた。

ところが、そのS兄もやがて、住み込みは一人前の男としては不自由なことが多いし、僕ら家族にいつまでも迷惑をかけられないからと、近くのアパートに引っ越した。僕としては捨てられたような気がして寂しいからか、S兄が少しよそよそしくなったように感じた。そう思うと、服装や態度も心なしか派手になって別人のような気がして、以前ほど甘えることができなくなった。

そのうちにS兄がコウバの下働きをしていた朝鮮人の姉ちゃんと恋仲という噂が流れ、両親は心配しながらも、二人がうまくいくように気を遣っていた。しかし、その姉ちゃんの父親の「日本人は絶対アカン」という最終宣告を受けて、父一人娘一人という家庭事情もあってのことだろうが、姉ちゃんは結婚を諦め、コウバも辞めた。そうなるとS兄としても、コウバに居づらくなって去ってしまった。

その後も盆暮れには几帳面に手土産を提げて挨拶に来ていたが、やがて消息が途絶え、一五年後くらいに久しぶりに姿を現した時には、顔の色つやその他何もかもがずいぶん老けて、あの剣舞で身に着けたに違いない立ち居振る舞いの「切れ」の片鱗も見いだせず、同一人物とは思えないほどだった。S兄を見たのはそれが最後だった。

二　コウバと一体となった親戚の母子

母方の親戚のいろんな人がコウバに入って来たが、長くは続かなかった。その誰もが、コウバでそれなりに「成功」している父に倣って、起業するための見習いが主な目的だったから、端から長続きするものでもなかった。

しかし、一人だけは末弟が仕事を継ぐようになるまで、父の最後の右腕としてコウバを全面的に支えてくれた。母の母、つまり森ノ宮のハマニの末妹の次男で、母からすればずいぶん年下の従弟、僕ら兄弟にとってはあまり年齢差のない叔父にあたる。父の死後も定年まで勤めあげ、更にその後も、アルバイトの身分で弟を支えている。

じつは、先ずは二人兄弟の兄のほうが、右腕候補としてコウバに入ってきた。しかし、その人は待ち焦がれてやっと生まれた長男によくみられることだが、尋常以上に甘やかされて育ったので、辛抱が足りず移り気という評判で、わが家の両親も当初からコウバの仕事に馴染めるか相当に不安視していた。そして、実際にその仕事ぶりを見るにつけ、右腕どころか使いものにならないと判断を下した。しかし、そのことを本人に伝えるのをためらっていた頃のことである。

その人が車で得意先へ納品に出たまま夜になっても戻らず、大いに気をもんでいたところへ、交通事故で入院しているので病院に来るようにという連絡が警察から入った。夜もずいぶん更けてからのことで、しかも、その事故現場が納品先の方角とは全くかけ離れているようだったから、すごく心配していた父はそのぶん余計に腹を立て、すでに積み重なっていた不信が頂点に達し、本気で解雇を決めた。そんな空気をかぎとったのか、あるいはすでに本人なりに辛抱が切れていたのか、当人は退院するや否や、その事故について何一つ申し開きすることなく、自ら辞めてしまった。そしてそれからしばらくの間、母は自分の近い親戚がしでかした不始末のせいで、父に対して肩身の狭い思いをした。

それはともかく、職人を補充しなくてはならなかった。何よりも、得意先への配達要員がいなかった。そこで、辞めたその長男の後釜として、その弟ではどうかという話になった。弟のほうは兄とは違って、小さい頃から真面目で温厚で、しかも工業高校の機械科を卒業して真面目に働いていることを知っていた父は、その話を喜んで受け入れた。母も自分の親戚で更に肩身の狭い思いはしたくなかったが、その従弟なら名誉挽回になるかもしれないと思った。

ところが、その従弟は一人ではなかった。母親（つまり母の叔母）も一緒にコウバに「転がり込んできた。叔母のやむを得ない事情を知ると、両親は母子二人をまとめて引き受けた。

その事情とはこうである。森ノ宮の在日集住地区にあった小さな家で、会社勤めの次男は除いて、すでに嫁いだ長女夫婦も含めて家族ぐるみで営んでいたメリヤス関係の仕事が駄目になると同時に、何か複雑な事情が絡んで住む家もなくなった。そこで、わが家では「アッチ」の一階が空き家だったことをこれ幸いと、二人にはそこで住んで、コウバに通ってもらうことにした。もっとも、その母子はほとんど終日をコウバで過ごすようになったのだから、寝泊まりだけのために「アッチ」に通っていたと言うのが実情に近い。

二人は朝八時から晩の一〇時までコウバで働き、昼食と夕食は母親がコウバの隅の小さな炊事場で簡単に調理して、片隅の三畳ほどのむさくるしい部屋でそそくさとすませた。朝食はいつもコウバでパンと牛乳ですませたので、「アッチ」はもっぱら寝るだけの場所だった。しかし、そんな暮らしでも二人とも不満の気配など全く見せなかった。親子二人は黙々と働いて、お金を貯めた。そしてコウバに来てから一〇年足らずでまとまったお金ができたので、コウバから徒歩で一〇分くらいの所に父が見つけてきた木造二階建ての中古の一軒家を買い、移り住んだ。そして、晴れて持ち家の主となったからには、そろそろお嫁さんをという話になり、父の知人の紹介でその人の親戚の娘を娶り、三人がその家で暮らしはじめた。

その後も母親は息子と一緒にコウバに通った。但し、息子のほうは新妻と夕食をともにするために、以前よりはずいぶん早い七時頃には仕事を切り上げて帰宅するようになった。しかし、母親のほうは相変わらずコウバで簡単な夕食をすませてからも仕事をつづけ、一〇時になると息子が車で迎えに来て連れ帰るか、あるいは自分で歩いて帰宅した。亡くなるまで変わることなくそんな生活をつづけた。コウバには年老いたその母親でもできる半端な仕事がいつでもあり、それを僕らの母や、その「お祖母さん」が引き受けていた。

息子（叔父）はすでに触れたように、温厚な性格で（僕はその叔父が怒るのを見たことがない）、口数は多くはないけれども、それがかえって誠実な感じを与えて誰からも好かれるし、働くことを厭わず体も丈夫、そのうえ、機械が大好きだから、少なくともうちのコウバのようなところでは主人の右腕としてうってつけだった。

しかし、そんな人でも結婚してからは、仕事に対する熱意が減退したように見えた。とりわけ、僕の弟が跡継ぎ候補としてコウバに入ってからは、仕事の杜撰さが目立つようになった。と言っても、「並の雇われ人」になっただけのことで、責められる謂れなどないのだが、それ以前の姿が僕らの目に焼き付いていた。とりわけ歳の差が大きい従姉弟の関係だからまるでじつの弟のように可愛がっていた母などは、ついつい不満が頭をもたげて、時には本人に小言をもらすこともあったようだ。「仕事はきちんとしやなあかん。昔のあんたはどこへいったんや」と。

しかし、すでに妻帯した叔父には、そんな言葉も効き目がなかったようで、母は「あの子もすっかり変わってしもて。そやけど、あんだけ働いてたんやから、他の人間の一生分くらいになるかもしれへん。元気にしてくれてるだけでも、運がええと思たほうがええかもしれんな」などと、ため息をつきながら自分が納得できそうな理屈を探しているようだった。

結婚以前には、得意先などでもすこぶる受けがよく、その叔父を後継者にすれば父が何をしようとコウバは左団扇なのにといった話が、あちこちからも聞こえてきた。息子である僕ら兄弟も、そうなれば自分がコウバから逃げだしたことに関して自責の念を免れることができるから大いに助かると思ったこともある。但し、両親がそんな選択をするなどとは想像もできず、あくまで一時の気休めにすぎなかった。

ともかく、結婚するまでのその人は、僕らからすれば超人的な仕事、そして生活をつづけていた。

毎日朝の八時から夜の一〇時まで、納品準備、配達、重すぎて一人では難儀な金型の交換、機械のトラブル解決、そして残りの時間は機械の相手などと一人三役四役で働きながら、休日の前夜には仕事を終えるとそのまま車で遊びに出かけて日曜日の夜遅く帰ってきて、翌朝からはまたいつものように長くて骨が折れる一週間をはじめる。その遊びも、スキー、ドライブ、写真撮影、釣りなど、熱中する対象が多様だから、休みごとに忙しく走り回っても、まだ時間が足りなさそうだった。希には月曜日の朝に戻ってきて、そのまま仕事をはじめることさえあった。

傍から見ている僕らにすれば、いつ休んでいるのか不思議だった。しかし今から顧みると、いつも何かに熱中の対象がないとあの毎日には耐えられなかったのかもしれない。もっとも、本人は自分が特別なことをしているという意識など全くなさそうだった。しかし、結婚するとたちまちのうちに、その種の熱中が消えてしまった。やはり、あの熱中は厳しい日常を耐える方便の性格が強く、結婚してからはその情熱の対象を妻や子どもたち、つまり家庭生活に向けるようになったのだろう。但し、それは叔父自身の意向というよりも、しっかり者で評判の奥方の意向に沿ってのことだろう。

いずれにせよ、叔父の恐ろしいほどに多忙な生活は、僕らにはとうてい無理なように思えて、いつだって圧倒される思いだった。それだけに、その人が「並の雇われ人」になった姿を見ると寂しくて裏切られたような気がする反面、僕らと変わらない普通の人間だったのだと、どこかで安心もした。

その叔父に対して僕らは〇〇兄ちゃんと〇〇サンチュン（済州語のオジサン、漢字では三寸、つまり三親等のことだが、目上の人に対して幅広く使われていた）を時と場合によって使いわけていた。その人の母親や姉や妻は、僕らがその人のことを兄ちゃんとでも呼べば、目上の親戚なのに雇い人だからと軽んじているなどと邪推して気を悪くしかねないので、そんな人たちの前では必ずサンチュンを使うように努めた。そのサンチュンのコウバに対する貢献はあらゆる意味で他の人たちとは比較にならないものだったが、その人と一緒にコウバに「転がり込んできて」、亡くなるまでずっとコウバで生きてきたその母親の貢献もまた決して忘れるわけにはいかない。

ほとんどコウバから外に出ることなく、コウバの暗い片隅で内職仕事のような細々とした仕事を朝から夜遅くまで黙々とつづけたあげくに亡くなったその母親、僕らから言えばお祖母さんは、その種のあまり目立たない半端仕事を長年つづけてくれた他の名もない女性たち（ほとんどの名前どころか顔も忘れているだけのことなのだが）の代表として特筆に値する。その女性たちの中には母も含まれるのだが、そうした主に済州出身の在日一世の女性たちは、そんな仕事も、まだ少女だった頃に済州で朝から晩まで畑の草むしりや水運びをしていた延長で、終生負わされた運命とでも思っていたのだろうか。

三　敵役になった細い眼の少年

先に紹介した叔父と同じ歳でありながら、何もかもがその叔父とは対照的だった人がいる。コウバでは先ずは約五年間、そしてその後も断続的に二回にわたって働いた。それを総計すると一〇年余りだが、その間に他所に移っていた時期も含めると、因縁ができてから最終的に関係が完全に切れるまで二〇年足らずにわたってわが家との関係が続いた。

同じ歳ということもあって何かにつけ評判の良い叔父と比べられ、当人もついついそれを意識するあまり、叔父の反対方向、つまり悪い方向に引っ張られていったような側面もあったに違いない。もしそうであれば、巡り合わせが悪かったということになり、当人の責任は割り引くべきだろうが、コウバとわが家、とりわけ母には初めから終わりまで迷惑をかけてばかりだったという印象が僕にはある。

父が知人から「どこの誰よりも頼りになる文ちゃんを見込んでのたってのお願い」という枕詞付きで、雇うように頼まれたのは、孤児院出身のHだった。父はその出自を聞かされて一瞬迷った。しかし、その枕詞の効果でその迷いを振りきり、引きうけた。他方、それを知らされた母のほうは端から反対するどころか、そんな事情ならむしろ是非にと歓迎した。

彼がコウバに来たのは、中学校を卒業して程ない頃だった。痩せて長身でニキビ面、細くてちょっと油断ならない目つきのうえに不愛想だったので、印象が良いはずもなかった。しかし、まだ子どものことだから仕方ないと両親は思うようにしたらしい。

僕ら子どもは、そうした悪印象を打ち消して仲よくするために、目を細めるのはひどい近視なのに眼鏡を着用していないからで、不愛想なのは生来、人見知りが強いうえに、家族など気を許せる人たちと暮らしたことがなかったせいだろうと、いろいろと理屈を編み出して彼を理解しようと努めた。しかし、初対面時の悪印象はいつまでも消えず、打ち解けた関係を築けなかった。

Hからすればあまり歳の差のない僕ら兄弟全員が高校、大学へと進むのに対して、自分はコウバで肉体労働に励まねばならないといった圧倒的な境遇差を目のあたりにするのが辛くて、僕らに心を許すのは難しかったということもあるだろう。その程度のことは僕らも気づかないわけではなかったが、だからと言って、どうしようもなく、少しは罪悪感のようなものがあったからこそ、彼を理解しようと努めたが、そんな善人ぶった僕らをあの細い眼が撥ねつけた。

当初、両親は住み込みかアパートに住まわせるか迷っていたが、H自身の望みを聞いて、コウバ近くのアパートを借りて住まわせ、食事はわが家でさせることに決めた。しかし、やがて本人が近くの食堂での外食のほうが気楽でいいと言うので、週に一度ほどわが家の夕食に呼ぶ以外は、本人の希望どおりにさせた。そのうち、家に呼んでも何かと理由をつけてこなくなるなど、家に立ち寄ることも少なくなった。

Hがコウバに来た頃は、まだ従来のプレス機主体で厳しい肉体労働が必須だったので、まだ子どものような体つきなども考慮して、負担の少ない小ぶりの金型の仕事を回すなど配慮したが、それでも仕事の杜撰さが目についた。やがて経験を重ねるにつれて、それなりに仕事をこなすようになったが、当初から垣間見えた投げやりな仕事ぶりは改まらず、それを周囲が注意すると、口を尖らし、元々細い目を更に細めて相手を射るような目つきになるので、指導する責任がある父を除いてはしだいに誰も相手にしなくなった。

両親は、Hの両親が生きているという噂をたどってついには見つけ出し、Hを連れて会いに行ったりもした。しかし、本人はその実の親との関係のその後の展開について、僕の両親に知らせるようなこともなかった。

そのうちに、Hの様子に目立った変化が生じるようになった。喧嘩でもしたのか顔や腕のあちこちにあざや擦り傷ができているのを両親が心配して、本人に問いただしてみても、何でもないとしか答えなかった。案の定、近所の「悪たち」と付き合いはじめているようだった。と言うよりも、近所の「悪たち」の親分格の下っ走りになっているという噂だった。それを知った父から厳しい注意や叱責をくらっても、Hの様子は改まる気配がなかった。服装もいっぱしのチンピラ風になっていた。

そんな頃に、コウバの職人の服から現金が抜きとられるなど、それまでにはなかった事件が続発して、「自然と」Hに疑いの目が向けられたが、うやむやになった。しかし、叔父が土曜日の夜に仕事を終えた足で泊りの撮影旅行に行くために、コウバに持参していた高価なカメラや望遠レンズまで消えてなくなった。それを知った母はただちにHの仕業と目星をつけて、叔父にそのカメラ相当の金額を与えたうえで、穏便にことを収めるように言い含めた。それでひとまずは落ちついたが、しばらくしてから、そのカメラがコウバからそれほど遠くない集落にある質流れ品のショーウインドーの中にあるのを、当の叔父が見つけて、その旨を母に告げた。母は今度も叔父にお金を渡してその質流れのカメラと望遠レンズを買ってこさせて、レンズのほうは叔父に渡して、カメラはわが家で使うことにした。

母はそれが限界だと覚悟を決めて、Hにカメラのことを問いただした。Hは頑として白を切ったが、その様子を見てむしろ母は自分の勘が正しかったことを確信した。Hも潮時だと思ったのか、自ら退職を申し出た。そのときにはすでに前借りが相当額になっていたが、Hがコウバに来て以来、当人には知らせずに両親がH名義で積み立てていたお金で相殺する旨を本人に伝えた。しかし本人はそのことで両親に感謝するどころか、むしろ、そんな「余計なお節介」をするくらいなら、初めからその金額を給料で支払うべきだったと両親を非難したあげくに、両親が僕らの目の前では「口にはできそうにないひどい捨て台詞」まで吐いて、辞めていった。

しかし、その後も他所でつくった借金などでにっちもさっちも行かなくなると、Hは母のところに現れては借金を頼みこみ、そのお金で他所の借金を清算してから、住む場所も仕事もないからコウバに舞い戻り、父が用意したアパートで寝泊まりしながら、しばらく働いた。しかし、そのうちに悪友たちとの付き合いが再開し、母からの前借を踏み倒したままアパートから姿を消した。そんなことを二度も繰り返した。つまり、最初に来てから五年間は継続して働いたが、その後は二回も舞い戻り、そのたびに身近の人間の持ち物に手を出すなどのもめ事を起こし、そのたびに母が間に立って穏便にすませてしばらくすると、姿を消した。

更にずっと後、僕が新婚時代に「アッチ」を建て替えたマンションに住んでいた頃に、空き巣に入いられて、その直前の夏休み中に臨時の集中的な家庭教師で稼いだお金をすべて盗まれたことがある。僕はただちに警察を呼んで調べてもらってから、母にそのことを伝えた。すると母は、その直前からまたしても、そのマンション近くの土建業者でトラックの運転手をする姿を時おり見かけるようになっていたHが犯人だと決めつけた。そして、その数日後には、その盗まれた金額の封筒を僕に差し出し、黙って受け取っておくように言った。そして、すべて自分のせいだと謝った。

自分がそれまでHに甘くしてきたことが仇にしかならなかったことを母は思い知ったようで、その後はHが何を言ってきても、相手にしなくなった。その後もサングラス姿でぶらぶらしているのを見かけたり、近くのアパートで女性と同棲しているといった噂を耳にすることがあったが、言葉を交わすことはないままに、どこかへ姿を消してしまった。最後にHの姿を見かけてすでに四〇年以上になる。

ところで、以上のHに関する叙述については、特にお断りしておきたいことがある。

Hに関する以上の僕の叙述、とりわけ彼による犯罪と想定している部分については、それが真実だという確証はなく、ひょっとするとHに冤罪を擦りつけているのかもしれない。僕としては、長年のつかず離れずの関係だったHの行動パターンがある程度分かっているつもりだし、Hに関する母の勘にもこれまた相当な信頼を置いていることから、以上のような話になったのだが、それはやはり一面的という懸念が心の隅にある。それにもかかわらず、Hに対する両親の接し方やそれに対する彼の反応について僕なりの見方をあえて記したのは、コウバにまつわる人間模様、あるいは人間関係の微妙さに踏みこむのであれば、この種のことを、僕の見方の一面性も含めて逸するわけにはいかないと考えたからだ。一面的かもしれないとする僕なりの留保も勘案して読んでいただければ幸いである。

因みに、先に少し触れた「当人には内緒で給料の一部を積み立てる」といった両親の「親身」について少し考えてみたい。

両親は面倒を見なくてはならない（あるいは、育て、鍛えあげねばならない）若者を雇う場合は、世間の相場よりは少し給与を抑え、その抑えた分の金額に気持ちとして幾らかの金額を足して、本人には内緒で当人名義で貯蓄したり安全な頼母子講で運用したりして、何らかの都合で辞めるときに「サプライズ」として渡すことを原則としていた。本人が節約生活を学んでから、それなりにまとまった金額を手にすれば、金額の大小にかかわらず、かけがえのなさを少しは分かったうえで、それを資金として起業したり結婚したりと有効に役立てることができるだろうと考えてのことだった。先述したSの兄ちゃんの場合がそうだった。S兄はコウバを辞めるにあたって、まとまったお金を受け取った。

それは両親が自らのサバイバルのために身に着けた方法だった。お金も努力もすべて将来のために蓄積されてこそ真価を発揮するという論理で、労働とその報酬の活用に関する倫理でもあった。それは、両親と同じようなタイプの人々にとっては、「結果的」にありがたい方式、考え方であったに違いないが、その種の人が多くいるかどうかは疑わしい。

他方、この世に多数いそうな、その種の論理や倫理を共有しない人にとっては「余計なお節介」、ひいては越権、更には横暴とさえと映るだろう。「天引き」されていたお金を本来受け取るべきときに与えられていたら、もっと楽しい生活を送ることができたはずなのにと怒る人がいても不思議ではない。いつだって先のことなど関係なく現在を生きる、あるいは現在のためにだけ生きる傾向が強い人々がいて、一般的には、両親よりも後続世代の若者たちにはその率が高いだろう。その種の若者は、相場よりいくぶん低めの給料で、狭くて暗くて将来の展望もないチマチマした肉体労働をつづけるうちに、陽光を浴びながら自由に遊び回っていそうな若者たちに憧れて、コウバを去るのも自然な道筋となる。

要するに、僕の両親の自分の経験に根差した「親身」も、両親のような思考構造と経験を共有しない人々にとっては、理解しがたく、あげくは経営者の横暴のように見なされがちである。つまり、両親の他人迷惑な独り相撲に過ぎないことになる。しかし、少なくとも両親やその子どもである僕たちはその種の生き方を内面化して、何とか生きのびてきた。そのせいで、いつだってあくせく余裕がないのは情けないことだが、そうだからこそ生き延びてくることができたと、少なくとも僕は思っていて、その限りではあながち両親の独り相撲だったわけでもないことになる。

四　密航者とコウバ

次いでは、韓国から密航してきてコウバに貢献してくれた人のことを紹介したい。その種の人々の中には父の親戚もいく人かいたが、あまり長い間、コウバにはとどまらなかった。母がそのように望んだということもあった。親戚だから食事や住居、その他何から何まで世話をして当然という理屈になりがちで甲斐がない。しかも、その反対に少しでも気に沿わないことでもあれば、親戚なのにどうしてなどと不満が高じやすくて厄介という、母なりの経験則があった。しかも、密航で来た父方の親戚はたいていが若かったので、コウバよりも仕事がきつくても短期間にできるだけ多くのお金を稼げそうなところを斡旋するほうがその人たちの目的に叶っていると、母は父に口を酸っぱくして言っていたからでもある。

それに対して、赤の他人の場合は母も気が楽で、適当に距離をおきながらも、世話を厭わなかった。それどころか、世代と時代は異なっても、お互いに渡航一世という意味では同じ境遇だから、心情の形や内容、そして体に染みついた風習や思考方法などにおいても親縁性があり、母にとっては僕ら二世の子どもを相手にするよりも密航者のほうが話が通じる領域が広いこともあって、良好な関係を築きやすかった。

そのなかでももっとも印象深かったのが、釜山から密航してきて一〇年以上もコウバにいた「男らしく逞しい」人なのだが、その人についてはすでに紹介したので、もう一人の、先の釜山のおじさんとは対照的にいつでも「はにかみをたたえて優しかった」人について話したい。

その人は済州在住の僕の従姉の夫の親戚筋だったから全く他人というわけでもなかったが、僕らには親戚という感覚はなかったし、両親もそうだった。親戚かそうでないかの境界がいったいどこにあるのか定かではないのだが、何となくそんな線がありそうだ。

その人は済州では靴職人として地道に働き、それなりの生活をしていたが、将来には今はまだ幼い二人の子どもたちの教育費が嵩むことを見越して、妻子を済州に残して密航してわが家にやってきた。そしてコウバ近くの父の叔母（僕らの祖父の妹で、僕らがハマニと呼んでいた人）の家の二階の貸部屋に住みながら、コウバで働いた。敬虔なカトリック教徒で、近所にカトリック教会がないので、おりに触れて部屋で祈りを捧げていると言っていた。僕らとは主に片言の日本語に筆談を交えて意思疎通に努めた。そんなときにはいつも、少しうるんだような眼でこちらの眼を見つめ、微笑みを絶やさず懸命に耳を傾けていた。労働時間はもちろん朝の八時から夜の一〇時までで、孤独で厳しいそんな生活を七、八年も経ると、密航費用を清算したうえで、妻あての送金額も第一段階の目標に達した。

そこで、そのお金で済州に家を建てるように妻に指示した。その家というのは、居住用であると同時に賃貸用でもあった。半分は賃貸にして、今後の基本的な生計費はそれで賄えるようにという計算だった。そしてその家が完成すると、密航生活が一段落した記念として、妻と子どもたち全員を、僕の父が招待する形で日本に呼び、一〇年ぶりの再会を果たし、ほんの二週間ほどのことだったが、あのすごく狭い部屋で一緒に過ごしてから、済州に送り返して、その後もコウバで仕事をつづけた。

次の目標は子どもたちの教育資金のメドを立てることだった。そして幸いにも数年後にはそのメ

ド も立ったので、自首して済州に戻ることにして、そのために父が関係筋と交渉していた頃のことだった。何とコウバで事故が起こった。

すでに一〇年以上の経験を重ねて機械の操作に慣れていたので、危険性に対する配慮がついつい おろそかになり、能率を上げる妨げになる安全装置を外す癖がついていた。そのせいなのか、製品を取りだそうと右手を差しだしたところ、開きつづけているはずの両側の金型が急に閉まりだしてその手が挟まれ、もう少しでその手が「せんべい状態」になるところだった。しかし、さすがに機械の扱いに習熟していたので、左手で懸命にスイッチをひねって機械を緊急停止させ、次いでは合体寸前だった二つの金型を手動で開くように操作して、惨事は辛うじて免れた。しかし、両方から金型に挟み込まれた右手の骨や筋肉の損傷は激しかった。僕らはその話を聞いた際には、思わず背筋が凍った。その事故の場面をイメージすると、恐ろしく顔が引きつった。そしてその人に申しわけなかった。やがて病院で入院治療を終えて帰ってきたその人は、僕らの顔を見ると、痛みが引いているはずもないのに、懸命に微笑を浮かべようとしたが、その目は普段以上に充血して潤んでいた。

手が元どおりに使えるようになるかどうか心配していたが、懸命のリハビリが予想以上に効果を発揮して、徐々に仕事に復帰した。まだまだ右手の動きは制限されていたが、痛みはほぼ治まっているので、可動域を拡げるためにできる限りその手を動かす必要があった。仕事はその点でも格好だった。それから約一年後には手の機能がほとんど回復したので、当初の予定よりは遅くなったが済州に帰った。

コウバにいる間には、頻繁に留守をする父に代わってコウバを切り盛りする叔父と、まだコウバに入ったばかりの弟とを懸命に支えてくれた。父に対しては数々の配慮に対する掛け値なしの感謝、そしてこの厳しいコウバの仕事で一旗揚げるに至った父に対する深い尊敬の念があるからこそ、その父が時に垣間見せるひどい姿には、弟ともども、目を腫らすほどに涙を流して心配もしてくれた。他人であるはずのその人の潤んだ目が僕には忘れられない。

その後、僕は済州を訪問した際にぜひとも会いたいと思って連絡を取ってみた。彼もすごく喜んでくれた。手を差しだして、「ほらこんなに動く」と僕を安心させてくれたが、その手に残る生々しい傷跡にはやはりギクリとした。清掃関係の仕事で明け方からトラックで走り回っているという顔つきは明るくて、あの孤独な密航生活も十分に報われたのだと僕は安心し、大いに喜んだ。

ところが、その二年後に済州を再び訪問した際に電話してみると、娘さんが「父は日本に行っています」と予想外のことを言う。またもや日本でお金を稼ぐ必要が生じたのかどうか定かではないが、ともかくその後の消息はつかめなくなった。電話で相手をしてくれた娘さんが、日本の連絡先について要領を得ない返事だったので、連絡先が分からないということもあったが、じつはそれより大きな理由があった。彼が「再び日本へ」という情報に、僕はすっかり滅入ってしまい、改めて連絡先を問い合わせてみる気になれなかったのである。

なぜ、僕がそんなことでショックを受けたのかと言えば、あれだけ孤独で厳しい生活を経て、済州で十分に生計を立てていけるようになったはずなのに、どうしてまた、という点にかかっている。電話での断片的な情報だけで、彼やその家族の不幸を勝手に想像して落ち込む必要もなければ、そんな権利など僕にはないことは重々承知している。しかし、密航経験がその後にもたらす不幸をついつい想像して、やるせない気持ちになってしまうのである。またしてもお金が必要になったから出稼ぎに、といった単純なことであれば、なぜお金が必要になったのかという問題はあっても、仕方のないことだと納得できる。

しかし、家族との長い別離生活がひょっとして、夫婦や親子間のディスコミュニケーション、あげくは軋轢をもたらしたのではないか。あるいは、日本での経験で学んだことがかえって済州の労働観念や労働規律との齟齬、軋轢をもたらし、故郷済州への定着を困難にしているのではないか。また、密航による孤独な生活が習い性になって、家族を含めた他者との共同生活に馴染めなくなってしまったのではないか、といったようにつぎつぎと悪いことばかり考えてしまう。それは日本で数多く見てきた密航者たち、更には中年になってようやく往来をはじめた済州で出会った数多くの密航経験者の生活や語りによって形成されてきた僕の信憑のせいだった。ともかく、それがすでに一〇年以上も前のことである。

ところが、今や僕もそんな「新米」の済州訪問者ではない。すでに済州往来は一〇〇回を超え、済州についてもいろいろと学び、歳も十分以上に取った。また、その間には、同じ民族的出自を有しながらも、朝鮮半島から北に移動して定着した中国朝鮮族、特にその女性たちが、ここ三〇年にわたって「雄々しく」国境を越えた移動を敢行し、生活を切り開いていることなどについても学んだ。そうしたことがあいまって、国境を越えた移動をもっぱら不幸の側面から考えるのは馬鹿げていることに気づくようになった。そして、彼の再度の日本への出稼ぎに関して僕が想像した数々の不幸の可能性といったものは、むしろ僕の内面的弱さの反映に過ぎないと思えるようになった。

あの過酷な密航生活で得た自信を糧に、状況次第では済州に留まりもするし、改めて海外に働きにも出る。生活圏を拡げる大きな可能性を密航生活が彼にもたらしたに違いないと、思えるようになった。ほどほどにがんばって、とエールを送りたい。

五　親戚関係と雇用関係の捻じれ

本章の最後としては、在日同士の雇用関係と相互扶助の絡み合いの様相が垣間見えそうな職人さんのコウバでの立場と、それに起因する父との争いの顚末について語りたい。

技術革新の結果として、まるで人間が機械に使われる労働様式になって以降、コウバでは筋力と技術が必要でなくなった分、単調で長時間の労働が一般化した。プラスチックの射出成型（インジェクション）の下請け工場では二四時間を二交代制にして、終日の操業が普通になった。しかし、わが家のコウバでは近隣からの騒音被害の苦情・抗議によって、夜間の一〇時から朝の八時までは操業を慎むという協定を強いられたので、朝の七時から八時までは父が一人で準備に勤しみ、職人は朝の八時から夜の一〇時までの一四時間勤務が基本となった。それが無理な職人は五時か六時には退勤して、その後の一〇時までは、両親や家族、または臨時に時間限定で雇ったアルバイトが機械に貼りつく。あるいは、金型の性能などが許容する場合には、人がいなくても自動的に製品の取り出しが可能な全自動システムを設置したうえで（もちろん、非常に高価である）、他の機械の担当者が随時にその無人の機械の様子も見守るといった形で、できる限り多くの機械の、そして長時間にわたる稼働を目指した。そして終日勤務（つまり朝の八時から夜の一〇時までのこと）の職人が昼の三〇分、夕方の四五分の休憩時間に食事のために機械を離れている間は、これまた僕ら家族や下働きの女性、あるいは職人同士が順番に交代して機械を寝かさない工夫をした。

そのような単調な長時間労働でありながらも大して実入りの良くない仕事を、好んでする人などいるわけがない。だからこそ密航者など厳しい状況に置かれて選択の余地がない人たちの出番となる。密航者は世間に身を晒さないのが、身の安全のために望ましい。そのためにはコウバもしくはその近辺で、寝て食べて働くのが理想である。そんな生活は人間の暮らしじゃないなどと文句を言う贅沢は許されない。様々な誘惑から身を守り、警察その他の目に触れず、可能な限り短期間で最大限のお金を稼いで故郷の妻子もしくは親元に送金し、自分もまた一刻も早く日の当たる生活をするために帰郷しなくてはならないし、そうしたい。

そうした「日陰の身」以外では、様々な事情で職にあぶれた在日もしくは日本人が、仕方なくコウバに入ってくる。母の遠縁のおばさんのご主人がまさにそうだった。中年になってそれまでに手掛けてきたあらゆる仕事がダメになり、新たな職に就くための技術や体力やコネを何一つ持ち合わせていないから、仕方なくコウバに入ってきて、それまでには経験のない単純肉体労働の日々を送るようになった。そしてそれ以来三〇年近くも、何とも単調で、何とも長時間の仕事を文句一つ言わずにつづけた。

コウバでの長時間労働という意味では、すでに紹介した母の従弟にあたる叔父もまた、同じことだったが、その内容がずいぶん違う。その叔父はまだ若くて、薄給でも安定した職を辞めてまでコウバに来たのは、父の右腕候補としてであり、将来的に上昇の可能性や希望があったからだ。

しかも、他の職人とは違って、終日、機械に張りついているわけではない。納品のためにトラックであちこちの得意先を巡って担当者と話し合ったり、機械を調整したり、機械に設置する金型を交換したり、更には、下働きの女性たちが担当する仕上げ仕事を手伝ったりと、言わば何でも屋である。したがって、一日の労働に変化があるし、コウバに缶詰状態ではなく外に出ることができる。それだけでもどれほど気が晴れるかを、コウバの中に終日閉じ込められていると実感できる。とりわけ酷暑の夏がそうである。コウバ内はひどい暑さで、扇風機が生暖かい風を送ってくるだけで、やがて汗も出なくなる。ところが、一介の職人に過ぎないおじさんには、その種の気分転換や変化はない。

因みに、ここで少し脱線して、呼称について釈明しておこう。僕はこの一連の文章でコウバで働く人たち、とりわけ男性はすべて職人と表記している。わが家ではそのように呼んでいたから、それを踏襲しただけのことなのだが、その呼称と実際の仕事内容とは、とりわけ新式機械に移行した後とは大きく乖離している。その職人さんたちの実際の仕事内容は、昔のベークライト時代をさておけば、技術を持っているといったプライドを含んだ呼称にはふさわしくなく、むしろベルトコンベアーのラインで働く人々と同じように、工員くらいがふさわしそうなのに、うちのコウバでベークライト時代の呼称をそのまま使いつづけていたのは、何か理由があったのではないか。たとえば、工員よりも職人のほうが、コウバの主である父、そしてその妻である母などとの雇用の上下関係をオブラートで包むような気がしたからなのかもしれない。そんな感触があるからこそ、親たちも職人たちもそのほうを好んだ可能性が十分にありそうなのだが、これはあくまで推測にすぎず、ただの習慣、惰性に過ぎなかったのかもしれない。そして、僕もまたその惰性の呼称のほうが居心地がいい。

ともかく、おじさんはおよそ一分間隔で機械から製品を取りだす作業以外の複雑で、力が必要な仕事はできない人だった。車の運転ができない。歳をとっているだけでなく、生来、力仕事も苦手で、すごく重いのでリフトを利用しながらの金型の交換も、他の誰かのサポートくらいはできても、自分が中心になってはできない。いきおい、コウバでは終日、機械に張りついての単純な長時間の軽労働に追いやられる。但し、熱で原料を加工するために高熱を発する機械に、一四時間も継続して張り付く仕事を楽などと言えるわけもない。僕なんかは毎朝、機械の前に立つと、一日の長さを思ってその時点ですっかり滅入ってしまい、その仕事から逃亡する夢をひたすら思い描きながら何とか単調で長い時間を耐えていたものだった。しかも、コウバの経営者の息子である僕の場合は、おじさんたちのように一日に一四時間も働いたことは希にしかなく、一般的にはせいぜい一二時間が限度で、普段はそれより少ない時間の勤務だった。そんな僕でもうんざりしていたのだから、それより長時間のうえに、他に転職するなどの逃げ場が想定できないおじさんたちの厳しさは僕なんかの想像を超えたもので、コウバの労働について分かったようなことを言える資格など僕にあるはずもない。

おじさんと父との間には何重もの不均衡があった。誰から見ても分かりやすいのは雇用主と被雇用者といった関係であるが、その他に、母の親戚で妹分にあたる人の夫だから、おじさんにとって父は兄貴分にあたり、おじさんは父のことを兄さん、母のことを姉さんと呼ぶというように、長幼の秩序に基づく上下関係もあった。おじさんの奥さんは夫婦間で大きなもめ事になると、離婚云々と母に泣きついてきて、母がおばさんをわが家に泊めて、一緒に寝ながら宥めたうえで、母が「姉」の資格でその「妹夫婦」を諭して仲直りさせるようなこともあった。

因みに、ここでいう長幼というのはあくまで親族関係における上下関係を表しているものにすぎず、実際にはおじさんと父とは同じ歳であるだけに、両者には微妙な心理的捻《ねじ》れが推察できる。

そのうえ、おじさん一家は仕事にあぶれてコウバに入ってきたし、それ以降、コウバによって生計を立ててきたから、少なくとも当人たちや周囲の人々の目には、父が恩義を与え、おじさん一家が恩義を受けたと認識されていた。「兄さんのお陰で」というようなおじさんの言葉は、単なる挨拶言葉にとどまらず、意識の深くに刻みこまれていたはずである。

こうしたことだけでも、労働の対価として給料を受け取るというドライで透明な関係ではなかったことが分かる。同じ民族的マイノリティーとして生きのびるための最後の砦であるはずの親族内の相互扶助としての雇用、被雇用の関係がむしろ両者に心理的屈折をもたらしたこともまた、容易に推察できるだろう。

おじさんは口八丁手八丁とは全く正反対のタイプの人だった。それにまた、僕らがよく見知っていた朝鮮人のおっちゃん、兄ちゃんたちが見せる野卑さ、乱暴さ、酒を飲んでの放言、そうしたこととは無縁の人だった。大阪で生まれ育ったはずなのに、ある時期からは東京暮らしだったせいか、言葉には大阪弁臭さがなく、むしろ標準語に近い日本語、それも相当に丁寧な言葉をゆっくりと話した。日本人でも中・上流、もしくは学がある人たちが話しそうな言葉という印象があった。また、朝鮮語の単語が希に話に入るにしても、それは固有名詞や関係の呼称レベルにとどまる。朝鮮語は聞いて理解できても、話せなかったのかもしれない。少なくとも僕はおじさんが朝鮮語を話すのを見たことがない。そうしたことを総合すれば、おじさんは僕らよりも早い時期の在日二世にあたり、一世である僕の両親などに対してコンプレックスのようなものを持っていたのかもしれない。しかも、おじさんは性格と同じように言葉も動きもゆっくりだった。人と競争するなんて考えたこともなさそうに、おっとりしていた。そうしたことのすべてが末端の労働者としては大きな短所である。

だからこそ、おじさんは仕事にあぶれてコウバに転がりこんできたのだろう。

そんなことは重々承知の上で雇っておきながらも、父としてはその仕事ぶりが相当にストレスフルだったに違いない。父はおじさんとは対照的に、せっかちで、仕事の手も速い。そうでなければ、零細コウバを立ち上げて、それなりの成功を収められたはずもない。そのうえ、経営者はつねに効率を考えている。自分が機械の前に立てば、いつも能率を上げる工夫をしている。しかも、父は終日、機械に張りつかねばならない並の職人ではなく、一時的に機械の相手をするだけだから、短時間に限ってなら、そうした努力が十分に可能という側面もある。父から見れば、おじさんの仕事ぶりは何とも我慢ならず、時にはサボタージュのようにも見えたに違いない。

他方、おじさんのほうでは、僕の両親には恩義があって頭が上がらない。だからこそ、安月給の過酷な労働条件でも、長年にわたってコウバに貢献してきた。それがおじさんを支える自負でもあった。したがって、時として父がほとんど無意識に見せる、自分の仕事ぶりに対する冷たい眼には大いに傷つく。何か言ってやりたい気にもなる。しかし、恩義その他を考え合わせれば口をつぐむしかない。何しろここで揉めでもしたら、その歳で働き場所がありそうもない。

このように、互いに不満があっても、それをあからさまに口にするわけにはいかない事情が双方にあった。そうしたわだかまりは次第に心中深くにたまっていき、爆発の機会を待ちうける。

六　反乱と和解

それがついに爆発した。その年、わが家では何かと大きな出費が続き、父はお金のやりくりに苦労した。そしてそのあげくに、コウバの職人に対する夏のボーナスを「けちった」。何しろ町コウバだからボーナスなど高が知れている。そのただでさえわずかな夏のボーナスを、父は半分に削り、その旨を一人ひとりに告げたうえで、「今は苦しいから我慢してもらいたい、いつかそのお返しはする」と頼んだらしい。

ところが、おじさんにはそれが我慢ならなかった。薄給で長時間の労働に耐えて、高が知れているボーナスでもそれを励みにしてきたのに……ケチった額など、父の収入から見れば大した額ではないはずなのに、人を馬鹿にして、というわけである。おじさんの理屈は筋が通っている。父だってそんなことが分からないはずがない。しかし、その一方で、父からすれば長年の誼で「分かってくれるものと思っていたのに、何を！」というわけで、父がそれまで抑えていたおじさんの仕事ぶりに対する不満がついつい口をついて出た。

「仕事も一人前にできないことに目を瞑ってきてやった恩義を忘れて……」

おじさんは激高して、自制がきかなくなった。狭いコウバ内で箒を持って、父と対峙した。「命懸けで最後まで戦ってやる」というのである。他方、父も父で、「気がおかしくなった年寄りがなにを！」と、全面対決の様相となった。

コウバは修羅場と化して、一時はまともな操業もできなくなった。そんな状態が断続的に何日も続いた。母がとりなそうとしても、両者ともに受けつけない。そして毎度のことだが、母は僕に電話してきた。「オトちゃんの代わりに詫びて、何とか解決するんや」と。「おじさんは、おまえらがおじさんの気持ちを分かって、オトちゃんの代わりにきちんと謝ったら、分かってくれる。そやけど、このことはおじさんが分かってくれるまでは、オトちゃんには絶対に内緒やで」と母は付け加えた。

僕はコウバが休みの日曜日の昼に、おじさんの家を訪れた。門前払いを食わせられるかもしれないと、一抹の不安はあった。しかし、玄関の戸を開けてくれたおばさんは、一瞬びっくりした表情だったが、すぐに顔つきを緩めて、僕の来訪を喜んでくれている気配だった。奥から姿を現したおじさんはすっかり生気のない顔つきで、僕を迎えた。ランニングシャツとステテコ姿のおじさんは以前にもまして骨と皮だけのようで、すっかり老けこんで見えた。

僕は幼い頃からコウバの仕事を手伝っていたし、大学の頃は一時期、大学などそっちのけで、終日コウバで働き、おじさんと冗談などもよく交わしていた。そんな頃に、こんなことがあった。

おじさんに「あんたの手相を見てやる」と言われて手を差し出すと、おじさんは「お父さんと同じで、女性は一人ではすみそうにないな。気をつけないと」と目に笑いを浮かべて言ったりもした。それは父が女性に関してだらしないのをよく知っていて、それを暗に言っていることは確かだったが、棘のようなものは全く感じられず、悪意のある当てこすりなどではなかった。おじさんなりの冗談だったのだろう。おじさんはいつでも温和で両親のみならずその子である僕ら兄弟を高く評価し、遠縁の一人として誇りにもしてくれていそうだった。

そんなことを思い起こしながら、今回も話が通じると信じていた。実際、対面してみると予想どおりに僕を拒否する気配はなかった。しかし、僕の来訪を喜ぶ気持ちを、懸命に抑えようとしていそうな感じも窺えた。表情もさすがに硬かった。

「あんたが分かってくれる言うのは、ありがたい。しかし、本当に分かってるのかな？」とおじさんは目尻にうっすらと涙をにじませながら、僕の目を覗き込んだ。そして、やおら立ち上がると、奥の部屋に入り、綴じた大部の封筒の束を二つ持ってきて、その一つを僕に差しだして、「これが毎月の給料袋とその明細、よおく見て……」と言い添えた。

そこに記されていたのは、定時勤務の日数×日給、そしてそれに対する月給。定時というのは、八時から六時までである。次いでは、超過勤務の時間数で、毎日六時から一〇時までの四時間だから、四×二五日の一〇〇時間で、毎月ほとんど変化はない。それに加えて、休日出勤があればその手当。その他には皆勤手当か皆勤に準じる精勤手当もある（欠勤が月に二日以内の場合がそれにあたる）。天引きされるのは源泉徴収税額と厚生年金、そして退職金共済の本人負担分がある。それに加えて、昼食手当と夕食手当も支給される。どちらもコウバが契約している近くの食堂でコウバの負担で限度額を決めて食べることになっているが、自宅に戻って食事をした場合には限度額水準（時代によって少し変わった）が手当てとして支給される。それらを合算した合計額が当月の給料である。

じつに単純なものだし、あれだけの長時間労働でその年齢の大人の給料としては大した額ではない。おじさんは、「今度はこれを」ともう一つの束の中の二つの封筒を差しだした。八月分と一二月分のボーナス袋であった。特別手当として、毎月の定時の給料相当額一月分が、夏と冬に支給されていた。

「もっと、もらっても良さそうな気もするけど、それはまあ仕方ない。それに、この程度の額でも、励みになる。それを経営者の勝手な都合で減らすというのは、こっちを認めていない証拠や。人間扱いしてない証拠やないか」

おじさんは、またしても僕の目を覗きこんだ。返す言葉がなかった。

「おじさん、おじさんの苦労とコウバへの貢献は僕ら子どもはみんな知ってるし、親父も口には出さなくても、一〇分以上に分かっているはずです。そやけど、あの性分やから。僕らが代わりにお詫びします」

と僕は深々と頭を下げた。

僕らはこうした人たちのお陰で何とか生きてきたのだと、改めて思わざるをえなかった。僕ら家族もとりたてて贅沢をしてきたわけではない。それでもやはり、おじさんたちと比べれば、何とも暢気に暮らしてきた。それが可能だったのは、このおじさんたちのお陰だった。おじさんは言った。

「あんたの気持ちはよく分かった。おかあちゃんも心配してるはずで、申しわけない。それでもこのままで分かったとは言えないな。何よりも、あんたの兄ちゃんにも分かってほしい。あんたの兄ちゃんと話して納得できたら、自分は黙って引き下がる。こんな恥ずかしいことしておいて、今までと同じように働きつづけるわけにもいかんし」

おじさんは頼りなさそうな笑いを浮かべた。

「分かりました。兄と相談して、おじさんが納得できるような形になるように努めます。その後のことはまた別に相談させてください」

僕は話を終えて家を辞した。早速、兄に電話して事情を説明すると、次の日曜日におじさんの家に出向き、話しあってくれた。そして僕が提案した金額を兄が準備して、長年の貢献に対する僕たち兄弟一同のせめてものお礼として差し上げたいと伝えた。おじさんは固辞したが、僕らの再三の申し出に、ついには受け入れてくれた。

次いでは父に、おじさんと話し合って、和解してくれるように強く頼んだ。しかし、父は僕を怒鳴りつけた。「何を余計なことを！」と。しかし、その程度のことはあらかじめ織り込み済みだったから、何度か押し問答めいたことを繰り返したあげくに、父への切り札である兄に登場してもらった。父が兄の頼みを拒否するはずがない。そもそも、すでに外堀は埋められており、それを父が察していないはずもない。しかも、僕らが準備した状況は、父にとっても好都合なはずだった。自分では収拾をつけられない事態になると、父はいつでもそのようにして切り抜けてきたことを僕は知っていたから、こうした一連の過程はほぼ想定どおりだった。だからと言って決して容易なことではなく、何とも気が重い毎日だった、

ともかく、和解の席の用意までにこぎつけた。おじさんをわが家に招待してビールで和解の儀式を執り行った。父はまるで何もなかったかのように、どうでもいいようなことをしきりに話していたし、おじさんも何も蒸し返さず、「兄さん、あまり性質のよくない人の話に乗っていると、損を見ますよ。気を付けないと。兄さんは人が良すぎるから」などと父の最近の危うい人付き合いの心配をしてくれるほどだった。ただし、そうした言葉は皮肉と取れないこともない。

そもそも、父が変な連中と関係して大きな損害を出さなければ、自分のわずかな手当てをけちったりしなくてもよかったはずなのに、といった意味が込められていると解釈することもできる。しかし、そのようなあてこすりの気配は全くなかった。そんなところがかえって、奥さんがおじさんともめる理由だったのかもしれないと、今の僕なら思う。あまりにも率直に言葉を発してしまって、それが誤解されて損をする。要するに、世間知らずで、長年一緒に暮らしている奥さんとしては我慢ならない時もあるに違いない。

それはともかく、約束どおりにおじさんにまとまったお金を渡した。父にはその余裕がなかった

ので、兄がそのお金を用意してくれた。それとは別に、コウバが雇用主として加入していた中小企業向けの退職金制度からの退職金も支給された。おじさんは別の仕事が見つかるまで、アルバイトの身分ながら以前と変わらずコウバで仕事をつづけた。そして、数ヵ月後には仕事が見つかったので、その職場に近いところへ家も引っ越した。

その後の三年間ほどは一年に一、二回の頻度で、バスと電車を乗りついでわが家に顔を見せて、父や母と四方山話をして帰った。しかし、やがて体調が悪くなったので仕事もやめて、家に閉じこもるようになった。それを伝え聞いて、僕はお見舞いがてら、電話で子ども時代の生活についてのインタビューもどきを試みたことがある。新聞配達をしながら学校に通っていた頃の話が印象的だった。昔の厳しかった生活を懐かしそうに、しかし、淡々と話してくれた。

引っ越して五年ほどしておじさんは亡くなった。過酷な労働を長年つづけてきたせいもあるのだろう。若年性の軽い認知症を患っていた奥さんが、娘さんの付き添いで数ヵ月に一回の頻度で僕の母を訪問してくれていたが、そのおばさんもおじさんが亡くなって二年後には、後を追うように亡くなった。

このおじさんと父の対決事件は、済州通いのせいで現《うつつ》(特に大阪生活のこと)を抜かしていた時期の父の不始末の一つなのだが、そこには様々な意味で、父らしさが露呈している。父らしさとは、父の性格や人格に限られず、零細工場主としての父の人生、更には在日の親戚関係の微妙な側面も照らし出している。

コウバでふと目が合うと、おじさんはいつも弱々しいけれども柔らかな微笑みを向けてくれた。少し距離を置きながらも可愛がってくれたし、僕ら兄弟のことを羨ましそうに、そしてまた誇らしそうな顔で見つめていた。しかし本当は、その目は僕らを見ていたというより、僕らの姿をとおして自分のあり得たかもしれない人生を夢見ていたのかもしれない。

第八章　父の弔いと宿題

一　両親に同行しての済州通い

父の済州島への往来が頻繁になった。総計すると、一年の半分以上も済州で過ごし、大阪の家は一時滞在地のように感じられるほどだった。それでも家にいるときの父は以前と変わりなくコウバで過ごした。終日、働いていた。他にすることがなかったのかもしれない。

他方、母は父の済州での惨めで恥ずかしい姿を見ること、そして自尊心を傷つけられることに耐えられず、済州に足を向けなくなって久しかった。そしてそのことが事態を更に悪化させた。父は済州の女性とその取りまきに完全に操られ、両親が日本で苦労して稼いで持ち込んだお金で確保した財産もほとんど奪われそうだという話が済州の親戚からたびたび舞い込んだ。母はそれを受けて、ついに父の追及をはじめた。そのうちに、その噂が本当であると確信するに至り、僕に済州へ同行するように求めた。母は日本語だけでなく韓国語の読み書きもできないから、何をするにしても障害が多すぎる。そこで韓国語を読めて少しは話せる僕なら、母の手助けになるかもしれないと思ったのだろう。あるいは、誰であれ同行者がいるほうが心強いと思ったのかもしれない。

　それにまた、亡くなればその後片づけをする人間が必要で、家族の中で辛うじてそれができそうなのは僕だけだから、その僕の予行演習とでも考えたのだろう。僕のほうでも四〇歳を過ぎてようやく、韓国の政治状況の変化のお陰で旅券を発給してもらえるようになった。在日の団体からの除名から何と二〇年ぶりのことであった。そこで、僕なりに青春の後片づけをしたいという気持ちにもなっていた。

　直接のきっかけは、母が済州にあるはずのお金はどうなっているのかと父を追及するうちに、父が母をペテンにかけているか、あるいは父自身がペテンに引っかかっているかのどちらかだと直感したことだった。

　母の追及に対して、父は非常に高利の金融商品である生命保険に加入しているので心配無用と弁明したが、母にはその種の金融絡みの言葉の意味が分からないこともあって、煙に巻いて騙そうとしているのではないかとますます疑いを深めた。そして、後ろ暗いところがないならその証券を見せるようにと迫った。父は突っぱねたが、母のあまりにも執拗な要求についには屈して、一〇通ほどの証券のコピーを母に渡した。文字の読み書きができない母にはその内容が分かるはずもないと高をくくっていたのかもしれないが、それは甘かった。それらが原本ではなくコピーに過ぎないことくらいは母にも分かった。しかも、そのコピーの各証券の名義人が父ではなく、知らない名前ばかりが並んでいることを見て母は驚いた。母はハングルで書かれた名前くらいなら読める。とりわけ、長年連れ添った父の漢字名やハングル名程度なら分からないはずがなく、父のペテンを疑って、僕に相談してきた。済州にあるお金のほとんどが日本から送ったお金なのに、それが奪われてしまうと言うのである。

僕はその証券のコピーを見たとたんに、ダメだと思った。そして、僕なりの判断を伝えた。もうすでに手遅れだろうけど、実際に済州の生命保険会社に父と同行して、それが詐欺だったということを父が自分の眼で確認するしかない。それも母と僕の眼前でそうすれば、逃げ場がなくなった父の目も覚めるかもしれないと。そして、母が求めるように、両親と済州へ同行することに決めた。

父は僕の同行を嫌がったが、母の強硬な姿勢には勝てず、三人で済州に向かうことになった。そして空港に着くとその足で生命保険会社に行ってみたところ、予想通り、後の祭りだった。すでに満期日は過ぎており、お金はそれぞれの名義人が受け取ったという。両親の老後資金として長年かけて日本から送っていたお金がすべて消えてしまったのである。あっけなかった。

名義人でもなく、しかも証券のコピーしか持たない父に、いかなる権利もあるはずがなかった。そのお金はすべて自分のもので、自分が他人の名義を借りただけと主張しても、その証拠なんかどこにもない。それに、たとえそれを立証できたとしても、法律的に保険会社に落度はないのだから、父が保険会社に賠償を要求する余地もなければ、その他の何らかの対応策もあるはずがなかった。

こうしてその「詐欺」に対してはなす術なく終わったが、それがじつは僕らの闘いの「始まり」になった。父の老い先は長くなく、やがて僕ら家族が父名義の財産を相続することになる。その時に発生するはずの一連の問題への対処法を父の存命中に準備する必要があった。先にも記したように、それには遺言書が最善だった。しかし、事態がそこに至ってもなお父は、その深刻さを本当には理解できなかったし、理解することを拒んでいた。様々な伝手を頼りに融和策を画策をしては逆に痛い目にあって酒を浴びるように飲みつづけた。

両親に同行しての済州通いは予想以上に難儀だった。父母の考え方の開きが大きすぎた。それに、言語・文化の問題もある。僕の韓国語能力は、現地の人々の感情の機微と「異国」の法律が微妙に絡みあった問題を解決するにあたって、大きな助けになるほどのものではない。それだけでも相当に難儀なのだが、本当の問題はその手前にあった。母は僕に同行を求めておきながら、手出し口出しは一切ならず、父の責任の取り方をしっかり見届けるようにと、僕の手と足と口を縛った。その結果、いくら自分が仕出かしたことの後始末とはいえ、解決策が見つからずに途方に暮れて、姑息な手段に訴えたり、酒を浴びるように飲んで現実を忘れようとする父を、僕は涙を流しながら見つづけることしかできなかった。

更に僕を苦しめたのは、母が僕を韓国人としては「偽者」と見ていることだった。祖国の風習に疎いばかりか、あえて「在日的自分流」を押し通そうとする僕の立ち居振る舞いのことごとくが母には疎ましく見えるらしい。祖国に対して僕は「偽者で幼児」のような存在というわけで、僕のあらゆる挙動に母の目が光る。「これをしてはいけない、これをしなさい」といった指示・命令が、すでに中年も盛りの僕に向けられる。タクシーに乗ると、行き先を告げたのかと僕に厳しい言葉をかけてくる。親戚の家に行くと、挨拶の順番、仕方、お土産の有無、酒を飲んではいけないなどと立てつづけにチェックがかかる。そうした母の挙動にはきっと、非識字者として生きてこざるを得なかった母のコンプレックスの息子への投影、あるいはまた、わが子可愛さのあまりなどと推察できないわけではないのだが、それでも僕には耐えがたかった。

済州島はなるほど美しい。しかし、僕にとってはすこぶる辛い場所で、訪れるたびに神経性の下痢に悩まされるほどになっていた。

二　「両親の故郷」との闘い

僕が乗りだしたことで、事態はそれなりに動きだした。僕と母が父に同行しているという事実だけでも、問題の女性やその周辺の人たちに、今までのようにやりたい放題はできそうにないという危機感をもたらした。その女性から父に対する訴訟が提起され、父は敗訴して、多額のお金を支払った。それによって、父も少しは覚悟が固まるかとも思ったが、そうでもなかった。相変わらず現実を直視できそうになかった。しかし、何かが変わりそうな兆しはあった。

相手の女性は次いで、父名義のミカン園の入り口付近の土地を買い占めて、そこに大きな邸宅を建てた。並の資金力ではなさそうだった。もちろん、何一つ仕事を持たない彼女だから、元はと言えば、すべて父から奪った資金だった。その邸宅はわが家に対する徹底的交戦のシンボルだった。父のミカン園への出入りはもちろん、そこでの作業もすべて、常時、その家から監視される格好になり、その効果はてきめんだった。父に頼み込んでそのミカン園の管理を長年にわたって請け負っていた親戚は、その女性の横やりを恐れて、管理を辞退してきた。しかも、その人の後釜が見つからなかった。以前は、管理させてくれと頼みに来る人が多かったのに、今やその人たちに声をかけても、理由はうやむやのままに断ってきた。父の故郷の村では、父の親戚たちも含めて、正面切って僕らに味方してくれそうな人はいなかった。

そうした状況ではミカン園を所有していても何一ついいことはない。早急に処分するしかなかった。しかし、父にはその決断ができなかった。幼少の頃にあちこちの小作をしながら食いつないだ記憶、それがあるからこそ、あらゆることに先だって無理して手に入れ、老後はその世話をしながら暮らすことを夢見ていたミカン園だから、死んでも手放さないと言うのだった。

それとは別に市の中心部の繁華街にあって今や高値がついている土地の処分も、その女性の息のかかった人たちの妨害のために、見込みがつかなかった。やくざめいた人たちも絡んでいそうな気配だった。故郷の村に住んでいないのでその女性の勢力を恐れる必要のない親戚も、僕らの側につくことをためらっていた。それも元はと言えば、母がいないのをいいことに、父がその女性を妻代わりの存在として接するように周囲に仕向けたからだった。そしてそんな父の黙認の下に、その女性が言わば「縄張り」を形成するに至ったのだから、すべては父の責任に他ならなかった。しかも、今後どうするかについても、父の腹が決まっていそうにないことを周囲は見抜いているからこそ、人々は従来どおりにその女性の歓心を買おうとして、僕たちには敵意をこめた冷淡な態度を示していた。それもまた父の責任に他ならない。

僕は事の善悪よりも、僕の役割を全うするために母の意地に付き合うしかなかった。母は市街地にあった父と兄名義の土地を確保することを最大の目標としているようだった。そこで、その土地の道路に面した数棟の貸店舗の裏側の空地にあって、長らく貸店舗の人々に倉庫として貸していた古いバラック小屋を、大工に頼んで何とか暮らせるようにして、済州に滞在中はそこに居座ることに執着した。僕も、そして父も母と一緒にそこで寝泊まりし、そこで母の料理を食べた。そこはまさしくバラック小屋で、窓らしいものが一つしかなく、屋根は低く、光はほとんど入らない。簡易台所を設置したので料理は可能で、冷蔵庫も中古を買い入れた。部屋が二つあったが、僕ら親子三人は大きい部屋のほうで雑魚寝した。冬は母が設置させたオンドルがあるので助かったが、夏はハエや蚊、そしてクーラーがないので暑さに苦しめられた。下水から漂ってくる悪臭もひどかった。トイレと風呂は、離れの小屋まで行かねばならず、夜は懐中電灯を持参しないと、闇の中を歩けなかった。

道路に面した古家を店舗として貸している五軒のテナントたちはすべて例の女性の息のかかった人たちで、母に対しては露骨に敵対的な態度を示す一方で、父にはこれ見よがしに恭《うやうや》しく接して懐柔しようとしているようだった。したがって、僕らはまるで敵に取り囲まれて暮らしているようだった。店舗の裏側の空き地なので、道路からは死角の袋小路で、そこにいるとまるで追い詰められたような気分で、とりわけ夜はすごく物騒だった。

そんな小屋暮らしは、母が選んだ捨て身の戦法だった。「敵たち」の目の前で、そしてその敵たちに監視されながら親子三人が暮らすことで、親子一致の固い決意を示すというのが母の戦略だということが、次第に僕にも分かってきた。文句など言えるはずもなかった。

しかし、だからこそ、そうした母に真っ向から挑み、叩きつぶそうとして襲撃事件まで起きた。夜中に、例の女性が息のかかった男二人を引きつれて、僕らが寝ている小屋に襲い掛かってきた。実際に暴力を振るったわけではなく、一晩中、両親や僕を罵倒し呪詛する叫び声を発しつづけて、心理的圧迫と、何をしでかすか分からないという恐怖感を植えつけるためだった。

母は僕の腕をつかみ、一切、相手をしないように命令した。悪夢のような夜だった。その罵倒の間には、両親や父と自分自身についての卑猥な物語が延々と続くこともあった。僕程度の韓国語能力で、済州語のそうした語りの内容が分かるなんて自分でも信じられないことなのだが、不思議なほどにそれが意味する物語世界を僕はほぼ完璧に捉えていた。言葉が分かったわけではなく、言葉の断片から僕の生活や小説の体験を基礎にして物語の内容を想像できたのだろう。そしてその語りの内容がほぼ分かったからこそ、両親を前にして、恥ずかしかった。両親もきっとそうだったろう。

父は堪えかねて、立ち上がって外に出て行こうとした。しかし、母がその足を捕まえた。相手の挑発、そして罠にはまるから、絶対に行ってはダメ、行くなら、それで縁を切ると、母は小声ながら厳しく言った。父は座りなおした。そしてその後の長い持久戦を耐えた。すでに明け方が近づいていた。襲撃者たちもさすがに声もガラガラになり、心身も限界になったのだろう。恐ろしい衝撃音に続いてガラスが砕け散る音が轟いた。ただ一つしかない小窓に巨大な石を投げつけてきたのである。さすがに驚いた。しかし、不思議なことに恐怖感はなかった。もう、どうにでもなれと覚悟ができていたのか、あるいは、あまりの長時間の忍耐で、そこから抜けだせるなら、何だっていいとやけくそになっていたのかもしれない。その後に何が起こるか、身構えて待った。ところが、その続きはなかった。相手はその石と飛び散った窓ガラスの破片と大声の捨て台詞を残して、去って行ったのである。

それからのことである。その襲撃のことを知った親戚の一部が、僕らに本気で協力する態度を示しはじめた。この機会にきれいさっぱり解決しなくてはならないという点で僕らと合意が成立していく気配だった。ところが、そのための十分な準備が整わないうちに父は亡くなった。最後には自ら承知したものの、それを僕と母が強いた遺言書のお陰もあって、最悪の事態は避けることができたが、それでも、父の死の後始末は予想以上に難儀だった。

僕らのような在外韓国人の場合は、相続税を払ってからでないと遺産相続ができないばかりか、相続税の税率が法外なものだと知らされて驚いた。相談に訪れた済州の司法書士も、その二つの法律のことを初めて知ったらしく、「国は在日を泥棒扱いしながら、じつは国自身が在日に対して泥棒行為をしている」と憤激していた。その相続税を捻出するために、父が「死んでも手放さない」といっていた果樹園をすべて売却して相続税その他の公的な賦課金を、父が亡くなってから九ヵ月以内という期限ぎりぎりに納めた。お陰で、これまた驚くほど高率な延滞税を支払うことは免れた。

最初に相談した税理士と最後に相談した著名な税理士とでは、納める税金の額が倍以上も異なった。済州在住で学閥、門閥その他のネットワークを備えている親戚の協力で節税できたからまだしも、それがなければ、とうてい相続税を支払えず、したがって相続もできなかっただろう。僕らは全くの異邦人であることを痛感させられた。

ともかく、親戚たちの協力もあって、韓国と日本の財産の遺産相続手続きも無事に終えることができた。次には、日本に住んでいる限り、問題続出で心理的負担が大きい市街地の不動産の処理という難問が待ちうけていた。しかし、次第に僕らに協力するようになった従兄たちのお陰もあって、それから更に二年を要したが、何とか処分できた。但し、市価よりもはるかに安価な売買を強いられた。そのせいで、その契約書は税務当局を欺くための偽造ではないかと、税務署で不正の嫌疑をかけられて難儀した。それほどに、僕ら売り手に不利で買い手に恐ろしく有利な売買だった。それが僕らのような外様の人間が支払うべき代価だと僕は自分を納得させようと努めた。

済州ではあれほど気丈な姿を示していた母もその極度の緊張の反動なのか、日本に戻るとすごく神経過敏でしかも弱気になって、済州の何もかもを恐れるような心理状態になっていた。それだけに、すべてを終えることを急がねばならなかった。背に腹は代えられず、プライドも糞もなかったのである。その間、電話、ファックス、そして、日本と韓国の果てしのない役所通いと文字どおりの奔走であった。

祖国の法律も役所も人情も最初はもっぱら厳しさだけが感じられたが、次第に、そこには誠に人間らしい何ものかが躍動しているという感じ方ができるようになり、人生において重要な何事かを学べた気にもなった。いろいろと知恵を借りた在日の司法書士は僕に、「これほどのことを独力でやりとげたのだから、この種の問題で苦しんでいる在日の人々を助けるような事業ができるんじゃないですか」などと、お世辞を交えてねぎらってくれた。僕が人生で何事かをやりとげたのは、それが最初で最後かもしれないと、自分でも思った。

それで一切のケリがつき、済州の難事から解放されると思いこんでいたが、そうは問屋が下ろさなかった。相続した不動産売買で得たお金を日本に送金する際に必要な証明書を受け取りに税務署を訪れたところ、散々待たされたあげくに、発給を拒否された。理由は、売買価格が異常に低いなど不正取引の嫌疑があるからと言う。それは先にも触れたように、すでに相続税の申告の際にクリアした問題なのに、それを蒸し返して、再度の調査、そして会議の結果を経ないと発給できないと言うのである。その税務署員たちの態度からは、在日に対する偏見、そして「いやがらせ」の匂いがプンプンしていた。同行してくれた馴染みの銀行員も、「おっしゃるとおりです。でもともかく、書類上も手続き上も何一つ問題はないので、辛抱強く待てば、やがて発給されます。この国もそれなりの法治国家になりましたから、あまり心配しないように」と慰めてくれた。

しかし、ショックだった。それがすべての原因ではないのだが、少なくともそれが引き金になって、僕は極度の体調不調になる。長年にわたるオーバーワークとストレスの蓄積によって心身が限界に達しているという自覚もあって、日本での自分自身の仕事も整理する準備をしていたのである。そんな心身の状態の僕に、その「意地悪」は強烈な効き目を発揮した。済州でのショックを抱えて大阪に戻り、日本での自分の仕事の半分以上（つまり所得の半分以上にあたる仕事）を辞した途端に、便秘と下痢が交互に襲いかかり、食欲不振、倦怠感など、更には顔面の皮膚が剝がれていくような幻想が襲いかかり、たった一ヵ月で八キロも体重が減った。

医師の兄に相談すると、兄が勤務する病院で全身の精密検査に加えて、その種の症状は突然の自殺衝動を伴いがちだからと、心療内科の予約もしてくれた。幸いにも、機能的には持病の胃炎を除いては大きな異変がなかった。だからといって、体調がよくなるわけでもない。その他、呼吸が急に苦しくなったり、授業中に急に声が出なくなったり、頭痛が襲いかかったりとじつに多様な症状がつぎつぎと出てきたが、それは一年くらいで何とかおさまった。胃腸障害も相当によくなったが、治癒したという感覚はなかった。

それからすでに一五年ほど経ったが、いまだにその後遺症がある。減った八キロの体重のうち二キロほどは戻ったし、食欲も少しは戻り、気力も少しは回復したが、心身の機能の何か大事なところが損なわれてしまったという自覚が痛切にある。済州の税務署職員たちの責任などでないことは重々承知しているが、あの頃のことを思いだすと、心身ともに脆弱な自分が情けないと思いながらも、ついついあの意地悪な税務署員たちの目つきと言葉つき、そしてその時の税務署全体の雰囲気が蘇る。

しかし、少し角度を変えて考えてみると、そうした病状は僕の中年から老年への過渡期の一種の通過儀礼だったのかもしれない。ひたすら無理をする生活を改めないとまともな老年を迎えられないという警報とも考えることはできる。そのように考えると、あの税務署の皆さんにも、ありがと

う と言いたい気にもなる。だって、今もって体調の不調を抱えながら、こんな文章を書き、楽しく生きようという意思、そして気力を失わずにいるのだから。

因みに、念のために付言しておきたい。以上の話はすでに一五年以上も前のことで、その後、在外韓国人に関する税法などは大きく変化しているはずである。

三　弔いと疎外

母は父が亡くなるずっと以前から、自分たちの通夜と葬儀は馴染みの仏教寺院で行うことに決めていた。両親の小さなお城でもあるコウバのすぐ裏手の寺である。母は仏教徒ではないが、いつかはそこでお世話になるつもりで、おりに触れ寄進までしていたらしい。日本での七〇年を超える生活歴が彼女をして日本的風習に馴染ませ、日本のお寺、とりわけ、彼らの「お城」を見守ってきてくれたそのお寺で弔ってこそ、「まともな人間」といった信憑が育まれてきたのだろう。

その一方で母は済州の伝統、風習も堅持していた。儒教的な祭礼にこだわったし、巫俗儀式も怠らなかった。それこそまさに諸教混交で、僕などは、「在日は偽物」といった一世的自意識の匂いを嗅ぎとり、いたたまれなくなったりもした。しかし、じつは僕のそうした感じ方のほうが、純粋を過剰に求める二世的コンプレックスの所産なのかもしれない。在日二世の祖国など、教え諭され学びとったつもりの観念の域を超えないからこそ、ときには過激な一体化の衝動を覚え、それを当為とするに至る人々もいるだろう。

しかし、大多数にとっては「祖国」なるものの中身が虚ろだから、かえってアイデンティティの不安の源になったりもする。それと比べて、いかなる矛盾を孕んでいようと、生きるために必要なものなら何だって取り入れ、それを自分なりに加工しながら恬然としている一世のほうが、日本と韓国の文化の二重性を体現して生きているのかもしれない。

僕たちは母の意向に従って、父の弔いの儀式をすべて二重、三重に行った。家で儒教式の儀式をすませてから、全員そろってお寺へ出向き、読経と説教に頭を垂れる。その仏教寺院での儀式においても、父の親しい友人たちの主張を聞き入れてくれた和尚の配慮で、儒教式の要素も随所に盛りこんだ

それだけでも面倒なのだが、母は更に生駒山麓にある「朝鮮寺」で「密か」に弔いの儀式を行った。それは韓国の土俗の巫俗信仰と仏教との混交というのが、それに参加した際の僕の印象なのだが、これには家族では僕だけが参席した。巫俗を敬遠する僕の兄弟やその配偶者に遠慮して大っぴらにはできない。しかし、父の遺産処理と母の生活費などの管理を引き受けている僕に相談しなければ、その儀式に要する多額の費用を捻出できないから、僕にだけは打ち明けた。そしてそのついでに、せめて子どものうちの一人だけでも立ち会って、母（つまり済州女の流儀）の弔いの儀式を見届けてほしいからと、僕に同行を求めた。もちろん僕は母に義理立てして参加した。

そのように諸種の儀式を重ねたのだから、僕たちは懇ろに父を弔ったと思われそうなのだが、当事者としては、恥ずかしくて、そんなことはとうてい言えない。仏教も知らず儒教も知らず、巫俗も知らず、そのうえ関心すらない僕たちは、儀式となれば「操り人形」同然である。敬虔な気持ちになどなれるはずもない。日本のお寺の場合なら僕らが直に住職や大黒さんと相談のうえで段取りを決めるので、それなりに納得がいくところもある。しかし、儒教や巫俗の儀式となると、全くの

「お客」のようなもので、ひどく場違いなところにいることを強いられている気分になる。

僕たちは幼い頃から、一年に数度の儒教式の祭祀に参加してきたのだから、中年ともなればすっかり習い性になっていそうなものなのだが、じつはそうではない。その儀式がどういう理屈に基づくものなのか、父母がなぜそういうことに熱意を払うのかほとんど知らなかったし、その種の両親の心中の事柄に関心を持つこともなかった。更には両親が儀式に関する能書きを僕らに説き聞かせることもなく、ただただ、参加して拝礼すること以外には何一つ強制しなかった。だから当然、その儀式の手順その他に習熟するはずもなく、誰かの指導ないしは指示なしに勝手にやれと言われでもしたら、途方に暮れる。幼い頃から、僕らのどこかに、その種の儀式は「迷信」といった先入観に加えて、「朝鮮」的なものに対する嫌悪感、差別感情が根深くあったせいに違いなく、そのマイナスイメージが僕らの思考、感情、そして行動を縛ったのだろう。それに加えて、父の弔いに関しては、韓国の親戚の「お出まし」となった。母はそうした「本物の韓国人」にいちいちお伺いを立て、そのアドバイスに従おうとする。ところが、その本物も人が変われば言うことも変わるから、いつだって右往左往となる。このように、一番悲しんでいるはずの母にも弔いのイニシアティブがないのだから、ましてや僕たちなど……。

幼い頃には日本人に対して、そして青春期には「祖国」に対して、といったように絶えず「偽者意識」に苦しんできた僕としては、父の弔いまでも「偽者」として「本物」への気遣いを強いられるなんて耐えられない。僕たちの生死は僕たちのものだ、と叫びたくなったりもする。

しかし、父の死をもっとも悲しんでいるのは母に違いなく、僕ら子どもには、各々の家庭があり、自分の人生があり、父との生活が終わったこと、その事実の確認を自分なりにすますことが第一義の課題である。だから、せめて弔いの儀式に関しては、母の気持ちを何が何でも尊重しなくてはという義務感が、嫌悪感、違和感を押しとどめた。儀式が無事に終わることをひたすら待ち望んでいた。

但し、ただ一つ、僕が誰をも意識することなく、父を弔っている感じがした儀式があった。ほとんどすべての儀式が終わった頃だった。母が父の遺品のいくつか、ワイシャツやネクタイや身の回りのものを持って、僕に最寄りの神崎川の河川敷までの同行を求めた。車を川の近くの道路際に停めて、父の遺品を抱えて、河川敷に降り立った。近くには段ボールや木切れなどで囲んだホームレスの人々の住処がいくつもあって、その住人の飼い犬がのんびり日向ぼっこをしていた。

母は父の遺品を並べて、線香に火をつけた。更には、ハンカチか何かに火をつけて燃やした。そして箱にきちんと収められた父のワイシャツを水面に浮かべ、それに向かって敬虔に祈る姿勢をとった。何とも静かだった。僕もじつに自然に、母に倣った。一陣の風が吹き、波が立ち、そのワイシャツの箱が動き出した。それを見て、父を送りだしている気がした。父はこの神崎川、そして淀川、更には大阪湾の沿岸地域での生を全うした。「よかった」と僕は思った。

四　事業欲の屈折

以下では少し時間をさかのぼって、父の晩年に至るまでの、特に、事業に対するスタンスの変化を辿ることにする。その件についてはすでに記したことがある。そしてその際には、数々の痛い経験を重ねるにつれて父は「下請け」としての経営能力の限界の自覚を深めることによって、生き延びるための経営哲学のようなものを明確にしていくというように、肯定的に記した。ところが、それは事業に関する父のスタンスの変化の一面に過ぎず、事業経営に関する限界の自覚は他方で、父の事業やお金に対する執着を別方向へ屈折させた。

父は「下請け」としては拡張的な事業欲を抑制する一方で、安定収入を確保するために副業に手を染めはじめる。「アッチ」の建物を解体して、三階建ての貸マンションを新築したのがその最初の試みだった。次いでは、母の機転と意地と実行力のお陰で買い足すことに成功した隣家とわが家とを同時に解体して四階建ての貸店舗兼貸集合住宅を新築して、その二階を住まいとするようになった。

しかし、それらはあくまで安定収入の確保、あるいはコウバがうまくいかなくなった場合の保険のレベルを超えなかった。しかも、その「保険」のために、母は自宅ではあっても自分の棲家ではないような窮屈な生活に不満を募らせることになる。父にとっては、いつだって万一に備えることがもっとも重要なことであり、贅沢はもちろん、日常の便利な生活などは父の頭の中ではあまり大きな位置を占めなかった。そもそも、父はそこで年中暮らしていたわけでもなく、寝泊まりするだけで、いつでも外にいるといった印象を僕らに与えるほどだった。母にとって最大の関心事である居宅の不自由さなどはあまり気にならなかったのも当然だろう。

ところが、その副業、もしくは保険としての貸マンション業程度でも、父が想像していたような「棚からぼた餅」のように気楽なことではなかった。先にも触れたような、自宅にいながら他人の家に居候をしているような不自由さだけの問題ではない。三階建てと四階建ての二棟のそれぞれ小さな建物の賃貸くらいでは、事業などとはとても言えないものなのだが、それでいながら、その管理とメンテナンスはなかなかに厄介で、片手間でできるようなものではなかった。そもそも父はそうした煩瑣なことに神経を使い、几帳面に管理できるような人ではない。入ってくるはずのお金の計算は予めしていて、実際に入ってくると直ちに予定していたところへそのお金を動かす。しかし、肝心の建物の維持管理費用も想定外だし、賃貸住宅というものが建築段階はもちろん、維持管理の努力を怠るとクレームの巣窟になるといったことなど予想もしていなかった。しかも、実際にそうなっても、コウバの忙しさにかまけて、あるいはそれを口実に、「知らぬ存ぜぬ」で対処が遅れて、問題を大きく複雑にした。

父の初めての賃貸住宅業となった「アッチ」の新築工事は、オイルショックの真っ最中だった。というより、父が知人の紹介で建築を依頼した工務店が設計を終えた頃に、オイルショックが勃発した。父の本業であるコウバも石油を原料とする資材が必須だったから、その確保と価格の高騰で対応に大わらわだったが、建築土木関係も材料費が高騰して大騒ぎとなった。「アッチ」の工事もその影響を免れなかった。建築資材費の高騰を理由として建築業者がしきりに建築費の増額を要求してきたが、コウバのほうが大変だったこともあってか、父はその要求に全く耳を貸さなかった。初めての契約関係の建築業者に「舐められる」のを懸念してもいたのだろう。そしてその結果、ほとんど必然的に、深刻な手抜き工事がなされたのだが、父はそんなことを知るはずもない。そもそも建築のど素人に建物の内部構造の手抜きなど分かるはずもない。しかも、その業者は父の頑なな「ケチ」に嫌気がさしたのか、あるいは、手抜き工事の発覚を恐れてのことか、完成した建物の引き渡しと支払いなどの決済がすんでからは、何度連絡しても多忙などを盾にして対応しなくなった。その業者を紹介してくれた知人に相談しても、その知人もじつは友人の紹介だなどと、頼りない返事で埒が明かない。したがって、その後につぎつぎと発覚した問題には、こちらが別の業者に頼んで対応するしかなかった。建築業者の瑕疵責任云々などは、父の脳裡に浮かぶことはなかったようである。そもそも、契約書もあったのかどうか。更には、建築工事の図面もあったのどうかなどと、ついつい言いたくなるほどなのだが、いくら何でもその種のものがなかったはずはない。

しかし、僕はその後、大規模な修理工事の際にぜひとも必要になって探してみたが、それに類するものはみつからなかった。ないはずがない書類がみつからないのは、それとは知らずに捨ててしまったのかもしれない。建物が完成して入居者が決まると、父は自分の仕事はそれで終わったかのように、その後のマンションの諸問題に対応する気持ちなどほとんどなかったことが、それら書類の保全の不十分さでもよく分かる。

雨漏りを筆頭に大小の問題がつぎつぎに発生した。居住者からの頻繁なクレームに即座に対応して、各種の修繕業者を手配し、工事後にはそれを確認しなくてはならないのだが、素人、それも副業として賃貸業を営んでいる者には、とうてい無理である。しかも、その種の修繕工事の効果は直ちに確認できないことが多く、後になってその不十分さや不手際が明らかになっても、緊急だからと、またしても知人に紹介された業者に無理矢理に頼み込んでの応急処置なのだから、クレームはつけにくい。工事のやり直しや追加工事を要求しても相手が簡単に承諾するわけもなく、その代金の折衝も難しい。

本業の「下請け」でも、どんぶり勘定の経営を長年つづけてきた父にとっては、マンション経営は予想をはるかに超える厄介な負担だった。とはいえ、その安定収入は父にとって貴重なもので、家賃を受けとる以前からすでに、その使い道は決めてある。済州への送金の他は、投資して一気に儲ける夢への投資である。それはじつは、父がもっとも嫌っていたはずの賭け事と変わらないあぶく銭の夢であり、父の人生哲学の変質というものだった。本業では人生哲学の延長上での身の丈に合わせた堅実経営を、ところが、その禁欲のストレスを一気に晴らそうとしてのことなのか、副業ではその正反対の夢におぼれるといった兆候が現れはじめていた。

そうしたあぶく銭を夢見る人々を嗅ぎつけては日参する営業マンが跋扈していた時代だった。一時は、戦後でも未曽有の経済危機を云々されたオイルショックだったが、それを難なく乗り超えた日本は、同時代を生きてきた僕のような人間にとっても、何かおかしく、怖いとさえ感じられるくらいに、あらゆることに傲慢になっていた。そしてその先にはバブルの狂乱、そしてその崩壊へと至るのだが、父もそうした社会の大きな潮流の影響をまともに受けていた。たとえば、不動産の無料現地見学会に誘われて、将来、発展間違いなしで、高価で売り抜けることが可能というセールスマンの甘い話にのせられて、山林を買ったつもりが、入手したのはどこにあるのか地図上でも特定できないほどの二束三文の土地だということが直後に判明するといったように、何とも単純な詐欺まがいの商法の餌食になったりもした。詐欺まがいということが発覚してからも、その二束三文の「土地の仮登記の名義はおまえにしてある」と僕に得意げに言うほどだったから、その経験が父のその後に生かされた形跡はなかった。

竟での話なのだが、そうした性懲りもない被害者を相手に、詐欺グループはその後も折に触れて、甘い餌をちらつかせてくる。たとえば、現地の測量と本登記のためのバス観光、あるいは、買い手が見つかりそうなのでその交渉をなどと、名義人である僕に一〇年単位で儲け話を持ちかけてきた。その名義人がもし僕ではなくて父だったら、そしてその父が存命であったなら、きっと家族には隠れてその話に乗って、二重、三重の被害にあったに違いない。幸いにも仮登記の名義人が僕で、その僕は少なくとも父絡みの面倒な話には眉唾が習慣となっていたから被害は免れてもっけの幸いだった。ところが、父はそれとは別のもっと厄介な話に性懲りもなしに乗せられて、その始末もつけられないままに亡くなった。つまり、僕に大きな宿題を残したのである。父が僕に残した宿題はじつに多岐に亘ったが、それらの中でも、この宿題は僕の心身に危害が及ぶことも覚悟しなくてはならないもので、悲壮な気分で対応を余儀なくされた。要するに、事業欲が抑制されたあげくには屈折して、いつまでも現役の人間でいたい未練となって父の晩年を縛る。晩年になってもなお父が手放せなかった「現役への未練」の変遷をたどることにしよう。その果てには、父が僕に残した宿題の顚末譚が待ちかまえている。

五　経営権の委譲を巡る未練

末弟が大学を卒業する頃には、僕を含めて三人の兄たちはすでにコウバとは無縁の職に就いており、コウバに戻ってくる気など全くなかったし、父もそんなことを望みもしなかった。そこで、残された跡継ぎ候補は、まだ職に就いていない末弟だけで、父はもちろん、末弟に跡を継いで欲しがっていた。末弟のほうでは、しばらくの間だけでも外の世界の空気を吸ってみたい気持ちが山々だったようだが、父の気持ちを忖度してそれを諦めた。大学を卒業すると直ちにコウバに入った。

その後、いつかは末弟にコウバを譲り渡すと言いながらも、父はなかなかその言葉を実行に移さなかった。もっとも、ある時期までは弟の教育期間という口実もあり、実際に弟は父の仕事の仕方を目で見て肌で感じながら、「下請け」としての勘どころなど、多くを学んだ。しかし、それにも限度がある。すでに結婚して子どもをもうけ、コウバに入って一〇年も経っているのに、もっぱら父の指示に従って肉体労働や小間使いにとどまっていれば、欲求不満が高じる。しかも、もっとも事業意欲が盛んなうちに、自ら考え、実践し、その責任を引き受けるといった、事業をする者にとって決定的に重要な経験の機会が失われる。僕はそれが何よりも心配で、一刻も早く弟に主導権を譲り渡すようにと何度も父に提言したが、遺言書の場合と同じで、父はいつも「いつかはそうするから、おまえは黙っとけ」と言うだけで、実際にはその手立てを講じなかった。

時の経つのは早い。弟もいつの間にか中年にさしかかる年ごろになり、父もさすがに、そのままでは弟の事業意欲も失せてまずいことになると気づいたのか、経営を任せると宣言した。しかし、もっとも肝心な財政つまりお金の管理に関しては別だと言いはり、全面的な経営権の譲渡には至らなかった。そしてそれから更に何年も経ち、老齢と病気のせいでコウバに日参できなくなってやっと、父は財政についても弟に主導権を譲った。しかし、それはあくまでコウバの収支に限定されていた。金繰りなどではコウバの経営と密接に関係している副業、つまりマンションなどの収入支出についてはは情報を明らかにせず、口を挿むことも許さなかった。要するに、父の死去まで（正確に言うと、遺書の作成日まで）家つまり父の懐具合の全貌は誰にも知らせなかった。つまり、跡継ぎであるはずの弟に対するわが家の「事業」の全面的な譲渡はなされなかった。

余談だが、そのせいで父の死後に厄介なことになった。父の生前には誰も知らなかった父の預金が死後になって判明した。それは遺言書にも明記されていなかった。そこで、その定期預金は名義上の相続者全員による合意がない限り引き出せず、その相続者の中にはもちろん済州在住で僕らが会ったこともなく、自分の意志とは関係なく、もっぱら状況の力で敵対関係になっていた子どもたちも含まれており、彼らと合意の可能性などあるはずもない。したがって、その預金は永遠に金融機関の金庫に中に居つづけることになり、僕ら遺族にとっては大損になった。

さて、父がそのように弟への事業の譲渡を引きのばしたのは、なぜなのだろうか？　弟を信用していなかったのだろうか？　そうでもあり、そうでもなかっただろう。弟が父には内緒で、何かよからぬことをするなんて、父はおそらく想像もしなかっただろう。また、弟が誰かの口車に乗せられてひどいことになるなんてことも、父はそれほど心配していなかっただろう。僕ら子どもたちが欲に駆られて、馬鹿げたことをしそうな性格ではないことを、父はよく知っていたはずだからである。

そうだとすれば、いったい、なぜなのか。やはり、自分がいつまでも第一線で働いている、あるいは、生きているという実感を担保してくれるのがコウバであり、とりわけその財政的な主導権だったからなのだろう。年寄りの性懲りない未練！　などと非難するつもりはないのだが、その種の未練から父は死ぬまで解放されなかったという事実は歴然としている。しかも、そうした言わば受動的な、つまり自らは動かないし、何ものをも動かさない形での未練の発揮の仕方とは別に、父は積極的な形でも未練を発揮して、死後には僕に大きな宿題を残した。

そうした父の生き甲斐につながる未練は、何ともはた迷惑なものだったが、ひょっとしたら、世間知らずの息子たちに訓練の機会を与えようとでも思っていたのかもしれない。そうとでも考えなければ、とてもやっておれない心境になるほど厄介な宿題だった。

六　コウバからの撤退に代わる夢の果て

父はコウバの経営を末弟にほぼ完全に委譲してコウバに日参しなくなると、まるで生き残りをかけてでもいるかのように、懸命に散歩に励みはじめた。近くの神崎川に架かる橋から橋まで、河川敷を何度も往復して、足裏の皮膚が擦りきれるほどだった。それでも、禁酒してからますます長く感じられるようになった時間が埋められない。テレビを見ても面白くないし、新聞を読んでも興味をそそられる情報など何一つない。そこで、時間つぶしの話し相手を求めて、在日の南系の団体の地域分団の事務所に日参するようになった。その三階建てのビルは父を含めた地域の長老たちが身銭を切ることで範を示したうえで、長年の付き合いや信頼を担保に地域の人々の浄財をかき集めて建築にこぎつけたものだから、自分の子どものような愛着もあった。

そこに日参する人々にも入れ替わりがあった。昔からの知人・友人たちは一人二人と亡くなり、他地域から移り住んできた在日一世や二世の老人たちがその穴を埋めるようになり、その種の新参者との付き合いも深くなった。昔なじみよりも、新しい知人のほうが新鮮で興味も沸くという側面もあるが、その反面、付き合いが短いから情報も限られており、本当のところは得体がしれない側面もある。だから、後腐れのなさそうな一時の遊びはともかく、金銭が絡むことには距離をとるべきといった大人の知恵くらいは備えていたはずなのに、父はそれを生かせなかった。

特定の新参の人との付き合いが尋常以上に深くなり、あげくは、その人の誘いに乗って、それまでの父ならあり得ない危険なことに足を突っこんでしまった。近くの集落で長く居住する朝鮮人一族が絡む競売物件の落札に、傍から割りこんだのである。つまり他人の不法ぎりぎりの金儲けの妨害をして儲けようとしたのである。わざわざそんな面倒なことに首を突っこんだのだから、父もよほどに退屈していたのだろう。あるいは、父を引きこんだ人がよほどに話上手、あるいはペテン師だったのかもしれない。

「アッチ」の集落には、昔から土建関連で生計を立てる在日の人々が多く住んでいた。その人たちの多くはやがて飲食業や賃貸マンション業その他に転職したが、その一方で代を継いで土建業をつづけている人たちも少なからずいた。

その集落内の北のはずれの「アッチ」とは反対の、南の外れに鉄筋四階建てのビルを所有して、土建業を幅広く営む一族がいて、建物は事務所兼飯場である。その一族には兄の中学時代の野球部仲間もいたが、ビルの所有者一家と僕らの家族とでは直接に話を交わすほどの関係ではなく、顔を見たり噂を聞いたら、「ああ、あの一族」と察する程度だった。その主は僕らより一世代上、僕の両親よりは一世代下の在日二世で、済州出身の後裔ではなく、しかも職種が異なるなど、わが家とは重ならない面が多々あり、それが疎遠な関係の理由だったのだろう。それにまた、僕などは幼い頃から、土建業の若者の体つきや言葉遣いなどが乱暴で恐ろしく感じられていただけでなく、「アッチ」で荒れた生活をしていた頃に一緒に遊び回ったその近辺の連中の絶望的な凶暴さを目撃したこともあって、そこは「怖い」所といった印象が強かった。長じてからはさすがに、それは偏見だと頭では分かりながらも、幼い頃から繰り返して感じ、そして体に染みこんでいた固定観念は変わらず、その集落の人々には距離を置いて暮らしてきた。

その土建会社が倒産した。そして、負債の担保になっていた会社所有の土地建物は裁判所管轄の競売物件となったが、二度にわたる競争入札も不首尾に終わった。人の噂では、競売に参加しようとする人がいると、脅しをかけて入札への参加を断念させて、競売は不成功となる。そんなことを繰り返すにつれて競売の最低落札価格が低くなるので、その頃合いを見計らって、元の所有者が親戚もしくは知人名義で安く落札する。それが、これまでにもその界隈、とりわけその一族の内外で繰り返されてきた蓄財手法なのだと言う。そんな見え透いた、しかも暴力的手法がまかり通るはずはないだろうと、僕はその噂には半信半疑だったが、事態の展開を体験した後では、まさに噂通りだと思い知った。

七　競売不動産をめぐる鍔迫り合い

さて、その競売物件である土地建物の裏側に接した土地建物では、在日一世のP氏一家が家族を総動員してその地域では珍しい大型の焼肉店を営みながら暮らしていたが、P氏と土建業者との間では、土地の境界を巡って長らく紛争が続いていた。そしてP氏が例の団体事務所で父と親しくなって、その競売物件にまつわる「もうけ話」を父に持ちかけた。その競売に参加して落札に成功すれば、格安で土地建物を取得できる。それを改装するなり、解体して新築するなどして、勤務医である息子の病院にすればいい。その建物の改装もしくは解体その他の工事には、長年懇意にしている業者がいくらでもあって、大幅な経費節減になるように斡旋するので、事実上の儲けは更に大きくなる。この種の物件に詳しい自分が全面的に協力するので、きっと成功する。そこで、成功した暁には、その成功報酬として、自分と土建業者との間で係争中の境界に関して自分の言い分を全面的に認めてほしいという。

　父はその話に乗った。不動産取引で短期間に大儲けできるという話が、本業から引退した父の事業欲に火をつけた側面もあるだろうが、それ以上に、「勤務医である息子の病院をそこに建てれば」という口説き文句が、父を動かしたに違いない。兄も弟も勤務医であることに満足しており、開業する気持ちなど全くない。それを承知し、そうした息子たちの欲のなさに共感する一方で一抹の寂しさも否めず、社会的地位を備えた「病院長である息子」を持ちたい、自慢したいという気持ちが父の心の片隅でくすぶっていたのだろう。

　父が競売に参加することが知れると、例の土建会社の一族郎党が入れ代わり立ち代わりコウバや家に父を探しにやって来た。しかし、P氏の入れ知恵なのだろうが、父は予め家族やコウバの者には、韓国へ旅行中などと答えるように指示しておいた。その結果、父が見つけられそうにないと分かると、その連中は凄みを聞かせて、やくざがかった捨て台詞を残して帰った。脅迫電話がかかってくることもあった。

「何が起こるかわからんで。月のない夜には覚悟しとけ！」などの脅し文句を最後に受話器を切った。僕らはそのあまりにも時代がかった台詞には苦笑いしたが、それなりに恐怖を覚えないわけにはいかなかった。

　父はその間、病院に入院したり、居留守の口実どおりに済州に滞在したりもして、その強面《こわもて》の連中と面と向かうことはなかった。そして、ついに落札に成功した。落札資金は弟に出させた。父にそれだけのキャッシュはなかったし、あくまで弟の病院建設のためなのだから、自分のことは自分で、といった父なりの理屈もあったのだろう。開業の意思など全くない弟だが、父があまりにも執拗だし、病気を抱えている父を宥めるために、不本意ながらそのお金を用意し、登記にまでこぎつけた。

しかし、その直後に父は最後の入院となり、二ヵ月ほどの苦しいばかりの闘病の果てに亡くなった。そうなると、あの土建業者一族の恨みが、名義人である弟に向けられるのが心配になった母は、例によって僕にその解決を頼んだ。

「あの子が危ない。関係ないおまえのほうが安全やから、何とかしてやってくれ」と母は言い、「こんなこと頼めるのはおまえだけ」といつもの殺しも文句を付け加えた。

僕は先ず、そんな厄介話に父を引きこんだらしいP氏に会って、状況把握に努めた。P氏は競売参加、そして落札に尽力した報酬として、境界線の問題（P氏の従来からの主張どおりに境界を画定すること）に加えて、父から四〇〇万円の受領を約束していると主張した。それに驚いた僕が、その約束を証明する文書の有無を尋ねると、たちまちのうちに不機嫌な顔になり、怒気を含んだ声で、男と男の約束だと言う。僕には父がそんな約束をするとは到底思えなかった。しかし、亡くなった父の顔に泥をぬるようなことにならないように、何とか穏便に解決してほしいと、母から口を酸っぱくして念押しされていたので、「ともかく、お話は承りました」とだけ言って、その家を辞した。

そして、P氏の言い分を受け入れていいのかどうかの判断材料にするために、彼についての情報収集に努めてみたところ、次のようなことが分かった。

P氏はこれまでに手掛けてきた数々の事業で、じつに多様な民事訴訟を争ってきた。そして、その経験や独学で得た知識と頑固な性格と能弁で、弁護士を相手にしても引けを取らない。現在も複数の訴訟を争っているが、どれもが明るい見込みはない。それにまた、現在の生業の焼肉店も、開店当初は珍しさもあって繁盛したが、やがてその波が引いて客足が伸びないどころか、同種の店がつぎつぎとできて、むしろ客が遠のいている状況で、開業時の借金の返済などで資金繰りに困っているらしい。そんな状況を知れば知るほど、何とも厄介なことになったと僕は頭を抱えた。

次いでは、P氏の紹介で父が依頼していた弁護士事務所を訪れた。二人の弁護士が相手をしてくれたが、そのうちベテランらしい中年男性の弁護士は上司として報告を受けてサポートするだけで、実際の担当者はまだ新人の女性弁護士らしく、その二人と少し話を交わしただけで、僕はすっかり落胆した。あの一家にはとうてい対抗できそうにないと思ったのである。それはともかく、その女性弁護士は、物件の引き渡しが差し迫っており、その際には嫌がらせも懸念されるので、その心づもりでその場に臨んでほしいと言うのだが、その口ぶりがいかにも型どおりで頼りなく、僕はますます心細くなった。

物件引き渡しの当日、現場に赴いたところ、周辺の道路をふさぐようにして数人の男たちがタバコをくわえてたむろしていた。作業服や革ジャンパーを着た二〇歳代から四〇歳代の屈強そうな男たちである。立合人がいないところで鉢合わせすれば何が起こるか分からないから、距離を置いて素知らぬふりで待っていると、弁護士がやってきた。そして物件受渡しの手続きに入るために自己紹介をはじめようとした途端に、その男たちは僕や弁護士に威圧的な態度で、口々に罵りはじめた。弁護士は不意を突かれたからか、僕が予想していたとおりに圧倒されていた。僕はこの種の人々を相手にする場合の、小さい頃から周囲の人々を見て習い覚えたやり方で、それなりの意地を示すように努めた。

「ご存じのように、もうすべて終わったことなので、無駄にややこしい話にならないようにお願いします。お兄さん方がいつまでもそんな態度をとるなら、こっちは怖いものだから逃げ帰るしかなくなって……、しかしそんなことになったら、物件引き渡しをやり直す羽目になって面倒だし、いくら弱虫の僕でもそれなりに本気になるしか道がなくなって、そうなるとお互いに困ったことにもなりかねないし……皆さんも大人だから、何とか穏便にお願いします」

このような調子で、随所で突っ込みを入れてくる相手の一人ひとりを見つめながら、殊更にトーンを落として、ゆっくりと話した。自分でも芝居がかっていると思いながら、ともかく話し終えた。その間に弁護士も気を取り直したのか、「脅迫的な言動をつづけると法的措置をとりますよ」と背筋を伸ばし、高い声で宣告した。

そうした僕らの対応が効き目を発したわけではなく、すでに十分に脅迫したのだからそれでいいということなのだろうが、連中は各人各様に捨て台詞を残しながら、去って行った。やっと落ち着いて、建物内部の点検が始まった。事務所には暴力団の事務所によくありそうな大型の金庫と相当に古びているが、ともかくやたらと派手な応接セットがでんと鎮座していた。三階四階には二畳ほどのとても部屋などとは呼べない小さな区画が連なっていて、なるほど蚕棚とはよく言ったものだと思った。話には聞いていても、その種の物を実際に見たのは初めてで、歳をとっても僕は世の中のことを何も分かっていないのだと思い知った。

こうして物件の引き渡しは無事に終わったが、現場を見てかえって不安が大きくなった。建物は無人だから、管理、とりわけ火災が心配だった。建物前に廃油がたっぷり入った大きなドラム缶などが放置してあるのも、故意にではないかと、悪意を感じるほどだった。さっきの連中がまたもや意趣晴らしで何をするか知れたものではない。何しろその近辺は連中の縄張りなのだから不用心極まりないなどと、不安が募った。そこで、近くに住む知人に、先ずは廃油の処理を急いでくれるように頼んだ。それだけでは不安が収まらず、建物周辺の随時の見回りも合わせてお願いした。それで不安が解消されたわけではなかったが、「これで大丈夫だ。何か起こればそれはその時の事」と、懸命に自分に言い聞かせた。

八　骨折り損のくたびれもうけ

それで一件落着ではなかった。先にも触れたように、先ずは現状の保全に努めねばならず、火災その他、建物に対する「攻撃」の心配があった。それに、その物件を最終的にどうするかを決めて早急に実行に移さないと、物件の保全にまつわる懸念が解消されない。要するに、入手したばかりの土地建物の処理が最大の問題であった。亡くなった父の思惑とは正反対に、弟に開業の意思など全くない。それに、たとえ心境の大変化が生じて開業する気になったとしても、その地域は物件の元の所有者の親戚、知人その他が集住している言わば「敵の縄張り」だから、そんなところで病院を開業するどころか、住みたい気になるはずもない。早急に売り抜けるしかなかった。

競売物件の落札に絡んで父がＰ氏ともども当初から話を掛けていた不動産業者と相談することにした。その結果、建物を解体して更地にしたうえで売却することに決めた。次の問題は価格設定である。売買で少々の利益を上げたとしても、短期間での不動産の転売の場合には特別に高率の税金が課せられるので、中途半端な利益を得ようなど考えずに、価格を抑えて一刻も早く「売り逃げ」ることで話がまとまった。つまり、Ｐ氏が主張する成功報酬と不動産業者の媒介手数料、そして解体費用、それらすべてを支払っても損が生じないように、そして交渉過程におけるディスカウントも織り込んだうえで価格設定して、建売業者などに交渉してもらうことにした。但し、その前にP氏の了解を得なければならない。土地の境界紛争がある土地の売却は難しいからである。

Ｐ氏には、彼が主張する成功報酬としての四〇〇万円の満額を支払うのは無理かもしれないと実情を率直に伝えて、二割程度の減額を求めてみた。するとP氏はまたしても怒り出して、約束の金額の減額を云々するなんて、男と男の約束に悖《もと》るもので、もってのほかと席を立った。その程度のことは予め想定していた僕は、それなら致し方ないと席を立った。そしてその後は、こちらからは連絡を断った。すると予想より早く、ほんの数日後には不動産業者を通じてP氏が再交渉を求めてきたので、不動産業者の立会いの下で会うことにした。しかし、席に着いたとたんに、P氏はまたしても、「なぜ、連絡をしてこないのか、人を馬鹿にしているのか」と攻撃をはじめた。機先を制する戦法らしかった。僕は思わず笑いそうになった。しかし、ここで相手を怒らせて、面倒を背負いこむのは馬鹿らしいので、正攻法で対することにした。しばらく沈黙してから、「そういうやり方は僕としては受け付けられません。交渉なさるつもりがあるなら、話を聞いてもらわないと」と自制に努めて言った。すると、頃合いとばかりに不動産業者が割って入った。「話をまとめないと、みんなが損を見ることになりかねません。落ち着いて、お互いに譲りあって、迅速に話をまとめましょう」と正論を述べ、P氏も渋々と頷いた。そこで僕は自分の考えを説明することにした。

三方、つまり不動産の名義人として当然その物件の正当な権利を持つ弟、その不動産取得に協力した成功報酬を求めるP氏、そして売買先を探すなどでその手数料の権利がある不動産業者のそれぞれが譲歩して、つまりは各人が主張する金額を同じ割合で減額することによって、売買価格を下げて、迅速に売り抜けたい、と述べた。
さすがのＰ氏もそれを受け入れた。その態度を見て、僕は予め用意していた「ご褒美」を持ちだした。彼が紹介してくれる解体業者の費用とＰ氏の紹介・斡旋料については両方を合算した総額を提示し、Ｐ氏の紹介料と業者の工事料金の割り振りについてはＰ氏に一任すると付け加えたのである。したがって、Ｐ氏の交渉術次第では、解体費用などを抑制することでＰ氏が受けとる成功報酬の上乗せの可能性が十分にあった。最終的には、Ｐ氏の取り分の減額はほとんど相殺されたに違いない。

以上の条件で僕らが設定した売買価格は市価と比べれば格安だったからか、予想以上に早く購入希望者が見つかった。しかも、価格を設定した時点で想定していた額よりも低いディスカウント額で取引が成立したお陰で、弟に損をさせないばかりか、小遣い銭程度の利益を確保して売り抜けることができた。無事に心配から解放された弟は、僕に相当額の謝礼を提案したが、それでは僕の兄としての権威に傷がつくと兄貴風を吹かせて、弟が僕に提示した金額の一割だけを交通費名目で受けとった。これですべてが終わった。

その間、僕としては元の所有者による建物に対する攻撃や僕に対する危害その他の嫌がらせの懸念などで気持ちが休まらず、そのうえ、要らぬお金（弁護士事務所、Ｐ氏、そして不動産業者）を費やしてしまったという後悔もあり、気持ちが重かった。しかし、弟の被害が心理的負担だけですんだのだから、ラッキーと思うことに決めた。プライドなんて贅沢は僕らには許されず、外観や形式よりも実質が最優先である。そのように思えるようになったのは、父の背中を見ながら学んだものなのかどうか定かではないし、自慢できそうなことではないが、致し方ない。「骨折り損のくたびれもうけ」もまたわが人生などと嘯《うそぶ》いて、納得することにした。

それにしても、父は何とも面倒な宿題をいろいろと残してくれたものである。それによって僕が鍛えられて一人前の大人になれたらよかったのだが、生憎とそうでもなさそうである。収支勘定など成り立つはずもなく、まさに「骨折り損のくたびれもうけ」だった。

九　父の墓

大阪で暮らす在日一世が「祖国」ではなく日本で墓をつくる場合、たいていはあの朝鮮人の最大の集住地域である猪飼野の後方、つまり奈良県との境となっている生駒山系である。その山頂付近の大規模霊園には、在日朝鮮人の墓がわんさとあり、花見の時期には、その霊園内で焼肉パーティーの輪が幾重にもできるという。祖先の墓を参拝に訪れた日本人たちからは「不謹慎」と非難の声があがるかもしれない。しかし、いくらこの世でそのように他人の不興を被ろうと、子孫が集って自分の墓に参ってくれることは、少なくとも死者にとっては喜ばしいに違いなく、墓は祖国ではなく日本で、更に進んで、墓など要らないという人も増えている。

しかし、一世代前までは、自分の墓は祖先と同じように、祖国に用意し、それも土葬を望む人が多かった。とりわけ男たちがそうだった。同じ一世でも女性の場合は、たとえ異郷であろうと、子どもたちが居住するこの地で見守られて眠りたいという気持ちが強そうなのだが、男性の場合は子どもより祖先が優先し、自分の墓は祖先の地、瞼の故郷にとなりがちだった。

そんな場合には、生前に風水などを参照して、故郷に自分の墓地を確保し、そこを永遠の住まいに指定した。いくら親の願いでも叶えてやれないことが多いのがこの世の常なのだが、子どものほうでも事情が許す限り、そのくらいの遺志は尊重しようとする。そこで、日本では荼毘に付さずに遺体を冷凍状態にして故郷へ運び、土葬というように事が運んでいた時期があった。

僕らの父も、故郷での土葬を望んでいたし、亡くなる五、六年ほど前まではことあるごとにその意志を公言し、僕らに対する心理的刷り込みに励んでいた。しかし、晩年が深まるにつれて、その声はか細くなり、最後にはほとんど聞かれなくなった。

先ずは、墓守にまつわる揉め事の懸念があった。僕ら兄弟は日本に住んでいて墓の管理に責任が持てないばかりか、頻繁にはお参りにもいけない。そのうえ、祖国の言語や習俗に疎くて、あちらの親戚に負担をかけるうちに肩身が狭くなったり、墓守に絡む金銭などで揉め事が生じる懸念があった。しかし、何よりも最大の理由は、異母弟妹、そしてその母親との確執・軋轢であった。父が生前にそれを解決していればまだしも、そうはいかなかったので、父の死後には遺産問題が絡んだ深刻な軋轢が予想された。晩年の父は、そんな素振りは見せなかったが、母や僕たちに対してきっと肩身の狭い思いをしていたはずである。

そこで、父は自分の墓については僕ら家族には何も言わなくなる一方で、韓国の親戚にそれとなく匂わせて、こちらに伝わるようにするといった間接話法を用いた。それでも、母が動きそうにないのを見てとると、母の意志に任せるしかないと諦めていたようである。但し、諦めとは言っても、最終的には母が父の気持ちを汲んで事を処理すると信じていたのかもしれない。いつだって、父は手に余る問題になるとだんまりを決め込んで、母の意地にすべて任せながら、いろんな窮地を切り抜けてきた。父は母の意固地に腹を立てるような口振りをしても、じつは母の正論と実行力をよく知り、それを評価し、頼っていた。

他方、子どもである僕たちは父の死後の問題にどう対処したか。僕たちはじつのところ、墓に執着などないどころか、死そのものを実感できないし、そんなことに思いを巡らす余裕もない。各人の現在の生活をどのようにして凌いでいくのか、それがすべてに優先している。母には残された人生を不自由なく暮らしてもらいたいと願っても、両親や自分たちの死後の世界といった抽象的な問題、そして墓守をどうするかといった具体的な問題について考えたこともない。ときには、たとえば済州島のあの山中に足を踏み入れてみると、こういう所を永遠の住処にできるならどれほど幸せだろうかなどと思ったりはするが、僕らの思考はそこまでが限界である。

わが家では父の墓についてはもちろん、母が主導権を握った。母は父の生前に、父には内緒で日本で墓地を購入するように僕たちに命じ、生駒山系の霊園内に墓地を確保していた。その際にも、場所などすべてに関して、一世女性ネットワークの情報に基づいて母が主導した。そして父の死後半年くらいまでは、母は予定どおりにその墓地に父の遺骨を納めるつもりだったようである。その一方で、墓石にあちらの子どもたちの名前を刻むかどうか迷いつづけていた。それについて韓国の親戚がどう言うかが最大の心配、次いで、どちらにしても、済州の子どもたちとその母親との関係において後腐れの種になる懸念が母を悩ましていた。

ところが、父の一周忌を間近に控えて、母は突然、計画を翻した。寝ても覚めても亡き夫とつづけている対話の結果である。「オトチャンが怒ってた」と母は言うのだった。そして、あれだけ故郷に帰りたがっていた父の気持ちに背くわけにはいかない、と付け加えた。その時になってようやく、僕にも合点がいった。そうした自らの翻意の可能性もある程度は予見して、母は墓の話を一歩も進めなかった。父の遺骨は葬儀を行ったお寺に預けたままにしてあった。

しかもそんなところへ、済州から願ってもない情報が飛びこんできた。父の長兄の長男、つまりは今や宗家の主が、キリスト教が多数派を占める済州の親戚の中では異色なことに仏教に帰依していた。その従兄も若かりし頃にはキリスト教に接近したが、やはり宗孫の役割を考えて思いとどまり、中年になって祖先祭祀に妨げにならないこともあって、敬虔な仏教徒になっていたのである。その従兄が熱心に通っている大きな仏教寺院が、父が生まれ育った地域に近い漢拏山の南側の山腹で墓地の開発をはじめたので、そこに父の墓地を確保することができると言うのである。しかも、その従兄もそこに墓を準備したと言うから、母はすぐさまその話に飛びついた。

日本の風習、とりわけ上流などとはとうてい言えない階層・地域の習俗に馴染んできた母にすれば、キリスト教は舶来で取り澄ましていて身の丈に合わないという思いが否めない。それに比べて、仏教なら幼い頃から慣れ親しんだ韓国の土俗的宗教、とりわけ女性お得意の巫俗の世界と似た要素もあって馴染みやすい。現に母は父の死後しばらくは、仏教の韓国語バージョンのお経のテープを聞きながら暮らしていた。そんな母にとって、仏教寺院が開発・管理・永代供養の約束をしてくれる墓地はお誂え向きである。じつのところは、毎日の父との対話の結果というよりは、そうした韓国のお寺の墓地に墓を確保できるという情報が引き金となって、母は父の遺志を活かすことに決めたのかもしれない。もっとも、その父との対話と韓国の仏教寺院の墓の情報とが、母にあっては別個のものとして分離できる性質のものではなかっただろうから、どちらが先かを問うこと自体が馬鹿げている。

そんなわけで、父の永眠場所は、故郷からほど遠くないばかりか、父が日本に渡るにあたって、その費用を準備するために土方工事をしたことがあるというように、父と少なからず因縁がある地域の禅寺の墓地に決まった。すでに父の没後二年を経ていた。家族親戚などが大挙して済州を訪問し、納骨の儀式も兼ねてバスをチャーターして済州観光もした。僕にとって生涯初めての親族一同による旅行だった。母の妹の長男で僕らが幼い頃からよく遊び、一時はコウバで働いたことのある従兄も、患っている大病のことは秘密にして奥さん同伴で参加してくれた。そしてそれから程なくして、亡くなった。僕らにとって、同世代の「情の世界」を体現していた従兄の死は、僕らに一時代が終わったという事実を痛感させた。

それとは別に、母は父の人生の数々の後始末をした。先ずは、コウバで長年父を支えてくれた「兄さん（母の従弟で、僕らからすれば叔父）」に相当額のお金を渡した。ずいぶん以前に、母が懸命に父を説得して零細企業向けの退職金制度に加入していたので、退職に際しては相当額の退職金給付がなされるのだが、それとは別に、長年の献身的な協力に対する亡き父からの感謝の徴という名目だった。兄さんはその後も、父を引き継いだ末弟に協力してコウバの仕事をつづけ、六〇歳になった時点からはアルバイト待遇で働きつづけている。

「北」にもまとまったお金を送った。その昔、コウバの集落に住んでいた父の遠縁の家族に渡してくれるようにと、伝手を頼ってまとまったお金を送ったのである。その家族の父親は済州では裕福な家の一人息子で、当時の標準から言えば相当な教育を受けた人だった。しかし、それが仇になったのか、人はいいのだが、肉体労働は苦手でついつい酒に頼ってしまう。その「甲斐性なし」を大柄で気性の激しい奥さんにいつも厳しい言葉でけなされていた。ところが、そんな「甲斐性なし」でもさすがに大黒柱の役割を果たしていたのか、その人が亡くなると残された家族はたちまちのうちに、困窮を極めるようになった。そこで母親と六人の子どもとが生きる道を求めて、そしてまた、将来を夢見ることができる地と信じて「北に帰った」のである。

その子どもたちは僕ら兄弟姉妹とほとんど同じ年齢であるばかりか、兄弟姉妹の構成もほぼ同じで、まるで兄弟姉妹のように暮らしていた時期もあったので、当然、当時は僕らにもそれなりの思い入れがあった。しかし、生きる世界が異なってしまうと子どもというものは何とも冷たいもので、彼らの記憶などすぐに薄れてしまった。ときおり、その長男から援助を求める拙い日本語、やがては朝鮮語の手紙が届いて、僕らの微かな記憶を蘇らせたが、それも束の間にすぎなかった。しかし、母は違った。そのたびに「かわいそうに」とため息をもらし、いろんな伝手を使って物資や現金を送っていた。そして、先にも触れたように、父が死去した際には以前よりもまとまった額を送った。それは父の後始末であり、母自身のけじめでもあったらしい。「おまえらには迷惑かけられん。これで最後や」と母は僕に言った。

先にも触れたように、父の晩節、それが母にとってはすごく重要なことだった。母の人生のそれでもあったからなのだろう。だから、その自分の人生と同一視された「父の汚れなき晩節」（たとえすでに汚れていたとしても、その汚れをできる限り拭き去って目立たないようにした晩節）を自分の力で守りきろうとする意思には強烈なものがあった。父が亡くなってずいぶん経ったあるとき、母は改まった顔で僕に言った。「お前が何して、何言うても、オトチャンには勝てん」

父を向こうに回して、その不始末の処理のために長年にわたってタッグを組んできたつもりの母のその言葉に、僕は一瞬驚き、次いでは腹が立った。しかし、しばらくすると、なるほどそういうことだったのかと、両親の長い人生と僕との関わりについて合点がいくような気がした。僕は父に匹敵するほどには、母の同伴者ではなかったのである。

考えてみればあまりにも当然のことだから、何も言えるわけがなく、黙りこむしかなかった。しかし、少しも嫌な気分ではなかった。むしろ解放されて、長年の心身のこわばりがすっと抜けていくような気がした。

第九章　母と自転車

一　自転車の乗りはじめ

母は激しい愛憎劇を演じあいながらもともに生きてきた父が亡くなってすでに二〇年近く、僕ら子どもを育てた家、ただし、僕が生まれてからでも二回も全面的に建て直したので昔の面影は全くないのだが、ともかく同じ場所に住みつづけている。子どもたちはすべて独立してしまったので、今や彼女はその家で一人ぽっちなのだが、そんな彼女にいつでも付き添っているように見える存在がある。自転車である。ある時期からは、外を歩いている母の横には、あるいは、下にはいつだって自転車があった。遠くから見ていると、母が主《あるじ》なのか自転車が主なのか判別がつかない。自転車と母の大きさや存在感の対比、僕ら子どもにとってはそれが母の老化の指標といった感じである。

母の自転車との馴れ初めは、僕が小学校の低学年の頃だった。僕ら子どもたちが先ずは父、ついでは兄、そして次男の僕、更には、妹たちといった具合に指導者、あるいは補助者を受け継ぎながら、わが家から一分もかからない小学校の校庭で習得したように、母もまたそこで、僕たちのサポートを受けて自転車の乗り初めをした。

当時小学生であった僕に後ろから自転車を支えてもらって、母は恐るおそる発進する。しかし、なにしろ「こわごわ」だから、ペダルをしっかり踏みこめず、車輪の回転速度は上がらない。そうなるとたちまち自転車はよろめいて、幼い僕の力では支えきれないほどに重くなる。ハンドルもブレーキも操作がままならない母は、ついには「アーッ！」と叫び声をあげ、自転車は母もろともになだれ込むように横倒しになる。

母は顔をゆがめ、擦り傷を負った腕をさすっては息を吹きかけながら、「おまえがしっかり持っておいてくれへんからや」と僕に八つ当たり。こちらはこちらで、「そんな怖がってたら、自転車は前に進むわけないやんか」と言い返す。

母は年端も行かない自分の子どもを前にして、まるで子どものように駄々をこねている自分が情けなく、恥ずかしくなるのだろう。やがて気を取り直す。その顔色をうかがいながら、僕は「今度は本気の本気やで、さあ！」と促す。そんなことが繰り返されたあげくに、自転車は相変わらずふらふらと蛇行しながらも、倒れずに無事に停止する。母は色白の頬を上気させ「乗れた！」と、ため息まじりで呟く。その声を受けて、僕も「さあ、もう一回、今のうちに覚えてしまわな」と声をかけると、母も「ううん、そうやな」とすっかりその気になっている。

それ以来、自転車は母の足となり、母は自転車とともに生きてきた。わがコウバと家を母は一日に何度も往復する。朝、家事が一段落するとコウバへ。そして昼前になると、昼食の準備のために家に戻り、父が帰宅して昼食をすませて改めてコウバに出かけると、その食事の後片付けを終えて父の後を追うようにコウバへ。夕刻になると帰宅して、買い物籠やお金を準備して市場へ買い物。

家で夕食の準備をして、家族の夕食をすませても、コウバの仕事が忙しいときには、夕食の片づけをすませてから慌ただしくコウバへ。そんな際には必ず自転車。それ以外のどこかに母が足を伸ばすことはめったにないのだが、希なそうした機会、たとえば都心の夜間中学に通っていた頃には、徒歩でたった一分ほどの最寄の駅までも何と自転車。

二　消えた自転車

その自転車が盗まれた。父が亡くなって三年後のことであった。

父を失って母は喪失感に苦しんでいた。あれほど諍いが絶えなかった二人なのに、長年の連れ合いというものは格別な存在らしい。まだ父が存命だった頃、あまりに激しい諍いが連日続くのを見るに見かねた弟が「そんなに憎みあってるんやったら、いっそ、別れてしもたらええねん！」と割って入ると、弟はその喧嘩していたはずの両方から、こっぴどく叱られたらしい。

母から電話があった。

「どうしたん？」

「違うねん。忙しいところ悪いけどなあ、ちょっと頼みがあるから、家に寄ってくれへんか」

お呼びがかかったからには無下にはできない。できるかぎり早く片づけないと、重い気持ちをひきずりながら毎日を過ごす羽目になる。実家に立ち寄ってみるとソファー上に縮こまって横たわっていた母は、辛そうに体を起こした。その表情は普段にもまして暗く、打ちひしがれて見える。

「忙しいのに、ほんまに悪いねんけど、ほんで、盗られた自転車が見つかることもないやろけど、一応、交番所に届けておいてくれへんか」と、母は弱々しく切り出した。「ほんでも、交番がなくなって心細うて、怖なったなあ」と、心底から頼りなさそうに言葉を継いだ。

わが家から一分足らずで交番、そしてその横には子ども全員が都合一六年間にわたってお世話になった小学校がある。正門を入って左側には、忠魂碑とそれを取りまく木立があり、碑に登ったり、その裏や木陰で直射日光を避けながら休息したりと、まるで僕らのお洒落な庭だったし、その小学校全体が授業はもちろん、放課後にも日が暮れるまで僕らの最大の遊び場であった。夏には午前も午後もプールに通い、夜には移動映画会、早朝にはラジオ体操、そして親切で優しい教師が宿直の日には、宿直室にまで押しかけ、夜回りにつきまとって遊んでもらったものだった。

その小学校の門横にあって番兵所のようだった交番所もまた、僕らにとっては他では得がたい遊び場であった。僕らは交番の「巡査さん」の警邏について回り、その途中で捕まえてきたイナゴを宿直室で焼いて、醬油をつけて口に入れてはその苦さに吐きだしたりもした。巡査さんはカラカラと笑い、僕らもイナゴの苦さと面白さでどうしていいのか分からないままに、ついには笑い転げるのだった。但し、巡査の誰もがそんなに気持ちよく僕らの相手をしてくれたわけではなく、「中村の巡査さん」が飛びきりの優しさで、理想の兄ちゃん、おっちゃんとして記憶に刻まれている。

ところが、そんな「黄金時代」も遠い昔となった。何しろ僕が小学校を卒業してすでに五〇年を超えている。先ずは、東京オリンピックのために、元からあった小さな駅のすぐ近くに新幹線のターミナル駅が新設され、それに伴い、蓮池と水田と広大な荒地などが姿を消した。僕にとってもっとも印象深いのは、駅近辺の水田で悠々と餌を啄ばみ、僕にとっての「故郷」の象徴となっていた白鷺がすっかり姿を消したことである。次いでは、大阪万博を前にして、高架の自動車道とそれに並行する高架の「地下鉄」と駅がわが家から学校とは反対側の徒歩一分ほどの所に新設されるというように、大規模土木工事のラッシュが続き、地域全体が大きく変貌した。随所にあった朝鮮人の小集落もほとんど姿を消した。朝鮮人と日本人の混住集落もそれと分かりそうな特徴の大部分を失って、その地域をよく知る人以外の目には、普通の日本の街のようになった。

わが家が位置していた集落だけは、昔から周辺地域の中では際立って家が建て込んでいたので再開発が難しいからなのか、昔の佇まいを相当に多く残しているのだが、それでもやはり、時代の波は押しよせている。たとえば、かつて小学校の裏門があった周辺には続々と高層マンションが立ち並び、新住民、それも幼い子どもを抱えた若い夫婦が増えた結果、そちらが小学校の正門になり、かつての正門は裏門となって子どもたちの往来は少なくなった。また、警察の機動化で、あちこちにあった交番所が一箇所に統括され、その交番にはパトカーが常駐するというように大型化した結果、正門脇の交番も統括交番になって、かつては遊び場であった正門前の空間はパトカーの駐車場になっていた。しかし、それから程なくして更なる統括、機動化が行われた際には、その交番もついには別の交番に統合されて消えてしまい、その跡地は三台しか収容できないコインパーキングになってしまった。

そんなこんなで、昔はその集落では犯罪の話などほとんどなかったのに、最近では空き巣ばかりか凶悪な押し込みの被害といった話も聞かれるようになっていた。

さて、盗難の届けをという母の頼みを引き受けたものの、新しい交番がどこにあるのかも分からず、気が重くなる。しかし、しおれきった母の様子を考えると、先延ばしにするわけにもいかない。そこで兄弟の中ではもっとも地域の現状に詳しい末弟に尋ねてみたところ、高架の自動車道の脇に並ぶ大規模な公団住宅の裏手らしいと言う。そこで早速、そちらへ向かい、ようやく見つけた派出所に足を踏み入れ、応対に出てくれた五〇歳前後と思われる恰幅のいい警官に、用件を告げた。彼は僕の説明を聞き終えると、一息おいて、僕を包み込むようなやさしい目で見つめて、静かな口調で話しはじめた。

「お名前をお聞きしたところ、失礼ですが、韓国のお方でいらっしゃいますよね。それでお母さんはいくつになられました？　……そうですか、その世代でしたら、さぞかし苦労なさったでしょうね。お母さんはそれで元気になさっておられるのでしょうか。正直言って、盗難自転車が見つかる可能性は著しく低いのですが、何とか見つかればいいですね。いえ、何とか見つけるように努めてみます」

　こんな台詞がこの日本で、それも警官から聞けるなんて全く予想外のこと、夢かと思うほどだった。しかし、夢ではなかったし、そんな警官が受けつけてくれたお陰でもないのだろうが、その後、自転車のことなどすっかり忘れてしまった頃になって、その自転車が発見される。以下は、そこに至るまでの話である。

　派出所からの帰り道、一刻も早くこの件にケリをつけてしまいたくて、ただちに馴染みの自転車屋に向かった。但し、わが家から一番近い意地悪な主人のいる自転車とは縁を切ってすでに五〇年になり、それ以来、馴染みとしてきたコウバに近いほうの自転車である。

　意地悪親爺《おやじ》は今や店をたたみ、遠いほうの自転車屋も今では二代目である。中学を出るとそのまま家業の見習いになり、やがて奥さんを娶ると夫婦で油と汗にまみれて働いてきた二代目はもちろん、僕とは長いなじみである。自転車盗難の事情を述べたうえで、「兄ちゃん、うちの母親も自転車はこれが最後になるやろから、いいもんを選んでえや」と言うと、「そやな、お宅のおかあちゃんやったら、この程度がええんちゃうか、張りこんだりいや」とすぐさま相談に乗ってくれた。僕は事故などの心配もあって、母は嫌がるだろうが、派手な色の、そしてケチな僕には似つかわしくない高価な自転車を選んだ。

母の家に戻り、交番に届けでたこと、そして新しい自転車を購入したことを告げると、「これから先、何年も乗れるはずもないんやから、新品買うのはもったいないなあ。そやけど自転車がなかったら困るし。ともかく安いのでええのに……中古でもえんねんけど」と気が進まない様子。しかし、「その程度のことでケチることはないやろ。まだまだ長年、お世話になるんやから」と、僕自身の願望をこめた言葉で駄目押しすると、母はしぶしぶながら了承した。

三　発症

僕としては、それで一件落着のつもりだった。母の落胆の気配は残っていたが、それも時間が経てば消え去るだろうと思っていた。ところが、じつはそれが始まりだった。

僕が母の家に立ち寄るのは多くて週に一回、それも長居することはほとんどない。仕事の合間や友人との約束で出かける途中で立ち寄り、僕が管理している母の預金などから引きだした生活費を手渡し、様々な書類や郵便物の整理などの用事を済ませると、いかにも慌しそうに母の家を後にする。多忙というのは丸っきりの嘘とは言えないが、しかし実際には弁解の色合いのほうが濃い。長居するのは疲れるし、怖いのである。

昔は人の悪口を言ったり、愚痴をこぼしたりなどほとんどしなかった母の口から、その種の言葉がとめどなく漏れでてくるのを耳にするのは耐え難いし、その「口撃」が兄弟たちやその奥方たち、更には僕自身に向けられるのが恐ろしい。

じつは、そうした愚痴や「口撃」が一段落すると、厳しい顔つきの奥から柔らかさが顔を覗かせ、言葉つきも穏やかになる。僕の話にも耳を傾け、物分かりもよくなるし、時には慰労の言葉まで出てきて、安堵と束の間の幸福感まで与えてくれる。ところが、そこに至るには相当の時間と辛抱を要する。

そんな母の態度が自転車の盗難以来、はっきりと変わった。他人の悪口を言う気力もないのか、話は体調の悪化に限られ、これまでには聞いたことがない症状まで訴えるようになった。それでもなお僕は、そんなことは老齢特有の症状と高を括っていた。すでに永年、母の病院通いに付き添って、うんざりしていたこともあいまってのことだった。

先ずは、長年の膝の痛みなのだが、あちこちの病院に連れまわってみたが、一向に改善の兆もない。そこで、最後の頼みと言われて、高校時代の友人の医者に診てもらうことにした。僕が膝の痛みで困っていたときに、彼お得意のブロック注射で、驚くほどよくなったことを母も知っていたからである。しかも、母もその医院に通いだすと、膝の痛みが軽減して、僕は一安心した。ところが、あるとき、「お母さんも歳やねんから、その程度のことは仕方のないことやと思って、気にしやんと、前向きに元気に暮らしなはれ」と医師に言われた。友人の母だからこその励ましのつもりの医師の言葉が、苦しんでいる患者の気持ちを無視していると大いに気に障ったらしい。しかし、相手は「お医者さん」だから、面と向かっては何も言えないので、僕に八つ当たりした。それにはさすがにうんざりしたので、それ以来、その医者の話は禁句になった。

更には、腰の問題が続いた。どの医者に行っても、高齢による骨の変形で処置のしようがないと匙を投げられた。しかし、母は痛くて歩行にも支障をきたすものだから諦めきれず、在日一世女性のネットワークで仕入れてきた情報を頼りに、あそこの医者に連れて行ってくれ、これで駄目やったら諦めるから、としきりに言う。そこで、僕は仕方なく、ネットでその医院の情報を確認したうえで、少し遠くて、道路事情も非常に悪そうなのになぜかしら繁盛しているその医院に、先ずは車で向かって診察券を入れてから、母を迎えに行って医院に連れていき、治療が終わるのを待って家に連れ帰ったりしていた。しかし、高齢の患者たちに命令口調で機械的に処理するような医師の態度がすごく不愉快で、患者たちがなぜ、そんな医者を選んで通っているのか訳が分からなかった。母もやがて、めぼしい効果が得らないことを確認したのか、そこに通うのは止めると言ってくれた。

それに加えて、母が長年にわたってコウバで働いてきた結果としての、特殊な後遺症があった。コウバはプラスチック成型の下請けで、粒状、あるいは粉末状の化学原料を高熱で溶かして型に流し込み固形化して、主に電化製品の部品を製造する。それだけのことなら、原料の補給などの際に、狭くて天井の低いコウバ内に原料が飛散して、空気は悪いとしても、ただちに体に支障をもたらしそうにない。ところが、母がコウバ内で自ら買って出た仕事は、誰もが嫌がる粉砕機の仕事だった。

一つの型からは数個の製品がつながって出てくるので、製品と製品とのつなぎや、製品の外角部にバリという不要部分が伴う。それに加えて不良品などが大量に返品されてくることもまれではない。そんな不要物など破棄してしまえばよさそうなのだが、経済効率を考えると、そうもいかない。それらを粉砕機で粉末状にして、新しい原料と混ぜ合わせて再利用しないと下請けとしてはなけなしの儲けもふっとんでしまいかねないから、無用になった製品の粉砕は必須の仕事なのである。ところが、その仕事は粉砕の際の轟音と、飛散する化学原料の粉塵とで、耳も口も鼻も開けてはいられない。タオルで口と鼻とを覆ったりはするが、粉塵は体内に吸い込まれる。誰もがその仕事は嫌がり、いきおい放置されて山となり、ただでさえ狭いコウバは身動きもとれなくなる。

そこで母は、その粉砕の仕事を自ら買って出て、コウバを下から、そして裏から支えているという自負を糧にして生きてきた。しかし、その化学原料の中には、ガラス樹脂など一見しただけで有害な物質が含まれていることもあり、その近くにいるだけで目がチカチカするほどである。それを長時間、そして長期間にわたって吸いこんで、体にいいわけがない。科学的知識など皆無の母でもその程度のことは実感として分かる。なのに、それを長年にわたって引き受けてきた。

その結果、肺の壁がすっかり変質してしまい、胸が絶えず苦しく、痛いらしい。しかし、治療の方途がないと方々の医者に何度も匙を投げられている。それを重々承知しながらも、苦しさのあまり、誰かに訴えずにはいられない。その誰かとは息子たちしかいない。ところが、息子たちに、医者以上の手立てがあるはずもないから、聞き流さざるをえない。それどころか、すっかり食傷気味となっているから、そんな気持ちが顔に、そして時には、口調に露骨に表れる。息子たちのそんな態度が、母の孤独感、絶望感を更に深める。

それだけでも十分に頭が痛いのに、自転車の盗難事件以来、更に大きな変化が加わった。それまでの症状は傍からは分からないものだから、「気持ちの問題が大きいのだろう、何といっても年齢が」などと自分に言い聞かせて聞き捨てにすることもできた。ところが今度は、顔が歪み、口元が窪み、口がとめどなくもぐもぐと動く。すっかり別人、それも老婆の顔つきになった。だがそれでも僕ら兄弟は「何でもない」と自分を納得させて、やりすごそうとした。

四　入院

僕は長年、あちこちの大学を駆けずり回って小金をかき集めながらの自転車操業的生活をつづけてきたこともあって、酒以外には何一つ趣味らしいものを持たないままに中年を迎えた。だからこそ五〇歳を境に一念発起して、僕と同じく在日朝鮮人である旧友たちとサイクリングをはじめた。先ずは通勤には電車の代わりに自転車を走らせて日常的に心身の訓練に努める。そして一年に数回、あちこちへと遠出をする。その最大のイベントが年一回の琵琶湖一周と済州島一周のサイクリングであり、体力と気力の限界に挑戦し、友情のかけがえのなさなどを励みに走り、そして夜は酒を酌み交わすことが最大の楽しみとなった。とりわけ僕にとって済州島サイクリングは、両親と連れ立っての済州往来の心理的外傷のようなものを、汗と辛苦と達成感で治癒して済州と和解する、といった大袈裟な目標の一環でもあった。

当初は三人の親友だけだったが、そこに僕の弟二人が加わり、体力気力が著しく衰えた僕を監視、サポートしてくれるようになった。そして更に友人の輪が広がって、ついには総勢一五人もの大所帯となった。

その仲間たちと二ヵ月後に控えた済州サイクリングの前哨戦としての、琵琶湖サイクリングの最中のことだった。母の家のあれこれの用事を頼んで、長年にわたって月に一回実家を訪問してくれている知人の女性から電話がかかってきた。

「お母さんのことですけどひどい状態です。このまま放っておいては駄目ですよ。何とかしないと……」

そんな親切な知らせにも関わらず、僕はこの待ちわびていたイベントを途中で切り上げて実家に直行するような孝行息子ではない。一刻を争う事態ではないはずだから、サイクリングを堪能してからでも遅くないと、自分に言い聞かせた。

琵琶湖畔の宿で名物の鮎の塩焼きを肴に大いに酒を飲んで一泊して、予定どおりに琵琶湖一周を果たしてから、実家に向かった。一見して母の病状の悪化は明らかだった。直ちに電話で兄と相談し、翌日に末弟に頼んで大きな病院に連れて行ってもらったところ、パーキンソン病症候群という診断だった。原因は定かではないが、薬の副作用の可能性もあるので、とりあえずは様子を見る必要があると言う。母は直ちに入院し、医師である兄のお出ましとなった。

兄は直ちに病院に駆けつけて担当医と相談して、母がこれまであちこちの医院で処方されてきた薬の把握に着手した。服用してきた薬の種類と量は膨大だった。つぎつぎと渡り歩いてきた医院がそれぞれ大量の薬を処方していた。それらを検討した結果、最寄りの医院で長期に亘って処方されてきた胃薬が、パーキンソン病症候群を惹き起こした事例を発見した。兄は直ちに、母の担当医にその旨を告げて対策を検討した。

先ずは、その胃薬の服用を止めたうえで経過を見て、その薬が本当に母の症状の原因なのかどうかを確認するというのが、基本的な治療方針となった。母が特に辛がっている唇や口腔内の荒れと腫れ物に対する処置は直ちに実行されたが、その効果はほとんど見られなかった。触れると痛いものだから、母は食べ物を口にすることを厭い、他の症状の悪化で相対的に苦痛の比重が軽くなっていたはずの腰痛の再発まで訴えるようになった。
それでも医師たちは、胃薬の副作用が収まるのを待つしかない。それには短くても一、二ヵ月かかると言う。僕たちは医師のそうした説明を素直に受け入れたが、当事者である母にはさぞかし酷なことであったろう。

よくよく考えてみれば、そんな副作用の症例報告がある薬を長期に亘って処方していた医者に責任があるのだから、それを追及することも可能だったが、そんなことに神経を遣う余裕はなかった。わが家では兄と弟が医者だから、医者の責任を追及するような方向に気持ちが向かいにくいという事情もあった。誰にでもミスはあるもので医者もしかり、といったところか。そんなこととは関係なく、母の入院生活が続いた。

五　ディスコミュニケーション

苔むして、由緒ある風情と記憶していた都心の外れの有名病院は、久しぶりに行ってみると新装なったばかりで、まるでホテルのように美しく豪華だった。一〇階に位置する母の病室は六人用にしてはかなり広いし、個々のベッドのスペースも他の病院と比べればゆとりがある。すごく恵まれていると、少し安心した。しかし、いざ母の病室に入って、窓際のベッドに横たわる母の体を包む布団の盛り上がりを見ると、信じられないほどに小さくて、なぜかしら不安が走った。声をかけると、布団の端から母がゆがんだ顔を覗かせて、いかにも苦しそうだった。口がもぞもぞと動き、辛うじて話す言葉もきちんと聞き取れない。

見舞いとは言っても、僕にできることは何もない。幸いにも病室からは、ガラス張りの大きな窓越しに、開けた淀川の流域と市街にそびえる高層ビルディング群が見渡せる。昼時には、少し霞がかった淀川ののんびりした光景、夕刻には、そのかなたの山並みの向こうに沈み行く夕陽が望める。

僕はその解放感あふれる展望の中で、もしこのまま母が身動きできない体になったらとか、ボケが始まったらとか、そんな心配ばかりしていた。自分たちにのしかかってきそうな責任の重さに圧倒されるあまり、あの広々とした河川敷を、水面を見ながら自転車で風を切って走ればどれだけ爽快だろうかなどと、ひたすら夢想に逃げこもうと努めていた。

巡回してくる看護師の質問に母はかぼそい声で答え、そのついでに何かを訴える。すると看護師は親切そうにその訴えに耳を傾け、いろいろとアドバイスしてくれる。それを見ながら、僕は少し安心した。だから看護師の姿が見えなくなると、話題を探しあぐねていたこともあって、「よかったなあ、看護婦さんも親切そうやし」と声をかけた。しかし、そう言いながら、母の表情の陰りに気づいた。内心「これは拙い、ミスった」と後悔しはじめた。

じつに親切そうに見えはしても、母の不満を垣間見てから看護師たちの対応を改めて観察すると、母のいらだちの理由が少しは見えてくる。看護師たちには、自分の言葉が相手に理解されない可能性が全く視野に入っていそうにない。語彙ばかりか、話すスピードなど、聞き手がひょっとして難聴かもしれないなど、様々な困難を抱えもっている可能性を想定していない。あるいは、たとえそうした可能性に少しは気づいたとしても、忙しい仕事の段取りに合わせて、そして自分たちが予め分類した患者の要求に対して、予め用意してある言葉で処理しがちなのである。それはなるほどマニュアルに則った親切そうな言葉なのだが、聞き手に対する配慮が十分でないから空っぽの言葉にすぎない。それに対して母のできることは、分かった振りをすることくらいしかない。問い返したり、要求を繰り返すのは、すごく難儀だし、嫌がられるかもしれない。それにまた、何が分からないのかを説明する語彙が、教育経験がなく文字の読み書きができない母には欠けている。それ以上に、分からないという言葉は、非識字コンプレックスを持っている母の自尊心の問題に関わってくる。そんなわけで、母は自分の現実的な必要が満たされないばかりか、自分がこの世界から落ちこぼれて暗い穴に落ち込んでしまったような孤独感に苦しむことになる。

それでも少し元気がありそうな時を見計らっておずおずと、「何か食べたいものはない?」と尋ねると、「ううん……そやな、マグロの寿司やったら」と答えてくれることもあった。僕にとっては見舞いの体裁が整うのだから、その返事は渡りに船である。次回には、デパートで奮発した上マグロの寿司を買って行った。

母は歪んだ顔の奥でかすかに喜んでくれ、「悪いなあ、気つかわせて」と震える声で言った。そして、箸で一貫の寿司のネタを先ずは外して、次いでは寿司飯を二切れに分けて、折角の寿司を台無しにした。一貫を丸ごと頬ばれるほどに口を開けられないのだから、それも仕方ないのである。次いでは、ネタを箸で二つに分けた。柔らかいマグロのトロだから、それも難しくなかった。そしてその寿司飯の片割れにネタの片割れをのせて、少量の醬油をつけて、恐るおそる口に入れた途端に、顔を歪めた。「どうしたん」と尋ねると、口腔内の腫れ物と荒れた唇に「醬油が染みて痛うて」と言う。「それやったら、醬油なしで食べたら」と勧めたが、すでに痛みのせいでなけなしの食欲もすっかり引っ込んでしまったのか、「もう寿司も食べられへんようになってしもたな。おまえが食べ」と悲しそうな声で呟くのだった。

六　反乱から退院へ

入院が長引くにつれ、母は不安を募らせた。そのまま病院に缶詰になるのではないか。あげくは、そこで……。

その病院には、最新のリハビリ機器を完備した高齢者用の長期入院施設が付設してあるからと、兄は担当医と相談のうえ、そちらに移って長期の治療が最善であると判断した。ところが、兄がその話を持ちだすと、母はたちまちのうちに機嫌を悪くした。そして、恐怖の色を露わにしはじめた。あげくは、「兄ちゃんの言うようには、絶対にせえへんから。はよ、退院させてくれ。ええか、おまえが医者に話して、兄ちゃんの話なんか聞いたらあかん」と、追い詰められたネズミのように、顔を痙攣させながら、攻撃的な目つきで睨みつけるかと思うと、そのすぐ後には、哀願の目つきで訴える。僕を盾にして、兄や担当医など母に対して包囲網をしいた「敵たち」と戦うことを決心したようだった。

僕はうろたえて、「絶対にオカチャンの気持ちを無視するようなことはせえへんから、安心し。兄貴にもそのように伝えておくから」とひたすら防戦に努めざるをえなかった。ずいぶん以前から、僕は母に対して子どもの頃の「オカチャン」という呼称を「オモニ」に転換していたのに、そのときには、本当に久しぶりで、オカチャンと呼んでいた。そしてそのことに気づいて、自分でも驚いた。それほど僕はうろたえていた。

急を要すると考え、直ちに電話で兄に母の様子を伝えた。兄は「何もそんなこと言うてないのに。

設備もスタッフも完備しているあの病院でしっかりリハビリを受けたほうが、本人にとっても楽なはずやのに。子どもを全然信用してないみたいやな」と落胆を隠せない口ぶりだった。

兄は時間をつくって病院に駆けつけ、改めて説得を試みたが、母のあまりにも激しい拒絶を見て、提案を引き下げた。それ以来、母はしきりに退院を口にしだした。「今すぐに退院」の一点張りで、それを宥めるのが精いっぱいだった。

それでも少し興奮が鎮まると、「こんな状態で家に帰っても、あんたらに迷惑をかけるだけやなあ、悪いなあ」「もうちょっとだけ、お医者さんの許可が出るまで、ここで我慢しやなしょうないな」と呟いたりもした。

そんなこんなで、ほとんど諦めの境地になっていた頃になってようやく、母の顔の歪みが改善しだした。口のもぞもぞは相変わらず続いていたが、それも軽くなった気配があった。入院して二ヵ月を超えていた。医師も兄も、やはり薬の副作用という当初の判断の正しさが立証されたと自信を深め、もう少しの辛抱と母を励ました。母は半信半疑ながら、その励ましを素直に受け入れているようだった。そして、一刻も早く元気になって家に戻るために、食事に手をつけるように努力しはじめた。

退院して通院治療の許可が出た。母は久しぶりに自分の家に戻り、さすがにほっとしていた。身の回りの世話をする者がいないことを気にしていたが、その分かえって、何でも自分でやらねばならないのだからと、持ち前の気力をとりもどしつつあった。

そしてこの機会についでだからと、長年の懸案の腰痛に関しても、一世の女性の知人たちの情報を頼りに、大阪一と評判の整形外科の専門病院での診察を希望した。そして「駄目元」を覚悟して診察を受けてみると、それまではどの病院に行っても年齢のせいだと匙を投げられていたのに、母の年齢でも手術が可能という。母はその話に乗った。兄は高齢の身だから手術など無理ではないかとためらっていたが、いざ担当医に会って説明を受けると、信頼に値すると判断して手術に同意した。そして、母はほんの数日の入院で手術を終えて退院し、長年の腰の痛みも相当に軽減した様子だった。

そしてその頃になって何と、盗まれた自転車が見つかったという知らせが届いた。無灯火で自転車を走らせていた人物に警官が不審尋問をしたところ、盗難車であることが発覚し、登録番号で紛れもなく母のものと判明したという。

母は「もう必要ないし邪魔になるだけやろうけど、二〇年近くも世話になってんから……どこかへ置いといてくれへんか」と、見つかった古い自転車の保管を僕に依頼した。そんなわけで、母の長年の同伴者は、「アッチ」の自転車置き場に保管してある。一方、その跡継ぎである自転車も、一時は無用の長物になるかと危ぶんだが、その後、母はそれを杖代わりに外出を試すようになった。車椅子の購入を勧めても、それを頑として受け入れない母にとって、それは車椅子代わりでもあり、自力で生きるという意地のシンボルでもあるようだ。

実家の前にその赤い自転車がある。母の在宅の徴であり、母はほとんど家を出ることがないのだから、ほとんどいつでもそれは家の前にある。母は二階にある住居から、新築時の設計ミスのせいで異常に急勾配になってしまった階段の手すりをしっかりと持ち、一段一段、階段のステップに腰を下ろしては息を整え力を蓄えて、一階にある自転車までたどり着く。そして、その自転車を足代わりにしている。何も解決していない。しかしともかく母の自前の生活がまたもや始まった。

エピローグ　今なお現役の母

一　外の世界とのつながり

父が亡くなって約二〇年、自転車盗難事件と母の入院騒ぎからでもほぼ一〇年が経過した。その間、一進一退を繰り返しながらも母の老いは確実に進行してきた。外に出ることもほとんどなくなった。週に一、二度、四階建ての集合住宅の二階にある住居から階下の鍼灸院に通うのが、母のもっとも頻繁な「外出」である。わが家の敷地を一歩も出ていないけれども、母の居住空間の玄関から外に足を踏みだしているのだから、外出であることは間違いない。

因みに、その鍼灸院は元来、わが家から徒歩で一〇分くらいのビルの一階で開業していたが、そのビルが解体されることになって、母が常連客だったという因縁でわが家の一階の空き店舗を貸すことになった。お陰で腰や膝の持病に苦しんできた母にはすごく便利になって喜んでいた。

ところが、それも束の間、その鍼灸師夫婦が立てつづけに亡くなってしまった。長年、両親の助手をしていた一人娘の鍼灸師は、そのショックもあって廃院を考えた。しかし、母も含めた常連客たちが、強く反対すると同時に励ました。それを受けて翻意し再起を決意したその一人娘が、鍼灸院を継いで現在に至る。つまり、その鍼灸院はその跡継ぎの力強い応援団であると同時に、患者の老婦人たちにとって、治療を受ける場、また昔から変わることなく続いてきた団らんの場ともなっている。母もその一員であり、そこでの鍼灸師も交えた四方山話が母の現在における最大の情報源の一つでもある。

しかし、その外出とも言えない「外出」であっても、母にとっては容易なことではない。すでに何度も触れたことだが、二階の住居から階下への急階段の上り下りは、僕らのように体にさして大きな支障のない者でも、ときには危険を感じるほどなので、昔から腰と膝に問題を抱え、しかも今や九〇歳代の半ばになって筋肉がすっかり衰えた母には、掛け値なしの難行である。

階段横の手すりをつかみ、一歩降りるたびに手すりを放して階段に腰を下ろし、またしても手すりをつかんでは腰を上げて一段下っては、また腰を下ろすといった動作を繰り返す。上りは更に大変で、階段を這うようにして上っていく。本人は、階段に体全体をへばりつかせているのであまり怖くないらしいが、見ている者には何とも大変そうである。母は気力と体力が少しでもあるときには自分を奮い立たせて、そんな難行を継続している。それを見ても、母にとってのその場の掛け替えのなさが分かる。外の世界とつながりたい。言葉が通じる人たちと話したいのである。

因みに、両親の後を継いだその鍼灸師はその後、安定した職を持った高給取りの男性と結婚することになったので、またしても廃業を考えたのだが、その時もまた、応援団の猛反対を受けると同時に、掛け替えのない人生の知恵を授けられた。

結婚したからと言って生涯、安定した生活が保障されるなんて考えたらダメ。今どき、亭主がいくらいいい仕事についていても、いくら金持ちでも、先がどうなるか誰にも分かったものではない。女も仕事を持って、経済的に独立して、自分の時間と場所を持たないと、結婚生活にも支障がでる。それに長い間、仕事をしてきた者がいきなり家に入って、我慢できるわけもない。ここは自営で、家の事情に合わせて仕事を調節できるから、よくよく考えて、慎重に決めるべきだ。正直に言えば、何としてもこの仕事をつづけたほうがいい。

さすがに年の功、時代の変化と女の人生を的確に捉えた老婦人たちだから言えそうなことなのだが、彼女たちのそうしたアドバイスには長年の団欒の場を失いたくないという切実な願いも込められていたに違いない。

母はその鍼灸院の他には、月一回の同郷の女性たちの集まりに、末弟に車で送迎してもらって通う。大阪でも有数の焼肉屋街として有名な鶴橋の韓国料理店で、毎月定例の昼食会をつづけている。韓国済州島の南海岸の同じ村出身の在日一世の女性が集まって、昔は一泊、もしくは日帰りの旅行もあり、例の頼母子講の札入れも兼ねていたのだが、今や高齢化が著しく進行し、死亡などでメンバーも激減したし、存命であっても自身の体調に加えて、送り迎えをしてくれる娘さんやお嫁さんたちの都合で参加できなくなったりもする。少ない時は三〜四名、多くても五〜六名で、昼食を食べながら知人や自分自身の近況について一時間ほどのお喋りで解散となる。母はその後、少しでも元気が残っていて、送り迎え役の末弟の都合が許しさえすれば、近くにある昔懐かしい「朝鮮市場」で朝鮮料理の具材の買い物を楽しむこともある。

以上の二つが、母が今なおコンスタントにつづけている「外出」なのだが、これについて特に付け加えておきたい。そのようなイベントは、予定されていることが大事なのであって、実際に参加するか否かはどうでもいいような気配さえある。定例会の前後には、母の電話がすこぶる頻繁で長時間になるし、常に電話を待ち受ける状態になる。たとえばAさんから、「今回はあれこれの事情で参加できない」といった電話がかかると、ほとんど間を置かず、BさんやCさんその他からつぎつぎと「Aさんは今回、あれこれの事情で参加できない」という電話もかかってくる。その通話の際には、もちろん、互いの近況や第三者の近況報告、そして互いの励ましの言葉なども続く。イベントの予定がなければ電話する口実もなくて、躊躇っては思いとどまってしまいがちの電話なのに、そのイベントのお陰で、ためらいなく、まるで公認された仕事でもあるかのように、あるいは義務のようにお喋りを楽しむ。実際に集団で会うよりも、この通話のほうが家でリラックスしながら、周りの目を気にせず二人だけの内密な話が、時間制限なしにできる。

それ以外にも、社会とのつながりを確保する方法を母は編みだしている。二階にある母の住まいの窓ごしに外を眺めることである。但し、風景を楽しむわけではない。今やビルにすっかり取り囲まれてしまった母の住居の窓からは、目を和ませてくれる田園風景など何一つ見えない。見えるのは家の前の道の両側の家並みだけである。母はそこに並ぶ店舗や民家の住民たち、そして通行人をひたすら見つめる。

耳が遠くなった母のために殊更に大きな声で来訪を告げながら僕が家に入っても、外の様子に気を取られた母は気づかない。「おかしいなあ、留守かな。でもあの足腰でどこへ？　鍼灸院かな？」などと思っていると、その窓のカーテンの陰からいきなり、それも無言の母がまるで幽霊のように姿を現し、僕はもちろんびっくりして声が出ないのだが、母のほうは「ああ、もう、びっくりするやんか。何で、入って来るときにしっかりした声で挨拶せえへんのや」と僕を叱る。

これは外に出なくても可能だから、母はいつだって好きなときに、時間制限もなく、満喫できる。むしろこちらのほうが他の方法よりも圧倒的に多くの時間を費やす外界との接触となっている。母は毎日何回も、総計すれば一日に数時間も、二階の窓際の椅子に座ったり、あるいは立ったままで、外を眺めている。窓際にはいつの頃からか、椅子が置かれるようになっていた。寝室の布団の中か、居間のソファーのうえで縮こまって寝ている以外で、母がもっとも多くの時間を費やしているのは、その窓越しの社会観察である。

母が二階の窓越しに外を眺めると先ず目に入るのは道路で、それ自体は僕が物心ついた頃からあまり変わっていない。夏には直射日光でヤワヤワ、ベトベトになって裸足に粘つきそうだったコールタールからコンクリート舗装に変わったこと、両側の建物を一メートルほど後退させて道幅を少し広げたこと、そして昔はバスが通行していたのに、今では通学路の指定がなされているから、その界隈に居住し、警察から許可を得ている車以外の車両の通行が制限されて、車の往来がほとんどなくなったことくらいが、この六〇年の変化のほぼすべてである。

但し、沿道の家並みは相当に変化した。昔は平家か二階建ての店舗と民家しかなく、だからこそ沿道に正門があった小学校の鉄筋コンクリート三階建ての校舎が、すごく立派に聳えるように思えたし、徒歩一〇分足らずの鉄道の汽車の音が寝床に入ると聞こえてきて、その汽車の走るリズムが眠りを誘ってくれた。しかし今や、四階建てから一〇階建ての鉄筋コンクリート建築が主流になって、小学校の校舎など全く目立たなくなった。そして、一階は店舗、二階以上は貸しマンションといった雑居ビルが多く、商店街の趣が濃くなった。中でも飲食業、とりわけ酒を扱う店が増え、どれもリーズナブルな価格で勿体ぶらない雰囲気で、最近流行の少しお洒落な立ち飲み屋も目を惹く。

どの店も大繁盛というほどではないが、夜遅くまでそれなりに賑わっている。その騒音のせいか、あるいはビルで遮断されるせいなのか、今では列車の音など全く聞こえない。

昔からの住民は減った。母が親しくしていた同世代の人はほとんど亡くなり、母より下の世代の人たちも亡くなったり、引っ越してしまった人が多い。そのぶん、新規参入者が増え、その人たちは店舗を一階に構えて、住居はマンションの上階だったり、全く別の地域から仕事に通ってきたりで、隣近所で暮らしながらも、昔風の隣組の感覚など全くなさそうである。

母はそんな界隈を自分の目で観察し、鍼灸院で常連や鍼灸師から仕入れた噂話、更には七〇年近くにわたる居住経験を総合して、界隈の人々の変化をほぼ把握している。母ほど界隈の現況に詳しい人はいないのではないかと思えるほどである。

しかも、そうした豊富な材料を基にストーリーメイキングもする。観察の成果である界隈の現況と、それに基づいて自分が紡ぎあげた物語との判別が母にはつかず、邪推や妄想も混ざっているけれども、相当に信憑性が高そうな物語も多い。長年にわたる近所付き合いの経験と、今でもときには非常に鋭い観察眼とが、それらの基盤になっているのだろう。それだけをもってしても、母はこの界隈で生きてきたし、今もそこで生かせてもらっている人と言えそうである。

二　勘と妄想

母は今でもたえず、社会とつながろうと懸命の努力をしているのだが、そうした努力は必ずしも母を幸福にしているわけではない。というのも、その熱意が本来の願望とは異なった方向に向かいがちだからである。母の関心は、界隈の人々の病気、事故、そして死亡など、もっぱら忌まわしいこと、よくないことに向かう。

パトカーや救急車その他、不吉な兆しを持ったものの界隈への出入りは、確実に母の意識に訴える。その反対に、楽しい物語を生みだしそうな出来事はたとえ眼に入っても、意識は素どおりする。すぐ近くが小学校なので、イベントがある時には家の前の道路は親子連れでにぎわい、母の話も昔はその種の楽しそうな話題が多かった。しかし、今やそんなことが話題になることはない。母に見えること、そしてそれを基にして紡がれる物語は、もっぱら不幸、災厄に特化されている。いつか自分に襲いかかってきそうな災厄、あるいは不幸を、母は持ち前の勘を精いっぱい働かせて感知しようとしている。もちろん、その災厄を回避するためである。そのはずである。ところが実際には、むしろそれを待ちうけているような趣がある。界隈を眺めて生きる喜びを味わおうと懸命に努めながらも、じつはむしろ不吉な予兆を待っている。何ともひどい悪循環なのだが、それこそが母の現在である。しかし、それは昔の母の生き方と別物ではない。あまりにも当然なことなのだが、母は昔の母の延長上で生きている。生きぬくための心配性が不幸への妄執、妄想の絡み合いとして結晶している。生きる努力が悪意にまみれた不幸な妄想の生産に行きつく。

そうした妄想の主題は、自分に近しい者たちの邪な考え、もしくは行為である。親戚や家族、そして時には週に二度やってくるヘルパーなど、自分に近しく、自分の砦である家の中に足を踏みいれる者たちの密かな悪意や邪悪な行為である。

たとえば、兄が、弟が、次いでは僕が、父が遺した財産を密かに自分のものにしようと画策しているといった話。あるいは、ヘルパーが母の財布からお金をくすねるという話。更には、ヘルパーが密かに玄関の鍵の複製を作って、夜中に侵入してきてお金を盗むばかりか、寝ている母に危害を加えて逃げたといった話……。

　それだけのことなら困ったことだと溜息をついたり、苦笑いするだけですみそうなのだが、そこで終わらない。信じようとしない僕に対して、母が服を脱いで見せてくれた背中には、すごいひっかき傷が赤く深く縦横に走っていた。「あのヘルパーが夜にこんなことをしでかして、昼はにここ笑いながら、来よる」と母は目を怒らして訴える。その背中の傷には母の手が届きそうにないから、母の自作自演でもなさそうで、一体どのようにしてその傷ができたのか皆目、見当がつかない。詮索しても仕方がないように思う。ことの真偽がどうであれ、何とかして母を宥めなければならない。直ちに、ヘルパーを派遣してくれているケアマネージャーに事情を「ぼかして」説明し（母とヘルパーの相性が悪いといった程度）、ヘルパーの交代を依頼した。

　しかし、玄関のカギは替えなかった。じつは、その数ヵ月前に玄関の戸の建てつけがあまりに悪くて困るからと、それを修理すると同時に、母がすごく不安がるので、頑丈で精密で複製ができない鍵を設置したばかりだった。もし万一、その鍵の複製が必要になれば、製造した会社に最初に鍵を注文した人物が依頼しない限り入手できない特殊なものだったし、最初に受け取った三個の鍵の所持者はすべて僕が把握している。悪意を持った人物がその鍵、もしくは複製を入手するなんてことはありえない。しかも、ヘルパーが母を襲うなんてこともまたあり得ない。そもそも、何の利益にもならない。

　母は一人住いで用心が悪いので、まとまったお金を持たせないようにしている。財布にも必要最小限の金額しかない。たとえ財布から盗んだとしても高が知れている。しかも、そうした財布の中身をたぶん、ヘルパーは知っている。母から買い物を依頼されたり、医院へ同行して支払をしたりする際に、ヘルパーは母の財布を預けられることもあるからである。したがって、そんな小銭を盗むために夜に家に忍びこんで母を襲うなどとは考えられない。母の言い分の信ぴょう性は薄かった。しかし、あの赤い血がにじんだ生々しい傷は……世には不思議なことがあるものだと言ってすませられる問題ではないのだが、当面、僕にできそうなことは何もなく、母を宥めてその後の様子を窺うしかなかった。

以上のように、外にあるのは災厄の予兆に過ぎず、実際の災厄、母や母にとって大事な存在に危害を及ぼす災厄は、母の砦の内側で発生するのだから、身内、あるいは身内でなくても家に入り込むパスを備えている存在だけが、災厄のタネを持って母の内側に入り込める。しかも、今や家に出入りせずもっぱら電話で話を交わす親戚たち、それは日本在住であれ済州在住であれ同じことなのだが、その人たちも母の妄想の世界では、リアルワールドの身近な存在たちであり、母の心配の対象であると同時に、悪意を持ち悪事をしでかすと母が妄想する人たちという点では、僕ら家族と何ら変わりがない。

妄想の対象者、つまり災厄をもたらす「悪者」は固定的ではなく、母にとって内側の人間たちを順繰りに巡る。しかも、往々にして互いに結託している。たとえば、兄から弟たちへと順番に移動し、時にはそのうちの何人かが結託している。もちろん、僕もその例にもれないどころか、最大の極悪人候補である。母の財産はすべて僕が管理しており、その内容は僕以外の誰一人知らないばかりか、関心すら持っていないから、僕がその気にさえなれば何だってできる。しかも、僕は親不孝者を自認しており、今も母から逃げだすことばかり考え、それを自覚もしている。だから、悪者役も致し方ないと思い、何とか我慢できる。そのうえ、いくら妄想にとりつかれている母でも、当人である僕を前において僕に悪役を振りあてる際には、言葉に手加減する。不思議なことに、妄想にとりつかれていながら、母はその程度の配慮、礼儀、もしくは常識は失っていないのである。だからこそ僕も我慢ができるのだろう。

母も聞き手がいなければ悪口を言えないのだから、僕の顔つきを見ながら、限度を超えないように配慮して、妄想の中の僕の悪事については、当てこすり程度で収める。ところが、悪役を振り当てられるのが僕ではなくて僕の兄弟となると、母は当人ではなく第三者である僕にその悪事を訴えているのだから、言葉に全く容赦がない。当然、僕には我慢がならなくなり、ついつい声を荒げてしまう。

「あの心優しく欲のない兄や弟を疑うなんて、許せない。それがオモニの人生の総決算なのか」

すると、母は顔を歪め、体を縮めて、体全体で僕に対する恐怖をむき出しにする。自分がそれまでに垂れ流していた「悪者」に対する罵詈雑言などすっかり忘れて、もっぱら僕の言葉や目つきが乱暴で恐ろしいらしく、「怖い。怒らんでくれ」と涙ながらに哀願する。僕は自分が薄情で攻撃的な人間であることを思い知らされ、いたたまれなくなる。

しかも、兄弟やその連れ合いの「悪意」「悪事」といった母の妄想を繰り返し聞いているうちに、それはもしかしたら本当のことかもしれないと思うようになったりもするから、ますます自分が、更には母のことが情けなくなる。そのあげくには、母はそうした「罠」で僕らを試しているのではないかとさえ、疑いたくなる。妄想は強い伝染性を有しているわけである。

母はいつ眠り、いつ目覚めているのか、その境が定かではない日もある。何が現実で、何が夢なのかの判別がつかないときもある。もちろん、妄想を妄想と判別できるわけもない。話している当人がその区別がつかない話を聞いているほうでは、当初はその区別ができているつもりなのだが、やがてはその境が曖昧になって、あげくはその妄想の中に引きずり込まれて、自ら妄想を再生産しそうになるときもある。

ところが、母はそんな妄想のオンパレードの状態から、一気に現実に戻ることもある。妄想めいたことを懸命に話していたのに、翌朝になると、あるいは、一時間後には、自分が何を話していたのかすっかり忘れてしまい、いたって聡明で物分かりのいい母に戻っている。この歳でどうしてこんなに意識がしっかりしているのかと驚かされるほどである。その落差に僕らは対応できず、あたふたする。

そんな右往左往が現在の僕たちと母との間で繰り広げられている。余裕を持って安定した対応などできるはずもない。そのうえ、妄想は繰り返されるうちに、正気の母の意識の中にも現実としての確固とした位置を占めていく。しだいに妄想が正気を侵食していき、妄想が現実にとって代わって、母の認識の大枠を形づくってしまう。

したがって、母の妄想に対抗する術はない。こちらの考え方を変えるしかない。たとえば、母が妄想に翻弄されずに、こちらにも余裕が生まれたときに、無理してでも次のように考えてみる。母の現在の妄想癖は、昔からの生きる術としての心配性、そしてそれに同伴していた勘の変種にすぎず、そのどれをとっても母の生の現実の大きな部分を占めてきたし今もなお占めているものだと納得するように努める。何しろ九五歳になっても、歯がすべてそろっている母なのだから、今の母の姿は変質してしまった「か弱い老人」の姿なのではなく、あの昔の気丈な母の現在の姿なのだと。

しかし、そのように考える余裕も長くは続かない。いつまた母が妄想の虜に変貌するか、戦々恐々として待ちうけることになる。出口はない。だからこそ、出口など求めないで、それが母のみならず、人の生なのだと納得する知恵を身につけるように努めるしかない。そしてそれが自分自身の老いの訓練にもなるとでも考えれば、少しは救われそうな気にもなる。

三　伝統的習俗への執着

妄想とは全く無関係そうに見えるが、母が僕ら子どもを困らせるという意味ではよく似たことが一つある。伝統的祭祀に対する執着が高じていることである。加齢につれての孤独感、社会からの疎外感が募り、それを免れるために何か強力そうなものに依拠したくなる。それは「正統なもの」でなくてはならず、自分がその正統性に連なる者であることを証明しなくてはならない。つまりは、済州の伝統的祭祀を「まっとうに」継続しなくてはならないという気持ちが高じて、強迫観念のようになってしまった。

新年と盆（家によって新暦か旧暦の違いがあるが、在日ではわが家のように新暦のほうが多数派のようである）の午前中、そして亡父の命日である一二月三〇日の夜といったように、年に三回、わが家では伝統的な儀式を行う。父の生前には祖父母のそれを各々行っていたが、父の死後にはそれらを取りやめる儀式を行ったうえで、実際に取りやめたので、三回になった。そのうちの前の二つは名節と呼ばれ盆と正月に祖先全般を祀り、そして最後のものは特定の故人に対するもので日本の命日の法事にあたるといったように、趣旨も異なれば、それに応じて儀式の時間帯も午前と午後というように明確に異なる。しかしその種の知識に疎い僕らは、朝鮮の伝統的祭祀ということですべてを一括しており、何ら差異化することなくそれらの儀式を準備し、行っている。但し、午前に用意して昼には終わる名節のほうが少しは気楽という程度の違いはある。楽かどうかが気になるということがすでに示しているように、僕らにはどちらも面倒だから、母に対する義理で協力し、参加しているに過ぎない。

一年にたった三回だけのことだから、適当に付き合えばすんでしまう。そう思って、気楽にやり過ごせばいいのだろうが、実際にはそうもいかない。時間や体力や経費よりも、心理的負担の問題である。おりに触れて言及してきたことだが、祭祀にまつわるあらゆる場で、母が自分自身、そして僕たち在日二世の子どもたちに対して抱いている「朝鮮人、そして済州人としては偽物」といった潜在意識を執拗に見せつけられる思いがして、いたたまれなくなる。

昔から伝統的祭祀は母にとってすごく重要なものだった。複雑な生まれ育ち方をしいられてきた母にとって、それらの祭祀を心を込めて準備して、つつがなく終えることは、誰恥じることのない「まともな」女、妻、そして主婦としてのプライドに関わっており、それだけに母は相当に神経を遣っていた。

そんな場には、近所の朝鮮人、とりわけ済州出身の人たち、親戚、そして一族郎党が集まり、男たちは酒を交わすうちに、政治その他の議論が伯仲して喧嘩沙汰になるくらいに、賑やかで楽しいお祭り騒ぎだった。また、日々の食事にも事欠いていた時代には、祭祀を終えてから分け合って持ちかえるお供えのお下がりは、普段にはないご馳走だったから、子どもたちを筆頭として家族一同に大いに喜ばれた。つまり、先祖に対する忠や孝などの能書きや儀式の形式よりも、親族や同郷人などが集まり、厳しい日常から解放された「自分たちの時空」を楽しめた。

　ところが、それほど賑やかで楽しかった儀式も今や、家族以外にはごく限られた親戚だけがお義理のように参加するだけの形式的なものになってしまった。準備もできる限り簡略化し、儀式後の飲食もできる限り早く切りあげて帰りを急ぐ。そうした現状が母にとっては寂しい。そのあげくには自分の存在価値が消えていくような気にもなるらしい。

　そこで、その流れに必死で抵抗する。様々な手立てを用いて「正しい」儀式の復権を目指す。そしてそれと同時に、子どもたちに対する求心力回復の契機にもしようとする。このように、今の母にとって伝統的祭祀は二重の意味で重要な戦いの場なのである。

　ほとんど一年中、母はそのことばかり考えている。昔は他にすることが山とあったから、祭祀がいくら重要と言っても母の生活に占める比重など大したものではなかっただろうが、今や、母には他にすることがない。できることと言えばつぎつぎと妄想を生産するくらいで、しかも、その妄想と祭祀とは無関係ではない。祭祀が終わればその翌日には、次の祭祀の心配が始まる。

「うちはもう何もできへん。次のときは、どうしたらええんやろか」と繰り返し呟く。実際には子どもたちが手分けして、手抜かりが少しはあってもそれなりに行事をこなしているのに、母は繰り返しそんなことを口にする。一年中、祭祀の心配と妄想の絡みあいに母の生活のすべてが収斂しているように思えるほどである。

四　世代間の葛藤と伝統的祭祀

今や僕ら子どもたちはそれぞれが家庭を持ち、母からは独立した生活を送っている。母はもちろんそれを喜んでいる。しかしながら、その一方で、子どもたちの自分からの逃亡いう感じも否めず、疎外感を募らせる。そして、様々な手立てを用いて子どもたちをつなぎとめ、自分の存在感の復権を目指す。今やそのための唯一の手立てが伝統的祭祀ということになる。女たち専用の世界であった巫俗信仰には時代遅れの迷信だと顔を背ける二世の子どもたちも、民族の「正統的」な儒教的先祖崇拝の儀式なら表立って反対できない。母に義理立てして、協力し、参加する。当然、自分の子どもたちにも、祖母のためだからなどと教え諭して参加させる。こうして母にとって昔から変わらぬ夢であった一族和合の、少なくとも形は確保される。今や一家の最長老なのだから、伝統的祭祀は自分が中心として遇される唯一の時空である。

ところが、その一家和合は形式に過ぎない。子どもたちはその祭祀に不承不承、参加し、せめて母の存命中だけは、母の気持ちを汲んで、母の思うようにしてやりたいと思いはしても、それにも限度がある。そんな子どもたちの中途半端な気持ちが母に分からないはずがない。祭祀の準備過程や儀式の随所でその気配を嗅ぎとり、そんな祭祀など偽物ではないかという疑いを膨らませる。その延長上で、わが家の祭祀が済州や、在日の中でも特に済州出身者の集住地である生野界隈で行われている、「まっとう」な祭祀から逸脱しているのではとしきりに疑うのである。

しかし実際には、済州でもソウルでも生野でも、祭祀にまつわる習俗、儀式は急速に変化しており、韓国よりもむしろ在日のほうが旧態依然の趣もある。わが家もまた在日一般の通例に倣って、昔のやり方を踏襲しているほうである。そのようにいくら言い聞かせても、母はそんな言葉に貸す耳など持たない。そもそも母にとって、自分の子どもたちは朝鮮人として、そして済州人としては「偽物」なのだから、その偽物が行う祭祀が「まっとうな」はずがないのである。そしてもちろん、そんな僕らの言葉は信じるに足るものではない。

そこで、「本物」だから信頼のおける人、たとえば渡日一世の従兄などが居合わせでもしたら、その「本物」の威光を借りて、正統な祭祀とわが家との違いを明らかにしようとする。従兄のほうでは、母の意向を察知して、その気持ちに阿ねそうなことを言って、母を宥《なだ》める。しかし、その宥めの言葉は、火に油を注ぎこんだも同然。母は自分の願望にとって都合のいい言葉しか聞かない。あるいは、自分に都合のいいようにしか聞かない。済州の伝統から逸脱した祭祀もどきでごまかして、ご先祖さまに申しわけない。そうした不忠不孝のせいで、伝統的系譜から自分を含めて一家が追放されるのではないかと恐れる。更には、現実生活において社会から置いてけぼりをくらって孤独をかこつ母なのだから、最後に頼りとする伝統的系譜からも追放されでもしたら、真っ暗な孤独の深淵に落ちこむことになりかねない。だからこそ、母は懸命に抵抗する。自分の目が黒いうちは、「まっとう」な祭祀を行う。何としても、そうしなければならない。

在日におけるこうした世代間の葛藤は、たとえば、儀式の時間といった些細に見えることを争点とした鍔迫り合いの形で繰り広げられる。何時に儀式を開始し、何時に解散するか。母は可能な限り遅くしようと努め、子どもたちは可能な限り早くはじめて、早く終えて、早く帰宅し、翌日に備えようと努める。短くて一、二時間、長くても三、四時間の差異を巡っての微妙な折衝もしくは争闘である。

昔は、祖先の祭祀は夜をまたいでいた。夜中にならないと先祖の霊がこの世界に戻ってこないからだそうである。そこで、済州でも日本でも夜の一一時頃に開始して、儀式が終わると一同で会食、そして後片づけをして夜中の一時を過ぎてやっと解散だった。

そのように、祭祀の準備、本番、そしてその後片づけのために真夜中までの時間を費やしたとしても、済州の農村社会なら各自が自分で時間を案配できるのでほとんど不都合はなかっただろう。日本の大都市の片隅の在日社会でも、かつては自営業やそれに準じる職種が大半で、そのうえ職住近接だったから、大して不都合はなかった。それに、何といっても一年にせいぜい数回しかない大事な行事だから、多少の不都合など問題にもされなかった。

ところが、現代の都市生活は時間に縛られているし、同じ一族や兄弟であっても寄り集まって暮らしているわけでもなく、各自の職場と家との距離も昔とは比較にならないほどに遠くなった。何よりも、その種の祭祀が二世以降の生活や意識に占める重要度が、一世たちとは比較にならないほどに低下している。祭祀よりは、明日の仕事が、子どもの学校が、そして、自分たちの生活の日常のリズムが圧倒的に優先する。昔のスタイルで祭祀を行うなんてことは、その家の主（戸主、長老）の権威と権力がよほどに強大で、その力による無言の、あるいは言葉その他の圧倒的な強制力が作用しないと難しく、ほとんど不可能である。

今だってそうした家が皆無というわけではなかろうが、一般的には開始時間が次第に早くなり、たとえば七時頃には拝礼を開始して、九時にはお開きといったケースが多くなっている。一世がいなくなった家であれば、祭祀自体を取りやめてしまった場合も少なくない。あるいは膳にお供えを申しわけ程度に並べ、家族だけで夕食前に拝礼して終わりといった場合も多くなっている。祭祀のお供えを宅配で調達する家も増えている

わが家では母の意向と子どもたちの意向とが鍔迫り合いを繰り返したあげくに、その「中間」をとって、九時に拝礼を開始し、一一時までには片づけも終えて解散という妥協が成立していた。もちろん、両者ともにそれで満足しているわけではなく、互いが、自分の考えに更に近い時間にずらそうと隙を窺っている。果てしなく続きそうに思えるそうした微妙な鍔迫り合いの場である祭祀が、一家もしくは一族和合の場であるはずもない。

それなのに、あるいは、そうだからこそ、母はかえって、それにこだわる。祭祀の時間を遅らせれば、それだけ長く子どもや孫たちが母の家にとどまり、母中心の時空が長くなる。じつは母にとってはそれがもっとも大事な望みなのだが、そうしようとすればするほど、子どもたちの気持ちは遠ざかっていく。子どもたちがいくら母を満足させたいと思っても、母が満足に至ることはない。母の究極の願望は、自分と子どもたちの家族そろっての「仲睦まじい同居」なのである。それが不可能と分かっていながら、その望みを手放せない母に対しては、小手先の工夫はむしろ逆効果である。「今回だけは」などとひとたび母の意向に従えば、それが既製事実となってしまうだけではない。子どもたちの家族も誰もかも同居して、母を中心として仲睦まじく暮らさない限り、母の究極的な願いには不足していることに変わりがない。だから、中途半端に母を満足させることは、逆に母の究極の願いという火種に火をつけることになりかねない。

母も妥協はする。しかし、それはあくまで当座のことにすぎない。まっとうな祭祀の儀式を、更にはみんなが一緒に仲睦まじく暮らすことが母の永遠の目標、そして夢であり、その実現に向けて

母が孤軍奮闘することには何ら変わりがない。

五　争闘の果てのさらなる孤独

こうして母はますます、済州の「本式」に則ろうとする。たとえ、それが自分を更に孤独に追い込むことになっても、「正しいことを言うこと」が自分の最後の義務と覚悟して、それに励む。したがって、何かと無理して参加した孫たちにも、ついつい「昔からの教え」を垂れる。祭祀の重要性、子どもをたくさん産んで育てることが人の道、一族がみんな仲良く集う祭祀の重要性、それらをくどくど話しつづける。何度話しても話し足りない。そのうえ、母は自分が今しがた話したことも忘れているので、果てのない繰り返しになる。孫たちも最初は耳を傾けているふりをするが、やがて、逃げだしたくなる。そんな素振りが誰にでも分かる。それを目にとめた親たち、つまり母の子どもやその連れ合いたちは、最初は胸を痛めるが、やがて気分を害してしまう。子どもにしても孫にしても、母のことを思って、せめてもの孝行をしようとしているのに、それが藪蛇にしかならない。そしてついには、なす術なしの心境になる。そして、儀式が早く終わること、更には、そんな儀式がない世界、つまり母がいない世界を待ち望むようになる。

いくら年老いた母でも、そんなボタンの掛け違いのような事態に気づかないはずがない。少しは気づきながらも、いったん話しだしたら止められない。何しろ母には時間がない。自分に残された時間のうちで、自分が正しいと信じたことを、いくら嫌がられても実践しなくてはならないと考え、それに固執する。その結果、ますます孤立する。孤立するからますます固執して、自分ばかりか周囲の人々の配慮や善意も台なしにしてしまう。

あげくの果てに、そうした孤独は生まれてこの方の自分の運命であったことを、今更のように思い知る。そして、もっぱら不幸の側面から見た己の運命、更には悪意を持った人間によって包囲された自分という妄想へとなだれこんでいく。妄想の世界と伝統的な祖先祭祀への執着が一体となり、子どもたちとの接点がますます小さく、そして遠ざかっていく。

こうして、母には同伴者がいなくなる。母が望む同伴者の資格のハードルが高くなりすぎた結果ともいえるし、逆に、母に同伴しようとそれなりに努めている子どもたちのハードルがあまりにも低すぎるせいなのかもしれない。母にとって唯一の同伴者は、過去とその影響下で紡がれてきた現在に関する妄想ということになる。長く生きることの厳しさとはこういうことなのかもしれない。

あれほど多様な人々との多様な関係の中で、時には柔軟に、時には意地と体を張って生きてきた母が、今や、その種の関係を築ける人は、少なくとも母の周辺にはいない。同伴者のいない母の晩年の不幸とでも呟きたくなる。

しかし、その呟きは事実を正確に表現しているのだろうか。じつはそうした軋轢を通して、母は僕ら子どもたちとの同伴関係を生きているのではないのだろうか。何とも苦しい理屈であることは重々承知しながらも、そのように考えて、老いた母に対して、今なお様々な形で困難と格闘している存在として受けとめるべきではないのだろうか。そして、そんな現在の母と戦ったり、宥めたり、和ましたり、悲しんだり、怒ったりを反復するのが、僕たち子どもという中途半端な同伴者に許された数少ない役割の一つではないのだろうか。そうした姿勢で今後も母との関係を生きてみようと自分を励ましているのだが、それは容易なことではない。そんなおためごかしが通用するはずもない。それでも、母の厳しい晩年に対しては、そのように当惑し、おたおたしながら対応する以外の手立てがみつからない。その経験がきっと自分自身の晩年の準備にもなり、それも含めたあらゆる経験が僕の残された人生を豊かにしてくれていると自らを励まして、母の晩年に付き合っていこうと思っているのだが……。

最近、母と一緒にいる際に、ほとんど唯一、母から無邪気な笑みがこぼれる瞬間がある。流行のLINEで、はるか遠くのアメリカから送られてくる僕の初孫の動画を母に見せたときである。母はその映像を見ると、一気に顔が明るくなる。そして、僕の初孫の姿が映し出されるアイパッドに食い入るようにして、「こいつ、早よ大きなれ、可愛いやつや、こいつめ、オカチャン（僕の娘で、その孫の母）にそっくりやな」と何度も叫びながら、画面上の曽孫の顔をなでる。するとアイパッドが反応して画面から乳児の姿が消える。母は唖然として、何度も画面を叩く。それを見た僕がアイパッドを受けとって、元の画面を復元する。

しかし、そのわずかな間に母のスタンスは変わっている。今度は、その画面を見ながら、教え諭している。「そやけど、一人ではアカン、かわいそうや、はよ、もう一人生まなアカン」と、言葉の宛先が画面上には映っていないその僕の娘（その乳児の母）に向かい、しかも、現在の喜びをとおりすぎて、助言、叱咤に変わってしまっている。今を生きていることの喜びよりも、今後を生き延びるための努力、そのための叱咤激励に母の関心は向かってしまっている。

僕は「ああ、またか」とうんざりしてしまう。さすがに母と言うべきか、ことここに至ってもそんなことを、と言うべきか……曽孫の動画で母の一時の幸福を、そして不幸や努力にばかり向かう母の関心を逸らそうとしても無駄なことを思い知る。ごまかしがきかないのは、昔から変わらない。

まさに面目躍如なのである。

六　人生の同伴者

同伴者とは何ものに代えがたいもので、人生には何としても必要だと、僕は自分自身の六五年を超える生活経験に照らして強く思う。そして、母の場合、その絶対的な同伴者とは、母が憎みながらも愛し、守ろうと努力をやめなかった父の他には誰一人いなかったとこれまた強く思う。

しかし、絶対的な同伴者であるはずの父が常にその役割を十全に果たしてくれるわけではなかったから、母はその時どきに代理を必要とした。ある時にはそれが僕であり、兄であったり、妹であったり、弟であったり、またある時には自転車であった。僕はその自転車ほどにも母に寄りそってこなかった。ひたすら母からの逃亡、脱出の機会を窺いながら生きてきた僕に、母の同伴者を気どる資格などあるわけがない。

他方、父にとっても同伴者は母をおいていなかった。それをある程度は気づきながらも、勝手に父側と母側といった二項対立を想定して、その一方である母側に身をおくことが正義だなどと思って生きてきた僕に、父の同伴者を名乗る資格などあろうはずもない。

僕は父と母の子どもであり、それ以上でも以下でもない。そして、巣立ってこその子どもである。巣立った僕がその後の四〇年以上の歳月をともに歩んできた連れ合いこそが、僕の人生の絶対的な同伴者である。

それでも僕は生まれてから六〇年あまり、両親の愛憎劇、そして人生との戦いの姿によって多くのことを学んできた。幼少期には共同作業の喜びや彼らの不安や分裂に影響されながら、感情教育を受けてきた。そして中年以降、とりわけ、両親と連れ立っての済州滞在と、その後の父がらみの奔走によって、中年と老年を生きるための必須の智慧を少しは学ぶことができたように思っている。

しかも、その済州往来があまりにも辛かったから、その心理的外傷の克服のために、年甲斐もなく五〇歳から六〇歳まで一〇回にわたる済州一周サイクリングを敢行し、その喜びに励まされて済州について、両親について、更には人生そのものについても学んだ。

自転車は漕ぎつづけねばならないが、長距離のサイクリングは適度な休息を挟まねばならない。昇りの坂道では、予めギアを十分に落として、少しだけ先を見つめてひたすら、ゆっくりと漕ぐ。あの地点まで辿りつけば苦しみから解放されるなどと思ってがんばると、到達点と思っていた更にその先に長くて急な坂が待ちうけていることに気づいて、圧倒される。その後は敗北感に苛まれながら、重い自転車を引きずる羽目になる。ときには、はるか先を見て大まかな予定を立てるとしても、人生は毎日の平凡な積み重ねであり、少し先と現在とを見据えながら、進みつづけるしかない。それが自転車のお陰で、遅まきながら僕が獲得するに至った人生の智慧である。

しかも、サイクリングと亡父とが重なるときもある。長距離のツーリングで疲労困憊し、意識にエアポケットのような状態が訪れるときに、亡くなった父の笑顔が突如として現れることがある。「何を馬鹿な事をしてるんや。ホンマに馬鹿なやつや。そやけど、馬鹿でええ。したかったら、十分に楽しんだらええんや。おまえの人生や」とその笑顔は囁いて、すっと消える。その笑顔の残像と余韻が僕の心身の強張りを解き、体内にそよ風が吹き込み、僕は新たな気分でペダルを漕ぐことができるようになる。

母は老いが深まるにつれ、ますます難題を突き付けつけてくるが、それを僕の人生の条件として少しは受けいれることができそうになった。自分ができることをする。できないことでも気が向けばやってみる。失敗など恐れはしない。そのように思えるし、思うしかない年齢になった。

母子関係の牢獄からの脱出などとふやけたことを嘯《うそぶ》いているような暇はない。母に対しては数多くの補助的な同伴者の一人、それがさしあたりの僕の目標なのだが、それもまた「甘えっ子」の成れの果ての世迷いごとなのかもしれない。でも仕方ないと居直って、残された人生をよたよたと歩んでいきたい。

（完）

あとがき

母と父、そして僕ら家族は、本文で執拗に描いてきたように、じつに多様な人々に取りかこまれ、それらの人々と多種多様な関係を築きながら暮らしてきた。朝鮮人だからと言って、その関係だけで自己完結するように生きてきたわけではないし、そもそも、両親はそんなことを望んでもいなかったに違いない。日本による朝鮮の植民地支配を筆頭としてじつに様々な社会的与件が複合的に作用していることは確かなのだが、少なくとも僕の両親はそうした与件の中で、自ら選び自らの意思で大阪に来て、父はそこで生を終えた。望みどおりの人生だったとは言えないかもしれないが、それなりに努力を尽くした末の天寿だと僕は思っている。母もまたそのつもりだろうし、そうなるだろう。そしておそらく僕もまたそのようになるだろう。そうなってほしいし、そうするつもりである。

両親にとっての故郷は済州、僕にとっての故郷は大阪という違いはあるが、それ以外には大した違いがない平凡な人生を送ってきた。何かと背伸びを試みたこともあったが、うまくいかず、一時のことでしかなかった。それらの数々の失敗も含めて平凡きわまる人生、それが僕の身の丈にあったものだった。今後もそれは変わることはないだろう。平凡だから価値がないなどと謙遜を衒《てら》うつもりはない。平凡にも平凡なりの辛さも悲しさも喜びもあり、波風を免れたものではなかった。だからこそ、いつも誰かの助けが必要で、それを借りて、辛うじて生きてきた。

その時どきに数々の同伴者がいたし、これからもいるだろう。いればいいなあ、と思う。同志などとは言うまい。同時代に何かの縁で一時期をともに生きたというだけのことかもしれない。たとえそれだけのことであったとしても、僕は間違いなく、それらの人々のお陰で生きのびることができた。

更には、本でしか知らない先人たち、そして何の役にも立ちそうにもない僕の駄文でひょっとしたら触れ合うかもしれない読者の人たちもまた、僕の何とも自分勝手な思いにおいては、僕の人生の同伴者である。僕の平凡な人生もその人たちとの、時間の長短はあっても、それぞれに貴重な同伴の経験、そのおりおりの歓びの積み重ねを除いてしまえば、すごくみすぼらしいものになるだろう。

誰よりも圧倒的に長い時間を僕とともに過ごし、波風の多い生活をともに生きてきてくれた連れ合いこそは、まさに僕の絶対的な同伴者なのだが、その彼女さえも満足させることができなかった僕が、その他の大勢の人々を満足させることができなかったのも当然のことだろう。記して、お詫びと合わせて、心からの感謝の気持ちをお伝えしたい。

本書によって、僕自身がこれまでに多様な形で経験してきた同伴の歓びを、一人でも多くの方々にお伝えしたかった。その願いが少しでも叶ってくれれば、望外の喜びである。

本文でも触れたことだが、本書の叙述は主に僕の記憶と僕固有の因果のつけ方、つまり僕流の論理との組み合わせとで成り立っている。どちらも客観的な立場からすれば、信じるに値するものとは言えそうにない。

それら叙述の基盤には僕の生きてきた経験があるし、両親を筆頭にした様々な人々の証言があったが、それらもまた客観的な真実性という基準からすれば、疑わしい部分が少なくない。それにまた、僕には書けなかったことが多々ある。能力不足で書けなかったこともあるし、周囲の人々に迷惑をかける懸念から書けなかったこともある。それくらいならまだしも、じつは、事実自体が恥ずかしすぎて、僕が書くことを避けたことも多々ある。それだけでも物を書こうとする人間としては恥ずかしいことなのだが、僕にはその限界を越えることができなかった。読者の皆さんに対するせめてもの誠意として、その事実を自から認めておきたい。

以上のように、本書には何重にもバイアスがかかっている。したがって、客観を衒った家族の歴史というよりもむしろ、僕が僕自身の曖昧な記憶と、癖だらけの僕流の論理で紡ぎあげた家族とその環境世界についての「物語」といったほうがよさそうである。

その「語り」に際しては、二つの相反するベクトルのせめぎあいがあった。物語の誘惑に乗ろうとするベクトルと、その誘惑に抵抗しようとするベクトルである。客観的資料などほとんどないので、先ずは物語の誘惑に乗ることで、眠っていたり曖昧だった記憶を蘇らせて、それに肉付けする以外の手立てを思いつかなかった。しかし、あまりにもその種の誘惑に乗ってしまうと、あるいは乗せられてしまうと、「真実らしさ」からあまりにも遠ざかってしまう懸念があった。そこで、その中間というか、真実と物語の絡み合い、もしくは、綱引きが本書の叙述ということになりそうである。要するに、不徹底に他ならず、僕にふさわしい。

そんな本書を、誠におこがましいことだが、僕は在日の「精神史」と名づけた。世には数々の優れた精神（そしてその潮流）の優れた歴史的叙述があり、僕も若かりし頃にその種の書き物に大いに感動し、影響を受けた。しかし、僕が書いたものは、それら数々の先達の成果とは全く異なるものになった。僕のそれは、お金と労働と自堕落にまみれて、生き抜いてきた人々の中にかすかに息づいていた、惨めそうでいながらもしたたかな「心意気」の探索の物語となった。そんな代物を精神史などと呼べば、大方の失笑を買いそうなのだが、商売人の小倅として生まれ、一時はその仕事を継ぐことを覚悟しながら、そこから逃げだした中途半端な僕には、それが精いっぱいのものであった。

決定的な能力不足など、最初から分かりきっていたこと以外にも、不足は多々あって、それに関する厳しいご批判、ご助言をお願いしたい。しかし、それはそれとして、僕としては何とか書ききったことにそれなりに満足している。志が低いのである。

両親の略年譜

年代	歴史的背景	父	母
1910 年	日韓併合		
1919 年	3・1 独立運動		
1922 年		済州で出生（山間部）	済州で出生（海岸部）
1930 年代	済州人口 25% 在日	家族が大阪へ、済州に残された父は、農作業の傍ら、祖父からハングル、漢字を学ぶ	実母との別離（実母は大阪へ）、実父と継母との生活
1940 年頃		結婚？　大阪へ	結婚・離婚？　大阪へ
1945 年	済州日本の軍事要塞化	大阪空襲で被災、大火傷	工場勤め、下宿生活
1946 年		両親の出会い（別々に日本全国を行商の途中、青森で）	
1947 年		大阪で結婚（東淀川区で生活を開始、現在に至る）	
1948 年	4・3事件、4・24阪神教育論争	長男出生	
1950 年		次男（玄善允）出生	
1952 年	サンフランシスコ講和条約	在日は日本国籍離脱	
1953 年		長女出生	
1955 年		独立した工場を設立、三男出生（100 日と経たないうちに死亡）	
1956 年		四男出生	
1950 年代末	北への帰還運動開始	五男出生。祖父危篤の知らせ。父の初入院。退院後、家を 2 階建てに改築。周囲での北帰還者	
1960 年	4・19 学生革命	父が初めての済州訪問（故郷との再結合開始）。工場の職人構成変化（僻地の日本人流入）	
1961 年	5・16 軍事クーデター	テレビ購入（マスメディアの情報浸透開始。ホームドラマを通して初めて日本の家庭の模擬像と親しく交わる）	
1962 年		新たな工場兼家屋を購入、肉体労働から機械に使われる長時間労働への変化。母の故郷済州訪問	
1964 年		四男が幼稚園で骨折（母の執念と奔走で腕の切断を免れる）	
1965 年	日韓条約締結	在日の政治地図の激変	
1968 年		次男が初の韓国、済州訪問（カルチャーショック、星降る島と便秘と謎の深まり）	
1969 年		次男が大学入学、「民族的覚醒」、「密航」者の増大、人間の受け渡し経験	
1972 年	7・4 共同声明	在日の学生運動のせいで次男が南系の団体から除名され、連座制によって父母の旅券も剥奪。外事課刑事の監視、家兼工場を賃貸マンションに	
1974 年		行政の民族差別反対運動、公的住宅、公務員、育英会などの国籍条項撤廃。二男、学生結婚。	
1975 年		父は懸命な奔走で旅券を再獲得し済州通い再開。母は父の女性問題も含めた親族間の軋轢を嫌がって済州訪問をやめる	
1978 年		家を四階建てに改築、貸店舗とマンションの 2 階に居住	
1980 年代		母が夜間中学に 10 年間通う、父は済州通いを生甲斐とし、骨肉の争い深刻化	
1990 年代		父の済州での問題解決のため母と次男の奔走開始	
1997 年		父死亡（仏教寺、家での儒教、生駒の朝鮮寺での巫俗など諸教による弔い）、二男の済州一周サイクリング開始	
1998 年		生前の本人の希望通り父の墓は済州のお寺の墓地に	
2000 年	指紋押捺全廃。		
～		済州の遺産整理と親戚との現実的な関係整理	
2005 年		済州日本軍施設のフィールドワーク参加を契機に、次男の済州文化、大阪と済州の関係など謎の探求開始	

著者略歴

玄善允

韓国済州島出身の両親の二番目の子どもとして、1950年に大阪で生まれる。日本の公立の小中高を経て大阪大学、大阪市立大学大学院で仏語、仏文学を学んで以降、京阪神の諸大学でフランス語・文学を講じ、その傍ら、在日、済州、中国朝鮮族関連の研究もどきも愉しんでいる。

フランス文学関連では『フランス文学における自然』（共著）、共訳書に『ロマン・ロラン全集』、『アラゴン、自らを語る』などがある。在日関連では『在日の言葉』など一連のエッセイ集のほかに、二世関連の「在日の精神史として見た民族祭りの前史―在日二世以降の各種運動と生野民族文化祭」、また一世関連の「在日済州人女性の巫俗実践とその伝承―「龍王宮」を中心に―」、在日文学関連では「詩はメシか？―『ヂンダレ』の前期と金時鐘―」、「『火山島』の一つの読み方―小説家、語り手、登場人物の関係をめぐって」など、済州関連では「済州4・3事件に関する未体験世代の表象―済州での予備的インタビュー調査―」、「不就学女性の生活の中での学び―植民地下の朝鮮済州島で生まれ育った女性のライフヒストリーと学び―」、中国朝鮮族関連では「中国朝鮮族中高校生の内的世界―『全国朝鮮族中学生優秀作文選』の資料的可能性と限界をめぐって―」などがある。

特に近年に手を染めだしたのが、韓国文学の翻訳で、『戦争ごっこ』（玄吉彦著、岩波書店、共訳）、『島の反乱』（玄吉彦著、同時代社）などがある。

人生の同伴者　ある「在日」家族の精神史

2017年8月15日　初版第1刷発行

著　者　玄善允
装　幀　クリエイティブ・コンセプト
発行者　川上　隆
発行所　同時代社
〒101-0065　東京都千代田区西神田2-7-6
電話 03(3261)3149　FAX 03(3261)3237
組　版　有限会社閏月社
印　刷　中央精版印刷株式会社

ISBN978-4-88683-823-0